2020

中国居民
收支与生活状况报告

Report on China's Household Income and Expenditure Survey

国家统计局住户调查办公室

COMPILED BY

Department of Household Surveys
National Bureau of Statistics of China

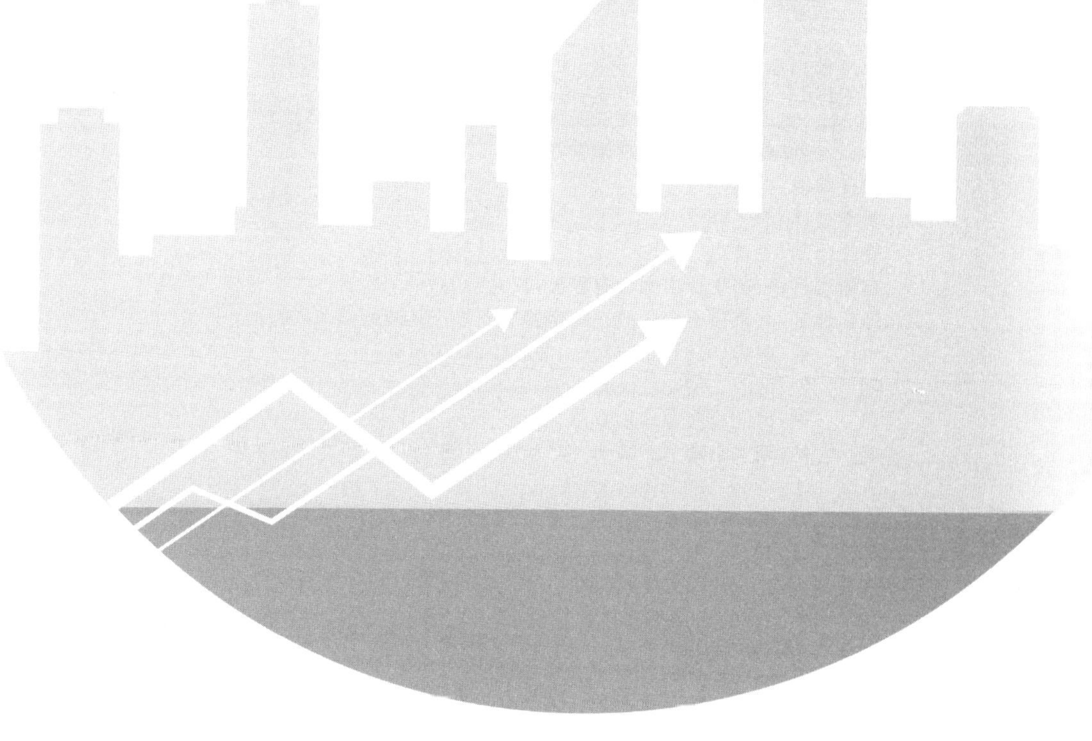

中国统计出版社
China Statistics Press

图书在版编目(CIP)数据

中国居民收支与生活状况报告. 2020 / 国家统计局住户调查办公室编著. —— 北京 :中国统计出版社, 2020.12

ISBN 978－7－5037－9374－5

Ⅰ. ①中… Ⅱ. ①国… Ⅲ. ①居民家庭收支调查—调查报告—中国—2020 Ⅳ. ①F126.2

中国版本图书馆 CIP 数据核字(2020)第 251750 号

中国居民收支与生活状况报告. 2020

作　　者/国家统计局住户调查办公室
责任编辑/冯燕玲
封面设计/李雪燕
责任印制/王建生
出版发行/中国统计出版社有限公司
通信地址/北京市丰台区西三环南路甲 6 号　邮政编码/100073
电　　话/邮购(010)63376909　书店(010)68783171
网　　址/http://www.zgtjcbs.com
印　　刷/河北鑫兆源印刷有限公司
经　　销/新华书店
开　　本/880×1230mm　1/16
字　　数/600 千字
印　　张/19.5
版　　别/2020 年 12 月第 1 版
版　　次/2020 年 12 月第 1 次印刷
定　　价/198.00 元

《中国居民收支与生活状况报告－2020》
编辑委员会

前 言

党的十九大以来，在以习近平同志为核心的党中央坚强领导下，各地区各部门深入贯彻以人民为中心的发展思想，坚持共享发展，着力增进人民福祉。城乡居民收入水平持续增长，生活质量显著提高，收入分配状况进一步改善。为更好地满足研究制定城乡统筹政策和民生政策的需要，为全面建成小康社会和决战决胜脱贫攻坚提供数据服务，国家统计局依法开展全国住户收支与生活状况调查，全面、准确、及时掌握全国和各地区城乡居民收入、消费及其他生活状况，监测居民收入分配格局和不同收入层次居民的生活质量。

《中国居民收支与生活状况报告》根据全国住户收支与生活状况调查 16 万户样本的调查数据，对全国及各省（区、市）的居民收入、消费和生活状况进行全面描述和分析，反映我国城乡居民收入的变化、生活水平的提高、生活状况的改善和居民收入分配格局的现状等。在全面建成小康社会和决战决胜脱贫攻坚即将收官之际，本书聚焦 2019 年全国及分地区居民收入和消费水平、居住条件、生活设施以及基本公共服务改善等，同时对近年来我国城乡居民的收入分配状况改善情况进行了分析。

本书共分为七章。第一章主要介绍全国住户收支与生活状况调查的调查内容和方法。第二章主要介绍近年来尤其是 2019 年全国及分城乡居民收入增长情况、增长特点和收入结构变化等。第三章主要介绍近年来居民收入分配状况和居民收入差距等。第四章主要介绍 2019 年居民消费支出增长情况、增长特点、结构变化等。第五章主要介绍 2019 年居民生活状况，包括居住条件、生活设施、耐用消费品拥有情况、社区基础设施和基本公共服务等。第六章主要是各省（区、市）针对 2019 年居民收支与生活改善情况的重点分析。第七章主要是部分省（区、市）有关居民收入和消费的专题分析。

限于水平和经验，本报告难免有不足之处，真诚欢迎大家提出批评和建议。

2020 年 12 月

目　录

第一章　全国住户收支与生活状况调查方法

国家统计局从2012年四季度起实施了城乡一体的全国住户收支与生活状况调查。在原来分别开展的城镇住户调查和农村住户调查的基础上，按照统一规范、科学实用、高效可行、积极稳妥的原则，从调查指标、抽样方法、调查过程、数据处理、数据发布等五个方面进行整合，建立了城乡一体的住户收支与生活状况调查体系。规范统一了收入名称与口径，完善了居民实物收支和政策性收支调查内容，改进了农民工调查方式和城乡统一归类，增加了调查样本量，优化了不同地区、不同收入层次的样本分布，并正式发布了全国居民可支配收入数据。

一、调查目的

为全面、准确、及时了解全国和各地区城乡居民收入、消费及其他生活状况，客观监测居民收入分配格局和不同收入层次居民的生活质量，更好地满足研究制定城乡统筹政策和民生政策的需要，为国民经济核算和居民消费价格指数权重制定提供基础数据，依照《中华人民共和国统计法》规定，开展住户收支与生活状况调查（以下简称住户调查）。

二、调查对象

住户调查对象为中华人民共和国境内的住户，既包括城镇住户，也包括农村住户；既包括以家庭形式居住的户，也包括以集体形式居住的户。无论户口性质和户口登记地，中国公民均以住户为单位，在常住地参加本调查。

三、调查周期及报告期

本调查的调查周期从上年12月1日起，至本年11月30日止。报告期分别为季报和年报。全体居民及分城乡居民的可支配收入和消费支出（不含自产自用）情况、调查户和调查人口情况为季报，其余为年报。

四、调查组织

国家统计局统一领导住户调查，负责制定调查方案，组织调查实施，监督调查过程，审核、处理、汇总调查数据，发布全国和分省城乡居民收入、消费和生活状况数据，国家统计局各调查总队按照《住户收支与生活状况调查方案》规定，负责组织分省住户调查工作，牵头负责本地区分市县住户调查。各级统计调查部门均按照《住户收支与生活状况调查方案》的规定组织实施现场调查。

五、调查内容

住户调查内容主要包括居民现金和实物收支情况、住户成员及劳动力从业情况、居民家庭食品和能源消费情况、住房和耐用消费品拥有情况、家庭经营和生产投资情况、社区基本情况以及其他民生状况等。具体内容由《住户收支与生活状况调查方案》的记账项目、问卷项目和汇总指标共同规定。

六、样本抽选

样本抽选包括抽样方法设计、县级调查网点代表性评估、调查小区抽选以及摸底调查、调查住宅抽选、调查户落实等现场抽样工作。

住户调查的抽样方法由国家统计局制定。样本量按满足以下代表性需求的标准确定：在95%的置信度下，分省居民及分省分城乡居民人均可支配收入、消费支出以及主要收入项和消费项的抽样误差控制在3%以内(个别人口较少的省在5%以内)。由此汇总生成的全国居民及全国分城乡居民人均可支配收入和消费支出抽样误差控制在1%以内，主要收入项和消费项的抽样误差控制在3%以内。国家统计局使用统一的抽样框，以省为总体，在对县级调查网点代表性进行评估的基础上，采用分层、多阶段随机抽样方法抽选调查住宅，确定调查户。抽中调查小区五年内保持不变。样本住户的调查周期为3年或2年。现场抽样工作由各调查总队统一组织。调查小区的变动需经国家统计局批准；调查户的变动需经调查总队批准，并报国家统计局备案。

七、数据采集

数据采集包括现场调查、数据录入和初步审核。

住户调查采用日记账和问卷调查相结合的方式采集基础数据。其中，居民现金收入与支出、实物收入与支出等内容主要使用记账方式采集。住户成员及劳动力从业情况、住房和耐用消费品拥有情况、家庭经营和生产投资情况、社区基本情况及其他民生状况等资料使用问卷调查方式采集。

住户调查数据采集工作主要由国家统计局派驻各地的调查队负责完成。

调查基础数据包括样本信息、调查户记账数据和问卷调查数据。由市县调查统计机构负责对记账数据进行编码，采用国家统计局指定的数据处理程序录入调查基础数据。有条件的地方可采用调查户电子记账和调查员手持电子终端采集数据。市、县调查统计机构对录入的数据进行初步审核。

八、数据处理

数据处理包括数据审核、加权、汇总。

所有住户调查样本的基础数据由各调查总队直接审核后上报至国家统计局。全国、省、市、县各级汇总结果根据分户基础数据、采用加权汇总方式生成。各级汇总权数由国家统计局统一制定。国家统计局根据分省调查样本数据和相应权数汇总生成全国和分省数据。

九、数据质量控制

住户调查实行全过程质量控制。国家统计局建立全过程质量控制制度，规范方案设计，科学抽选样本，认真组织培训，严格流程管理，加强监督检查。加强第三方评估，定期随机抽取6000个调查户进行电话回访，对基础数据进行审核分析，对调查样本代表性进行评估和校准，对各地住户调查专业工作的各个环节进行量化考核。每年还抽选部分省（区、市）直接进村入户开展基层工作检查，确保基础数据质量。

各级调查统计部门按照相关规定对调查过程的各个环节进行监督、检查，独立上报数据。

第二章　居民收入水平及变化状况

一、近年来全国及分城乡居民收入持续增长

党的十九大以来，在以习近平同志为核心的党中央坚强领导下，各地区各部门坚持以习近平新时代中国特色社会主义思想为指引，统筹推进“五位一体”总体布局和协调推进“四个全面”战略布局，坚持稳中求进工作总基调，坚持新发展理念，坚持以人民为中心的发展思想，坚持高质量发展。持续深化收入分配制度改革，不断加大精准扶贫精准脱贫力度，努力提高贫困群众获得感与幸福感。2019 年，全国居民人均可支配收入与 2017 年相比实际增长 12.7%，年均实际增长 6.1%；城镇居民人均可支配收入与 2017 年相比实际增长 10.8%，年均实际增长 5.3%；农村居民人均可支配收入与 2017 年相比实际增长 13.2%，年均实际增长 6.4%。这一时期，居民收入稳步增长，城乡居民生活向全面小康社会更加扎实地迈进。

（一）近年来居民收入增长快于人均 GDP 增长。

2017 年至 2019 年全国居民人均可支配收入分别为 25974 元、28228 元、30733 元，各年分别比上年实际增长 7.3%、6.5%和 5.8%，各年人均 GDP 实际增速分别为 6.4%、6.3%和 5.7%。比较全国居民人均可支配收入与人均 GDP 的实际增速可以看出，2017 年以来，两者增速均有放缓，但居民人均可支配收入增速始终快于人均 GDP。

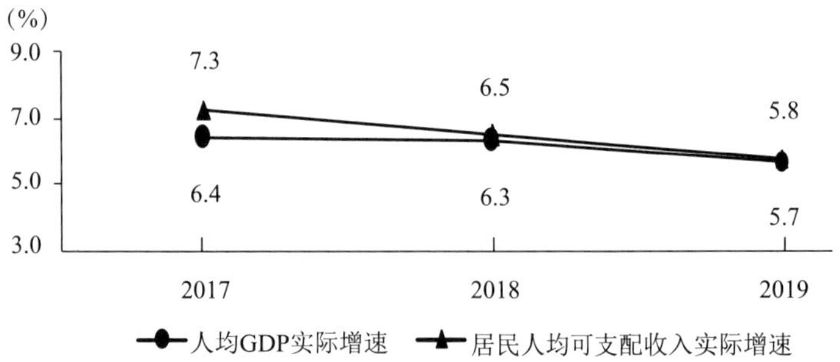

图 2－1　2017－2019 年居民收入增长与经济增长同步情况

（二）居民收入向翻番目标更进一步。

党的十八大提出了到 2020 年实现全面建成小康社会的宏伟目标。实现城乡居民人均收入要比 2010 年翻一番。收入翻番是指扣除价格因素后，2020 年全国居民人均可支配收入比 2010 年实际增长一倍。

按现价看,2019 年全国居民人均可支配收入为 30733 元,是 2010 年的 2.45 倍。按可比价看,2011—2019 年全国居民人均可支配收入实际增速分别为 10.3%、10.6%、8.1%、8.0%、7.4%、6.3%、7.3%、6.5%和 5.8%,九年累计实际增长 96.6%。全国居民人均可支配收入比 2010 年翻一番的目标接近完成。

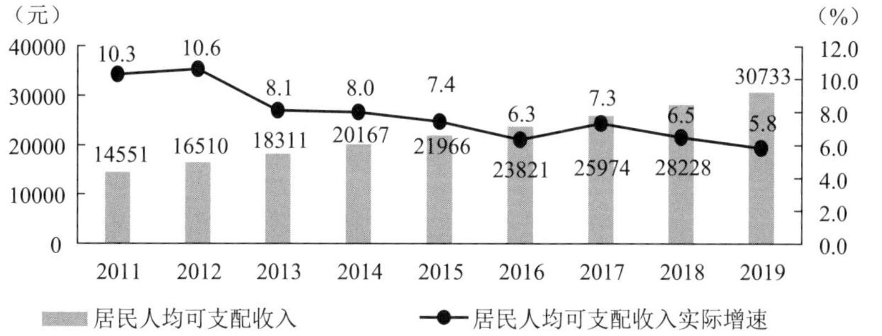

图 2-2　2011—2019 年全国居民人均可支配收入及实际增速

(三)近年来分城乡居民收入相对差距不断缩小。

2011 年至 2019 年城镇居民人均可支配收入分别为 21427 元、24127 元、26467 元、28844 元、31195 元、33616 元、36396 元、39251 元和 42359 元。2011 年至 2019 年农村居民人均可支配收入分别为 7394 元、8389 元、9430 元、10489 元、11422 元、12363 元、13432 元、14617 元和 16021 元,城乡收入比由 2011 年的 2.90 下降到 2019 年的 2.64。

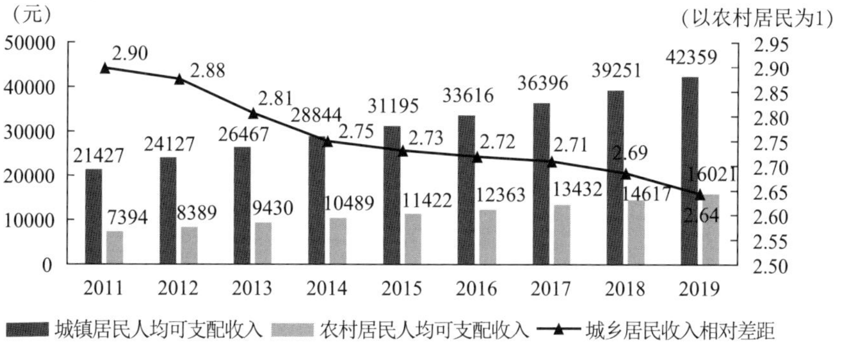

图 2-3　2011—2019 年分城乡居民人均可支配收入

(四)财产净收入连续三年保持两位数增长。

得益于农村土地市场与资本市场不断改革完善,促进农村土地流转更加顺畅,居民财产收入获取渠道不断拓宽,切实推动居民财产净收入。2017 年至 2019 年,全国居民人均财产净收入分别为 2107 元、2379 元和 2619 元,各年分别比上年增长[①] 11.6%、12.9%和 10.1%。各年增速均保持两位数增长,明显快于其他三项收入增速。年均增长 11.5%,分别快于人均工资性收入、人均经营净收入和人均转移净收入的年均增速 3.0、3.9 和 1.4 个百分点。

① 以下如无特殊说明,均为同比名义增长。

表 2－1　2017－2019 年全国居民人均可支配收入分项水平及增速

年　份	工资性收入		经营净收入		财产净收入		转移净收入	
	水平(元)	增速(%)	水平(元)	增速(%)	水平(元)	增速(%)	水平(元)	增速(%)
2017 年	14620	8.7	4502	6.7	2107	11.6	4744	11.4
2018 年	15829	8.3	4852	7.8	2379	12.9	5168	8.9
2019 年	17186	8.6	5247	8.1	2619	10.1	5680	9.9
年均增速	—	8.5	—	7.6	—	11.5	—	10.1

(五)各项收入来源对居民增收的贡献率。

2019 年全国居民人均可支配收入中，人均工资性收入增加 1357 元，拉动全国居民人均可支配收入增长 4.8 个百分点，对全年全国居民增收的贡献率为 54.2%，与 2017 年贡献率相比上升 0.1 个百分点。2019 年全国居民人均可支配收入中，经营净收入人均增加 395 元，拉动全国居民人均可支配收入增长 1.4 个百分点，对全年全国居民增收的贡献率为 15.8%，与 2017 年贡献率相比上升 2.6 个百分点。2019 年全国居民人均财产净收入增加 241 元，拉动全国居民人均可支配收入增长 0.9 个百分点，对全年全国居民增收的贡献率为 9.6%，与 2017 年贡献率相比下降 0.5 个百分点。2019 年全国居民人均转移净收入增加 512 元，拉动全国居民人均可支配收入增长 1.8 个百分点，对全年全国居民增收的贡献率为 20.5%，与 2017 年贡献率相比下降 2.0 个百分点。

表 2－2　2017－2019 年全国居民人均可支配收入分项贡献率

单位:%

指　　标	2017 年	2018 年	2019 年
可支配收入	100.0	100.0	100.0
1. 工资性收入	54.1	53.6	54.2
2. 经营净收入	13.2	15.6	15.8
3. 财产净收入	10.1	12.0	9.6
4. 转移净收入	22.5	18.8	20.5

2019 年城镇居民人均可支配收入中，工资性收入人均增加 1773 元，拉动城镇居民人均可支配收入增长 4.5 个百分点，对全年城镇居民增收的贡献率较明显，达到 57.0%，与 2017 年贡献率相比上升 1.7 个百分点。2019 年城镇居民人均可支配收入中，经营净收入人均增加 398 元，拉动城镇居民人均可支配收入增长 1.0 个百分点，对全年城镇居民增收的贡献率为 12.8%，与 2017 年贡献率相比上升 2.2 个百分点。2019 年城镇居民人均财产净收入增加 336 元，拉动城镇居民人均可支配收入增长 0.9 个百分点，对全年城镇居民增收的贡献率为 11.7%，与 2017 年贡献率相比下降 0.4 个百分点。2019 年城镇居民人均转移净收入增加 575 元，拉动城镇居民人均可支配收入增长 1.5 个百分点，对全年城镇居民增收的贡献率为 18.5%，与 2017 年贡献率相比下降 3.6 个百分点。

表 2—3　2017—2019 年城镇居民人均可支配收入分项贡献率

单位：%

指　　标	2017 年	2018 年	2019 年
可支配收入	100.0	100.0	100.0
1. 工资性收入	55.3	55.7	57.0
2. 经营净收入	10.6	13.2	12.8
3. 财产净收入	12.1	14.7	11.7
4. 转移净收入	22.1	16.3	18.5

2019 年农村居民人均可支配收入中，工资性收入人均增加 587 元，拉动农村居民人均可支配收入增长 4.0 个百分点，对全年农村居民增收的贡献率为 41.8%，与 2017 年贡献率相比下降 2.8 个百分点。2019 年农村居民人均可支配收入中，经营净收入人均增加 404 元，拉动农村居民人均可支配收入增长 2.8 个百分点，对全年农村居民增收的贡献率为 28.8%，与 2017 年贡献率相比上升 2.0 个百分点。2019 年农村居民人均财产净收入增加 35 元，拉动农村居民人均可支配收入增长 0.2 个百分点，对全年农村居民增收的贡献率为 2.5%，与 2017 年贡献率相比下降 0.4 个百分点。2019 年农村居民人均转移净收入增加 377 元，拉动农村居民人均可支配收入增长 2.6 个百分点，对全年农村居民增收的贡献率为 26.9%，与 2017 年贡献率相比上升 1.2 个百分点。

表 2—4　2017—2019 年农村居民人均可支配收入分项贡献率

单位：%

指　　标	2017 年	2018 年	2019 年
可支配收入	100.0	100.0	100.0
1. 工资性收入	44.6	42.0	41.8
2. 经营净收入	26.8	27.9	28.8
3. 财产净收入	2.9	3.3	2.5
4. 转移净收入	25.7	26.8	26.9

二、2019 年城乡居民收入增长特点

(一)城镇居民收入增长特点。

工资性收入增长 7.5%。2019 年，城镇居民人均工资性收入 25565 元，增长 7.5%，增速比上年加快 0.3 个百分点，占人均可支配收入的比重为 60.4%。人均工资性收入增长对城镇居民增收的贡献率为 57.0%，比上年提高 1.3 个百分点。主要是党中央、国务院始终把稳就业作为“六稳”之首，坚持实施就业优先政策，2019 年城镇新增就业超过 1300 万人，奠定了工资性收入稳步增长的基础。各地行政事业单位工资改革、最低工资标准和企业工资指导线上调等积极因素也带动工资性收入平稳较快增长。

经营净收入增长 9.0%。2019 年，城镇居民人均经营净收入 4840 元，增长 9.0%，保持稳定增长态势，但增速比上年回落 0.3 个百分点。人均经营净收入增长对城镇居民增收的贡献率为 12.8%，比上年下降 0.4 个百分点。经营净收入增长，主要是党中央、国务院深化“放管服”改革、

优化营商环境，市场活力不断增强，2019年全国新设市场主体再创新高。减税降费红利加速释放，2019年累计新增减税降费超过2万亿元，民营企业和小微企业成为直接受益者，城镇居民人均第三产业经营净收入增长8.6%，增速比上年加快2.4个百分点。

财产净收入增长9.0%。2019年，全国城镇居民人均财产净收入4391元，增长9.0%，增速比上年回落2.7个百分点，占人均可支配收入的比重为10.4%。人均财产净收入增长对城镇居民增收的贡献率为11.7%，比上年下降3.0个百分点。主要是各地坚持“房住不炒”定位，全面落实因城施策、稳地价稳房价稳预期的长效管理调控机制，房地产市场平稳健康发展。

转移净收入增长8.2%。2019年，全国城镇居民人均转移净收入7563元，增长8.2%，增速比上年加快1.1个百分点，占人均可支配收入的比重为17.9%。人均转移净收入增长对城镇居民增收的贡献率为18.5%，比上年提高2.2个百分点。主要是由于城镇最低生活保障标准继续上调，医保报销范围、比例逐步扩大，同时个税改革红利全面释放，城镇居民人均个人所得税支出下降24.1%。

（二）农村居民收入增长特点。

工资性收入增长9.8%。2019年，全国农村居民人均工资性收入6583元，增长9.8%，增速比上年加快0.7个百分点。主要是农民工就业人数增长0.8%，增速比上年加快0.2个百分点。农村居民人均工资性收入占人均可支配收入的比重为41.1%，比上年提高0.1个百分点。人均工资性收入对农村居民增收的贡献率为41.8%，比上年下降0.2个百分点。

经营净收入增长7.5%。2019年，全国农村居民人均经营净收入5762元，增长7.5%，增速比上年加快0.9个百分点。人均经营净收入占人均可支配收入的比重为36.0%，比上年下降0.7个百分点。人均经营净收入对农村居民增收的贡献率为28.8%，比上年提高0.9个百分点。第一产业经营净收入增速加快。农村居民人均第一产业经营净收入3730元，增长6.9%，增速比上年加快4.0个百分点。其中，人均种植业净收入增长5.1%，比上年加快1.8个百分点；人均牧业净收入增长14.3%，比上年加快16.2个百分点。主要是2019年粮食总产量增长0.9%，创历史最高水平，以及部分农牧产品价格上涨，都拉动了农村居民经营净收入的增长。

财产净收入增长10.3%。2019年，全国农村居民人均财产净收入377元，增长10.3%，增速比上年回落2.6个百分点。其中，人均转让承包土地经营权租金净收入和人均出租房屋净收入分别增长12.3%和11.3%。农村居民人均财产净收入占人均可支配收入的比重为2.4%，比上年提高0.1个百分点。人均财产净收入对农村居民增收的贡献率为2.5%，比上年下降0.8个百分点。

转移净收入增长12.9%。2019年，全国农村居民人均转移净收入3298元，增长12.9%，增速比上年加快0.7个百分点。主要是精准扶贫工作持续推进，各地继续加大社会救助力度，人均社会救济和补助收入增长14.6%；医疗保障体系持续完善，报销药品目录进一步扩大，居民医保报销比例继续提高，人均报销医疗费增长16.4%；部分地区提高稻谷补贴、农机补贴等标准，农村居民人均政策性惠农补贴增长16.5%。农村居民人均转移净收入占人均可支配收入的比重为

20.6%，比上年提高0.6个百分点。人均转移净收入对农村居民增收的贡献率为26.9%，比上年提高0.1个百分点。

三、2019年居民收入结构变化

2019年全体居民人均可支配收入来源构成中，转移净收入比重较上年提高最多，财产净收入占比略有提高，工资性收入和经营净收入比重均有所下降。调查数据显示，2019年全体居民人均可支配收入中，转移净收入占比18.5%，比上年提高0.2个百分点；财产净收入占比8.5%，比上年提高0.1个百分点；工资性收入占比55.9%，比上年下降0.2个百分点；经营净收入占比17.1%，比上年下降0.1个百分点。

表2—5 2018—2019年全国居民人均可支配收入来源及构成

指标	2018年		2019年	
	水平(元)	构成(%)	水平(元)	构成(%)
可支配收入	28228	100.0	30733	100.0
1. 工资性收入	15829	56.1	17186	55.9
2. 经营净收入	4852	17.2	5247	17.1
3. 财产净收入	2379	8.4	2619	8.5
4. 转移净收入	5168	18.3	5680	18.5

分城乡看，2019年城镇居民人均可支配收入中，经营净收入、财产净收入和转移净收入比重均略有提高，工资性收入占比有所下降。调查数据显示，2019年城镇居民人均可支配收入中，经营净收入占比11.4%，比上年提高0.1个百分点；财产净收入占比10.4%，比上年提高0.1个百分点；转移净收入占比17.9%，比上年提高0.1个百分点；工资性收入占比60.4%，比上年下降0.2个百分点。

表2—6 2018—2019年城镇居民人均可支配收入来源及构成

指标	2018年		2019年	
	水平(元)	构成(%)	水平(元)	构成(%)
可支配收入	39251	100.0	42359	100.0
1. 工资性收入	23792	60.6	25565	60.4
2. 经营净收入	4443	11.3	4840	11.4
3. 财产净收入	4028	10.3	4391	10.4
4. 转移净收入	6988	17.8	7563	17.9

2019年农村居民人均可支配收入中，除经营净收入外，其余三项收入占比均有所提高，其中，转移净收入占比提高明显。调查数据显示，2019年农村居民人均可支配收入中，转移净收入占比20.6%，比上年提高0.6个百分点；工资性收入占比41.1%，比上年提高0.1个百分点；财产净收入占比2.4%，比上年提高0.1个百分点；经营净收入占比36.0%，比上年下降0.7个百分点。

表 2-7　2018—2019 年农村居民人均可支配收入来源构成

指　标	2018 年		2019 年	
	水平(元)	构成(%)	水平(元)	构成(%)
可支配收入	14617	100.0	16021	100.0
1. 工资性收入	5996	41.0	6583	41.1
2. 经营净收入	5358	36.7	5762	36.0
3. 财产净收入	342	2.3	377	2.4
4. 转移净收入	2920	20.0	3298	20.6

四、2019 年分地区居民收入增长变化

从 31 个省(自治区、直辖市)全体居民人均可支配收入增长情况看,2019 年,全体居民人均可支配收入名义增速在 10.0%以上的有 3 个,按增速由高到低分别是西藏、贵州、安徽;名义增速在 8.0%以下的有 6 个,按增速由高到低分别是吉林、内蒙古、新疆、天津、辽宁、黑龙江;其余 22 省的居民人均可支配收入增速都在 8.0%至 10.0%之间。

表 2-8　2019 年各省(区、市)全体居民人均可支配收入情况

地　区	水平(元)	增速(%)	地　区	水平(元)	增速(%)
全　国	30733	8.9	河　南	23903	8.8
北　京	67756	8.7	湖　北	28319	9.7
天　津	42404	7.3	湖　南	27680	9.7
河　北	25665	9.5	广　东	39014	8.9
山　西	23828	8.4	广　西	23328	8.6
内蒙古	30555	7.7	海　南	26679	8.5
辽　宁	31820	7.1	重　庆	28920	9.6
吉　林	24563	7.7	四　川	24703	10.0
黑龙江	24254	6.7	贵　州	20397	10.7
上　海	69442	8.2	云　南	22082	9.9
江　苏	41400	8.7	西　藏	19501	12.8
浙　江	49899	8.9	陕　西	24666	9.5
安　徽	26415	10.1	甘　肃	19139	9.4
福　建	35616	9.1	青　海	22618	9.0
江　西	26262	9.1	宁　夏	24412	9.0
山　东	31597	8.2	新　疆	23103	7.5

分城乡看,2019 年城镇居民人均可支配收入名义增速在 9.0%以上的有 3 个,按增速由高到低分别是西藏、安徽、湖北;名义增速低于 7.0%的有 4 个,按增速由高到低分别是辽宁、内蒙古、黑龙江、新疆;其余 24 省的居民人均可支配收入增速都在 7.0%至 9.0%之间。

表 2－9　2019 年各省(区、市)城镇居民人均可支配收入情况

地　区	水平(元)	增速(％)	地　区	水平(元)	增速(％)
全　国	42359	7.9	河　南	34201	7.3
北　京	73849	8.6	湖　北	37601	9.1
天　津	46119	7.3	湖　南	39842	8.6
河　北	35738	8.4	广　东	48118	8.5
山　西	33262	7.2	广　西	34745	7.1
内蒙古	40782	6.5	海　南	36017	8.0
辽　宁	39777	6.5	重　庆	37939	8.7
吉　林	32299	7.1	四　川	36154	8.8
黑龙江	30945	6.0	贵　州	34404	8.9
上　海	73615	8.2	云　南	36238	8.2
江　苏	51056	8.2	西　藏	37410	10.7
浙　江	60182	8.3	陕　西	36098	8.3
安　徽	37540	9.1	甘　肃	32323	7.9
福　建	45620	8.3	青　海	33830	7.3
江　西	36546	8.1	宁　夏	34328	7.6
山　东	42329	7.0	新　疆	34664	5.8

2019 年，农村居民人均可支配收入名义增速在 10.0％以上的有 6 个，按增速由高到低分别是西藏、内蒙古、贵州、青海、云南、安徽；名义增速低于 9.0％的有 5 个，按增速由高到低分别是江苏、吉林、黑龙江、海南、天津；其余 20 省的居民人均可支配收入增速都在 9.0％至 10.0％之间。

表 2－10　2019 年各省(区、市)农村居民人均可支配收入情况

地　区	水平(元)	增速(％)	地　区	水平(元)	增速(％)
全　国	16021	9.6	河　南	15164	9.6
北　京	28928	9.2	湖　北	16391	9.4
天　津	24804	7.5	湖　南	15395	9.2
河　北	15373	9.6	广　东	18818	9.6
山　西	12902	9.8	广　西	13676	10.0
内蒙古	15283	10.7	海　南	15113	8.0
辽　宁	16108	9.9	重　庆	15133	9.8
吉　林	14936	8.6	四　川	14670	10.0
黑龙江	14982	8.5	贵　州	10756	10.7
上　海	33195	9.3	云　南	11902	10.5
江　苏	22675	8.8	西　藏	12951	13.1
浙　江	29876	9.4	陕　西	12326	9.9
安　徽	15416	10.1	甘　肃	9629	9.4
福　建	19568	9.8	青　海	11499	10.6
江　西	15796	9.2	宁　夏	12858	9.8
山　东	17775	9.1	新　疆	13122	9.6

第三章　居民收入分配状况

一、基尼系数变化趋势

基尼系数是衡量居民收入差距的综合指标。基尼系数在 0 和 1 之间，数值越大，说明居民收入差距越大，收入分配不平等程度越高。2005—2008 年全国居民人均可支配收入基尼系数从 0.485 上升至 2008 年的最高点 0.491，然后“七连降”至 2015 年的 0.462。2015—2018 年全国居民人均可支配收入基尼系数上升了 0.006，但 2019 年下降至 0.465，基尼系数总体呈下降趋势。

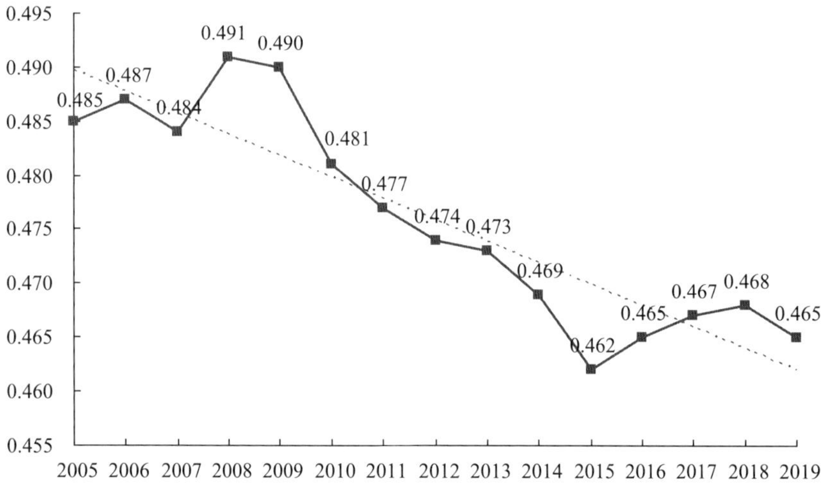

图 3—1　2005—2019 年全国居民收入基尼系数

二、中位数与平均数比较

（一）全国居民可支配收入中位数与平均数。

2015—2019 年全国居民人均可支配收入中位数分别为 19281 元、20883 元、22408 元、24336 元和 26523 元，分别比上年增长[①] 9.7％、8.3％、7.3％、8.6％和 9.0％，全国居民人均可支配收入平均数分别为 21966 元、23821 元、25974 元、28228 元和 30733 元，分别比上年增长 8.9％、8.4％、9.0％、8.7％和 8.9％，中位数分别是平均数的 87.8％、87.7％、86.3％、86.2％和 86.3％。

① 以下如无特别说明，均为比上年名义增长。

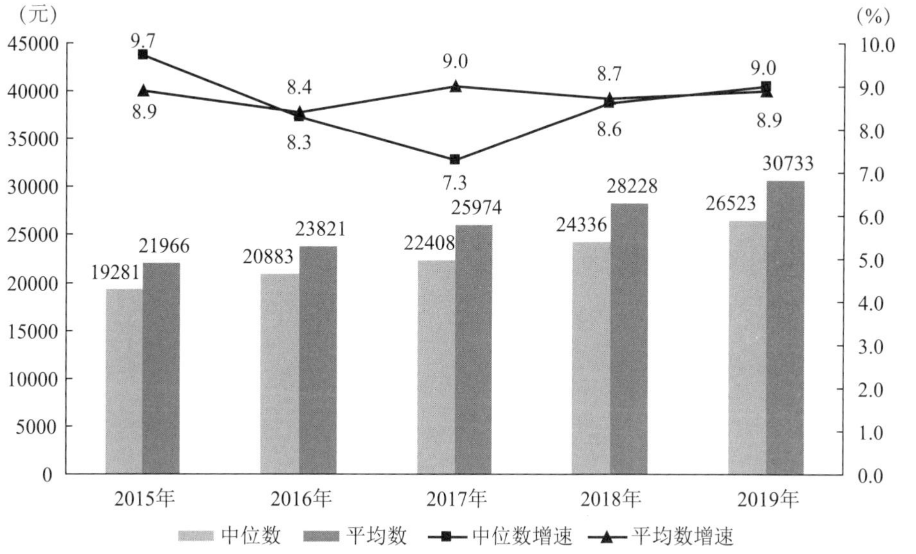

图 3－2　2015－2019 年全国居民人均可支配收入中位数与平均数

(二)城镇居民可支配收入中位数与平均数。

2015－2019 年城镇居民人均可支配收入中位数分别为 29129 元、31554 元、33834 元、36413 元和 39244 元，分别比上年增长 9.4%、8.3%、7.2%、7.6%和 7.8%，人均可支配收入平均数分别为 31195 元、33616 元、36396 元、39251 元和 42359 元，分别比上年增长 8.2%、7.8%、8.3%、7.8%和 7.9%，中位数分别是平均数的 93.4%、93.9%、93.0%、92.8%和 92.6%。

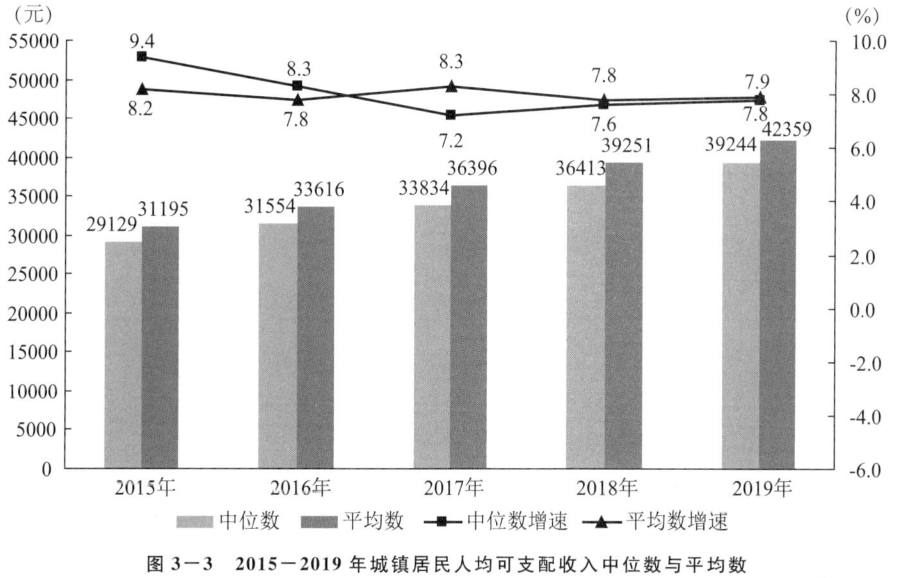

图 3－3　2015－2019 年城镇居民人均可支配收入中位数与平均数

(三)农村居民可支配收入中位数与平均数。

2015－2019 年农村居民人均可支配收入中位数分别为 10291 元、11149 元、11969 元、13066 元和 14389 元，分别比上年增长 8.4%、8.3%、7.4%、9.2%和 10.1%，人均可支配收入平均数分别为 11422 元、12363 元、13432 元、14617 元和 16021 元，分别比上年增长 8.9%、8.2%、8.6%、8.8%和 9.6%，中位数分别是平均数的 90.1%、90.2%、89.1%、89.4%

和89.8%。

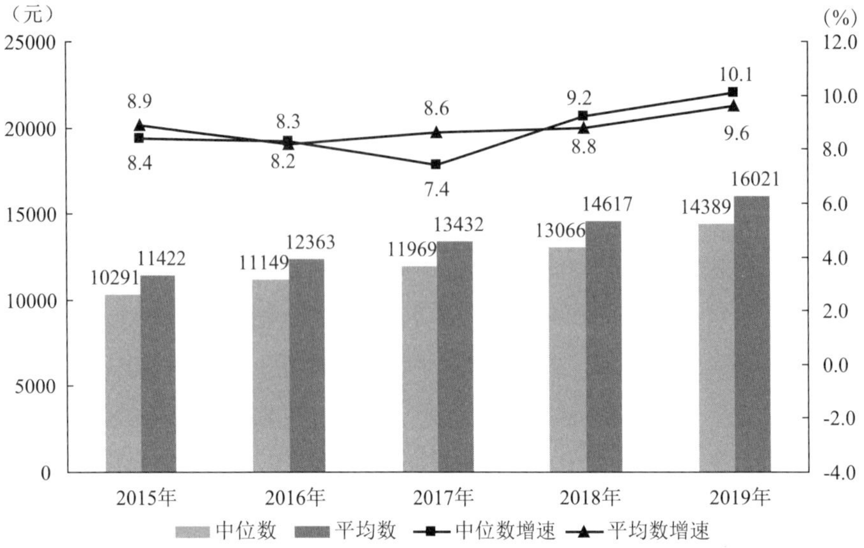

图3—4　2015—2019年农村居民人均可支配收入中位数与平均数

三、城乡间居民收入差距

分城乡看，近年来城乡居民收入绝对差距仍有所扩大，但相对差距不断缩小。2019年城乡居民人均收入绝对差额为26338元，比上年扩大1704元，绝对差距仍在继续扩大；城乡居民人均可支配收入比为2.64，比上年下降0.05，比2013年下降0.17，城乡居民收入相对差距继续缩小。

表3—1　2015—2019年城乡居民收入差距

年　份	城镇居民人均可支配收入（元）	农村居民人均可支配收入（元）	收入绝对差距（元）	收入相对差距（以农村为1）
2015年	31195	11422	19773	2.73
2016年	33616	12363	21253	2.72
2017年	36396	13432	22964	2.71
2018年	39251	14617	24634	2.69
2019年	42359	16021	26338	2.64

从农村内部看，贫困地区农村居民收入增长快于农村平均水平。据2019年全国农村贫困监测调查，2019年贫困地区农村居民人均可支配收入11567元，比上年增加1196元，名义增长11.5%，剔除价格因素影响，实际增长8.0%，比全国农村平均水平高1.8个百分点。同时，2019年全国农村贫困人口551万人，比上年减少1109万人，下降66.8%；贫困发生率0.6%，比上年下降1.1个百分点。全国农村贫困人口继续大幅减少，贫困发生率显著下降，为如期实现打赢脱贫攻坚战、全面建成小康社会的战略目标打下了坚实基础。

四、地区间居民收入差距

（一）全国居民地区间收入差距。

2019年东部、中部、西部和东北地区全体居民人均可支配收入分别为39439元、26025元、

23986 元和 27371 元，分别比上年增长 8.7%、9.4%、9.3%和 7.2%。中部和西部地区全体居民人均可支配收入增速超过全国居民人均可支配收入增速，东部地区和东北地区全体居民人均可支配收入增速分别低于全国居民人均可支配收入增速 0.2 和 1.7 个百分点。

中部地区收入增长最快，东北地区增长最慢。中部地区收入增速比东部地区高 0.7 个百分点，比西部地区高 0.1 个百分点，比东北地区高 2.2 个百分点。

东西部差距继续缩小。西部地区收入增速比东部地区高 0.6 个百分点，以西部地区为 1，东部地区与西部地区全体居民人均可支配收入之比为 1.64，比上年下降 0.01。

表 3－2 2018－2019 年地区间全体居民人均可支配收入

年 份	全国(元)	东部地区(元)	中部地区(元)	西部地区(元)	东北地区(元)
2018 年	28228	36298	23798	21936	25543
2019 年	30733	39439	26025	23986	27371
2019 年比 2018 年增长(%)	8.9	8.7	9.4	9.3	7.2

(二)城镇居民地区间收入差距。

2019 年东部、中部、西部和东北地区城镇居民人均可支配收入分别为 50145 元、36607 元、36041 元和 35130 元，分别比上年增长 8.0%、8.3%、7.9%和 6.5%。东部和中部地区城镇居民人均可支配收入增速分别快于城镇居民人均可支配收入增速 0.1 和 0.4 个百分点，西部地区城镇居民人均可支配收入增速与城镇居民人均可支配收入增速持平，东北地区城镇居民人均可支配收入增速低于城镇居民人均可支配收入增速 1.4 个百分点。

中部地区和西部地区城镇居民人均可支配收入增速分别比上年加快 0.3 和 0.1 个百分点，东部地区城镇居民人均可支配收入增速与上年持平，东北地区城镇居民人均可支配收入增速比上年回落 0.1 个百分点。以西部地区为 1，东部与西部地区城镇居民人均可支配收入之比为 1.39，与上年基本持平；东北地区与西部地区城镇居民人均可支配收入之比为 0.97，比上年下降 0.02。

表 3－3 2018－2019 年地区间城镇居民人均可支配收入

年 份	全国(元)	东部地区(元)	中部地区(元)	西部地区(元)	东北地区(元)
2018 年	39251	46433	33803	33389	32994
2019 年	42359	50145	36607	36041	35130
2019 年比 2018 年增长(%)	7.9	8.0	8.3	7.9	6.5

(三)农村居民地区间收入差距。

2019 年东部、中部、西部和东北地区农村居民人均可支配收入分别为 19989 元、15290 元、13035 元和 15357 元，分别比上年增长 9.3%、9.6%、10.2%和 9.1%。西部地区农村居民人均可支配收入增速快于农村居民人均可支配收入增速 0.6 个百分点，中部地区农村居民人均可支配收入增速与农村居民人均可支配收入增速持平，东部和东北地区农村居民人均可支配收入增速分别低于农村居民人均可支配收入增速 0.3 和 0.5 个百分点。

西部地区农村居民收入增长最快，增速比上年加快 0.9 个百分点。西部地区农村居民收入增速分别快于东部、中部和东北地区农村居民 0.9、0.6 和 1.1 个百分点。以西部地区为 1，东部、中部、东北地区与西部地区农村居民可支配收入之比分别为 1.53、1.17 和 1.18，比上年分别下降 0.02、0.01 和 0.01。

表 3－4　2018－2019 年地区间农村居民人均可支配收入

年　份	全国(元)	东部地区(元)	中部地区(元)	西部地区(元)	东北地区(元)
2018 年	14617	18286	13954	11831	14080
2019 年	16021	19989	15290	13035	15357
2019 年比 2018 年增长(%)	9.6	9.3	9.6	10.2	9.1

(四)地区内各省份间收入差距。

2019 年东部地区人均可支配收入最高和最低的省分别为上海市和河北省，收入比为 2.71；中部地区人均可支配收入最高和最低的省分别为湖北省和山西省，收入比为 1.19；东北地区人均可支配收入最高和最低的省分别为辽宁省和黑龙江省，收入比为 1.31；西部地区人均可支配收入最高和最低的省分别为内蒙古自治区和甘肃省，收入比为 1.60。

五、省(区、市)间居民收入差距

(一)全国居民省(区、市)间收入差距。

从省间差距看，收入高的省份主要集中在东部地区，收入低的省份主要集中在西部地区。收入最高的 7 个省全部在东部地区，排名依次是上海、北京、浙江、天津、江苏、广东、福建。收入最低的 7 个省全部在西部地区，排名由低至高，依次是甘肃、西藏、贵州、云南、青海、新疆、广西。高低省份间相对收入差距有所缩小，但绝对差距仍然存在。2019 年人均可支配收入最高与最低省份分别为上海和甘肃，收入比为 3.63，比上年下降 0.08；收入绝对差额为 50303 元，比上年扩大 3406 元。

表 3－5　2018－2019 年省(区、市)间居民人均可支配收入差距

年　份	收入最高省(元)	收入最低省(元)	收入最高与最低省收入差额(元)	收入最高与最低省收入之比
2018 年	上海(64183)	西藏(17286)	46897	3.71
2019 年	上海(69442)	甘肃(19139)	50303	3.63
2019 年比 2018 年扩大	—	—	3406	－0.08

(二)城镇居民省(区、市)间收入差距。

城镇居民收入高的省份主要集中在东部地区，收入低的省份主要集中在西部地区。城镇居民收入最高的 7 个省全部在东部地区，排名依次是北京、上海、浙江、江苏、广东、天津、福建。收入最低的 7 个省中，3 个在西部地区，2 个在东北地区，2 个在中部地区，排名由低至高，依次是黑龙江、吉林、甘肃、山西、青海、河南、宁夏。高低省份间相对收入差距有所扩大，绝对差距仍较为

显著。2019年城镇居民人均可支配收入最高省为北京，最低省为黑龙江，收入比为2.39，比上年上升0.06；收入绝对差额42904元，比上年扩大4062元。

表3—6　2018—2019年省（区、市）间城镇居民人均可支配收入差距

年　份	收入最高省（元）	收入最低省（元）	收入最高与最低省收入差额（元）	收入最高与最低省收入之比
2018年	上海（68034）	黑龙江（29191）	38842	2.33
2019年	北京（73849）	黑龙江（30945）	42904	2.39
2019年比2018年扩大	—	—	4062	0.06

（三）农村居民省（区、市）间收入差距。

农村居民收入高的省份主要集中在东部地区，收入低的省份主要集中在西部地区。农村居民收入最高的7个省全部在东部地区，排名依次是上海、浙江、北京、天津、江苏、福建、广东。收入最低的7个省中，6个在西部地区，1个在中部地区，排名由低至高，依次是甘肃、贵州、青海、云南、陕西、宁夏、山西。高低省份间收入绝对差距有所扩大。2019年农村居民人均可支配收入最高与最低省份仍然为上海和甘肃，收入比为3.45，与上年持平；收入绝对差额为23566元，比上年扩大1996元。

表3—7　2018—2019年省（区、市）间农村居民人均可支配收入差距

年　份	收入最高省（元）	收入最低省（元）	收入最高与最低省收入差额（元）	收入最高与最低省收入之比
2018年	上海（30375）	甘肃（8804）	21571	3.45
2019年	上海（33195）	甘肃（9629）	23566	3.45
2019年比2018年扩大	—	—	1995	0.00

六、不同分组间居民收入差距

（一）全国居民不同分组间收入差距。

2019年按人均可支配收入从低到高进行五等份分组，全国低收入组居民收入增速较快，高、低收入组相对差距缩小。2019年，低收入组居民人均可支配收入7380元，增长14.6%，增速快于全国居民人均可支配收入增速5.7个百分点；中间偏下收入组居民人均可支配收入15777元，增长9.9%；中间收入组居民人均可支配收入25035元，增长8.0%；中间偏上收入组居民人均可支配收入39230元，增长7.6%；高收入组居民人均可支配收入76401元，增长8.2%。2019年全国高、低收入组居民人均可支配收入之比为10.4，比上年下降0.6，相对差距缩小；收入绝对差额为69020元，比上年扩大4821元，绝对差距仍在继续扩大。

表 3－8　2018－2019 年全国居民五等份分组人均可支配收入情况

年　份	全国（元）	低收入组（元）	中间偏下收入组（元）	中间收入组（元）	中间偏上收入组（元）	高收入组（元）	高低收入组收入之比（以低收入组为 1）
2018 年	28228	6440	14361	23189	36471	70640	11.0
2019 年	30733	7380	15777	25035	39230	76401	10.4
2019 年比 2018 年增长（%）	8.9	14.6	9.9	8.0	7.6	8.2	—

（二）城镇居民不同分组间收入差距。

从城镇居民收入五等份分组数据看，2019 年城镇居民不同收入组之间居民收入增速差距较小。2019 年，城镇低收入组居民人均可支配收入 15549 元，增长 8.1%；城镇中间偏下收入组居民人均可支配收入 26784 元，增长 7.8%；城镇中间收入组居民人均可支配收入 37876 元，增长 7.6%；城镇中间偏上收入组居民人均可支配收入 52907 元，增长 7.6%；城镇高收入组居民人均可支配收入 91683 元，增长 8.0%。2019 年城镇居民高、低收入组人均可支配收入之比为 5.9，与上年持平；收入绝对差额为 76133 元，比上年扩大 5613 元，绝对差距仍在继续扩大。

表 3－9　2018－2019 年城镇居民五等份分组人均可支配收入情况

年　份	全国（元）	低收入组（元）	中间偏下收入组（元）	中间收入组（元）	中间偏上收入组（元）	高收入组（元）	高低收入组收入之比（以低收入组为 1）
2018 年	39251	14387	24857	35196	49174	84907	5.9
2019 年	42359	15549	26784	37876	52907	91683	5.9
2019 年比 2018 年增长（%）	7.9	8.1	7.8	7.6	7.6	8.0	—

（三）农村居民不同分组间收入差距。

从农村居民收入五等份分组数据看，2019 年农村居民低收入组和中间偏下收入组居民收入增速较快，高、低收入组相对差距缩小。2019 年，农村低收入组居民人均可支配收入 4263 元，增长 16.3%，增速快于农村居民人均可支配收入增速 6.7 个百分点；农村中间偏下收入组居民人均可支配收入 9754 元，增长 14.6%；农村中间收入组居民人均可支配收入 13984 元，增长 11.6%；农村中间偏上收入组居民人均可支配收入 19732 元，增长 9.3%；农村高收入组居民人均可支配收入 36049 元，增长 5.9%，增速低于农村居民人均可支配收入增速 3.7 个百分点。2019 年农村居民高、低收入组人均可支配收入之比为 8.5，比上年下降 0.8，相对差距缩小；收入绝对差额为 31787 元，比上年扩大 1410 元，绝对差距仍在继续扩大。

表 3－10　2018－2019 年农村居民五等份分组人均可支配收入情况

年　份	全国（元）	低收入组（元）	中间偏下收入组（元）	中间收入组（元）	中间偏上收入组（元）	高收入组（元）	高低收入组收入之比（以低收入组为 1）
2018 年	14617	3666	8508	12530	18051	34043	9.3
2019 年	16021	4263	9754	13984	19732	36049	8.5
2019 年比 2018 年增长（%）	9.6	16.3	14.6	11.6	9.3	5.9	—

第四章　居民消费支出状况

一、全国及分城乡居民消费支出稳定增长

2019年，全国居民人均消费支出21559元，首次超过2万元，比上年名义增长8.6%，扣除价格因素影响，实际增长5.5%。分城乡看，城镇居民人均消费支出28063元，名义增长7.5%，实际增长4.6%；农村居民人均消费支出13328元，名义增长9.9%，实际增长6.5%。农村居民消费增长快于城镇居民，名义增速和实际增速分别快于城镇居民2.4和1.9个百分点。

表4－1　2018－2019年全国及分城乡居民人均消费支出增长情况

指　　标	水平(元)		2019年增速(%)	
	2019年	2018年	名义增速	实际增速
全国居民人均消费支出	21559	19853	8.6	5.5
城镇居民人均消费支出	28063	26112	7.5	4.6
农村居民人均消费支出	13328	12124	9.9	6.5

二、分项消费支出增长特点

(一)食品烟酒和居住支出较快增长。

食品烟酒支出增长8.0%。2019年，全国居民人均食品烟酒支出6084元，增长8.0%。受猪肉价格大幅上涨带动畜禽肉类价格明显上升影响，全国居民人均食品支出增长5.4%，增速比上年加快5.0个百分点。其中，人均肉类支出878元，增长4.1%；人均禽类支出286元，增长24.8%。随着餐饮行业规模不断扩大，居民在外饮食行为更加普遍，人均饮食服务支出增长16.3%。分城乡看，城镇居民人均食品烟酒支出7733元，增长6.8%；农村居民人均食品烟酒支出3998元，增长9.7%。

居住支出增长8.8%。2019年，全国居民人均居住支出5055元，增长8.8%。其中，人均住房维修及管理支出692元，增长17.8%；人均水电燃料支出870元，增长3.0%。分城乡看，城镇居民人均居住支出6780元，增长8.4%；农村居民人均居住支出2871元，增长7.9%。

(二)衣着、生活用品及服务、交通通信等支出平稳增长。

衣着支出增长3.8%。2019年，全国居民人均衣着支出1338元，增长3.8%。其中，人均衣类支出1076元，增长3.6%；人均鞋类支出262元，增长4.8%。分城乡看，城镇居民人均衣着支

出1832元，增长1.3%；农村居民人均衣着支出713元，增长10.1%，农村居民的个性化着装需求得到进一步满足。

生活用品及服务支出增长4.8%。2019年，全国居民人均生活用品及服务支出1281元，增长4.8%，居民对个人生活品质的追求不断增强，包括化妆品消费在内的人均个人用品支出增长14.6%。分城乡看，城镇居民人均生活用品及服务支出1689元，增长3.7%；农村居民人均生活用品及服务支出764元，增长6.0%。

交通通信支出增长7.0%。2019年，全国居民人均交通通信支出2862元，增长7.0%。其中，随着交通网络建设更加便捷高效，居民出行更为便利，人均交通支出2178元，增长10.5%。电信行业提速降费相关工作进一步推进，居民得到更多通信实惠，人均通信支出684元，下降2.9%。分城乡看，城镇居民人均交通通信支出3671元，增长5.7%；农村居民人均交通通信支出1837元，增长8.7%。

（三）教育文化娱乐和医疗保健消费升温。

教育文化娱乐支出增长12.9%。2019年，全国居民人均教育文化娱乐支出2513元，增长12.9%。其中，由于教育培训行业日益规范成熟，居民教育投资理念不断增强，人均教育支出1665元，增长19.0%。分城乡看，城镇居民人均教育文化娱乐支出3328元，增长11.9%；农村居民人均教育文化娱乐支出1482元，增长13.8%。

医疗保健支出增长12.9%。2019年，全国居民人均医疗保健支出1902元，增长12.9%。其中，人均医疗器具及药品支出512元，下降2.4%；人均医疗服务支出1390元，增长19.8%。主要是异地就医直接结算更加便利、更多药品纳入医保、大病保险和医疗救助制度进一步完善，推动居民享受更多优质医疗服务。分城乡看，城镇居民人均医疗保健支出2283元，增长11.6%；农村居民人均医疗保健支出1421元，增长14.6%。

表4—2　2019年全国居民消费支出变化

指　　标	水平（元）	增速（%）
居民消费支出	21559	8.6
#服务性消费支出	9886	12.6
1. 食品烟酒	6084	8.0
2. 衣着	1338	3.8
3. 居住	5055	8.8
4. 生活用品及服务	1281	4.8
5. 交通通信	2862	7.0
6. 教育文化娱乐	2513	12.9
7. 医疗保健	1902	12.9
8. 其他用品及服务	524	9.7

三、消费结构变化

（一）食品、衣着、生活用品及服务等基本消费支出占比下降。

恩格尔系数继续下降。2019年，全国居民人均食品烟酒支出占人均消费支出的比重（恩格尔系数）为28.2%，比上年下降0.2个百分点。分城乡看，城镇居民和农村居民的人均食品烟酒支出占比分别为27.6%和30.0%，均比上年下降0.1个百分点。恩格尔系数继续下降，说明居民生活水平进一步提高和消费结构持续改善。

衣着支出占比下降0.3个百分点。2019年，全国居民人均衣着支出占人均消费支出的比重为6.2%，比上年下降0.3个百分点。分城乡看，城镇居民人均衣着支出占比为6.5%，比上年下降0.4个百分点；农村居民人均衣着支出占比为5.4%，比上年提高0.1个百分点。

生活用品及服务支出占比下降0.3个百分点。2019年，全国居民人均生活用品及服务支出占人均消费支出的比重为5.9%，比上年下降0.3个百分点。分城乡看，城镇居民和农村居民人均生活用品及服务支出占比分别为6.0%和5.7%，均比上年下降0.2个百分点。

（二）文教娱乐、医疗保健等发展享受型消费支出占比提高。

教育文化娱乐支出占比提高0.5个百分点。2019年，全国居民人均教育文化娱乐支出占人均消费支出的比重为11.7%，比上年提高0.5个百分点。分城乡看，城镇居民和农村居民人均教育文化娱乐支出占比分别为11.9%和10.7%，分别比上年提高0.5和0.4个百分点。

医疗保健支出占比提高0.3个百分点。2019年，全国居民人均医疗保健支出占人均消费支出的比重为8.8%，比上年提高0.3个百分点。分城乡看，城镇居民和农村居民人均医疗保健支出占比分别为8.1%和10.7%，分别比上年提高0.3和0.5个百分点。

（三）服务性消费支出占比提升。

2019年，全国居民人均服务性消费支出9886元，比上年增长12.6%，占人均消费支出的比重为45.9%，比上年提高1.7个百分点。分城乡看，城镇居民和农村居民人均服务性消费支出占比分别为48.2%和39.7%，分别比上年提高1.7和1.4个百分点。服务性消费占比提升进一步说明居民消费结构的持续升级。

表4—3　2019年全国及分城乡居民消费支出结构

指　标	全国居民（%）		城镇居民（%）		农村居民（%）	
	水平（元）	构成（%）	水平（元）	构成（%）	水平（元）	构成（%）
居民消费支出	21559	100.0	28063	100.0	13328	100.0
#服务性消费	9886	45.9	13518	48.2	5290	39.7
1. 食品烟酒	6084	28.2	7733	27.6	3998	30.0
2. 衣着	1338	6.2	1832	6.5	713	5.4
3. 居住	5055	23.4	6780	24.2	2871	21.5
4. 生活用品及服务	1281	5.9	1689	6.0	764	5.7
5. 交通通信	2862	13.3	3671	13.1	1837	13.8
6. 教育文化娱乐	2513	11.7	3328	11.9	1482	11.1
7. 医疗保健	1902	8.8	2283	8.1	1421	10.7
8. 其他用品及服务	524	2.4	747	2.7	241	1.8

四、食品消费结构变化

（一）人均粮食、菜类、奶类消费量小幅增长。

粮食消费量增长2.3％。2019年，全国居民人均粮食消费量130.1公斤，比上年增长2.3％。分城乡看，城镇居民人均粮食消费量110.6公斤，比上年增长0.6％；农村居民人均粮食消费量154.8公斤，比上年增长4.2％。

菜类消费量增长2.6％。2019年，全国居民人均蔬菜及食用菌消费量98.6公斤，比上年增长2.6％。分城乡看，城镇居民人均蔬菜及食用菌消费量105.8公斤，比上年增长2.7％；农村居民人均蔬菜及食用菌消费量89.5公斤，比上年增长2.3％。

奶类消费量增长2.3％。2019年，全国居民人均奶类消费量12.5公斤，比上年增长2.3％。分城乡看，城镇居民人均奶类消费量16.7公斤，比上年增长0.7％；农村居民人均奶类消费量7.3公斤，比上年增长5.2％。

（二）人均禽类、水产品、蛋类及干鲜瓜果类消费量增长较快。

禽类消费量增长19.9％。2019年，全国居民人均禽类消费量10.8公斤，比上年增长19.9％。分城乡看，城镇居民人均禽类消费量11.4公斤，比上年增长16.2％；农村居民人均禽类消费量10.0公斤，比上年增长25.3％。

水产品消费量增长19.2％。2019年，全国居民人均水产品消费量13.6公斤，比上年增长19.2％。分城乡看，城镇居民人均水产品消费量16.7公斤，比上年增长16.7％；农村居民人均水产品消费量9.6公斤，比上年增长23.6％。

蛋类消费量增长9.9％。2019年，全国居民人均蛋类消费量10.7公斤，比上年增长9.9％。分城乡看，城镇居民人均蛋类消费量11.5公斤，比上年增长6.8％；农村居民人均蛋类消费量9.6公斤，比上年增长14.3％。

干鲜瓜果类消费量增长8.3％。2019年，全国居民人均干鲜瓜果类消费量56.4公斤，比上年增长8.3％。分城乡看，城镇居民人均干鲜瓜果类消费量66.8公斤，比上年增长7.8％；农村居民人均干鲜瓜果类消费量43.3公斤，比上年增长8.6％。

（三）人均食用油和肉类消费量下降。

食用油消费量下降1.8％。2019年，全国居民人均食用油消费量9.5公斤，比上年下降1.8％。分城乡看，城镇居民人均食用油消费量9.2公斤，比上年下降2.4％；农村居民人均食用油消费量9.8公斤，比上年下降0.9％。

肉类消费量下降8.9％，其中猪肉和羊肉消费量下降，牛肉消费量增加。2019年，全国居民人均肉类消费量26.9公斤，比上年下降8.9％。其中，人均猪肉和羊肉消费量分别为20.3公斤和1.2公斤，分别比上年下降11.2％和7.5％；人均牛肉消费量2.2公斤，比上年增长10.0％。分城乡看，城镇居民人均肉类消费量28.7公斤，比上年下降8.0％，其中人均猪肉和羊肉消费量分别为20.3公斤和1.4公斤，分别比上年下降10.7％和7.3％；人均牛肉消费量为2.9公斤，比上年增长 8.9%。农村居民人均肉类消费量 24.7 公斤，比上年下降 10.2%，其中人均猪肉和羊肉消费量分别为 20.2 公斤和 1.0 公斤，分别比上年下降 11.9% 和 8.4%；人均牛肉消费量 1.2 公斤，比上年增长 11.4%。

表 4—4　2019 年全国及分城乡居民主要食品消费量

单位：公斤/人

指　　标	全国居民	城镇居民	农村居民
粮食	130.1	110.6	154.8
其中：谷物	117.9	98.5	142.6
食用油	9.5	9.2	9.8
其中：食用植物油	8.9	8.7	9.0
蔬菜及食用菌	98.6	105.8	89.5
其中：鲜菜	95.2	101.5	87.2
肉类	26.9	28.7	24.7
其中：猪肉	20.3	20.3	20.2
牛肉	2.2	2.9	1.2
羊肉	1.2	1.4	1.0
禽类	10.8	11.4	10.0
水产品	13.6	16.7	9.6
蛋类	10.7	11.5	9.6
奶类	12.5	16.7	7.3
干鲜瓜果类	56.4	66.8	43.3
食糖	1.3	1.2	1.4

第五章　居民生活状况

一、居住条件

2019 年，全国居民人均住房面积、居住空间、建筑材料等居住条件进一步改善。

（一）居住面积和空间样式。

从住房条件看，2019 年全国居民人均住房建筑面积为 43.8 平方米，比上年增加 1.1 平方米，增长 2.6%。城镇居民人均住房建筑面积为 39.8 平方米，比上年增加 0.8 平方米，增长 2.1%；农村居民人均住房建筑面积为 48.9 平方米，比上年增加 1.6 平方米，增长 3.5%。

从居住空间样式看，全国居民居住在单栋楼房或单栋平房的户比重为 55.6%，比上年下降 0.1 个百分点；居住在单元房的户比重为 42.2%，比上年提高 0.5 个百分点；居住在筒子楼或连片平房的户比重为 1.6%，比上年下降 0.1 个百分点。城镇居民居住在单栋楼房或单栋平房的户比重为 27.3%，与上年持平；居住在单元房的户比重为 71.1%，比上年提高 0.2 个百分点；居住在筒子楼或连片平房的户比重为 1.5%，比上年下降 0.1 个百分点。农村居民居住在单栋楼房或单栋平房的户比重为 94.0%，比上年提高 0.4 个百分点；居住在单元房的户比重为 3.0%，比上年提高 0.4 个百分点；居住在筒子楼或连片平房的户比重为 1.7%，比上年下降 0.2 个百分点。

（二）主要建筑材料。

从住房的主要建筑材料看，全国居民居住在钢筋混凝土或砖混材料结构住房的户比重为 85.9%，比上年提高 0.6 个百分点；居住在砖瓦砖木或竹草土坯结构住房的户比重为 13.3%，比上年下降 0.5 个百分点。城镇居民居住在钢筋混凝土或砖混材料结构住房的户比重为 95.9%，比上年提高 0.1 个百分点；居住在砖瓦砖木或竹草土坯结构住房的户比重为 3.9%，比上年下降 0.1 个百分点。农村居民居住在钢筋混凝土或砖混材料结构住房的户比重为 72.4%，比上年提高 1.2 个百分点；居住在砖瓦砖木或竹草土坯结构住房的户比重为 25.9%，比上年下降 1.1 个百分点。

表 5－1　2019 年全国及分城乡居民居住条件

单位：%

指　　标	全国居民	城镇居民	农村居民
人均住房建筑面积(平方米)	43.8	39.8	48.9
居住的空间样式	—	—	—
其中:居住在单栋楼房或单栋平房的户比重	55.6	27.3	94.0
居住在单元房的户比重	42.2	71.1	3.0
居住在筒子楼或连片平房的户比重	1.6	1.5	1.7
住房的主要建筑材料	—	—	—
其中:居住在钢筋混凝土或砖混材料结构住房的户比重	85.9	95.9	72.4
居住在砖瓦砖木或竹草土坯结构住房的户比重	13.3	3.9	25.9

二、生活设施

2019 年，全国居民使用净化自来水的户比重明显上升，住宅内卫生设施、洗澡设施极大改善，炊事用能源使用柴草、煤炭的户比重有所下降。

(一)饮用水情况。

从主要饮用水来源看，全国居民使用经过净化处理的自来水的户比重为 79.7%，比上年提高 2.3 个百分点。城镇居民使用经过净化处理的自来水的户比重为 93.4%，比上年提高 0.5 个百分点；农村居民使用经过净化处理的自来水的户比重为 61.1%，比上年提高 4.5 个百分点。

全国居民获取饮用水无困难的户比重为 97.1%，比上年提高 0.8 个百分点。城镇居民获取饮用水无困难的户比重为 98.8%，比上年提高 0.2 个百分点；农村居民获取饮用水无困难的户比重为 94.8%，比上年提高 1.6 个百分点。

(二)住宅内卫生设施。

全国居民住宅内使用水冲式卫生厕所的户比重为 79.1%，比上年提高 8.7 个百分点；使用普通旱厕的户比重为 8.3%，比上年下降 11.1 个百分点；厕所为独用的户比重为 97.3%，比上年提高 0.5 个百分点。城镇居民住宅内使用水冲式卫生厕所的户比重为 94.4%，比上年提高 2.8 个百分点；使用普通旱厕的户比重为 1.8%，比上年下降 2.7 个百分点；厕所为独用的户比重为 97.7%，比上年提高 0.5 个百分点。农村居民住宅内使用水冲式卫生厕所的户比重为 58.4%，比上年提高 16.3 个百分点；使用普通旱厕的户比重为 17.1%，比上年下降 22.3 个百分点；厕所为独用的户比重为 96.8%，比上年提高 0.5 个百分点。

(三)住宅内洗澡设施。

全国居民家庭自装热水器的户比重为 79.2%，比上年提高 2.7 个百分点；无洗澡设施的户比重为 14.1%，比上年下降 1.7 个百分点。城镇居民家庭自装热水器的户比重为 89.2%，比上年提高 1.7 个百分点；无洗澡设施的户比重为 5.6%，比上年下降 0.7 个百分点。农村居民家庭自装热水器的户比重为 65.7%，比上年提高 3.9 个百分点；无洗澡设施的户比重为 25.6%，比上年下降 2.8 个百分点。

表 5－2　2019 年全国及分城乡居民主要生活设施情况

单位：%

指　　标	全国居民	城镇居民	农村居民
主要饮用水来源情况	—	—	—
其中：使用经过净化处理的自来水的户比重	79.7	93.4	61.1
获取饮用水无困难的户比重	97.1	98.8	94.8
厕所类型	—	—	—
其中：有水冲式卫生厕所的户比重	79.1	94.4	58.4
有普通旱厕的户比重	8.3	1.8	17.1
厕所使用情况	—	—	—
其中：本住户独用的户比重	97.3	97.7	96.8
洗澡设施	—	—	—
其中：自装热水器的户比重	79.2	89.2	65.7
无洗澡设施的户比重	14.1	5.6	25.6

（四）主要炊用能源。

全国居民主要炊用能源使用管道天然气和用电的户比重分别为 32.0％和 20.0％，分别比上年提高 1.7 和 0.7 个百分点；使用柴草、煤炭的户比重分别为 12.9％和 3.7％，分别比上年下降 1.0 和 0.5 个百分点。城镇居民主要炊用能源使用管道天然气和用电的户比重分别为 51.3％和 16.3％，分别比上年提高 1.6 和 0.2 个百分点；使用罐装液化石油气、管道煤气的户比重分别为 24.5％和 2.8％，分别比上年下降 0.8 和 0.4 个百分点。农村居民主要炊用能源使用电和管道天然气的户比重分别为 25.0％和 5.7％，均比上年提高 1.4 个百分点；使用柴草、煤炭的户比重分别为 27.9％和 7.2％，分别比上年下降 1.9 和 0.8 个百分点。

表 5－3　2019 年全国及分城乡居民炊用能源使用情况

单位：%

指　　标	全国居民	城镇居民	农村居民
主要炊用能源状况	—	—	—
其中：使用柴草的户比重	12.9	1.8	27.9
使用煤炭的户比重	3.7	1.1	7.2
使用罐装液化石油气的户比重	27.9	24.5	32.6
使用管道煤气的户比重	1.7	2.8	0.2
使用管道天然气的户比重	32.0	51.3	5.7
使用电的户比重	20.0	16.3	25.0

三、耐用消费品拥有情况

随着居民收入水平不断提高，消费能力进一步增强，消费升级步伐加快，城乡居民主要耐用消费品拥有量不断增多，生活家电普及率持续提高，农村居民耐用消费品升级换代趋势更为明显。

（一）交通工具拥有情况。

2019 年全国居民平均每百户汽车拥有量为 35.3 辆，比上年增加 2.3 辆，增长 7.0％。城镇居民平均每百户汽车拥有量为 43.2 辆，比上年增加 2.2 辆，增长 5.2%；农村居民平均每百户汽车拥有量为 24.7 辆，比上年增加 2.4 辆，增长 10.7%。

全国居民平均每百户摩托车拥有量为 34.2 辆，比上年减少 1.5 辆，下降 4.4%。城镇居民平均每百户摩托车拥有量为 18.7 辆，比上年减少 0.8 辆，下降 4.0%；农村居民平均每百户摩托车拥有量为 55.1 辆，比上年减少 2.3 辆，下降 4.0%。

全国居民平均每百户电动助力车拥有量为 63.9 辆，比上年增加 4.7 辆，增长 8.0%。城镇居民平均每百户电动助力车拥有量为 59.4 辆，比上年增加 4.4 辆，增长 8.1%；农村居民平均每百户电动助力车拥有量为 70.1 辆，比上年增加 5.2 辆，增长 8.0%。

（二）主要家用电器拥有情况。

全国居民平均每百户洗衣机拥有量为 96.0 台，比上年增加 2.2 台，增长 2.3%。城镇居民平均每百户洗衣机拥有量为 99.2 台，比上年增加 1.5 台，增长 1.5%；农村居民平均每百户洗衣机拥有量为 91.6 台，比上年增加 3.1 台，增长 3.4%。

全国居民平均每百户电冰箱（柜）拥有量为 100.9 台，比上年增加 2.1 台，增长 2.1%。城镇居民平均每百户电冰箱（柜）拥有量为 102.5 台，比上年增加 1.6 台，增长 1.6%；农村居民平均每百户电冰箱（柜）拥有量为 98.6 台，比上年增加 2.7 台，增长 2.9%。

全国居民平均每百户微波炉拥有量为 40.1 台，比上年增加 0.9 台，增长 2.3%。城镇居民平均每百户微波炉拥有量为 55.7 台，比上年增加 0.5 台，增长 0.9%；农村居民平均每百户微波炉拥有量为 18.9 台，比上年增加 1.2 台，增长 6.8%。

全国居民平均每百户彩色电视机拥有量为 120.6 台，比上年增加 1.3 台，增长 1.1%。城镇居民平均每百户彩色电视机拥有量为 122.8 台，比上年增加 1.5 台，增长 1.3%；农村居民平均每百户彩色电视机拥有量为 117.6 台，比上年增加 1.0 台，增长 0.8%。

全国居民平均每百户空调拥有量为 115.6 台，比上年增加 6.3 台，增长 5.8%。城镇居民平均每百户空调拥有量为 148.3 台，比上年增加 6.1 台，增长 4.3%；农村居民平均每百户空调拥有量为 71.3 台，比上年增加 6.1 台，增长 9.3%。

全国居民平均每百户热水器拥有量为 86.9 台，比上年增加 1.9 台，增长 2.3%。城镇居民平均每百户热水器拥有量为 98.2 台，比上年增加 1.0 台，增长 1.0%；农村居民平均每百户热水器拥有量为 71.7 台，比上年增加 3.0 台，增长 4.4%。

全国居民平均每百户排油烟机拥有量为 59.3 台，比上年增加 2.9 台，增长 5.2%。城镇居民平均每百户排油烟机拥有量为 81.7 台，比上年增加 2.6 台，增长 3.2%；农村居民平均每百户排油烟机拥有量为 29.0 台，比上年增加 3.0 台，增长 11.4%。

（三）信息化耐用品拥有情况。

全国居民平均每百户移动电话拥有量为 253.2 部，比上年增加 4.1 部，增长 1.7%。城镇居民平均每百户移动电话拥有量为 247.4 部，比上年增加 4.3 部，增长 1.8%；农村居民平均每百户移动电话拥有量为 261.2 部，比上年增加 4.2 部，增长 1.6%。

全国居民平均每百户计算机拥有量为53.2台，比上年减少0.2台，下降0.2%。城镇居民平均每百户计算机拥有量为72.2台，比上年减少0.9台，下降1.3%；农村居民平均每百户计算机拥有量为27.5台，比上年增加0.6台，增长2.5%。

表5—4　2019年全国及分城乡居民耐用消费品拥有情况

单位：平均每百户

指　　标	单位	全国居民	城镇居民	农村居民
家用汽车	辆	35.3	43.2	24.7
摩托车	辆	34.2	18.7	55.1
电动助力车	辆	63.9	59.4	70.1
洗衣机	台	96.0	99.2	91.6
电冰箱(柜)	台	100.9	102.5	98.6
微波炉	台	40.1	55.7	18.9
彩色电视机	台	120.6	122.8	117.6
空调	台	115.6	148.3	71.3
热水器	台	86.9	98.2	71.7
排油烟机	台	59.3	81.7	29.0
移动电话	部	253.2	247.4	261.2
计算机	台	53.2	72.2	27.5

四、社区(自然村)基础设施和基本公共服务

(一)社区①基础设施情况。

"四通"覆盖面不断扩大。截至2019年，全国范围内通电的社区已基本实现全覆盖。全国居民所在社区通电话的户比重为99.9%，接近全覆盖水平；通有线电视信号和通宽带的户比重分别为99.3%和98.5%，分别比上年提高0.3和0.7个百分点。城镇居民所在社区已基本实现全部通电话；通有线电视信号和通宽带的户比重分别为99.9%和99.6%，均比上年提高0.2个百分点。农村居民所在社区通电话、通有线电视信号和通宽带的户比重分别为99.8%、98.6%和97.1%，分别比上年提高0.1、0.5和1.4个百分点。

社区交通条件不断优化。全国居民进社区道路为水泥或柏油路面的户比重为97.1%，比上年提高0.4个百分点，其中农村居民进自然村道路为水泥或柏油路面的户比重为94.5%，比上年提高1.2个百分点。全国居民所在社区内主要道路状况为水泥或柏油路面的户比重为95.6%，比上年提高0.6个百分点，其中农村居民所在自然村内主要道路状况为水泥或柏油路面的户比重为91.9%，比上年提高1.5个百分点。

社区内基础设施条件明显改善。全国居民所在社区饮用水经过了集中净化处理的户比重为84.5%，比上年提高2.3个百分点；开通了管道燃气的户比重为44.0%，比上年提高1.5个百分点；有集中供暖的户比重为21.8%，比上年提高0.5个百分点；垃圾能集中处理的户比重为

① 社区在城镇地区指的是居委会或社区，在农村地区指的是自然村，以下同。

94.2%,比上年提高1.9个百分点。城镇居民所在社区饮用水经过了集中净化处理的户比重为95.0%,比上年提高0.2个百分点;开通了管道燃气、有集中供暖和垃圾能集中处理的户比重分别为66.8%、35.8%和98.8%,均比上年提高0.1个百分点。农村居民所在自然村饮用水经过了集中净化处理的户比重为70.4%,比上年提高5.1个百分点;开通了管道燃气的户比重为13.0%,比上年提高3.0个百分点;有集中供暖的户比重为2.7%,比上年提高0.8个百分点;垃圾能集中处理的户比重为87.9%,比上年提高4.3个百分点。

社区内文体娱乐设施显著增加。全国居民所在社区有健身器材和绿化园林景观的户比重分别为82.5%和57.8%,均比上年提高4.0个百分点。城镇居民所在社区有健身器材和绿化园林景观的户比重分别为90.8%和75.0%,分别比上年提高1.6和2.9个百分点。农村居民所在自然村有健身器材和绿化园林景观的户比重分别为71.2%和34.5%,分别比上年提高7.1和5.1个百分点。

表5—5　2019年全国及分城乡居民所在社区基础设施情况

单位:%

指　　标	全国居民	城镇居民	农村居民
通电话的户比重	99.9	100.0	99.8
能接收有线电视信号的户比重	99.3	99.9	98.6
通宽带的户比重	98.5	99.6	97.1
进社区道路为水泥或柏油路面的户比重	97.1	99.0	94.5
社区内道路为水泥或柏油路面的户比重	95.6	98.4	91.9
饮用水经过集中净化处理的户比重	84.5	95.0	70.4
开通了管道燃气的户比重	44.0	66.8	13.0
有集中供暖的户比重	21.8	35.8	2.7
垃圾能集中处理的户比重	94.2	98.8	87.9
有健身器材的户比重	82.5	90.8	71.2
有绿化园林景观的户比重	57.8	75.0	34.5

(二)社区基本公共服务情况。

居民出行更加便利。全国居民所在社区能便利地乘坐公共汽车的户比重为86.2%,比上年提高1.9个百分点。城镇居民所在社区能便利地乘坐公共汽车的户比重为96.9%,比上年提高0.3个百分点;农村居民所在自然村能便利地乘坐公共汽车的户比重为71.7%,比上年提高3.8个百分点。

医疗水平继续提升。全国居民所在社区有卫生站(室)的户比重为87.2%,比上年提高1.5个百分点。城镇居民所在社区有卫生站(室)的户比重为84.4%,比上年提高1.6个百分点;农村居民所在自然村有卫生站(室)的户比重为91.0%,比上年提高1.4个百分点。

教育条件不断改善。全国居民所在社区上幼儿园(学前班)便利或较便利的户比重为94.0%,比上年提高1.1个百分点。城镇居民所在社区上幼儿园(学前班)便利或较便利的户比重为98.9%,比上年提高0.4个百分点;农村居民所在自然村上幼儿园(学前班)便利或较便利的户比重为87.3%,比上年提高1.9个百分点。

全国居民所在社区上小学便利或较便利的户比重为94.9%，比上年提高0.9个百分点。城镇居民所在社区上小学便利或较便利的户比重为98.9%，比上年提高0.3个百分点；农村居民所在自然村上小学便利或较便利的户比重为89.5%，比上年提高1.6个百分点。

社区安全状况明显提高。全国居民所在社区有专职安全保卫人员的户比重为63.8%，比上年提高2.7个百分点。城镇居民所在社区有专职安全保卫人员的户比重为74.2%，比上年提高0.8个百分点；农村居民所在自然村有专职安全保卫人员的户比重为49.7%，比上年提高5.0个百分点。

表5－6　2019年全国及分城乡居民所在社区基本公共服务情况

单位：%

指　　标	全国居民	城镇居民	农村居民
能便利地乘坐公共汽车的户比重	86.2	96.9	71.7
有卫生站（室）的户比重	87.2	84.4	91.0
上幼儿园（学前班）便利或较便利的户比重	94.0	98.9	87.3
上小学便利或较便利的户比重	94.9	98.9	89.5
有专职安全保卫人员的户比重	63.8	74.2	49.7

第六章　各省(区、市)居民收支与生活状况报告

北京居民收支与生活状况报告

2019年北京居民人均可支配收入67756元，同比增长8.7%，扣除价格因素，实际增长6.3%。其中，城镇居民人均可支配收入73849元，同比增长8.6%。北京居民人均消费支出43038元，同比增长8.0%，增速比上年高1.5个百分点，为“十三五”以来的最高值。其中，城镇居民人均消费支出46358元，同比增长8.0%。

一、居民收入平稳增长

从收入增速看，2019年全体居民人均可支配收入实际增速比全国平均水平高0.5个百分点。从收入结构看，四项收入三升一持平：工资性收入、转移净收入快速增长，财产净收入平稳增长，经营净收入与上年持平。

(一)实际增速位居7个较发达省市第一。

从收入总量看，在7个较发达省市①中，北京居民人均可支配收入仅次于上海(69442元)，收入差距从上年的1821元缩小至1686元。从实际增速看，北京与福建持平，位居第一，比上海高0.7个百分点。

表1　2019年全国及7个较发达省市居民人均可支配收入对比

指　标	全　国	北　京	天　津	上　海	江　苏	浙　江	福　建	广　东
水平(元)	30733	67756	42404	69442	41400	49899	35616	39014
名义增速(%)	8.9	8.7	7.3	8.2	8.7	8.9	9.1	8.9
实际增速(%)	5.8	6.3	4.5	5.6	5.4	5.8	6.3	5.3

(二)“多点”“一副”功能区居民收入快速增长。

“一核一主一副、两轴多点一区”②的城市空间格局改变了单中心集聚的发展模式，北京产业

① 按人均GDP水平排名靠前的省市，包括北京、上海、天津、浙江、江苏、福建和广东。

② 指北京城市新总规确定一核——首都功能核心区，一主——中心城区，包括东城区、西城区、朝阳区、海淀区、丰台区、石景山区，一副——北京城市副中心，原通州新城规划建设区，两轴——中轴线及其延长线，长安街及其延长线，多点——5个位于平原地区新城，包括顺义、大兴、亦庄、昌平、房山新城，一区——生态涵养区，包括门头沟、平谷、怀柔、密云、延庆以及昌平和房山的山区。

活动逐渐向"多点""一副"集聚，各区经济的持续快速发展，带动居民收入水平提高，2019年"多点""一副"功能区的居民人均可支配收入增速在8.7％－9.4％之间，均高于或与北京平均水平持平。"一主""一区"内各区居民人均可支配收入增速在8.0％－8.8％之间，其中东城、西城、丰台和石景山的增速均比上年有所提高。

（三）政策红利提升居民获得感。

"减税负"带动工资性收入快速增长。2019年北京居民人均工资性收入41214元，同比增长9.4％，比上年提高2.4个百分点；占人均可支配收入的比重为60.8％，居四项收入的首位。就业形势总体稳定，2019年城镇调查失业率保持较低水平，为工资性收入平稳增长提供支撑。同时，个税起征点上调、6项专项附加扣除等个税改革有针对性地降低居民的纳税负担，尤其减轻了许多中低收入者的个税负担。样本数据显示，个税改革后缴纳个税的居民占比降低9.2个百分点。低税率覆盖范围扩大，享受3％、10％两档低税率的居民占比近七成，增加了26.4个百分点。

"重保障"促进转移净收入保质提高。2019年北京居民人均转移净收入14084元，同比增长9.5％，增速居四项收入首位，是北京居民收入的第二大来源。6月14日，北京发布各项社会保障标准上调政策文件，有效拉动居民转移净收入增速加快，持续提升幸福感。2019年北京居民人均养老金或离退休金16302元，同比增长6.5％。随着基数不断提高，养老金增速放缓，带动转移净收入增幅低于上年。同时，自2018年起实施的《北京市城乡居民基本医疗保险办法》，推进城乡医疗并轨，提高补助标准和门诊最高报销，推动居民医疗保险基本实现全覆盖。2019年北京居民人均报销医疗费1608元，拉动转移净收入增长2.6个百分点。

二、居民消费增速为"十三五"以来的最高值

随着居民生活水平的不断提升，多元化、个性化、品质化的消费需求日益增长。2019年以来，北京市积极推动落实夜间经济、首店经济、商圈改造等系列促消费政策措施，优化消费服务供给，居民消费亮点频现。2019年北京居民人均消费支出增速比上海（5.2％）高2.8个百分点，是"十三五"以来的最高值。

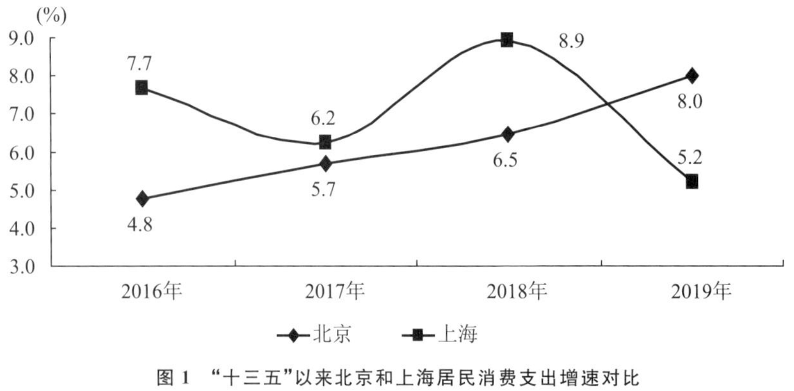

图1 "十三五"以来北京和上海居民消费支出增速对比

（一）服务性消费持续增长。

2019年北京居民人均服务性消费支出23984元，占比为55.7%，比上年高0.8个百分点；同比增长9.6%，比商品性消费支出高3.5个百分点。从内部结构看，服务性消费的需求由同质、单一逐渐转为个性、多元。一是在外饮食支出保持高速增长。“深夜食堂”、“老字号”餐厅加快数字化经营成为一种新“食”尚，助推居民外出就餐，2019年北京居民人均在外饮食支出2441元，同比增长14.4%。二是文化娱乐服务支出由降转升。2019年北京居民人均文化娱乐服务支出的增速从上年的－10.6%升至4.1%。“慢生活”的文娱服务成为更多居民的选择，如随着《流浪地球》《哪吒之魔童降世》《我和我的祖国》等国产电影突破性发展，引发全民观影热潮，2019年人均电影话剧演出票支出同比增长13.6%。

（二）互联网经济开辟消费新领域。

伴随着智能终端、电子支付手段以及快递物流业快速发展，网购已成为消费常态，居民的消费方式日趋多元化。2019年北京居民人均通过互联网购买的商品或服务支出1644元，同比增长13.5%，占服务性消费支出的比重为6.9%，比上年提高约0.2个百分点。此外，大数据的发展及商业模式的创新让居民消费体验更加智能高效，公交地铁手机刷卡、网约出租车和共享单车提供了全方位的互联网出行体验，带动交通支出持续增长，2019年北京居民人均交通费支出同比增长5.9%，比上年高3.9个百分点，其中人均出租汽车费同比增长6.6%。

（三）“一老一小”消费支出快速增长。

一方面，“十三五”以来，随着北京人口老龄化进程加快，北京医疗保健支出一直保持较高的增长速度。2019年北京居民人均医疗保健支出3740元，同比增长14.2%，增速领衔八大类消费增长。6月15日，北京正式实行医耗联动综合改革，2019年北京居民人均医疗器具及药品支出同比下降21.9%，以耗材补医机制逐步破解。同时，提升中医、康复、手术等医疗服务项目价格，2019年北京居民人均医疗服务支出同比增长26.0%。另一方面，二胎政策的放开，以及人们对教育品质消费需求的增加，助推教育支出快速增长。2019年北京居民人均教育支出2039元，同比增长12.8%。从内部结构看，近年来北京对公共教育加大投入力度，“规定性”校内教育支出持续下降，2019年人均学杂费支出同比下降21.1%。同时，课外辅导、继续教育等“自选性”校外支出快速增长，2019年人均培训费支出同比增长27.5%，其中小学培训费占比近五成。

（四）“TA”经济潜力不断释放。

随着“90后”等年轻消费主力军的崛起，消费更加个性化和多元化。一方面，“她经济”领域的消费持续升温。2019年北京居民个人护理用品支出同比增长10.3%，其中购买化妆品的人均消费支出增速从上年的－15.5%升至12.0%。另一方面，随着北京独居家庭增多和人口老龄化进程加快，宠物消费逐渐成为更多居民对抗孤独的重要方式之一，“它经济”持续发展，2019年北京居民人均宠物及有关产品支出同比增长18.5%。天猫国际数据显示，“双十一”全天，宠物品类成交额同比增长近1.3倍。同时,宠物经济也催生了宠物相关的IP[①]派生消费行为,如2月份星巴克咖啡推出的猫爪杯和故宫打造的“宫猫家族”系列IP文创深受居民的喜爱。

三、下一步需关注问题

(一)居民收入增长后劲不足。

虽然人均经营净收入的增速由降转为持平,但作为主要来源的第三产业的经营利润空间缩减,使经营净收入良性增长面临压力,2019年北京居民人均第三产业经营净收入同比下降8.7个百分点,降幅比上年扩大2.6个百分点。北京总队对51家小微企业创业者的专题调研显示,52.4%的小微企业创业者没有明显感受到减税降费政策对企业发展的促进作用。人工、原材料成本的持续上涨进一步缩减小微企业和个体经营户的利润空间,针对小微企业的减税降费力度还需进一步加强。再加上网购的快速发展,给传统零售业带来了较大冲击,在一定程度上抑制了从业者的入市热情,经营户样本减少。样本数据显示,2019年从事三产业的经营户91个,同比下降25.4%。同时,北京市产业转型升级的加快持续压缩一、二产就业空间,外来人口减少引发出租房屋收入呈下降趋势,2019年4季度人均出租房屋净收入比3季度下降5.6%,财产净收入增速放缓。2019年北京居民人均财产净收入增速比上年降低7.9个百分点。此外,随着个税减免政策的翘尾因素影响消失,2020年居民增收面临较大压力。

建议持续改善收入分配机制,拓宽增收渠道。一是加快对七类重点群体增收相关政策的落地生效,继续激发重点群体的增收活力。二是有序引导居民投资向资本市场转变,通过债券、股票等金融产品投资获利,提高财产净收入在可支配收入中的比重。三是持续推进“减税降费”,缓解小微企业经营压力。对北京经营可持续、发展有前景、符合首都功能定位的小微企业进行有针对性地减税降费,进一步减轻创业者纳税负担,增加经营净收入。

(二)便利店覆盖面有待进一步扩大。

2019年,北京市商务局出台支持便利店发展的19条措施。近日,北京总队对1376名调查户开展便利店消费情况专题调研,结果显示55%的受访者表示“家或单位附近(1.5公里内)没有24小时便利店”,便利店的数量和覆盖面仍需增加。与上海相比,2019年上海平均每3192人拥有一家便利店[②],是全国便利店最密集的城市。而北京每9864人拥有一家便利店,便利店覆盖率在4个一线城市中排名最末。以7—11、罗森和全家为例,上海超过3000家,约是北京的3倍。同时,现有的便利店仍存在夜间有效供给不足的问题。44.5%的受访者表示“晚上10点后,很难在便利店买到鲜食热餐”,占比位居第一。

建议抓住建设“一刻钟生活服务圈”的契机,积极推动24小时便利店建设,提升生活性消费

① IP:本意为“知识产权”,现多指网络上可以引起大众情感共鸣,并转化为消费行为,从而带来经济效益的品牌及其衍生品。如近年来《大话西游》《大圣归来》《西游降魔》等以《西游记》为题材的电影上映,屡刷票房纪录,孙悟空已成为中国文化IP史上的标志之一。

② 数据来源于中国连锁经营协会发布的《2019年中国城市便利店发展指数》。

便民化水平。一是加快落实促进便利店发展的相关政策，加大资金、土地支持力度，创新扶持便利店品牌化、连锁化发展，进一步扩大郊区便利店的覆盖面。二是鼓励便利店应用人脸识别、自助支付等技术，精准识别辐射区域内居民的消费偏好，在不同便利店开发富有特色的专营产品。三是打造“数字店铺”，在年轻人多的住宅区或中关村、西二旗等企业密集的区域，增设 24 小时无人自助店和智能零售柜等新型便利店，满足居民快捷、高效的购物体验。

（执笔人：国家统计局北京调查总队　周晓轩）

天津居民收支与生活状况报告

2019 年，天津市面对艰巨、繁重、复杂的改革发展任务和各种突发难题，坚持以习近平新时代中国特色社会主义思想为指导，深入贯彻落实习近平总书记对天津工作的重要指示批示精神，认真落实党中央大政方针和市委决策部署，锐意进取、攻坚克难，坚持高质量发展不动摇，扎实践行新发展理念，深入推进供给侧结构性改革，保持了经济社会稳中有进、稳中向好的发展势头。同时不断增强民生保障，落实多项增收措施，全面完成 20 项民心工程。2019 年天津居民收入持续增长，增速较上年加快，城乡居民收入差距略有缩小；消费结构逐步优化，服务消费增长势头强劲，居住条件和生活设施进一步改善，生活水平稳步提升。

一、稳就业惠民生，居民收入加快增长

2019 年天津市统筹推进稳增长、促改革、调结构、惠民生、防风险工作，全力做好“六稳”工作，出台落实多项居民增收政策，实现了居民收入加快增长。2019 年天津居民人均可支配收入为 42404 元，比上年名义增长 7.3%，较上年加快 0.6 个百分点；扣除价格因素，实际增长 4.5%。其中，城镇居民人均可支配收入 46119 元，增长 7.3%，较上年加快 0.6 个百分点；农村居民人均可支配收入 24804 元，增长 7.5%，较上年加快 1.5 个百分点。农村居民收入增速逐步回升，超过城镇居民收入增速 0.2 个百分点，城乡居民收入比为 1.86，城乡居民收入差距略有缩小。

表 1　2019 年天津居民收入情况

指　　标	水平(元)			构成(%)			增速(%)		
	全体	城镇	农村	全体	城镇	农村	全体	城镇	农村
可支配收入	42404	46119	24804	100.0	100.0	100.0	7.3	7.3	7.5
1. 工资性收入	27002	29588	14750	63.7	64.2	59.5	7.5	7.4	8.7
2. 经营净收入	3095	2697	4985	7.3	5.8	20.1	−7.4	−7.8	−6.6
3. 财产净收入	3908	4515	1034	9.2	9.8	4.2	8.9	8.8	12.2
4. 转移净收入	8398	9319	4035	19.8	20.2	16.3	12.6	11.7	24.5

(一)收入水平稳居全国前列。

从全国对比看，天津市居民收入水平稳居全国前列，人均可支配收入比全国平均水平高 11671 元，在 31 个省区市由高到低的排位中仍居第 4 位，与上年持平，仅次于上海(69442 元)、北京(67756 元)和浙江(49899 元)，其中，城镇居第 6 位，农村居第 4 位。

收入增长速度比全国低 1.6 个百分点，居民收入增速在 31 个省区市中位居第 29 位。其中，城镇居民收入增速与青海、河南并列居第 21 位，超过山西、广西、吉林、山东、辽宁、内蒙古、黑龙

江和新疆等省，而农村居民收入增速居第31位。

（二）高质量充分就业促进工资性收入较快增长。

2019年，各级党委政府在提高就业质量和收入水平上持续发力，促进工资性收入较快增长。居民人均工资性收入27002元，增长7.5％，对居民可支配收入增长的贡献率达到65.0％，是居民增收第一动力。分城乡看，城镇居民人均工资性收入29588元，增长7.4％，拉动城镇居民人均可支配收入增长4.7个百分点；农村居民人均工资性收入14750元，增长8.7％，拉动农村居民人均可支配收入增长5.1个百分点。

一是不断稳定和扩大就业，深入实施大学生就业创业引领计划，搞好化解过剩产能企业人员安置工作，做好军队退役人员安置、管理、服务和保障，发挥“海河英才”、“海河工匠”、“春风行动”等稳就业、促就业政策优势。二是加强职业技能培训，继续开展针对农村劳动力和退役军人的职业教育和技能培训，促进农民转移就业，大力扶持退役军人就业创业。三是提升收入水平，包括调整机关事业单位基本工资标准，发放“创文”、“创卫”奖金，规范和保障义务教育教师工资待遇，提升防暑降温费，发布部分行业工资指导线，以及部分国有企业混改和二级公立医院改革成效初现等。

（三）红利收入带动财产净收入持续增加。

2019年，天津市居民人均财产净收入为3908元，增长8.9％，其中城镇居民人均财产净收入为4515元，增长8.8％；农村居民人均财产净收入为1034元，增长12.2％。红利收入是促进财产净收入持续增长的重要因素，这主要得益于完成农村集体产权制度改革试点任务，推动农村集体经营性土地入市，加快承包土地经营权有序流转，村集体收入增加，从而给村民发放了更多的分红。

（四）惠民政策助推转移净收入快速增长。

2019年，天津市居民人均转移净收入为8398元，增长12.6％，其中城镇居民人均转移净收入为9319元，增长11.7％；农村居民人均转移净收入为4035元，增长24.5％。天津市委市政府倾心用力保障和改善民生，不断完善社会保障体系，出台多项政策推动转移收入增长。一是继续提高退休人员基本养老金、城乡居民基础养老金和老年人生活补助标准；二是提升医保保障水平，建立职工大病保险制度，提高职工和居民医保门诊报销限额和贫困人口大病保险保障水平，人均报销医疗费增长18.7％；三是全力做好兜底保障工作，继续提高优抚对象定期抚恤补助、城乡低保、低收入家庭救助、特困供养标准，保障低收入群体的收入增长；四是深入开展农村人居环境整治，推进农村地区清洁取暖改造、改造提升户厕、实施新一轮农村饮水提质增效工程，并为居民提供相关补贴，从而带动转移净收入大幅增长。

（五）经营净收入同比下降。

受城镇化发展和农村劳动力转移就业等因素影响，2019年天津市居民人均经营净收入为3095元，下降7.4％，其中城镇居民人均经营净收入为2697元，下降7.8％；农村居民人均经营净收入为4985元，下降6.6％。但粮食丰收、种植结构优化、强化品牌农业生产、生猪等畜牧产品价格上涨、促进夜间经济发展、积极推动休闲农业和乡村旅游发展等因素对于稳定经营净收入发挥了积极作用。

二、优结构重服务，居民生活水平持续提升

2019年天津居民人均消费支出31854元，增长6.5%。其中，城镇居民人均消费支出34811元，增长6.6%；农村居民人均消费支出17843元，增长5.8%，城乡居民消费支出总体保持稳步增长。同时消费结构逐步优化，服务消费增长势头强劲，居住条件和生活设施进一步改善，生活水平持续提升。

表2 2019年天津居民消费支出情况

指标	水平(元)			构成(%)			增速(%)		
	全体	城镇	农村	全体	城镇	农村	全体	城镇	农村
居民消费支出	31854	34811	17843	100.0	100.0	100.0	6.5	6.6	5.8
1. 食品烟酒	8984	9719	5499	28.2	27.9	30.8	3.9	3.2	10.3
2. 衣着	2000	2195	1074	6.3	6.3	6.0	0.5	−0.3	8.4
3. 居住	6946	7702	3367	21.8	22.1	18.9	8.4	9.4	−1.4
4. 生活用品及服务	1957	2051	1510	6.1	5.9	8.5	7.6	7.1	11.2
5. 交通通信	4236	4596	2532	13.3	13.2	14.2	−1.0	−0.9	−2.4
6. 教育文化娱乐	3584	4062	1322	11.3	11.7	7.4	12.5	12.9	6.9
7. 医疗保健	2992	3179	2104	9.4	9.1	11.8	11.8	12.5	6.6
8. 其他用品及服务	1155	1307	435	3.6	3.8	2.4	28.8	28.1	41.1

（一）恩格尔系数进一步降低。

2019年，居民人均食品烟酒消费支出8984元，增长3.9%，其占消费支出的比重（恩格尔系数）为28.2%，比上年下降0.7个百分点。受猪肉价格大幅上涨的影响，人均肉类消费量，尤其是猪肉消费量大幅下降，但购买肉类支出增长6.2%，而作为主要替代品的禽类消费量和支出快速增长。居民饮食结构更加均衡，营养更加全面，薯类、豆类、水产品、蛋类、干鲜瓜果等人均消费量增加，油脂类、谷物、糖果糕点类等人均消费量有所下降。

（二）教育文化娱乐持续成为消费热点。

2019年，教育文化娱乐持续成为消费热点，在八大类消费中增长速度最快，人均教育文化娱乐支出达到3584元，增长12.5%。各种兴趣班、辅导班、语言培训等种类多样，线上、线下不同培训方式可供选择，居民对子女教育、自身能力提升的关注度持续走高，人均教育支出快速增长20.5%。出境游、亲子游等个性化的旅游产品供给增多，举办庆祝新中国成立70周年系列文艺展演活动、国家海洋博物馆建成开放、民族文化宫重建启用等为居民提供更多娱乐选择，观影、看话剧等各类休闲活动充实丰富居民的课外业余生活，带动相关消费支出较快增长。

（三）惠民政策为居民带来福利。

城乡医保保障水平不断提升，居民享受到更多的医疗服务，人均医疗保健支出增长11.8%。

清洁能源取暖和农村户厕改造，带动人均居住支出和生活用品及服务支出分别增长8.4%和7.6%。网络提速降费持续推动，移动网络扩容升级，居民人均移动电话费和上网费支出下降，有效降低了居民通信服务成本，人均通信服务支出下降14.8%。积极推行国家组织药品集中采购和使用试点，部分常用药价格大幅降低，有效减轻患者药费负担，人均购买药品支出下降7.2%。

（四）服务消费增长势头强劲。

2019年天津居民人均服务性消费支出15366元，同比增长13.2%，较上年加快3.1个百分点，快于居民人均消费支出增速6.7个百分点；占人均消费支出的比重为48.2%，比上年提高2.8个百分点，已接近居民消费的半壁江山，居民消费需求逐渐由商品性消费向服务性消费转变。

供需两旺，教育文娱服务消费亮点纷呈。人均教育文化娱乐服务支出3047元，增长15.9%，拉动人均服务性消费支出增长3.1个百分点，是拉动服务性消费增长的主动力。主要体现在从幼儿到成人各阶段的教育培训费支出全面增长，增速均达两位数以上；各类休闲活动充实丰富居民的课外业余生活，人均团体旅游支出达737元，增长6.3%；人均用于购买景点门票和电影话剧演出票的支出分别增长41.4%和38.1%。

追求“食”尚健康，饮食、医疗服务消费增势强劲。外卖点餐、在线医疗等新消费模式日益融入居民生活，饮食和医疗服务作为居民服务性消费的重要组成部分，均实现较快增长。大力发展夜间经济，助力餐饮市场持续活跃，人均饮食服务支出2717元，增长15.5%。居民健康保健意识逐渐增强，加之医疗保障水平的不断提高，居民医疗可报销部分增加，人均医疗服务支出2322元，增长20.7%。

享受舒适便利，居住、交通通信服务消费稳中有进。为享受舒适便利生活，花钱买时间和服务的观念被更多人群接受，居民居住和交通通信服务两类发展型消费小幅增长。人均居住服务支出4784元，增长8.5%，主要是改善居住条件和环境，享受放心的物业管理等带来居住服务支出的增加。人均交通通信服务支出1753元，增长5.6%，呈现交通服务上涨，通信服务持续下降态势。其中，出行便利、旅游休闲更为普遍，人均交通费支出增长16.3%，而人均通信服务支出下降14.8%。

体验个性多元，其他服务消费支出增长迅速。按摩美容、特色民宿、养老护理等各类生活服务蓬勃发展，创新服务供给持续激发新的消费需求，居民体验到更多品质、个性、多元的生活服务。2019年，以旅馆住宿费和美容美发洗浴支出为主的其他服务支出人均达到616元，增长32.4%，其中，旅馆住宿费支出增长26.8%，美容美发洗浴支出增长30.6%。

（五）生活条件和设施继续完善。

2019年，天津市全力完成20项民心工程，着力推进老旧小区改造和农村人居环境整治，完善社会公共服务，改善城乡居住环境，居民居住条件和生活设施进一步改善。

公共设施更加完善。96.5%的社区（村）饮用水经过集中净化处理，提高1.2个百分点；99.8%的社区（村）内主要道路路灯设施齐全，提高1.0个百分点；77.6%的社区（村）内主要道路有绿化园林景观设计，提高4.7个百分点。

居住条件明显提升。有卫生厕所的户比重为96.9%,提高6.9个百分点;采用集中供暖的户比重为82.7%,提高4.9个百分点;自行取暖的住户中,使用电或天然气的户比重为67.9%,提高16.5个百分点。

(执笔人:国家统计局天津调查总队　祁一夫)

河北居民收支与生活状况报告

2019年河北省坚持稳中求进工作总基调，按照党中央决策部署和省委“三六八九”工作思路，统筹推进稳增长、促改革、调结构、惠民生、防风险、保稳定，全面建成小康社会取得重大进展。据国家统计局河北调查总队住户调查资料显示：2019年，全省居民人均可支配收入25665元，比上年增加2219元，增长9.5%；全省居民人均消费支出17987元，比上年增加1265元，增长7.6%。居民收入全面增长，预期目标如期实现；生活消费稳步提高，生活质量持续改善。

一、收入全面增长，预期目标如期实现

2019年，全省居民人均可支配收入25665元，比上年增加2219元，增长9.5%。按常住地分，城镇居民人均可支配收入35738元，比上年增加2761元，增长8.4%；农村居民人均可支配收入15373元，比上年增加1342元，增长9.6%，实现全年预期目标。

(一)各项收入全面增长，工资性收入仍是增收主动力。

2019年全省居民各项收入呈全面增长态势。其中，工资性收入15535元，比上年增加1356元，增长9.6%；经营净收入3912元，比上年增加381元，增长10.8%；财产净收入1790元，比上年增加166元，增长10.2%；转移净收入4428元，比上年增加316元，增长7.7%。

1. 工资性收入仍是居民增收主动力。2019年全省居民工资性收入占居民可支配收入的60.5%，对收入增长的贡献率达到61.1%，拉动居民可支配收入增长5.8个百分点。其中，城镇居民人均工资性收入22793元，比上年增加1805元，增长8.6%，对城镇居民收入增长的贡献率达到65.4%，拉动城镇居民可支配收入增长5.5个百分点；农村居民人均工资性收入8120元，比上年增加666元，增长8.9%，对农村居民收入增长的贡献率达到49.6%，拉动农村居民可支配收入增长4.7个百分点。

2. 产业结构优化为经营净收入注入新活力。2019年全省居民经营净收入占居民可支配收入的15.2%，对收入增长的贡献率为17.2%，拉动居民可支配收入增长1.6个百分点。一、二、三产业经营净收入均呈现增长态势，第三产业经营净收入占经营净收入的比重达到55.1%，并呈逐年增加态势。尤其在城镇地区，第三产业经营净收入已成为城镇居民经营净收入的重头戏，占比更是达到86.2%。产业结构持续优化，营商环境日益良好，各项减费降税政策，为经营净收入的持续增加打下坚实基础。

3. 财产净收入种类日渐多元化。2019年财产净收入占居民可支配收入的7.0%，对收入增长的贡献率为7.5%，拉动居民可支配收入增长0.7个百分点。红利收入、储蓄性保险净收益、出租房屋净收入等打破了财产净收入来源渠道单一局面。随着农村地区土地有序流转，土地经营

权入股、参加农业合作社等政策的落实，农村居民的财产净收入逐年增加。

4. 各项惠民政策助力转移净收入稳步增长。2019 年转移净收入占居民可支配收入的 17.3%，对收入增长的贡献率为 14.3%，拉动居民可支配收入增长 1.3 个百分点。其中城镇居民人均转移净收入 6970 元，比上年增加 383 元，增长 5.8%；农村居民人均转移净收入 1831 元，比上年增加 164 元，增长 9.9%。退休人员基本养老金、城乡居民基础养老金和老年人生活补助标准不断提高，社会救济和补助、政策性生活补贴、报销医疗费等持续增加，各项惠民政策对转移净收入的增长影响明显。

表 1　2019 年河北居民人均可支配收入情况

指　　标	全体居民		城镇居民		农村居民	
	水平(元)	增速(%)	水平(元)	增速(%)	水平(元)	增速(%)
可支配收入	25665	9.5	35738	8.4	15373	9.6
1. 工资性收入	15535	9.6	22793	8.6	8120	8.9
2. 经营净收入	3912	10.8	2750	12.9	5099	10.6
3. 财产净收入	1790	10.2	3225	8.7	323	8.1
4. 转移净收入	4428	7.7	6970	5.8	1831	9.9

（二）农村居民收入增速快于城镇，城乡收入倍差缩小。

2019 年，农村居民人均可支配收入 15373 元，增速 9.6%，增速比上年加快 0.7 个百分点，比城镇增速快 1.2 个百分点。从分项看，工资性收入和转移净收入增速高于城镇，分别高 0.3 和 4.1 个百分点；经营净收入和财产净收入增速低于城镇，分别低 2.3 和 0.6 个百分点。

随着精准扶贫、乡村振兴战略等一系列政策措施陆续落地，农村居民人均收入增速自 2018 年以来年度、各季度间均超过同期城镇居民人均可支配收入。2018 年一季度至 2019 年农村居民人均可支配收入增速分别为：9.2%、9.0%、9.1%、8.9%、8.9%、9.3%、9.4%和 9.6%，分别高于城镇 1.2、1.1、1.1、0.9、1.0、0.9、0.9 和 1.2 个百分点。2019 年城乡居民人均可支配收入倍差为 2.32，比上年缩小了 0.03，比全国平均水平低 0.32，城乡收入倍差持续缩小。

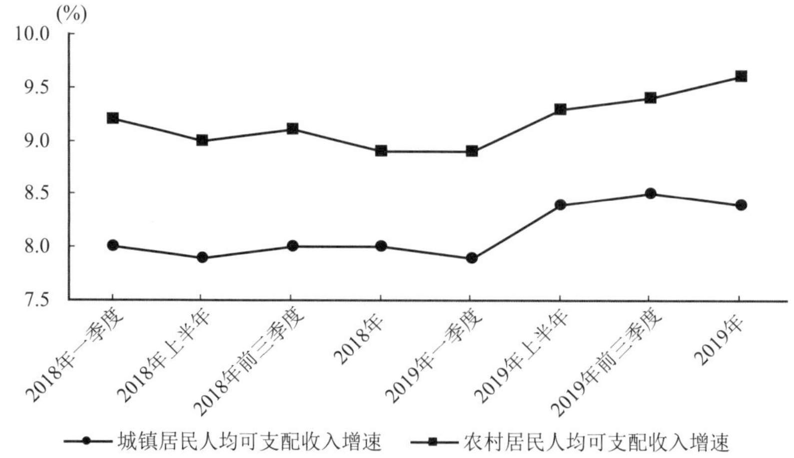

图 1　2018—2019 年河北分城乡居民人均可支配收入分季度增速

（三）居民收入增速高于全国，但水平处于中游。

2019年全省居民人均可支配收入25665元，收入水平比全国低5068元，居17位；增速9.5%，比全国高0.6个百分点。其中，城镇居民人均可支配收入35738元，比全国低6621元，居21位；增速8.4%，比全国高0.5个百分点。农村居民人均可支配收入15373元，比全国低648元，居14位；增速为9.6%，与全国持平。

十八大以来，全省居民人均可支配收入水平均低于全国平均水平，2013—2019年全省居民人均可支配收入分别为15190元、16647元、18118元、19725元、21484元、23446元和25665元，分别比全国低3121元、3520元、3848元、4096元、4490元、4782元和5068元，且差距逐年拉大。

表2　十八大以来河北与全国居民人均可支配收入差距

单位：元

年　份	河北居民人均可支配收入水平	全国居民人均可支配收入水平	与全国居民平均水平差距
2013年	15190	18311	3121
2014年	16647	20167	3520
2015年	18118	21966	3848
2016年	19725	23821	4096
2017年	21484	25974	4490
2018年	23446	28228	4782
2019年	25665	30733	5068

二、生活消费稳步提高，生活质量持续改善

2019年，全省居民人均消费支出17987元，比上年增加1265元，增长7.6%。按常住地分，城镇居民人均消费支出23483元，比上年增加1356元，增长6.1%；农村居民人均消费支出12372元，比上年增加989元，增长8.7%。

（一）生活消费稳定增长。

1.“八大类”支出呈全面增长态势。2019年居民八大类消费支出呈全面增长态势。食品烟酒支出4676元，增长9.5%；衣着支出1305元，增长3.8%；居住支出4302元，增长6.2%；生活用品及服务支出1170元，增长2.8%；交通通信支出2416元，增长2.6%；教育文化娱乐支出1984元，增长14.4%；医疗保健支出1699元，增长10.3%；其他用品及服务支出436元，增长16.6%。吃、穿、住、行依然是居民消费的重头戏，占消费支出的70.6%，对消费增长的贡献率为60.3%。

2. 农村居民消费支出增速快于城镇。2019年，农村居民消费支出增速快于城镇2.6个百分点。从分项看，除其他用品及服务增速低于城镇0.3个百分点外，食品烟酒、衣着、居住、生活用品及服务、交通通信、教育文化娱乐和医疗保健增速均高于城镇，分别高1.4、9.4、0.3、0.9、4.8、4.5和1.9个百分点。

3. 农村居民边际消费倾向高于城镇居民。2019年，农村居民人均消费支出增加989元，人均可支配收入增加1342元，农村居民边际消费倾向为73.7%（消费增加额与收入增加额之比）。

同期，城镇居民人均消费支出增加 1356 元，人均可支配收入增加 2761 元，边际消费倾向为 49.1%。农村居民边际消费倾向比城镇居民边际消费倾向高 24.6 个百分点。

表 3 河北居民消费支出情况

指　　标	全体居民		城镇居民		农村居民	
	水平(元)	增速(%)	水平(元)	增速(%)	水平(元)	增速(%)
居民消费支出	17987	7.6	23483	6.1	12372	8.7
1. 食品烟酒	4676	9.5	6024	8.4	3298	9.8
2. 衣着	1305	3.8	1806	0.4	793	9.8
3. 居住	4302	6.2	5880	5.4	2689	5.8
4. 生活用品及服务	1170	2.8	1537	1.9	796	2.8
5. 交通通信	2416	2.6	2992	0.3	1827	5.2
6. 教育文化娱乐	1984	14.4	2588	12.3	1367	16.7
7. 医疗保健	1699	10.3	2056	9.2	1334	11.0
8. 其他用品及服务	436	16.6	599	15.9	269	15.6

(二)居民生活消费结构不断升级。

1. 服务性消费支出占比提升。2019 年，全省居民人均服务性消费支出 7564 元，比上年增加 675 元，增长 9.8%，占消费支出的比重为 42.1%，比上年提高 0.9 个百分点，比商品性消费支出高 3.8 个百分点。分城乡看，城镇居民人均服务性消费支出 10392 元，比上年增加 712 元，增长 7.3%，比商品性消费支出高 2.1 个百分点；农村居民人均服务性消费支出 4675 元，比上年增加 543 元，增长 13.1%，比商品性消费支出高 6.9 个百分点。服务性消费支出的较快增长，是居民生活质量提升的重要标志。

2. 发展和享受型消费支出增长快于生存型支出。2019 年居民人均用于生活用品及服务、教育文化娱乐、医疗保健、其他用品及服务等发展型和享受型消费支出总额为 5289 元，比上年增加 502 元，增长 10.5%，比消费支出增速高 2.9 个百分点，比生存型消费支出增速高 4.1 个百分点。分城乡看，城镇居民发展型和享受型消费支出总额为 6781 元，比上年增加 567 元，增长 9.1%；农村居民发展型和享受型消费支出总额为 3765 元，比上年增加 387 元，增长 11.4%。

3. 居民网购次数和金额大幅上涨。2019 年，平均每个调查户有 7.8 次网购行为，比上年增长 40.2%。在网购次数大幅度增加的同时，网络消费金额也大幅上涨，网购商品和服务消费，比上年增长 32.0%，户均网购金额达到 645.8 元。越来越多的居民开始通过互联网消费，网络购物步入居民日常生活。

通过互联网购买的商品和服务涉及全部八大消费门类。衣着高居网购次数和金额之首，分别占总网购次数和消费额的 31.4%和 33.9%；生活用品及服务次之，分别占 26.7%和 26.8%；食品烟酒居第三位，分别占 21.3%和 9.5%。相对衣着和日常用品成为“网购宠儿”，医疗保健所占比重较低，仅占网购数量的 1.8%，相应的市场有待进一步开发。

(三)居民生活质量持续改善。

1. 基础设施进一步完善。2019 年全省居民年末人均现住房面积 37.5 平方米，比上年增加

0.6平方米。其中，99.5%的居民现住房面积人均超过30平米。道路、水、电、气、暖等供应能力明显提高。84.3%的居民住宅外道路是水泥或柏油路面，73.1%的居民主要饮用水是经过净化处理的自来水，58.6%的居民使用卫生厕所，84.8%的居民有洗澡设备，98.2%的居民有取暖设备。

2. 家用汽车拥有量继续增加。随着居民收入的不断增加，家用汽车走进千家万户。2019年全省居民每百户家用汽车的拥有量为45.9辆，比上年增加1.0辆。其中城镇每百户家庭拥有的家用汽车为52.5辆，比上年增加1.1辆；农村每百户家庭拥有的家用汽车为38.5辆，比上年增加0.9辆。

3. 家用电器逐步升级换代。每百户家庭拥有洗衣机101.2台、电冰箱（柜）99.5台、彩色电视机111.5台、空调108.9台、热水器81.3台和排油烟机57.9台，分别比上年增加1.4台、0.4台、0.1台、3.9台、0.4台和7.5台。在日常家用电器普及的同时，一些新兴时尚的耐用消费品也步入居民生活中，如空气净化器、吸尘器、中高档乐器，每百户拥有量分别为5.1台、7.0台和3.7架，分别比上年增加0.7台、1.3台和0.8架。

表4　2019年河北居民耐用消费品拥有情况

单位：平均每百户

指　　标	单位	全体居民	城镇居民	农村居民
家用汽车	辆	45.9	52.5	38.5
摩托车	辆	24.6	11.0	39.9
助力车	台	100.6	90.1	112.3
洗衣机	台	101.2	101.9	100.3
电冰箱（柜）	台	99.5	101.6	97.2
微波炉	台	35.7	52.3	16.8
彩色电视机	台	111.5	111.1	112.1
空调	台	108.9	131.8	83.0
热水器	台	81.3	93.5	67.6
洗碗机	台	0.9	0.5	1.4
排油烟机	台	57.9	81.0	31.7
固定电话	线	9.5	13.3	5.2
移动电话	部	240.5	235.4	246.4
其中：接入互联网	部	190.0	196.7	182.4
计算机	台	52.5	64.3	39.1
其中：接入互联网	台	42.6	52.1	31.9
照相机	台	9.6	16.3	2.0
中高档乐器	架	3.7	6.5	0.4
健身器材	台	4.1	6.8	1.0
空气净化器（含新风系统）	台	5.1	9.3	0.3
吸尘器	台	7.0	12.1	1.3

（执笔人：国家统计局河北调查总队　张坤）

山西居民收支与生活状况报告

2019 年，山西以习近平新时代中国特色社会主义思想为指导，紧扣全面建成小康社会目标任务，坚持稳中求进工作总基调，以“示范区”“排头兵”“新高地”三大目标为牵引，扎实做好“六稳”工作，全力攻坚深度贫困，全省经济呈现稳中向好，民生保障日益完善，居民收入稳步增长，人民生活持续改善的发展态势。

一、居民人均可支配收入持续增长，稳中提质

2019 年，山西居民人均可支配收入为 23828 元，比上年增加 1838 元，增长 8.4％，扣除物价因素，实际增长 5.6％。分城乡看，城镇居民人均可支配收入 33262 元，比上年增加 2227 元，增长 7.2％，扣除物价因素，实际增长 4.5％；农村居民人均可支配收入为 12902 元，比上年增加 1152 元，增长 9.8％，扣除物价因素，实际增长 6.6％。

（一）增速逐年加快，居民收入提速。

2016 年以来，随着山西经济由“疲”转“兴”持续向纵深推进，经济增长步入合理区间，带动城乡居民收入持续向好，人均可支配收入增速逐年加快。2016－2019 年间，山西居民人均可支配收入同比增速分别为 6.7％、7.2％、7.7％和 8.4％。分城乡看，城镇居民可支配收入同比增速分别为 5.9％、6.5％、6.5％和 7.2％；农村居民可支配收入同比增速分别为 6.6％、7.0％、8.9％和 9.8％（见图 1）。

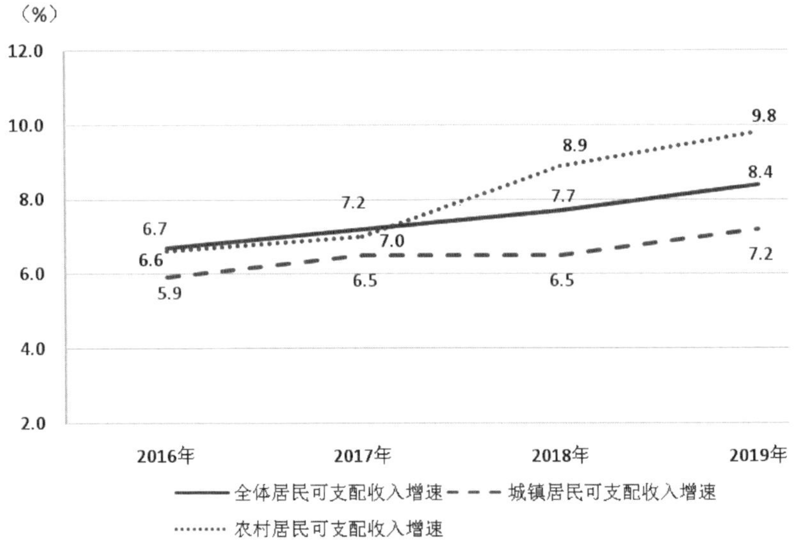

图 1　2016 年－2019 年山西居民人均可支配收入增速

（二）居民人均可支配收入相对差距缩小，分配结构趋于改善。

党的十八以来，山西加快推进收入分配制度改革，持续缩小城乡、区域、行业差异，努力提高低收入群体收入和保障水平，实现发展成果由人民共享，为全面建成小康社会奠定了扎实基础。

从城乡居民收入比较来看，2019 年，农村居民人均可支配收入增速快于城镇居民收入增速 2.6 个百分点，城乡居民收入倍差由 2018 年的 2.64:1 缩小到 2.58:1，呈持续缩小态势。

从高低收入群体差异来看，2019 年，城镇低收入户人均可支配收入为 13870 元，同比增长 8.9%，快于高收入户 3.1 个百分点，收入倍差由 2018 年的 4.68:1 缩小到 4.55:1。农村低收入户人均可支配收入为 4986 元，同比增长 13.7%，快于高收入户 6.2 个百分点，收入倍差由 2018 年的 5.4:1 缩小到 5.1:1。

（三）收入渠道拓宽，多元化增收格局日趋完善。

2019 年，山西各级政府以保障和改善民生为重点，多点发力，大力开辟居民增收新途径，居民收入四大项总体增长（见表 1）。

表 1　2019 年山西居民人均可支配收入情况

指　　标	全体居民			城镇居民			农村居民		
	水平（元）	增幅（%）	构成（%）	水平（元）	增幅（%）	构成（%）	水平（元）	增幅（%）	构成（%）
可支配收入	23828	8.4	100.0	33262	7.2	100.0	12902	9.8	100.0
1. 工资性收入	13396	6.7	56.2	19697	6.1	59.2	6098	6.3	47.3
2. 经营净收入	3109	10.7	13.0	2860	11.1	8.6	3396	10.4	26.3
3. 财产净收入	1306	0.2	5.5	2253	−1.5	6.8	210	9.0	1.6
4. 转移净收入	6017	13.0	25.3	8452	11.2	25.4	3198	16.5	24.8

1. 保民生，稳就业，上调工资标准，拉动工资性收入平稳增长。2019 年，工资性收入仍是居民收入的重要支撑，其对城乡居民可支配收入增长的贡献率分别为 50.5% 和 31.4%。工资性收入增长原因主要有，一是实施援企稳岗新政，带动就业持续好转。2019 年全省城镇新增就业 54.8 万人，完成全年目标 119.1%，转移农村劳动力 40.2 万人，城镇登记失业率控制在 2.7%。二是出台新的增资政策，如调整全省企业工资增长指导线，上调年度考核奖等发放标准，完善事业单位高层次人才收入分配激励机制等。三是大力开展“治欠保支”专项行动，确保农民工工资足额发放。

2. 惠企业，稳农业，扶持壮大民营经济，拉动经营净收入较快增长。2019 年，城乡居民经营净收入增幅分别比上年扩大 5.7 和 1.5 个百分点，其对城乡居民可支配收入增长的贡献率分别为 12.8% 和 27.9%。城乡居民经营净收入增长原因主要有，一是持续优化营商环境，打造创业生态，不断提升小微企业和民营经济经营活力，推动大众创业、万众创新深入发展。二是农业平稳发展。粮食生产水平保持在 135 亿公斤以上，尤其是受生猪价格持续走高影响，带动畜牧业生产稳中向好。三是农村劳动力向非农产业转移步伐加快，为农村二、三产业赢得广阔发展空间。

3. 强政策，提标准，持续完善社会保障体系，拉动转移净收入强劲增长。2019 年，转移性收入继续延续增速领先，增收贡献靠前的态势，其对城乡居民可支配收入增长的贡献率分别为

38.2%和39.2%。转移收入增长原因主要有,一是提高多项保障补贴标准。持续增加城乡居民基础养老金,提高困难群众救助补助资金等补贴标准。二是企业和机关事业单位退休人员基本养老金实现“十五年连涨”。三是增加了发放价格临时补贴。四是脱贫攻坚政策释放增收红利,贫困户从政府得到的实物产品和服务、现金政策性惠农补贴等转移性收入增多。

4. 搭平台,创机制,拓宽财产收入来源,拉动农村居民财产净收入增长。2019年,财产净收入在城乡居民可支配收入总量中占比最低,并呈现城镇居民小幅下降,农村居民同比上升的“一升一降”态势,对增收贡献最少,只有农村居民财产净收入拉动了收入增长,其对农村居民可支配收入增长的贡献率为1.5%。财产净收入增长主要得益于农村土地经营权入股政策效果,农户通过以土地、资金等入股方式加入合作社发展产业,逐年享受到产业分红,2019年山西农村居民来自红利收入和转让承包土地经营权租金净收入占财产净收入比重达67.6%。

二、生活消费支出全面增长,消费结构优化升级

2019年,山西居民人均消费支出15863元,比上年增加1053元,增长7.1%。分城乡看,城镇居民人均消费支出21159元,同比增加1369元,增长6.9%;农村居民人均消费支出9728元,同比增加556元,增长6.1%。城镇居民消费支出增速快于农村居民0.8个百分点。

(一)八大类消费支出全面增长。

从绝对额来看,食品烟酒、居住、交通通信和教育文化娱乐是构成居民消费支出的重要组成部分,此四项支出占到消费总支出的72.2%;从增速来看,医疗保健、其他用品及服务、教育文化娱乐支出位居前三,增速分别为11.4%、11.3%和10.1%。2019年,山西居民八大类消费支出呈现全面增长的态势(见表2)。

表2　2018—2019年山西居民消费支出情况

指　　标	2019年		2018年		2019年比2018年增长	
	水平(元)	构成(%)	水平(元)	构成(%)	水平(元)	增速(%)
居民消费支出	15863	100.0	14810	100.0	1053	7.1
1. 食品烟酒	3997	25.2	3688	24.9	309	8.4
2. 衣着	1290	8.1	1261	8.5	29	2.3
3. 居住	3332	21.0	3229	21.8	103	3.2
4. 生活用品及服务	911	5.7	856	5.8	55	6.4
5. 交通通信	1980	12.5	1845	12.5	135	7.3
6. 教育文化娱乐	2136	13.5	1940	13.1	196	10.1
7. 医疗保健	1821	11.5	1635	11.0	186	11.4
8. 其他用品及服务	397	2.5	356	2.4	41	11.3

(二)服务性消费支出持续攀升。

2019年,山西居民人均服务性消费支出6812元,同比增加684元,增长11.2%,占消费支出比重达43.4%,比上年提升1.7个百分点。分城乡看,城镇居民人均服务性消费支出9450元,同比增加989元,增长11.7%,占消费支出的比重为44.9%,比上年提升2.1个百分点;农村居民人

均服务性消费支出 3758 元，同比增加 270 元，增长 7.8%，占消费支出的比重达 38.6%，比上年提升 0.6 个百分点。服务性消费支出的持续增长，既是社会化服务业水平提高的结果，也是居民生活质量提升的重要标志。

（三）发展享受型消费支出占比提高。

2019 年山西居民人均用于交通通信、教育文化娱乐、医疗保健、生活用品及服务等发展型和享受型消费支出总额为 6847 元，同比增加 571 元，增长 9.1%，占比由上年的 42.4%上升到 43.2%，上升 0.8 个百分点。分城乡看，城镇居民发展型和享受型消费支出总额为 9362 元，同比增加 869 元，增长 10.2%，占比由上年的 42.9%上升到 44.2%，上升 1.3 个百分点；农村居民发展型和享受型消费支出总额为 3934 元，同比增加 169 元，增长 4.5%，占比由上年的 40.4%上升到 41.1%，上升 0.6 个百分点。

三、居住环境持续改善，生活设施更加配套完善

（一）居住房屋更加宽敞舒适。

从住房面积看，2019 年，山西居民人均住房建筑面积为 36.9 平方米，比上年增加 1.0 平方米。分城乡看，城镇居民人均住房建筑面积为 34.3 平方米，比上年增加 0.3 平方米；农村居民人均住房建筑面积为 39.9 平方米，比上年增加 1.8 平方米。

（二）生活设施更加配套完善。

从供水情况看，2019 年，山西居民管道供水入户的比重为 94.7%，比上年提高 1.5 个百分；居民使用经过净化处理的自来水的户比重为 78%，比上年提高 3 个百分点；获取饮用水无困难的户比重为 94.2%，比上年提高 3.8 个百分点。

从住宅内卫生设施看，2019 年，山西居民住宅内有水冲式卫生厕所的户比重为 49.7%，比上年提高 4.4 个百分点。分城乡看，城镇居民住宅内有水冲式卫生厕所的户比重为 80.4%，比上年提高 6 个百分点；农村居民住宅内有水冲式卫生厕所的户比重为 9.6%，比上年提高 5.5 个百分点。

从主要炊用能源看，2019 年，山西居民主要炊用能源使用管道天然气、电和管道煤气的户比重分别为 35.1%、24.9%和 7.5%，分别比上年提高 0.6、2.4 和 0.4 个百分点。

四、瞄准短板精准发力，促进居民收入高质量增长

（一）经济持续较快增长的基础尚不稳固，应坚定不移走转型综改之路。

当前山西转型发展取得显著成绩，但产业结构较为单一的状况根本性转变仍需时日，主导产业产品煤焦钢价格在前几年较快增长的基础上，呈现涨幅趋稳、涨势趋弱甚至走低的趋势，影响企业利润和职工工资的有效增长。新兴产业发展不足，对科技水平要求较高的信息技术产业、高端装备制造业、新能源产业等未来发展潜力巨大的新型产业发展仍不充分。建议大力促进市场主体发展，贯彻新发展理念，落实高质量发展要求，持续推动经济结构不断优化，转换增长动力。

巩固发展国有企业，大力发展民营经济，尤其是新兴产业，迅速做大做强经济“蛋糕”，为居民增收提供强劲的保障。

（二）农业经营收入增收动能尚弱，应加快转变农业发展方式。

山西现代农业特别是农业产业化水平不高，龙头企业尤其是精深加工类企业数量少，科技含量低，产业链条短，影响农业收入的较快增加。农村二、三产业发展滞后。农业经营主体缺乏管理知识和经验，经营规模小，生产效率低，抗风险能力弱，承贷能力差，市场竞争力不足。建议加快推进农业现代化，大力实施农业品牌战略。一是推进布局区域化和协作化。以山西省委、省政府提出的“东药材西干果”、“南果中粮北肉”发展战略为契机，大力培育名特优精农产品，把农产品规模做优、做大、做强、做出特色。二是延长农产品增值链条。形成一批农业深加工龙头企业，通过加工增值，提高农产品的加工率和产业的非农化程度。三是统筹抓好“五个振兴”。坚定不移实施乡村振兴战略，统筹抓好乡村产业、人才、文化、生态、组织振兴，加快推动农业全面升级、农村全面进步、农民全面发展。

（三）财产净收入增长空间尚不足，应多渠道增加居民财产净收入。

山西居民增加财产净收入存在一些不利因素。如随着近年棚户区改造，一些居民出租房屋的收入减少；随着利率市场化改革的推进，金融机构普遍下调存款利率；居民投资理财意识不强，缺乏理财专业知识；同发达省份相比，山西经济社会发展基础弱、底子薄，财产净收入基数小、来源少等。建议推动金融体系创新，让居民拥有更为多样的金融理财工具和产品。进一步完善市场监管法律法规，规范资本市场，重视保护投资者特别是中小投资者合法权益，加强对投资租赁行为的服务、指导和规范管理，维持良性运行市场秩序，保护民间投资的合法权益。积极推进“五地一产”入市改革，深化农村集体产权制度改革，挖掘统筹农村集体资源资产，实现市场化流动，推动各类要素向农村聚集，大力推进资源变资产、资金变股金、农民变股东，发展壮大村级集体经济、增加农民财产净收入，推动乡村全面振兴。

（四）居民消费需求尚未完全释放，应全力推动消费稳步提升。

随着经济结构不断升级，消费在国民经济中的地位越来越重要，已成为经济增长新的动力，对经济发展的基础性作用日益凸显。从山西来看，2019 年，山西城镇居民平均消费倾向为 64%，比全国平均水平低 2 个百分点；农村居民平均消费倾向为 78%，比全国平均水平低 5 个百分点，说明山西城乡居民消费观念仍较保守，消费潜力还没有得到足够释放。建议政府和企业应共同努力促进消费经济的发展，加快完善促进消费的体制机制建设，积极培育重点消费领域细分市场，不断升级消费方式、消费模式和消费业态，全面营造良好消费环境，不断提升居民消费能力和消费意愿，更好满足人民日益增长的美好生活需要，成为促进经济发展的不竭动力。

（执笔人：国家统计局山西调查总队　王晓芳　任启龙　李泽兴）

内蒙古居民收支与生活状况报告

2019年是新中国成立70周年，也是内蒙古发展进程中具有重要意义的一年。内蒙古党委政府以习近平新时代中国特色社会主义思想为指导，准确把握“稳中有进”的工作总基调，面对“稳中有变”、“变中有进”的经济环境，深入贯彻落实新发展理念，全区营商环境进一步改善，就业形势总体稳定，民生工作持续向好，精准扶贫政策深入推进，全区居民收入实现平稳增长，农牧民收入增速明显快于城镇居民和GDP增速，人民群众得到了满意答卷。

一、居民收入实现平稳增长

2019年，全区居民人均可支配收入30555元，同比增加2179元，增长7.7%(以下如无特别说明，均为同比名义增长)。扣除价格因素，实际增长5.2%。按常住地分，城镇居民人均可支配收入40782元，增长6.5%;农村居民人均可支配收入15283元，增长10.7%。全区居民人均可支配收入居全国第10位。

表1　2019年内蒙古居民人均可支配收入情况

指　标	全体居民		城镇居民		农村居民	
	水平(元)	增速(%)	水平(元)	增速(%)	水平(元)	增速(%)
可支配收入	30555	7.7	40782	6.5	15283	10.7
1. 工资性收入	15922	5.9	24459	5.0	3174	9.6
2. 经营净收入	7994	11.8	7945	11.5	8067	12.3
3. 财产净收入	1614	11.9	2344	13.2	523	0.5
4. 转移净收入	5025	5.8	6033	3.9	3519	9.8

(一)居民收入增长与经济增长基本同步。

2011—2019年，内蒙古居民收入与经济增长基本同步，为2020年实现居民收入翻番的目标夯实了基础。据测算，全区居民人均可支配收入累计实际增长97%，未来一年，全区居民收入实际增速保持在3.5%以上，即可实现2020年全区居民收入比2010年翻番的目标。

(二)收入结构持续优化。

2019年，全区居民人均工资性收入15922元，增长5.9%，占人均可支配收入比重52.1%，拉动收入增长3.1个百分点，是居民增收的主要来源。人均经营净收入7994元，增长11.8%，占人均可支配收入比重26.2%。人均财产净收入1614元，增长11.9%，在四项收入中增速最快。人均转移净收入5025元，增长5.8%。经营、财产净收入占人均可支配收入比重比上年分别提高1.0和0.2个百分点。

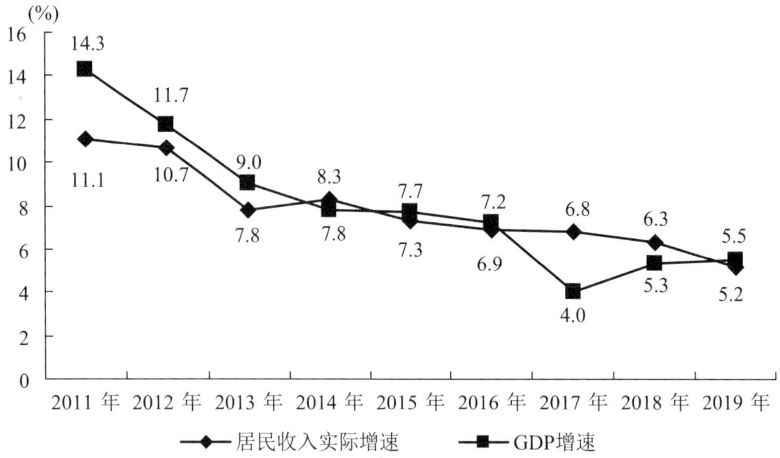

图1　2011—2019年内蒙古居民人均可支配收入与GDP增长对比

（三）收入比进一步缩小。

内蒙古深入推进供给侧结构性改革，乡村振兴战略顺利实施，惠农惠牧政策成效显著，农牧民人均可支配收入增速快于城镇居民4.2个百分点，自2010年开始，这是农牧民收入增速第9年快于城镇居民。2019年，内蒙古城乡居民收入比为2.67∶1，较2010年下降0.45。

二、城乡居民增收因素分析

（一）城镇居民收入增长“各具特色”。

2019年内蒙古城镇居民人均工资性收入24459元，增长5.0%，贡献率46.7%，是城镇居民可支配收入增长的最大动力。工资性收入平稳增长，一是内蒙古就业形势稳定，全年城镇新增就业26.3万人，城镇登记失业率3.7%；二是根据《调整机关事业单位工作人员基本工资标准和增加机关事业单位离休人员离休费三个实施方案》，内蒙古地区机关事业单位工作人员工资收入月均增长300元左右；三是个税起征点提高，税改效果逐渐显现。

民生福祉全面增进，转移净收入持续增长。2019年内蒙古城镇居民人均转移净收入6033元，增长3.9%，主要是内蒙古退休人员基本养老金上调，平均上调幅度达5%，284万名退休人员受益。同时，各地全面落实中央关于改善民生的政策要求，带动城镇居民转移收入继续增长。

2019年城镇居民人均财产净收入2344元，比上年增加274元，增长13.2%，在总收入中的占比由上年的5.4%升至5.7%。财产收入的增长主要来自于利息收入和房屋租金。一年来，内蒙古几大主要城市住房租赁市场成交活跃，房租价格上涨，全区金融机构人民币存款余额同比稳定增长，带动了相关收入的增长。

减税降费效果明显，市场主体增加，企业效益提高，经营收入较快增长。2019年各类市场主体减负410亿元，市场主体增长7.2%，民间投资增长6.9%。个体经营户和小微企业受惠于普惠性和结构性相结合的减税降费政策经营情况得到改善。城镇居民人均经营净收入7945元，增长11.5%。

（二）农牧民收入增长“百花齐放”。

2019年内蒙古农牧民人均经营净收入8067元，增长12.3%，拉动农牧民收入增长6.4个百分点，是收入的主要来源。其中一产人均经营净收入 7086 元，增长 13.5%。2019 年农牧民出售农畜产品量价齐涨，促进农牧民经营收入快速增长。数据监测显示，全年牛和羊出栏同比分别增长 2.2%和 1.1%；玉米每公斤价格同比上涨 1.2%；生猪、仔猪、猪肉价格分别比上年同期上涨了 110.8%、69.5%和 109.2%；活牛、牛肉、活羊和羊肉平均价格分别上涨了 10.8%、18.4%、11.4%和 12.7%，畜产品价格上涨是农牧民收入提高的最大利好因素。

脱贫攻坚成效突出，社会保障持续提标扩面，惠农惠牧政策持续显效，转移净收入显著增长。2019 年内蒙古农牧民人均转移净收入 3519 元，增长 9.8%，继续保持稳步增长态势，其中人均政策性惠农补贴收入 1694 元，增加 316 元。

2019 年，房地产投资市场活跃，为农牧区居民带来了更多就业机会。同时，企业用工需求增加，农村牧区劳动力转移小幅增长，就业扶贫措施显效，共同拉动农牧民工资性收入持续增长。内蒙古农牧民人均工资性收入 3174 元，增长 9.6%。

2019 年内蒙古农村牧区土地流转进程加快，转让承包土地经营权租金收入持续增长。农牧民人均财产净收入 523 元，增长 0.5%。

2019 年，内蒙古农牧民收入平稳较快增长，带动农牧民消费支出增长提速，消费结构升级转变，居民生活质量持续改善。

三、2019 年内蒙古居民消费支出状况

2019 年内蒙古居民人均消费支出为 20743 元，同比增长 5.5%。分城乡看，城镇居民人均消费支出为 25383 元，同比增长 3.9%；农村牧区居民人均消费支出为 13816 元，同比增长 9.1%。农牧区居民消费支出增速快于城镇居民 5.2 个百分点。

（一）八大类消费支出增长特点。

1. 食品烟酒、衣着、居住和教育文娱支出稳定增长。2019 年，内蒙古居民人均食品烟酒支出为 5517 元，增长 3.6%，其中食品支出下降 0.8%，烟酒、饮料、饮食服务分别增长 6.0%、6.8%和 17.6%。人均衣着支出为 1765 元，增长 0.8%，其中衣类支出增长 1.9%。人均居住支出为 3944 元，增长 7.2%。人均教育文化娱乐支出为 2408 元，同比增长 7.2%，其中教育支出增长 10.5%，文化娱乐支出增长 0.6%。

表 2　2019 年内蒙古居民消费支出情况

指　　标	全体居民		城镇居民		农村居民	
	水平（元）	增速（%）	水平（元）	增速（%）	水平（元）	增速（%）
居民消费支出	20743	5.5	25383	3.9	13816	9.1
1. 食品烟酒	5517	3.6	6688	1.6	3768	8.4
2. 衣着	1765	0.8	2458	0.1	731	2.0
3. 居住	3944	7.2	4845	5.4	2598	11.1
4. 生活用品及服务	1186	−1.6	1614	−1.0	546	−5.7
5. 交通通信	3218	4.7	3797	1.6	2354	12.0
6. 教育文化娱乐	2408	7.2	2818	8.7	1796	3.4
7. 医疗保健	2108	14.1	2349	11.5	1749	19.1
8. 其他用品及服务	597	11.0	814	10.3	273	12.0

2. 生活用品、交通通信、医疗保健及其他用品服务类支出增长形态各异。2019年,内蒙古居民人均生活用品及服务支出为1186元,下降1.6%,其中家政服务增长22.2%;家庭日杂用品下降17.2%。人均交通通信支出为3218元,增长4.7%,其中交通支出增长11.7%;通信支出下降15.3%。人均医疗保健支出为2108元,增长14.1%,其中医疗器具及药品类下降5.9%;医疗服务类增长27.2%。人均其他用品及服务支出为597元,同比增长11%。

(二)消费结构变化特点。

1. 恩格尔系数继续下降。2019年内蒙古居民人均食品烟酒支出占人均消费支出的比重(下称恩格尔系数)为26.6%,比2018年下降0.5个百分点。分城乡看,2019年内蒙古城镇居民恩格尔系数为26.4%,下降0.6个百分点;农牧民恩格尔系数为27.3%,下降0.2个百分点。恩格尔系数的下降,标志着居民生活水平的进一步提高。

2. 居住、教育文化娱乐、医疗保健和其他用品及服务占比提高。2019年内蒙古居民人均居住支出占人均消费支出的比重为19.0%,提高0.3个百分点。人均教育文化娱乐支出占人均消费支出的比重为11.6%,提高0.2个百分点。人均医疗保健支出占人均消费支出的比重为10.2%,提高0.8个百分点。人均其他用品及服务支出占人均消费支出的比重为2.9%,提高0.2个百分点。

3. 食品烟酒、衣着、生活用品及服务和交通通信占比下降。2019年内蒙古居民人均食品烟酒支出占人均消费支出的比重为26.6%,下降0.5个百分点。人均衣着支出占人均消费支出的比重为8.5%,下降0.4个百分点。人均生活用品及服务支出占人均消费支出的比重为5.7%,下降0.4个百分点。人均交通通信支出占人均消费支出的比重为15.5%,下降0.1个百分点。

表3 2019年内蒙古居民消费支出结构

单位:%

指标	全体居民		城镇居民		农村居民	
	2019年	2018年	2019年	2018年	2019年	2018年
居民消费支出	100.0	100.0	100.0	100.0	100.0	100.0
1. 食品烟酒	26.6	27.1	26.4	26.9	27.3	27.5
2. 衣着	8.5	8.9	9.6	10.0	5.3	5.7
3. 居住	19.0	18.7	19.0	18.8	18.8	18.5
4. 生活用品及服务	5.7	6.1	6.4	6.7	4.0	4.6
5. 交通通信	15.5	15.6	15.0	15.3	17.0	16.6
6. 教育文化娱乐	11.6	11.4	11.1	10.6	13.0	13.7
7. 医疗保健	10.2	9.4	9.3	8.6	12.6	11.5
8. 其他用品及服务	2.9	2.7	3.2	3.0	2.0	1.9

注:由于小数进位原因导致2018年全体居民和城镇常住居民八大类消费支出比重之和为99.9%。

四、2019 年内蒙古城乡居民生活状况

（一）居住条件。

2019 年内蒙古居民人均住房建筑面积为 32.3 平方米，其中城镇居民人均住房建筑面积为 34.7 平方米，农牧民人均住房建筑面积为 28.7 平方米。从居住空间样式来看，内蒙古居民居住在单栋平房和单元房的家庭居多，比重分别为 39.9％和 53.3％。城镇居民居住在单元房的家庭居多，占比为 75.9％；农村牧区居民居住在单栋平房的家庭居多，占比为 94.7％。从建筑材料看，46.1％的家庭住房建筑为钢筋混凝土结构，26.5％的家庭住房建筑为砖混结构，25.0％的家庭住房建筑为砖瓦砖木结构。城镇居民家庭住房建筑以钢筋混凝土材料为主，占比为 65.3％；其次是砖混材料，占比为 25.9％。农牧民家庭住房结构以砖瓦砖木材料为主，占比为 62.7％；其次是砖混材料，占比为 28.1％。

（二）生活设施。

从全体居民饮用水状况看，主要饮用水源为经过净化处理的自来水的家庭比重为 81.6％，饮用水源为受保护的井水和泉水的家庭比重为 14.6％，饮用水源为不受保护的井水和泉水及其他饮用水源的家庭占比为 3.2％。

从主要炊用能源看，城镇居民使用天然气、煤气、液化石油气占比为 61.7％，用电占比为 27.9％。农牧民使用柴草、煤炭合计占比为 62.9％，用电占比为 22.7％。

（三）耐用消费品拥有情况。

从交通工具拥有情况来看，2019 年内蒙古居民家用汽车拥有量为每百户 41.9 台，其中城镇居民家用汽车拥有量为每百户 51.5 台，农牧民家用汽车拥有量为每百户 27.4 台。摩托车拥有量为每百户 30.7 台，其中城镇居民摩托车拥有量为每百户 12.7 台；农牧民摩托车拥有量为每百户 57.5 台。

从家用电器拥有情况看，全体居民每百户电冰箱、洗衣机、彩色电视机、热水器的拥有量分别为 106.4 台、97.6 台、104.6 台和 57.5 台。城镇居民每百户电冰箱、洗衣机、彩色电视机、热水器的拥有量分别为 106.8 台、99.6 台、103.3 台和 80.5 台。农牧民每百户电冰箱、洗衣机、彩色电视机、热水器的拥有量分别为 106.0 台、94.6 台、106.6 台和 23.0 台。

从信息化设备拥有情况来看，全体居民每百户拥有的计算机为 45.7 台，其中城镇居民每百户拥有的计算机为 62.8 台，农牧民每百户拥有的计算机为 20.2 台。全区居民每百户拥有的移动电话数量为 234.4 部，其中城镇居民每百户拥有的移动电话为 231.7 部，农牧民每百户拥有的移动电话数量为 238.5 部。

（执笔人：国家统计局内蒙古调查总队　冀赫然）

辽宁居民收支与生活状况报告

2019 年，辽宁省经济社会平稳健康发展，为城乡居民收入增长和生活改善奠定了坚实基础。城乡居民收入实现稳步提升，收入倍差持续缩小，消费水平有所提高，生活状况改善明显。

一、2019 年辽宁城乡居民收入增长情况

据国家统计局辽宁调查总队抽样调查资料显示，2019 年辽宁居民人均可支配收入 31820 元，同比增加 2119 元，增长 7.1%，扣除价格因素，实际增长 4.6%。

(一)城镇居民收入平稳增长。

1. 总量位次相对稳定。近几年，辽宁城镇居民收入总量在全国的位次基本保持稳定。值得注意的是，2019 年辽宁城镇居民收入总量与全国平均水平的差距有所扩大。2019 年辽宁城镇居民人均可支配收入比全国平均水平少 2582 元，差距较上年增加 673 元。

2. 收入增速保持平稳。2019 年，辽宁城镇居民可支配收入增长 6.5%，延续了近几年平稳增长的态势，但增幅仍低于全国平均水平 1.4 个百分点，在 31 个省(区、市)中排第 28 位，比上年同期后移 3 位。从 2019 年分季度看，收入增速高开低走，增幅逐季收窄，与 GDP 保持同步。一季度、上半年、前三季度、全年增速分别为 7.5%、7.1%、6.6%和 6.5%。与全国平均增速水平相比，分别低了 0.4、0.9、1.3 和 1.4 个百分点，季度间增速差距持续扩大。

3. 收入构成“三升一降”。2019 年，辽宁城镇居民人均可支配收入四项构成呈“三升一降”态势，工资性收入、经营净收入、财产净收入和转移净收入分别达到 22120 元、4461 元、2094 元和 11101 元，同比增长 7.2%、-3.8%、13.5%和 8.5%，对可支配收入增长的贡献率分别为 61.4%、-7.3%、10.2%和 35.7%，分别拉动可支配收入增长 4.0、-0.5、0.7 和 2.3 个百分点。

表 1　2018—2019 年辽宁城镇居民人均可支配收入情况

指　　标	2019 年		2018 年		2019 年比 2018 年		贡献率(%)	拉动增长(%)
	水平(元)	构成(%)	水 平(元)	构成(%)	增加额(元)	增速(%)		
可支配收入	39777	100.0	37342	100.0	2435	6.5	100.0	—
1. 工资性收入	22120	55.6	20626	55.2	1494	7.2	61.4	4.0
2. 经营净收入	4461	11.2	4639	12.4	-178	-3.8	-7.3	-0.5
3. 财产净收入	2094	5.3	1846	4.9	249	13.5	10.2	0.7
4. 转移净收入	11101	27.9	10231	27.4	870	8.5	35.7	2.3

(二)农村居民收入较快增长。

1. 名义增速近七年首超全国。2019 年，辽宁农村居民收入名义增长 9.9%，高于全国平均水

平 0.3 个百分点，近七年首次超越全国。从排位看，名义增速在全国 31 个省(区、市)中排在第 9 位，比上年同期前移 20 位；分季度看，收入增幅呈逐季扩大趋势，表明上年粮食减产和非洲猪瘟疫情带来的不利影响基本消除。

2. 实际增速“跑赢”GDP。2019 年，辽宁农村居民收入扣除价格因素实际增长 7.1%，是 2015 年以来增长最快的年份，增幅高于全国平均水平 0.9 个百分点，高于全省地区生产总值 1.6 个百分点，超额实现了年初制定的农村居民收入增长与经济增长基本同步的目标。

3. 总量位次稳居全国前十。2019 年，辽宁农村居民人均可支配收入为 16108 元，总量比全国平均水平高 87 元，优势扩大 48 元，在全国 31 个省(区、市)中居第 10 位(2017 年，辽宁省农村居民收入总量位居全国第 10 位；由于 2018 年北京市未公布农村居民收入数据，辽宁省暂列第 9 位)。与吉林、黑龙江相比，总量优势分别为 1172 元和 1126 元。

4. 城乡差距持续缩小。2019 年，辽宁城镇居民人均可支配收入为 39777 元，名义增长 6.5%，实际增长 4.1%，农村居民收入名义和实际增速分别高于城镇 3.4 和 3.0 个百分点。城乡居民收入倍差(以农村居民收入为 1)由 2011 年的 2.67 下降为 2.47，表明辽宁城乡居民收入差距在不断缩小。

5. 收入构成“三升一降”。调查资料显示，2019 年，辽宁农村居民人均工资性收入 6224 元，增长 10.3%，占可支配收入的比重为 38.6%；人均经营净收入为 7013 元，增长 12.0%，占可支配收入的比重为 43.5%；人均转移净收入为 2587 元，增长 7.2%，占可支配收入的比重为 16.1%；人均财产净收入为 284 元，下降 14.9%，占可支配收入的比重为 1.8%。从对可支配收入增长的贡献率看，经营净收入贡献率最高为 51.6%，拉动收入增长 5.1%，是收入增长的最主要动力；工资性收入的贡献率为 39.9%，拉动收入增长 3.9%，是收入增长的重要支撑因素；转移净收入贡献率为 12.0%，拉动收入增长 1.2%。

表 2　2019 年辽宁农村居民人均可支配收入情况

指　　标	水平(元)	构成(%)	增速(%)	拉动增长(%)	贡献率(%)
可支配收入	16108	100.0	9.9	9.9	100.0
1. 工资性收入	6224	38.6	10.3	3.9	39.9
2. 经营净收入	7013	43.5	12.0	5.1	51.6
第一产业经营净收入	5082	31.5	9.9	3.1	31.6
农业	3401	21.1	8.5	1.8	18.3
牧业	1339	8.3	10.3	0.9	8.6
第二产业经营净收入	355	2.2	96.7	1.2	12.0
第三产业经营净收入	1576	9.8	7.9	0.8	7.9
3. 财产净收入	284	1.8	−14.9	−0.3	−3.4
4. 转移净收入	2587	16.1	7.2	1.2	12.0
转移性收入	3374	20.9	8.8	1.9	18.7
养老金或离退休金	1604	10.0	14.6	1.4	14.1
转移性支出	786	4.9	14.1	0.7	6.7

二、2019年辽宁城乡居民消费增长特点

（一）城镇居民消费持续低迷，结构有所改善。

1. 总量低于全国，增速持续低迷。2019年，辽宁城镇居民人均消费支出27355元，低于全国平均水平708元，在31个省(区、市)中位居第8位；同比增长3.4%，增幅比上年回落0.8个百分点，低于全国平均水平4.1个百分点，增速在全国31个省(区、市)中位列第30位。分季度看，一季度、上半年、前三季度、全年辽宁人均消费支出分别增长3.2%、2.1%、4.5%、3.4%，分别低于全国平均水平2.8、4.3、2.7、4.1个百分点，增速在全国31个省(区、市)中分列第28、31、29、30位。

2. 八大类消费“六升二降”，居住支出贡献率最大。八大类消费支出中，增长最快的是其他用品及服务支出，同比增长9.8%；教育文化娱乐支出次之，同比增长8.3%；第三是医疗保健支出，同比增长7.7%；食品烟酒、居住和生活用品及服务支出分别增长了3.9%、5.8%和0.7%；而交通通信和衣着支出分别下降4.4%和4.3%。从对消费支出增长的贡献率看，居住支出、教育文化娱乐和食品烟酒的贡献最大，贡献率分别为33.1%、31.1%和30.3%。

3. 子女教育更受重视，教育支出成为消费热点。随着百姓对教育的重视程度不断提升，教育消费支出日益成为家庭消费的热点。2019年，辽宁城镇居民人均教育支出为2243元，比上年增加351元，增长18.5%，对居民消费支出增长的贡献率达到38.7%。七个阶段的教育支出除成人教育外，学前、小学、初中、高中、中专职高、大专及以上教育人均支出均有大幅度的提升，同比分别增长7.8%、13.0%、44.3%、46.8%、15.0%、14.0%。

4. 服务需求多元化，服务类消费支出大幅增长。随着社会服务业的蓬勃发展和消费者个性化、多样化服务需求的逐步多元化，家政服务等新型服务支出不断增加。2019年，辽宁城镇居民人均饮食服务支出、医疗服务支出、家庭服务支出和其他服务支出(包括美容美发洗浴等)分别同比增长11.3%、14.1%、16.1%和15.2%。服务性消费支出的显著增长，表明全省社会化服务业水平提高和居民生活质量得到有效改善。

5. 耐用消费品升级换代，健康产品受到青睐。随着耐用消费品升级换代速度加快和居民购买力的不断提升，城镇居民主要耐用消费品拥有量不断增多。抽样调查资料显示，辽宁城镇居民每百户洗衣机、电冰箱(柜)、微波炉、热水器、排油烟机等基本耐用消费品拥有量分别为96.0台、101.3台、58.7台、87.5台、87.6台，分别增长1.5%、1.3%、2.9%、1.5%、1.3%；其他耐用品方面，家用空调百户拥有量为58.0台，增长19.6%；与健康相关的洗碗机、健身器材、空气净化器、吸尘器等耐用消费品逐渐进入百姓家庭，每百户拥有量分别为2.0台、7.4台、8.1台、20.3台，分别增长27.3%、22.1%、5.3%、6.4%。

（二）农村居民消费逐渐回暖，生活明显改善。

2019年，辽宁农村居民人均消费支出为12030元，低于全国平均水平1298元，在全国31个省(区、市)中位居第20位，同比增加575元，名义增长5.0%，较全国平均水平低4.9个百分点，

在全国31个省(区、市)中排位第31位。虽然名义增长在全国仍然排位靠后,但与2019年一季度增长0.8%、上半年增长3.5%和前三季度增长2.2%相比,农村居民消费支出初步呈现增长回暖的迹象,表明农民增收对于促进消费、拉动内需的作用效果明显。此外,2019年辽宁农村居民人均服务性消费支出增长较快,为4723元,同比增长9.7%,快于农村居民人均消费支出4.7个百分点;人均服务性消费支出占农村居民人均消费支出的比重为39.3%,比上年提高1.7个百分点。

1. 八大类消费“七升一降”。抽样调查数据显示,八大类消费支出中,增长最快的是其他用品及服务支出,同比增长20.5%;医疗保健支出次之,同比增长8.4%;第三是衣着支出,同比增长8.2%;教育文化娱乐支出、居住支出、食品烟酒支出和生活用品及服务支出分别增长了7.4%、6.2%、4.3%和4.3%;交通通信支出仍然延续前三季度的下降态势,同比下降2.7%。从对消费支出增长的贡献率看,居住、食品烟酒、医疗保健和教育文化娱乐支出分别为贡献率的前四位,具体的贡献率为24.2%、22.8%、22.2%和17.1%。

2. 耐用品消费变化明显。交通出行方面,2019年辽宁农村居民每百户家用汽车和助力车拥有量分别为20.4辆和53.1辆,比上年分别增长11.3%和7.7%,每百户摩托车拥有量则下降4.1%;通讯方面,每百户移动电话拥有量为220.9部,增长2.0%,其中接入互联网138.7部,增长12.2%,每百户固定电话拥有量为29.8部,下降17.6%;日常家用器具方面,每百户洗衣机、电冰箱、微波炉、空调、热水器、排油烟机拥有量分别为90.1台、100.3台、12.9台、13.9台、30.6台和25.1台,分别增长1.1%、1.3%、3.8%、67.2%、13.8%和3.5%。耐用消费品拥有量的变化反映了辽宁农村居民交通出行更加舒适便利,家庭通讯更加时尚快捷,家用电器更加个性方便,百姓的日常生活品质得到大幅提升。

3. 饮食结构更为均衡。从食品消费情况看,2019年,辽宁农村居民人均粮食消费量为149.7公斤,增长2.8%;油脂类、肉类(包括禽类)的消费量为10.2公斤和26.5公斤,分别下降了2.1%和4.3%;水产品、蛋类、奶类和瓜果类的消费量为7.7公斤、9.6公斤、5.7公斤和39.1公斤,分别增长了13.5%、9.9%、8.7%和12.1%。表明随着收入水平的提高,辽宁农村居民的消费理念也在不断转变,农民饮食结构逐渐向更为均衡的方向发展。

三、需要关注的几个问题

(一)城镇收入增速长期低于全国和农村。

1. 连续六年低于全国平均水平。从2014年开始,辽宁城镇居民收入增速不断放缓,于2016年达到谷底,虽然在2017年出现企稳回升迹象,但增幅与全国和其他省份相比仍有一定差距。2014—2019年,辽宁城镇居民收入增速分别为8.9%、7.0%、5.6%、6.4%、6.7%、6.5%,增幅比全国水平分别低0.1、1.2、2.2、1.9、1.1、1.4个百分点。由于增速持续低于全国平均水平,导致收入总量与全国平均水平的差距不断扩大,排位出现后移。

2. 长期低于农村居民增速。2013—2019年,除2018年外,辽宁城镇居民收入增速一直低于农村居民。2013 年城镇居民收入名义增速为 10.1%，比农村低 2 个百分点，期间由于农村增速下滑，差距有所缩小，但在 2019 年两者差值又达到 3.4 个百分点，为近七年最大差值。城镇收入增速长期低水平徘徊，将会降低城镇居民消费预期，导致城镇居民消费意愿下降，从而不利于城镇居民持续增收。

（二）城乡收入结构均不尽合理，有待进一步优化。

1. 城镇转移净收入占比过高。四项收入中，转移净收入占比高达 27.9%，高出全国 10 个百分点。转移净收入过高，表明辽宁省退休人口数量庞大，人口深度老龄化形势严峻，退休人员持续增资将不断增加财政负担；另外，辽宁省的工资性收入占比低于全国 4.8 个百分点，工资收入水平比全国少 3445 元。从长期看，这两种现象都不利于全省城镇居民持续增收。

2. 农村居民经营净收入比重过大。从收入构成来看，辽宁农村居民的经营净收入占可支配收入的比重高于全国平均水平 7.5 个百分点，其中，一产净收入占比高 8.2 个百分点，二、三产净收入占比分别低 0.4 和 0.3 个百分点；除此之外，工资性收入、财产净收入和转移净收入的占比均低于全国平均水平，分别低 2.5、0.6 和 4.5 个百分点。说明辽宁农村居民家庭增收对经营净收入特别是一产净收入的依赖性仍然很强，而农业生产和牧业养殖由于受天气、环境、价格等多种因素的综合影响，具有较大的不稳定性，因此，农牧业生产影响因素波动会带来农牧业收入的变化，从而很大程度上影响当年农村居民的增收。

（三）农村地区间差距扩大。

2019 年，辽宁省内 14 市农村居民人均可支配收入增速均超过 9.0%，总量都实现了大幅增加，但城市间差距比较明显。从全省看，大连市最高，人均达到了 19974 元，葫芦岛市最低，人均为 13721 元。值得注意的是，从历史数据看，近几年省内地区间高低收入差距有扩大的趋势，用高低收入倍差来衡量，以最低城市收入为 1，高低差距由 2017 年的 1.43∶1 扩大至 2019 年的 1.46∶1。

（四）收支水平不匹配，平均消费倾向偏低。

2019 年辽宁省农村居民人均可支配收入为 16108 元，在全国排在第 10 位，而农村居民人均消费支出为 12030 元，比全国平均水平低了 1298 元，排在全国第 20 位，消费支出位次比收入位次低了 10 位。辽宁农村居民平均消费倾向为 74.7%，比全国平均水平低了 8.5 个百分点，在全国 31 个省（区、市）中排在第 26 位。由此可见，虽然农村居民的收入呈持续增长的态势，但受收入来源不确定和传统储蓄观念等因素影响，部分农村居民的消费观念依然比较保守，平均消费倾向偏低将直接影响辽宁省农村居民生活质量的有效改善。

（执笔人：国家统计局辽宁调查总队　王璐瑶　许程路）

吉林居民收支与生活状况报告

近年来，吉林省委省政府深入学习贯彻习近平总书记关于吉林工作的重要讲话和重要批示指示精神，坚持稳中求进工作总基调，着力推动高质量发展，城乡居民收入持续增加，收入分配进一步优化，居民收入增长与经济发展基本同步，居民消费明显升级，生活水平显著提高。

一、近年来吉林省居民收入情况

(一)近年来全体居民收入增长与人均地区生产总值增长基本同步。

2014—2019 年吉林省全体居民人均可支配收入分别为 17520 元、18684 元、19967 元、21368 元、22798 元、24563 元，扣除价格因素实际增速分别为 7.4%、4.9%、5.2%、5.3%、4.5%、4.6%。2014—2019 年吉林省人均地区生产总值实际增速分别为 6.4%、6.3%、7.3%、6.0%、5.0%、3.5%①。2014—2019 年吉林省全体居民人均可支配收入实际年均增速为 5.2%，略低于人均地区生产总值年均增速(5.6%)。比较人均可支配收入与人均地区生产总值实际增速我们可以发现，2014 年以来两者增速总体均呈放缓趋势，增速基本同步。

(二)农村居民收入增速快于城镇居民，城乡居民收入相对差距持续缩小。

吉林省始终把提高城乡居民收入水平，尤其是农村居民收入水平作为关注民生、改善民生的出发点和落脚点，精准施策，优化收入分配，城乡居民收入相对差距日趋缩小。2014—2019 年，城镇居民收入增速(此处增速为名义增速，此后文中所述增速如未特殊说明均为名义增速)分别达到 8.8%、7.2%、6.5%、6.7%、6.5%、7.0%；农村居民收入增速分别达到 10.2%、5.1%、7.0%、6.8%、6.2%、8.6%。除 2015 年和 2018 年城镇居民收入增速高于农村居民，其他年份农村居民收入增速均快于城镇居民。从年均增速来看，2014 年以来的农村居民收入年均增速为 7.3%，比城镇居民年均增速快 0.2 个百分点。城乡居民收入相对差距逐年缩小，从 2015 年的城乡收入比为 2.20:1，降至 2019 年的 2.16:1。但由于城镇居民收入水平远高于农村居民，绝对差距仍在扩大。2019 年的绝对差距为 17363 元，比 2015 年扩大了 3788 元，预计这种态势还将持续相当长一段时间。

(三)城乡居民收入结构各有特色。

从城镇居民收入来源看，工资性收入在城镇居民可支配收入中占最主要的组成部分，比重逐年扩大。2014 年城镇居民工资性收入占比为 58.8%，到 2019 年这一比例已提高到 63.7%。其他三项构成额略有下降。经营净收入、财产净收入和转移净收入比重分别从 2014 年的 11.1%、

① 人均地区生产总值实际增速 2019 以前年份为四经普前数据。2019 年为四经普修正后数据。

5.4%和24.4%，下降到2019年的8.8%、5.1%和22.4%。

从农村居民收入来源看，经营净收入始终是吉林省农村居民可支配收入中最主要的组成部分，但比重逐年下降。从2014年的72.5%，下降到2019年的55.3%。与之对应工资性收入占比提升最为明显，从2014年的13.6%，提高到2019年的26.3%。转移净收入呈现稳步提升态势。吉林省农村居民可支配收入来源已从“一枝独秀”向“三足鼎立”转变。

二、2019年吉林省城乡居民收入增长特点

国家统计局吉林调查总队抽样调查数据显示，2019年全省城镇居民人均可支配收入32299元，增长7.1%，扣除价格因素，实际增长4.2%；全省农村居民人均可支配收入为14936元，同比增长8.6%，扣除价格因素，实际增长5.0%。

(一)城镇居民收入增长特点。

2019年吉林省城镇居民可支配收入四项构成均呈增长态势，其中，工资性收入在增速、占比、贡献率等方面均独占鳌头。详见表1。

表1 2018—2019年吉林省城镇居民人均可支配收入情况

指标	2019年水平(元)	2018年水平(元)	增速(%)	拉动增长(%)	贡献率(%)	构成(%)
可支配收入	32299	30172	7.1	—	—	100.0
1. 工资性收入	20570	18978	8.4	5.3	74.8	63.7
2. 经营净收入	2858	2789	2.4	0.2	3.2	8.8
3. 财产净收入	1636	1604	2.0	0.1	1.6	5.1
4. 转移净收入	7235	6801	6.4	1.5	20.4	22.4

1. 工资性收入占比六成以上，拉动可支配收入增长5.3个百分点。2019年吉林省城镇居民人均工资性收入20570元，增长8.4%，占可支配收入比重63.7%，是吉林省城镇居民收入增长主要动力。2019年，吉林省推进《关于做好当前和今后一个时期促进就业工作的实施意见》落地见效，就业率及工资收入同步增长，同时，机关事业单位提高基本工资标准，城镇居民增收效果明显。

2. 经营净收入小幅增长，拉动可支配收入增长0.2个百分点。2019年吉林省城镇居民人均经营净收入2858元，增长2.4%。其中第一、第三产业人均经营净收入分别为783元、1989元，分别增长10.2%、1.0%，第二产业人均经营净收入85元，下降21.8%。年末迎来销售高峰，调查显示，2019年吉林省城镇居民人均批发零售业经营净收入876元，增长6.3%，三产经营净收入增加是经营收入增长的主要因素之一。

3. 财产净收入量小微增，拉动可支配收入增长0.1个百分点。2019年吉林省城镇居民人均财产净收入1636元，增长2.0%。其中人均房屋虚拟租金净收入1145元，增长6.8%，占财产净收入比重70.0%，房价上涨是其增长主要因素。

4. 转移净收入平稳增长，拉动人均可支配收入增长1.5个百分点。2019年吉林省城镇居民人均转移净收入7235元，增长6.4%。根据《关于2019年调整退休人员基本养老金的通知》，吉林省企业和机关事业单位退休人员养老金均不同程度增长。2019年，人均养老金或离退休金收入8296元，增长8.1%。

（二）农村居民收入增长特点。

抽样调查数据显示，2019年吉林省农村居民四项收入全面增长。其中，工资性收入和财产净收入两位数增长，经营净收入和转移净收入则是平稳增长。详见表2。

表2　2018—2019年吉林省农村居民人均可支配收入情况

指　　标	2019年水平（元）	2018年水平（元）	增速（%）	拉动增长（%）	贡献率（%）	构成（%）
可支配收入	14936	13748	8.6	—	—	100.0
1. 工资性收入	3933	3521	11.7	3.0	34.7	26.3
2. 经营净收入	8264	7756	6.5	3.7	42.8	55.3
3. 财产净收入	307	257	19.7	0.4	4.3	2.1
4. 转移净收入	2431	2214	9.8	1.6	18.3	16.3

1. 工资性收入快速增长是收入增长的主要动力。人均工资性收入3933元，比上年同期增加412元，增长11.7%，拉动可支配收入增长3.0个百分点，贡献率为34.7%，成为可支配收入增长的主要动力。工资性收入增长得益于吉林省持续开展春季"早落地、早开工、早见效"行动，为全省多地提供了充足的就业机会。各地农民均可以在本地及省内务工，打工收入增加。2019年，吉林省农民工总量同比增长3.8%，外出农民工月工资水平同比增长4.5%。

2. 经营净收入有效支撑是农民收入最具保障的升力。吉林省农村人均经营净收入8264元，同比增长6.5%，比重为55.3%，贡献率最大，达到42.8%，是农村居民收入中最重要的组成部分。第一产业经营净收入7611元，同比增长8.1%，其中人均农业经营净收入6641元，同比增长11.2%。第二产业经营净收入42元，同比下降50.1%。第三产业经营净收入611元，同比下降2.8%。

3. 财产净收入大幅增长成为农民增收新拉力。人均财产净收入307元，同比增长19.7%。人均转让承包土地经营权租金收入是其主要组成部分，达到283元，同比增长44.9%，主要是受到玉米价格回升，种地预期收益走高的影响，土地租金提升较快。

4. 转移净收入稳步增长是农民增收的可靠助力。全省农村居民人均转移净收入2431元，同比增长9.8%。一是上调养老金标准。自2019年1月份开始吉林省新型农村社会养老保险基本养老金标准从每人每月80元上调至103元，个人账户依据自身缴纳额度也有相应提高。据抽样调查数据显示，人均养老金或离退休金781元，同比增长26.8%。二是农村外出务工收入增加。受到"三早"行动的有利影响，离开居住地以外的打工机会增多，获取收入的能力增强。据抽样调查显示，人均家庭外出从业人员寄带回收入366元，同比增长26.8%。

三、近年来吉林省居民消费情况

(一)生活消费稳步增长,消费倾向略有下降。

2014—2019年吉林省全体居民、城镇居民和农村居民人均消费支出均持续稳步增长。全体居民、城镇居民和农村居民人均消费支出分别从2014年的13026元、17156元和8140元增长到2019年的18075元、23394元和11457元。其中2017年城镇居民人均消费支出突破2万元,农村居民人均消费支出突破1万元。2014—2019年全体居民、城镇居民和农村居民消费倾向[①]均呈下降趋势。分别从2014年的0.743、0.739和0.755下降到2019年的0.736、0.724和0.767。

(二)城乡消费差距明显扩大,不平衡问题比较突出。

2014—2019年,吉林省城镇居民人均消费分别比农村居民多9017元、9189元、9645元、9772元、11568元、11937元,城乡居民消费差距呈现明显扩大趋势。虽然2014—2019年农村居民消费支出名义年均增速为7.6%,高于城镇居民消费支出名义年均增速1.0个百分点,但2019年农村居民人均消费水平仅为城镇居民的49.0%,相当于城镇居民2009年的水平,落后10年,城乡居民消费发展不平衡问题仍比较突出。

四、2019年吉林省城乡居民消费增长特点

2019年全省城镇居民人均消费支出23394元,增长4.5%,扣除价格因素,实际增长1.7%。农村居民人均消费支出为11457元,同比增长5.8%,扣除价格因素,实际增长2.3%。

(一)城镇居民消费增长特点。

1. 物价上涨影响深,食品消费此消彼长。2019年吉林省城镇居民人均食品烟酒消费支出5842元,增长5.0%,扣除价格因素,实际下降2.1%。受物价上涨影响,人均食用油、奶类、谷物、蔬菜和食用菌支出分别下降10.0%、7.9%、6.6%、1.4%。随着城镇居民生活节奏加快,外卖、点餐成为饮食消费主流,人均饮食服务支出1481元,增长12.9%,增幅较大。

2. 汽车拥有量增加,相关费用支出增长。2019年吉林省城镇居民人均交通通信消费支出3175元,增长3.8%,扣除价格因素,实际增长7.9%,其中交通消费支出2418元,增长10.4%。抽样调查资料显示,2019年吉林省城镇每百户家庭拥有汽车35.6辆,较上年增加1.7辆;人均交通工具用燃料支出639元,增长7.3%;车辆保险支出209元,增长1.3%。

3. 教育投资高增长,素质提升意愿显现。2019年吉林省城镇居民人均教育文化娱乐消费支出3148元,增长11.2%,扣除价格因素,实际增长8.9%。其中教育消费支出2167元,增长18.6%。从教育各阶段看,大专及以上教育人均支出643元,支出最多;小学教育、中专职高教育、大专及以上教育支出增速较快,分别增长31.1%、31.0%、30.2%;义务教育阶段(小学、初中)人均支出752元,占教育消费支出比重34.7%,占比最大。

---

① 平均消费倾向:人均消费支出与可支配收入的比值。

4. 发展型、享受型支出增长，消费开启新模式。随着居民收入的增加，八项消费支出除衣着下降外，其他七项均不同程度增长。生存型消费（包括食品烟酒、衣着、居住）比重下降，需求减弱。发展型消费（包括交通通信、教育文化娱乐、医疗保健）增势强劲，比重提升。享受型消费（包括生活用品及服务、其他用品及服务）稳步增长，潜力巨大。详见表3。

表3　2019年吉林省城镇居民消费支出情况

指　　标	水平（元）	名义增速（%）	实际增速（%）	拉动增长（%）	构成（%）
居民消费支出	23394	4.5	1.7	4.5	100.0
1. 食品烟酒	5842	5.0	−2.1	1.2	25.0
2. 衣着	1979	−2.2	−4.2	−0.2	8.5
3. 居住	4571	3.5	1.4	0.7	19.5
4. 生活用品及服务	1358	4.4	3.0	0.3	5.8
5. 交通通信	3175	3.8	7.9	0.5	13.6
6. 教育文化娱乐	3148	11.2	8.9	1.4	13.4
7. 医疗保健	2525	2.3	0.9	0.3	10.8
8. 其他用品及服务	796	9.1	5.3	0.3	3.4

（二）农村居民消费增长特点。

1. 八大消费支出六升二降。抽样调查数据显示，吉林省农村居民人均八大类消费支出六升二降，其中，人均医疗保健支出增长最快，达到19.7%。人均交通通信和居住支出同比分别下降3.9%和4.4%。详见表4。

表4　2018—2019吉林省农村居民人均消费支出情况

指　　标	2019年		2018年		增量	增幅
	水平（元）	构成（%）	水平（元）	构成（%）	（元）	（%）
居民消费支出	11457	100.0	10826	100.0	630	5.8
1. 食品烟酒	3225	28.1	3010	27.8	214	7.1
2. 衣着	694	6.1	628	5.8	66	10.5
3. 居住	1834	16.0	1917	17.7	−83	−4.4
4. 生活用品及服务	438	3.8	406	3.7	32	8.0
5. 交通通信	1701	14.8	1771	16.4	−70	−3.9
6. 教育文化娱乐	1552	13.5	1411	13.0	141	10.0
7. 医疗保健	1737	15.2	1451	13.4	286	19.7
8. 其他用品及服务	276	2.4	232	2.1	44	18.9

2. 生存型消费比重略有下降，发展型消费增长成为亮点。从消费用途看，吃穿住等生存型消费支出合计占消费支出的比重50.2%，较上年同期下降1.1个百分点。教育文化娱乐等发展型消费支出合计比重43.5%，较上年同期上升0.8个百分点。农村居民对基本生活需求逐渐满足，更多消费投入到改善生活质量之中。

3. 服务性消费两位数增长。2019年吉林省农村居民服务性消费支出4467元，同比增长12.6%，比商品性消费支出增幅快10.6个百分点。服务性消费占比也由上年同期的36.7%提升至39.0%。

五、2019年吉林省居民生活状况

（一）居住面积增加，住房条件向好。

2019年吉林省居民人均住房建筑面积为30.4平方米，其中，城镇居民人均住房建筑面积为30.9平方米，农村居民人均住房建筑面积为29.7平方米，分别比2014年增长了9.6%和13.4%。城镇和农村居民居住在钢筋混凝土或砖混材料结构住房的户比重为95.0%和33.2%，分别比2014年提高12.6个和22.1个百分点。城镇和农村居民居住住房使用净化后自来水或受保护河水的户比重为97.4%和91.3%，分别比2014年提高2.2个和14.2个百分点。

（二）基础设施改善，生活舒适度提升。

2019年城镇、农村地区分别有100.0%和98.6%的社区内道路状况为水泥或柏油路面，比2014年分别提高3.3和9.9个百分点。

2019年城镇地区有94.2%的户所在社区饮用水经过集中净化处理，与2014年基本持平。有98.7%的户所在社区垃圾能够做到集中处理，比2014年提高7.1个百分点。2019年农村地区有55.6%的户所在自然村饮用水经过集中净化处理，比2014年提高23.3个百分点；有78.8%的户所在自然村垃圾能够做到集中处理，比2014年提高51.6个百分点。

城镇、农村地区分别有96.2%和42.6%的户所在社区或自然村主要道路有路灯，比2014年提高了8.3和23.8个百分点；城镇、农村地区分别有90.5%和73.2%的户所在社区或自然村有健身器材，比2014年提高29.7和52.8个百分点；城镇、农村地区分别有76.1%和24.1%的户所在社区或自然村有绿化园林景观，比2014年提高20.6和12.6个百分点。

（三）社会服务提质，居民生活更方便。

从安全条件来看，2019年城镇和农村地区分别有68.7%和58.9%的户所在社区有专职保卫人员，分别比2014年提高11.7和15.9个百分点。

从医疗条件看，2019年城镇和农村地区分别有72.4%和93.8%的户所在社区有卫生站，分别比2014年提高1.8和21.1个百分点。另外农村地区所在社区有专门行医人员的比例达到91.5%，比2014年提高9.1个百分点。

从教育条件来看，2019年城镇地区有98.7%的户所在社区可以便利地上幼儿园或学前班，比2014年提高了1.0个百分点；有99.2%的户所在社区可以便利地上小学，比2014年提高了1.8个百分点。2019年农村地区有88.6%的户所在自然村可以便利地上幼儿园或学前班，比2014年提高11.9个百分点；有93.2%的户所在自然村可以便利地上小学，比2014年提高12.9个百分点。

（四）家用汽车拥有量增加，家庭信息化程度提高。

2019年城镇居民平均每百户汽车拥有量为35.6辆，比2014年增加18.6辆，增长1.1倍；农村居民平均每百户汽车拥有量为25.0辆，比2013年增加12.1辆，增长93.8%。

2019 年城镇居民百户移动电话拥有量为 229.1 部，比 2014 年增加 17.1 部，增长 8.0%；农村居民百户移动电话拥有量为 247.4 部，比 2013 年增加 20.8 部，增长 12.5%。城镇居民家庭手机接入互联网比例达到 78.8%，比 2014 年提升 49.6 个百分点；农村居民家庭手机接入互联网比例达到 67.2%，比 2014 年提升 61.7 个百分点。另外 2019 年城镇和农村居民百户计算机拥有量分别为 65.2 台和 27.4 台，接入互联网的比例分别达到 78.9%和 67.2%。拥有量和互联网接入比例均保持相对稳定。

（执笔人：国家统计局吉林调查总队　王阔）

黑龙江居民收支与生活状况报告

一、2019 年黑龙江省城乡居民收入平稳增长

调查显示，2019 年，黑龙江省全体居民人均可支配收入达到 24254 元，同比增长 6.7%(本文如无特别说明，均为同比名义增长)。四项收入构成变化情况详见表 1。

表 1　2018—2019 年黑龙江居民人均可支配收入来源及增速

年　份	工资性收入		经营净收入		财产净收入		转移净收入	
	水平(元)	增速(%)	水平(元)	增速(%)	水平(元)	增速(%)	水平(元)	增速(%)
2018 年	10951	6.1	4878	8.4	1089	9.7	5808	7.7
2019 年	11751	7.3	5004	2.6	1112	2.1	6386	10.0

(一)城镇居民人均可支配收入首次突破 3 万元。

调查显示，2019 年黑龙江省城镇居民人均可支配收入达到 30945 元，同比增长 6.0%。

从收入构成看，工资性收入和转移净收入是黑龙江省城镇居民可支配收入的主要来源，两者占可支配收入比重之和达 84.5%；人均经营净收入占可支配收入的比重为 11.1%，人均财产净收入占比为 4.4%。

表 2　2018—2019 年黑龙江城镇居民人均可支配收入来源及增速

年　份	工资性收入		经营净收入		财产净收入		转移净收入	
	水平(元)	增速(%)	水平(元)	增速(%)	水平(元)	增速(%)	水平(元)	增速(%)
2018 年	16706	5.8	3302	14.0	1387	5.5	7797	4.6
2019 年	17829	6.7	3422	3.7	1367	−1.4	8327	6.8

1. 五大利好因素推动工资性收入增长 6.7%。调查显示，2019 年，黑龙江省城镇居民人均工资性收入为 17829 元，同比增长 6.7%，比上年快 0.9 个百分点；对可支配收入增长的贡献率达到 64.0%，比上年提高 11.2 个百分点。拉动工资性收入增长的主要因素：一是行政事业单位工资标准上调并补发前期差额。二是资源型城市经济效益好转，职工工资、年终奖金有所提高。三是机关事业单位目标奖有较大增长。四是艰苦边远地区津贴标准上调。五是稳定就业，黑龙江省人力资源和社会保障厅的数据显示，全年全省城镇新增就业 59.69 万人，完成年计划 114.8%。

2. 改革取得成效，经营净收入增长 3.7%。调查显示，2019 年黑龙江省城镇居民人均经营净收入为 3422 元，同比增长 3.7%。一是服务业“稳定器”作用进一步增强。2019 年，黑龙江省城镇居民人均第三产业经营净收入为 2486 元，同比增长 4.1%；占经营净收入的比重为 72.6%，比上年提高 0.3 个百分点；对经营净收入增长的贡献率达到 80.9%。二是旅游业蓬勃发展带动相关行业同步

发展。“北国好风光，尽在黑龙江”旅游品牌正在叫响。有关数据显示，全年全省接待国内外游客和实现旅游收入分别增长 19.0%和 19.6%。旅游产业蓬勃发展，带动了相关行业快速发展。调查显示，2019 年，黑龙江省城镇居民人均交通运输仓储和邮政业、住宿和餐饮业经营净收入分别同比增长 5.9%和 21.7%，占第三产业经营净收入的比重分别比上年提高 0.2 和 2.1 个百分点，两者对经营净收入增长的贡献率达到 67.4%。

3. 消费理念发生改变，财产净收入同比下降 1.4%。随着生活水平提高和社会保障覆盖面扩大，居民消费理念发生变化，对人居环境更加关注，贷款买房改善居住条件现象普遍。物价指数居高不下，制约了居民收入水平的实际增长，居民投资理财更趋谨慎。调查显示，2019 年，黑龙江省城镇居民人均财产净收入为 1367 元，同比下降 1.4%。其中，人均红利收入和出租房屋净收入同比分别下降 26.6%和 17.0%，住房贷款利息支出同比增长 12.6%，三者均对财产净收入产生负向拉动。

4. 民生保障水平稳步提高，转移净收入增长 6.8%。2019 年，企业及机关事业单位退休人员基本养老金标准、低保和特困人员救助供养标准等上调，个人所得税专项附加扣除政策落实等惠民政策为城镇居民增收再加码。调查显示，2019 年，黑龙江省城镇居民人均转移净收入为 8327 元，同比增长 6.8%，比上年快 2.2 个百分点；对可支配收入增长的贡献率为 30.2%，拉动可支配收入增长 1.8 个百分点。其中，人均养老金或离退休金同比增长 5.8%，人均个人所得税支出同比下降 35.5%。

（二）农村居民人均可支配收入稳步增长。

调查显示，2019 年黑龙江省农村居民人均可支配收入达到 14982 元，同比增长 8.5%。

从收入构成看，2019 年全省农村居民工资性收入和转移净收入占可支配收入比重分别为 22.2%和 24.7%，同比分别增加 0.4 和 2.5 个百分点，对可支配收入增长的贡献率合计达到 81.1%；经营净收入占比为 48.0%，同比减少 3.1 个百分点；财产净收入占比为 5.1%，同比增加 0.1 个百分点。

表 3　2018—2019 年黑龙江农村居民人均可支配收入来源及增速

年　份	工资性收入		经营净收入		财产净收入		转移净收入	
	水平（元）	增速（%）	水平（元）	增速（%）	水平（元）	增速（%）	水平（元）	增速（%）
2018 年	3009	5.4	7053	5.4	679	22.8	3062	18.8
2019 年	3330	10.7	7196	2.0	759	11.7	3698	20.7

1. 工资性收入对农民增收的拉动作用增强。2019 年，各地政府出台帮扶政策，重点培育和发展县域内劳动力市场，建立乡镇农民工就业公共服务平台，拓宽农民就业渠道，提供优质服务，积极促进劳动力转移。秸秆综合利用行动计划和民生工程带动了相关行业发展，为农村剩余劳动力转移创造更多就业机会，务工人数有所增长，务工收入水平有所提升。调查显示，农村居民人均工资性收入实现 3330 元，同比增长 10.7%。工资性收入占农村居民收入的比重为 22.2%，比上年增加 0.4 个百分点。对可支配收入增长的贡献率为 27.2%，拉动同期可支配收入增长 2.3

个百分点。

2. 经营净收入对可支配收入增长的支撑作用减弱。2019年，黑龙江省农村居民人均经营净收入7196元，同比增长2.0%。经营净收入占人均可支配收入比重为48.0%，对可支配收入增长的贡献率为12.1%，拉动同期可支配收入增长1.0个百分点。2018年粮食丰产，2019年全年玉米平均出售价格高于同期，保障了农业经营收入增长。下半年开始生猪养殖存栏及出栏数量逐步恢复，猪价上涨，养殖收益增加。但随之暴涨的仔猪价格致养殖成本大增，农资、包地费及人工等经营成本增加，2019年粮食产量同比基本持平，致经营净收入增长放缓。

3. 财产净收入虽较快增长，但占比小，对可支配收入增长贡献小。2019年，黑龙江省农村居民人均财产净收入759元，同比增长11.7%。财产净收入占人均可支配收入比重为5.1%，对可支配收入增长的贡献率为6.8%，拉动同期可支配收入增长0.6个百分点。受到粮食价格和农业种植补贴等多方因素影响，2019年黑龙江省转包土地价格提升，转让承包土地经营权租金净收入拉动财产净收入快速增长。

4. 转移净收入对可支配收入增长贡献居首。2019年，黑龙江省农村居民人均转移净收入为3698元，同比增长20.7%。转移净收入占人均可支配收入比重为24.7%，对可支配收入增长的贡献率为53.9%，拉动同期可支配收入增长4.6个百分点。2019年，黑龙江省年度内两次发放稻谷补贴（2018年的稻谷补贴在2019年一季度发放），耕地地力保护补贴和玉米生产者价格补贴标准小幅上涨。城乡居民基础养老金继续上调，且对65周岁以上居民给予了适当倾斜，如对65—79周岁的参保城乡老年居民每月增加5元/人基础养老金，80周岁以上每月增加10元/人。惠农补贴和养老金标准等政策性因素促进了转移净收入高速增长。

（三）城乡居民收入相对差距持续缩小。

2019年，全省农村居民人均可支配收入增速快于城镇2.5个百分点，城乡居民收入比由2018年的2.11下降为2.07，城乡居民收入相对差距继续呈现缩小态势，与2012年相比缩小了0.19。

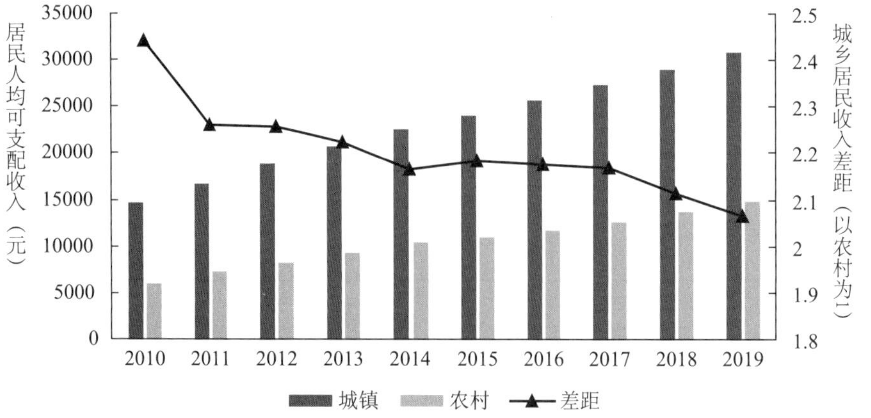

图1　2010—2019年黑龙江居民人均可支配收入及城乡收入差距

二、城乡居民消费同步增长

调查显示，2019年黑龙江省全体居民人均消费支出为18111元，同比增长6.6%。

（一）城镇居民消费亮点纷呈，同比增长5.4%。

调查显示，2019年黑龙江省城镇居民人均消费支出为22165元，同比增长5.4%。

从消费结构看，2019年黑龙江省城镇居民人均八大类消费占消费支出的比重基本与上年同期持平，呈现“六增二降”态势，“衣食住行”仍是城镇居民消费的主要侧重点。其中，人均食品烟酒、衣着、居住和交通通信消费支出分别为5814元、1873元、4319元和2926元，占消费支出的比重合计高达66.0%。人均教育文化娱乐消费和医疗保健消费支出分别为2926元和2841元，占消费支出的比重分别为13.2%和12.8%，占比分别较上年提高1.4和0.9个百分点。

1. 服务性和商品性消费增速一快一缓。电子商务和物流产业的快速发展，使得居民能够高效地购买到相对低价的实物商品，商品性消费支出增长缓慢。国家统计局数据显示，2019年，全国实物商品网上零售额同比增长19.5%，增速比社会消费品零售总额快11.5个百分点，占社会消费品零售总额的比重为20.7%，比上年提高2.3个百分点。2019年，黑龙江省城镇居民人均商品性消费支出同比仅增长1.4%，比上年放缓0.4个百分点；占全省城镇居民人均消费支出的比重为53.9%，比上年下降2.1个百分点。其中，衣着、生活用品及服务、交通通信的商品性支出分别同比下降2.5%、8.5%和1.3%。人均服务性消费支出同比增长10.4%，快于城镇居民人均消费支出增速5.0个百分点；占城镇居民人均消费支出的比重为46.1%，比上年提高2.1个百分点。

2. 价格波动改变食品消费结构，在外就餐成食品烟酒消费增长主动力。调查显示，2019年，黑龙江省城镇居民人均食品烟酒消费支出为5814元，同比增长5.2%，扣除价格因素，实际下降1.8%。其中，人均食品、烟酒、饮料、饮食服务消费支出同比分别增长2.0%、3.1%、1.4%和14.7%。

（1）猪肉价格上涨致替代食品支出较快增长。受年内猪肉价格大幅度上涨影响，城镇居民肉类购买量同比下降14.9%，而替代的禽类、水产品及蛋类等购买量呈现较快增长趋势，同比分别增长9.6%、11.1%和6.8%。

（2）在外就餐成食品烟酒消费增长主动力。2019年，黑龙江省城镇居民人均其他在外饮食支出同比增长13.2%，对食品烟酒消费支出增长的贡献率为59.4%；占食品烟酒支出的比重为25.3%，比上年提高1.8个百分点。

3. 升学及就业压力并存，子女教育成为消费增长热点。2019年，黑龙江省城镇居民人均教育支出为2064元，同比增长28.7%，对城镇居民消费支出增长的贡献率为40.8%；占消费支出比重为9.3%，比上年提高1.7个百分点。

（1）四个教育阶段支出均大幅提升。2019年，黑龙江省城镇居民小学、初中、高中、大专及以上四个教育阶段的人均教育支出均有大幅度提升，同比分别增长34.8%、24.0%、33.0%和44.0%。其中，大专及以上阶段的人均教育支出占全省城镇居民人均教育支出的比重为35.9%，比上年提高3.8个百分点。

（2）三个有升学压力阶段，培训费支出快速增长。2019年，在小学、初中、高中三个有升学压力的教育阶段，人均培训费支出同比增长42.8%，占其教育支出比重达53.2%。分阶段看，小学和高中阶段人均培训费支出增幅最大，分别达63.8%和54.5%；培训费支出占本阶段教育支出的比重分别达58.4%和61.6%。

4. 健康意识提升，医疗保障能力增强。2019年，黑龙江省城镇居民人均医疗保健消费支出2841元，同比增长13.1%，扣除价格因素，实际增长10.6%。其中，人均门诊和住院等医疗服务消费同比增长20.8%，占医疗保健消费支出的比重为66.0%，比上年提高4.2个百分点。2019年，黑龙江城乡居民基本医疗保险政府补贴标准、基本公共卫生人均经费标准以及大病保险报销比例提高，医疗保险保障能力进一步增强。调查显示，2019年黑龙江省城镇居民人均报销医疗费收入同比增长33.6%，报销医疗费占医疗保健消费支出比重同比提高2.4个百分点。

（二）农村居民消费水平全面提高，同比增长9.4%。

调查显示，2019年全省农村居民人均消费支出为12495元，同比增长9.4%。

1. 八大类消费“七升一降”，仍以满足刚需为主。从消费支出金额看，食品烟酒消费仍是最大的支出项目，人均支出3350元，占消费支出的比重（恩格尔系数）为26.8%；医疗保健、居住、交通通信、教育文化娱乐方面的消费支出额差异不大，人均支出依次为1925元、1922元、1909元和1779元，分别位居二至五位，占消费支出的比重分别为15.4%、15.4%、15.3%和14.2%。人均用于衣着、生活用品及服务和其他用品及服务支出分别为834元、501元和275元，占消费支出的比重依次为6.7%、4.0%和2.2%。

2. 消费观念转变促进服务性消费支出快速增长。2019年，黑龙江省农村居民人均服务性消费支出5018元，同比增长10.3%，增速高于人均消费支出增速0.9个百分点，占消费支出比重为40.2%，同比增加0.3个百分点。随着收入水平不断提高，农村居民消费观念提升，在基本生活需求得到满足的基础上，人们开始转向发展型、享乐型消费。在外饮食、衣着、教育文化娱乐等方面服务性消费实现较快增长。从居民服务性消费构成看，食物烟酒服务支出同比增长43.3%，衣着服务性支出增长31.7%，教育文化娱乐服务支出增长24.7%，包含旅馆住宿、美容美发等在内的其他服务支出增长32.5%。

三、城乡居民生存环境持续改善

（一）城乡居民居住环境更加舒适和安全。

1. 住房面积。2019年，全省城乡居民人均现住房建筑面积分别为30.3平方米和30.7平方米，分别同比增长1.9%和2.0%。

2. 居住空间样式。2019年，全省城镇居民居住在单元房的户比重为90.8%，同比提高1.3个百分点；居住在筒子楼或连片平房或其他设施简陋的住宅的户比重为1.1%，同比下降0.1个百分点。农村居民居住在单栋楼房或单栋平房的户比重为96.6%，同比下降0.6个百分点；居住在单元房的户比重为3.3%，同比提高1.0个百分点；居住在筒子楼或连片平房或其他设施简陋的住宅的户比重仅为0.1%，同比下降0.5个百分点。

3. 现住房安全状况。2019 年，现住房安全等级[1]为“安全”的城乡住户比重分别为 94.9%和 80.5%，分别同比提高 1.4 和 2.9 个百分点。

4. 住宅外道路路面情况。2019 年，全省城乡居民住宅外道路路面为水泥或柏油路面的户比重分别为 93.9%和 62.0%，分别同比提高 1.0 和 4.8 个百分点。

5. 生活设施情况。2019 年，全省城镇居民主要饮用水来源安全的户比重为 99.4%，同比提高 0.2 个百分点；拥有水冲式厕所的户比重为 94.1%，同比提高 2.5 个百分点；无洗澡设施的户比重为 23.3%，同比下降 2.1 个百分点。农村居民主要饮用水来源安全的户比重为 93.5%，同比提高 4.9 个百分点；有饮水困难的户比重为 12.9%，同比下降 3.0 个百分点；拥有水冲式厕所的户比重为 13.2%，同比提高 9.2 个百分点；无洗澡设施的户比重为 80.9%，同比下降 2.3 个百分点。

（二）消费观念转型驱动耐用消费品升级。

1. 家用汽车普及度不断提升。2019 年，全省城乡居民每百户家用汽车拥有量分别为 24.6 辆和 18.3 辆，分别同比增长 19.6%和 23.6%。

2. 手机逐步取代固定电话。2019 年，全省城乡居民每百户移动电话拥有量为 223 部和 236 部，分别同比增长 5.1%和 6.5%。其中，分别有 180 部和 157 部接入互联网，分别同比增长 11.4%和 17.2%。每百户固定电话拥有量分别仅为 5.9 部和 2.8 部，分别同比下降 37.8%和 58.8%。

3. 享受型家电拥有量增加。2019 年，全省城镇居民每百户洗衣机、空调、微波炉、热水器、空气净化器（含新风系统）、吸尘器拥有量分别为 97.6 台、14.0 台、35.2 台、74.9 台、4.2 台和 12.1 台，分别同比增长 2.2%、2.3%、2.7%、4.9%、22.8%和 12.6%。农村居民每百户洗衣机、电冰箱、微波炉、热水器拥有量分别为 92.5 台、97.5 台、6.2 台和 9.5 台，分别增长 3.2%、3.5%、5.5%和 21.5%。

（执笔人：国家统计局黑龙江调查总队　祖立伟　周雪林　刘佳琦　杨洋）

[1] 现住房安全等级，划分为安全、比较安全、危险、严重危险四个等级。

上海居民收支与生活状况报告

2019年，上海经济延续总体平稳、稳中有进、进中固稳的发展态势，显示出较强的韧性和活力。在国际国内环境严峻复杂的背景下，城乡居民收入依旧保持平稳增长，农村居民人均可支配收入增速继续快于城镇居民，城乡分配持续改善。全市居民收入绝对水平继续领跑全国，城乡居民收入增幅位列中游。上海居民收入保持稳健增长的同时，居民消费亦呈增长态势，消费水平连续多年居全国首位；居民消费升级呈现新特点，消费结构不断优化。

一、上海居民收入增长总体情况

（一）居民收入保持稳步增长。

调查数据显示，2019年，上海居民人均可支配收入为69442元，比上年名义增长8.2%；扣除价格因素，实际增长5.6%，实际增速同比回落1.5个百分点，上海居民收入继续保持稳步增长。

分城乡看，2019年，上海城镇居民人均可支配收入为73615元，首次突破7万元大关，名义增长8.2%，扣除价格因素，实际增长5.6%，实际增速同比回落1.4个百分点；农村居民人均可支配收入为33195元，名义增长9.3%，扣除价格因素，实际增长6.6%，实际增速同比回落0.9个百分点。

（二）城乡收入分配持续改善。

上海各级政府积极促进农民非农就业，稳妥推进农村土地制度和集体经济组织产权制度改革，推进农村综合帮扶，进一步完善"造血"机制，多渠道实现农民增收。2019年，上海农村居民人均可支配收入增速高于城镇居民1.1个百分点。从2009年开始，上海农村居民收入增速连续快于城镇居民（2011年城乡居民收入增幅持平），城乡收入比从2009年的2.34逐渐缩小到2019年的2.22。值得注意的是，虽然近年来城乡居民收入相对差距不断缩小，但由于基数原因，两者间的收入绝对差额仍在扩大（见图1）。

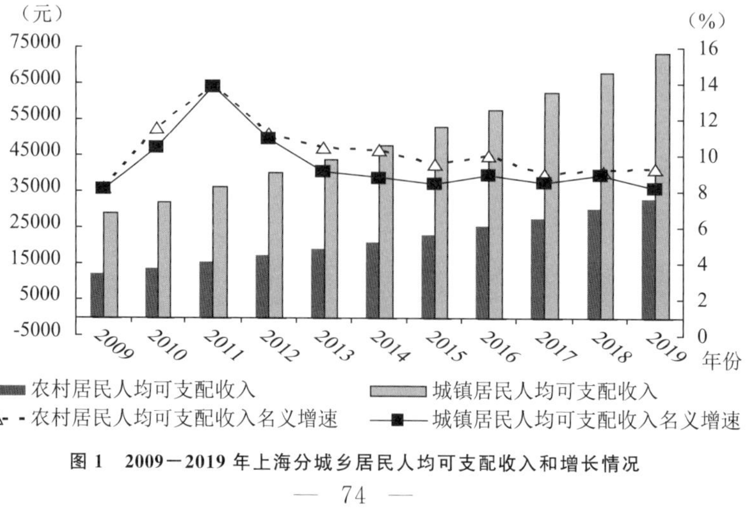

图1　2009－2019年上海分城乡居民人均可支配收入和增长情况

二、上海居民收入结构特点

从收入结构看，2019年，上海居民人均工资性收入占可支配收入比重为57.6%，比上年下降0.3个百分点；转移净收入占比24.7%，比上年提高0.5个百分点；经营净收入占比3.2%，比上年提高0.4个百分点；财产净收入占比14.5%，比上年下降0.6个百分点。上海居民人均可支配收入来源以工资性收入为主，其次为转移净收入和财产净收入，经营净收入占比相对较小(见表1)。

表1　2019年上海居民人均可支配收入情况

指　　标	全体居民			城镇居民		
	水平(元)	增速(%)	构成(%)	水平(元)	增速(%)	构成(%)
可支配收入	69442	8.2	100.0	73615	8.2	100.0
1. 工资性收入	40025	7.8	57.6	42328	8.1	57.5
2. 经营净收入	2209	21.3	3.2	2192	19.9	3.0
3. 财产净收入	10055	4.0	14.5	11064	3.9	15.0
4. 转移净收入	17153	10.2	24.7	18031	9.9	24.5

(一)就业支撑，工资性收入稳定增长。

2019年，上海居民人均工资性收入为40025元，比上年增长7.8%，拉动居民可支配收入增长4.5个百分点，增速同比回落0.3个百分点。其中，城镇居民人均工资性收入为42328元，增长8.1%。上海居民工资性收入保持增长的主要因素有：

一是上海经济运行总体平稳，全市就业形势保持稳定。2019年全市新增就业岗位58.91万个，比上年增加0.74万个。截至12月底，城镇登记失业人数19.34万人，比上年末减少0.07万人。稳就业措施效果较为显著，为居民工资性收入增长带来积极影响。2019年春节期间从业人员年终奖发放情况稳定。

二是个人所得税起征点提高和个税专项扣除政策利好，间接提高居民工资性收入。新修订的《个人所得税法》自2019年1月1日起全面施行，在5000元基本减除费用扣除和“三险一金”等专项扣除外，个人所得税六项专项附加扣除是此次个税改革的突出亮点。受新税法的实施影响，抽样调查数据显示，2019年个人所得税支出同比下降近两成(18.6%)，切实减轻了纳税人的纳税负担，持续提高普通在职职工获得感，间接提高居民工资性收入。

三是职工最低工资标准上调和企业工资指导线发布，助推工资水平提高。2019年4月1日上海上调职工最低工资标准至2480元，比上年提高60元，增幅为2.5%。同时发布2019年上海市企业工资增长指导线：平均线为5%～6%。工资指导线在引导企业和职工合理确定工资的增长幅度方面发挥重要作用，目前已成为工会和企业在开展工资集体协商等民主管理活动时的重要参考。

(二)占比较小，经营净收入较快增长。

2019年，上海居民人均经营净收入为2209元，比上年增长逾两成(21.3%)。经营净收入占可支配收入比重较小，仅占3%左右，对可支配收入增长影响相对有限。

（三）租赁稳定，财产净收入小幅增长。

2019年，上海居民人均财产净收入为10055元，比上年增长4.0%。上海房屋出租价格保持稳定，房屋租赁市场较为活跃，城镇地区居民家庭出租房屋收入增长良好。另一方面，“五违四必”区域环境综合整治工作持续，影响部分“五违”相关收入来源，比如违法搭建的房屋出租收入等。

（四）政策依托，转移净收入持续增长。

2019年，上海居民人均转移净收入为17153元，比上年增长逾一成（10.2%），拉动居民可支配收入增长2.5个百分点，增速同比回落0.5个百分点。其中，城镇居民人均转移净收入为18031元，增长9.9%，拉动城镇居民可支配收入增长2.1个百分点。居民转移净收入增长的主要因素有：

一是单位退休人员基本养老金标准和城乡居保基础养老金标准的提高。养老金是居民转移净收入的主要来源，也是拉动转移净收入持续增长的稳定因素。2019年，上海继续上调企业退休人员和机关事业单位退休人员基本养老金标准；增加城乡居保基础养老金，每人每月增加80元，上调幅度为8.6%。

二是对离退休人员和困难群体的转移支付力度继续加大。上海持续加大低保和低收入困难家庭专项救助力度，上调城乡居民最低生活保障等5项社会救助标准，市、区、镇三级政府继续加大对低收入困难家庭转移支付力度。2019年春节期间，向全市企业和机关事业单位离退休人员发放一次性节日补助费。

三、收入水平领跑全国，城乡增速位居中游

（一）全市居民收入水平继续领跑全国。

从收入水平来看，2019年，上海居民收入绝对水平继续领跑全国，上海居民人均可支配收入是全国平均水平的2.26倍，高出北京1686元（第2位），高出浙江19543元（第3位），高出其它省市均在万元以上。分城乡看，城镇和农村居民人均可支配收入分别是全国平均的1.74倍和2.07倍。

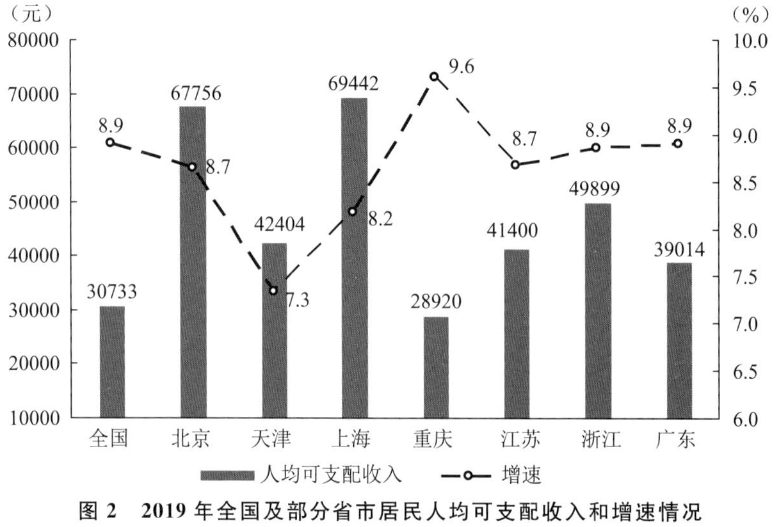

图2　2019年全国及部分省市居民人均可支配收入和增速情况

（二）城乡居民收入增速排名全国居中。

从收入增速来看，上海居民人均可支配收入增速低于全国平均水平 0.7 个百分点，低于北京 0.5 个百分点；扣除价格因素，实际增长低于全国平均水平 0.2 个百分点。

分城乡看，上海城镇居民人均可支配收入增速高于全国平均水平 0.3 个百分点；农村居民人均可支配收入增速低于全国平均水平 0.3 个百分点。上海城乡居民收入增速分别并列全国第 14 位和第 22 位，排名居中。

四、消费结构继续升级，双轮驱动提质增效

抽样调查数据显示，2019 年，上海居民人均消费支出为 45605 元，比上年增长 5.2%，扣除价格因素，实际增长 2.6%。其中，人均服务性消费支出 27385 元，比上年增长 6.8%，占消费支出比重达 60%，比上年提升近 1 个百分点。

从消费八大类构成来看，各类支出均保持增长态势。其中，交通通信、教育文化娱乐、居住、个人用品及服务等消费增势良好，成为拉动消费增长的重要因素；食品烟酒、衣着、生活用品、医疗等基本消费增速平稳，占总消费比重有所下降，居民消费结构继续升级。

从商品和服务两大类消费来看，近年来，上海的商品消费以汽车、数码产品及智能家居等为领衔，亮点突出、增势明显，而食品、衣着、居住等传统消费领域基本平稳，体现的是“提质”；服务消费在外出餐饮、教育、文化娱乐以及医疗保健等方面迅猛增长，体现的是“增效”。商品和服务双轮驱动，共同实现消费总量增加、结构优化、品质提升、内容丰富、形式多样。

表 2　2019 年上海居民消费支出情况

指　标	水平(元)	增速(%)	构成(%)
居民消费支出	45605	5.2	100.0
1. 食品烟酒	10953	2.1	24.0
2. 衣着	2072	1.7	4.5
3. 居住	15046	5.9	33.0
4. 生活用品及服务	2123	1.3	4.7
5. 交通通信	5356	9.7	11.7
6. 教育文化娱乐	5495	8.8	12.1
7. 医疗保健	3205	4.4	7.0
8. 其他用品及服务	1356	5.9	3.0

（一）商品类消费亮点突出，质量有所提升。

1. 食品烟酒类占比下降，肉禽水产类支出增长较快。抽样调查数据显示，2019 年上海居民人均食品烟酒类(不包括在外餐饮等饮食服务)支出 7391 元，比上年增长 1.7%，占消费支出比重 16.2%，比上年下降 0.6 个百分点。肉、禽、水产类支出是食品消费增长的重要因素。抽样调查显示，全年人均肉、禽和水产品类支出比上年较快增长 8.8%。2019 年猪肉价格持续走高，调查显示，虽然由于价格上涨居民猪肉消费量略有下降，但催生其他替代类消费，全年人均禽类和水

产类消费量较上年增长一成左右。主粮消费进一步减少体现居民饮食结构优化。据调查，2019年，上海居民人均谷物消费支出由上年的774元减少到674元，消费量比上年下降5%左右。一方面是由于人们的饮食结构发生优化调整，同时居民在外饮食的增长也降低了谷物的购买量。

2. 通信产品更新换代热情不减。近年来以苹果为代表的国外手机品牌持续推出更新一代产品，国产品牌华为等也相继推出各种爆款系列，广大市民购买热情不减，更新换代成为常态。据抽样调查，2019年上海居民人均通信工具支出364元，"相当于每个家庭都购置了一台千元级别的新手机"。

3. 智能家居引领消费潮流。出于人们对更高品质生活的需求，智能家居成为流行趋势，智能马桶、扫地机、空气净化器等产品出现消费热潮。2019年末上海每百户居民家庭吸尘器、空气净化器拥有量达到37台和18台，分别比上年增长4台和2台。

4. 化妆品等个性化消费引领新增长点。根据网络监测，2019年的消费关键字有"直播带货"、"孤独/单身经济"、"二次元盲盒"、"拼多多现象"和"国货VS潮牌"等等，互联网深刻地改变着消费者。消费观念和习惯在政策叠加、收入水平、渠道分化、社交崛起等因素影响下不断重塑和快速变化，个性化和差异化的消费模式乘势而起。化妆品作为个性化消费的代表，仍然是"双十一"最风光的品类之一。据统计，2019年上海化妆品类零售额比上年增长两成以上。抽样调查显示，包括化妆品在内的个人用品支出较上年增长17.3%。

（二）服务类消费轮番驱动，后续增势强劲。

抽样调查数据显示，2019年上海人均服务性消费支出27385元，比上年增长6.8%，占总消费支出六成，占比已经超过商品类支出。教育文化娱乐、交通通信、医疗保健、居住和个人服务等服务性消费支出增长较快，成为拉动居民消费的新增长点。服务类消费的增长，得益于上海整体的经济发展水平已进入"后小康"时代，是居民收入增加带来的"财富效应"、科技进步带来的"进步效应"以及第三产业蓬勃发展、新生代消费力量的崛起各种因素共同作用的结果。

1. 培训费用大幅攀升。据调查，2019年上海居民人均教育费用达2597元，比上年增长14.8%。其中，培训费支出是拉动整个教育支出的主要因素。网络速度进一步提高，线上课程的大量推出，"网课"成为热点。全市人均培训费支出增长三成，培训支出主要集中在学龄阶段的孩子。

2. 文化娱乐继续火爆。多样化的休闲娱乐方式让人们不仅愿意走出去参观游览、观看电影演出，也迅速带火了视频付费、VR体验、线上活动、直播打赏等网络娱乐模式。抽样调查显示，2019年上海居民人均文化娱乐服务支出达2297元，比上年增长6.5%。包括宾馆住宿（自行出游）、美容美发洗浴在内的其他服务消费较上年增长4.5%。

3. 交通服务增长强劲。受中美贸易摩擦以及国内汽车消费政策变化等因素综合影响，上海全年消费品市场汽车零售额比上年下降2.8%。但同时新能源汽车鼓励政策出台、经销商对"国五"车型降价促销，多重因素刺激居民对车辆升级换代需求等购车行为，推升上海居民家庭汽车保有量继续增加。调查显示，2019年末上海每百户居民家庭家用汽车拥有量39辆，比上年增加2

辆。汽车保有量的增长带动汽车相关消费增长强劲，全市人均花费在停车费、车辆保险、汽车美容维修保养等交通工具使用支出比上年增长两成左右。

4. 餐饮服务消费稳中有升。外出就餐以及外卖小哥送到家的餐饮模式渐渐成为常态，餐饮服务支出稳中有增。据统计，2019 年，上海限上餐饮企业餐费收入较上年增长 3.5%。抽样调查显示，居民人均餐饮类服务支出平稳增长 3%。

五、促进上海居民收入增长的对策建议

（一）优化营商环境，加大对中小微企业扶持力度，确保就业稳定。

上海应以自贸区扩区、长三角一体化建设为契机，持续深化"放管服"改革，最大程度地创造良好的营商环境。把涉企服务放到离市场最近的地方，引导市场把产业升级和经济结构调整结合起来，减少政府对微观市场、具体产业的干预，以创新监管管出市场公平和秩序。

就业是影响居民工资性收入的关键因素。2020 年新型冠状病毒感染肺炎疫情对部分企业经营和人员返岗就业造成负面影响。政府应加大对中小微企业的财税、金融扶持力度，保障企业正常经营秩序，减轻企业负担，确保就业稳定。

（二）进一步体现收入再分配制度的托底保障功能，提升低收入居民家庭生活质量。

整合全社会资源，要广泛动员社会各界力量，形成政府、慈善机构、社会组织、商业保险公司、个人等共同参与社会救助的格局。加大对残疾人、零就业家庭、低收入家庭的就业援助力度。对缺乏"造血功能"的贫困家庭建档立卡，牵线搭桥，帮助寻找有意向的社会公益组织、单位和个人进行定向捐助。

进一步完善社会保障和社会救济体系，应着力解决支出型贫困，不断扩大困难群体受益面，要根据经济发展水平，针对中低、低收入群体的不同保障需求，提供更好、更合适的保障服务和产品，不断提高社会保障水平。继续提高最低生活保障标准、失业保险金和退休人员基本养老金标准，进一步完善社会救助和保障标准与物价上涨挂钩联动机制，切实保障低收入困难群体的基本生活。加大对城市低收入人群的财政补贴力度，促使低收入家庭收入的较快增长。

（三）做好新一轮上海农村综合帮扶工作，建立农民增收长效机制。

2020 年是上海市新一轮农村综合帮扶工作的第三年。在前 2 年工作经验基础上，需要进一步促进上海农村经济相对薄弱地区加快发展，在政策制定上，因户而异，因人而异，设计不同的帮扶措施，解决或缓解低收入农户在就业、教育、养老和医疗保障方面存在的困难。在帮扶资金的使用上，加大对低收入农户的直接倾斜，同时做好建档立卡和评议工作，确保公平公正，实实在在带动低收入农户增收，改善生活质量，加快实现农民生活富裕，共享乡村振兴成果的目标。

（四）稳定基础物价，进一步增强居民消费能力和消费信心。

当前市场供求平衡，物价总水平保持平稳运行态势，居民消费价格温和上涨。但 2019 年以来猪肉、水果等商品的价格波动，给人们的生活尤其是低收入群体带来一定压力。受春节及新型冠状病毒感染的肺炎疫情因素影响，2020 年初 CPI 同比涨幅呈扩大态势。有关部门应积极主动

做好协调应对，促使相关商品价格回归理性，继续稳定基础物价，保障居民收入实际增长水平，增强居民消费能力。要进一步加大对基本公共服务设施的投入，加强医疗、教育、养老、育儿、就业等社会保障力度，最大程度地解决居民的“后顾之忧”，提振居民消费信心。

（五）扩大新兴消费引领作用，培育居民消费新增长点。

居民消费进入个性化、多样化、层次化时代，网络消费、服务消费、绿色消费等新兴消费进入“从量到质”、“从有到好”、“求新求特”的新阶段。要扩大新兴消费引领作用，一是在线上消费潜力持续释放的同时，加强线上消费渠道的监管，营造放心的消费环境，确保消费者权益。二是重点发展居民和家庭服务、健康养老服务等贴近人民群众生活、需求潜力大、带动力强的生活性服务业，创新服务方式，推动生活性服务业便利化、精细化、品质化发展。三是进一步推动循环经济、生态经济、低碳经济蓬勃发展。拓展绿色家电、节能节水器具、空气净化器、绿色建材等有利于节约资源、改善环境的商品和服务。

（执笔人：国家统计局上海调查总队　方艳　蔡波）

江苏居民收支与生活状况报告

2019年，在以习近平同志为核心的党中央坚强领导下，江苏认真贯彻党的十八大、十九大精神，按照高质量发展走在全国前列的要求，贯彻新发展理念，聚力民生关切处，出台了“富民增收33条”等一系列保就业、促增收、惠民生的政策措施，大力推动“两聚一高”新实践、建设“强富美高”新江苏，不断提高人民群众的生活水平和生活质量。

一、居民收入持续稳定增长

2019年，是江苏全面落实高质量发展要求的一年，全省经济运行总体平稳，居民收入基本延续了2018年的增长态势，继续保持稳定增长。2019年全省居民人均可支配收入迈入“四万元时代”，达41400元，比上年增加3304元，增长8.7%。按常住地分，城镇居民人均可支配收入51056元，增长8.2%；农村居民人均可支配收入22675元，增长8.8%。

（一）居民收入结构增长特点。

表1　2018—2019年江苏居民人均可支配收入来源及增速

年　份	工资性收入		经营净收入		财产净收入		转移净收入	
	水平（元）	增速（%）	水平（元）	增速（%）	水平（元）	增速（%）	水平（元）	增速（%）
2018年	21948	7.6	5386	7.8	3746	15.7	7016	9.8
2019年	23836	8.6	5636	4.6	4372	16.7	7556	7.7

1. 工资性收入增长是主要增收动力。2019年全省居民人均工资性收入23836元，比上年增加1888元，增长8.6%，增速比上年提高1.0个百分点，占可支配收入比重为57.6%，对可支配收入增长贡献率为57.1%，拉动可支配收入增长5.0个百分点。按常住地分，城镇居民人均工资性收入30416元，增长8.1%；农村居民人均工资性收入11077元，增长8.4%。近年来，江苏各项惠民富民政策相继出台，就业人数逐年增加、最低工资标准提高、个税调整，增加了工薪阶层的工资性收入。

2. 经营净收入增速放缓。2019年全省居民人均经营净收入5636元，比上年增加250元，增长4.6%，增幅较上年回落3.2个百分点，占可支配收入比重为13.6%，对可支配收入的贡献率为7.6%，拉动可支配收入增长0.7个百分点。按常住地分，城镇居民人均经营净收入5298元，增长4.8%；农村居民人均经营净收入6291元，增长4.6%。一是减税降费为企业减轻负担。全省超过93%的小规模纳税人、301万个体户不再缴纳增值税，48万制造业纳税人享受近50%的减税，企业养老保险费率从19%减到16%。二是多措并举推动创业富民取得实效。各地聚焦重点群体，精心筹划实施创业富民工程，2019年全省扶持城乡劳动者成功创业31.6万人，带动就业

127.65万人。

3.财产净收入继续保持较快增长。2019年全省居民人均财产净收入4372元,比上年增加627元,增长16.7%,增速较上年提高1.0个百分点,占可支配收入比重为10.6%,对可支配收入增长的贡献率为19.0%,拉动可支配收入增长1.6个百分点。按常住地分,城镇居民人均财产净收入6202元,增长16.6%;农村居民人均财产净收入825元,增长7.5%。拓宽投资渠道,推进财产净收入增长。一是农村集体产权制度改革稳步推进。全省农村承包土地确权已基本完成,农村集体产权制度改革持续深化推进,集体资产折股量化,农民从中享有更多财产分红权利。二是保本短期理财、协议存款等居民理财投资渠道在增加,普通银行存款占比在减少,家庭理财多元化,理财收入也保持了较快的增长。

4.转移净收入增速回落。2019年全省居民人均转移净收入7556元,比上年增加539元,增长7.7%,增速较上年回落2.1个百分点,占可支配收入比重为18.3%,对可支配收入增长的贡献率为16.3%,拉动可支配收入增长1.4个百分点。按常住地分,城镇居民人均转移净收入9141元,增长5.2%;农村居民人均转移净收入4482元,增长16.7%。近年来江苏民生保障水平继续提高,一是继续提高城乡最低生活保障标准。全省城乡低保标准分别达到721元/月和720元/月,分别增长5.3%和7.5%。二是上调城乡居民基础养老金标准。省定最低城乡基础养老金标准由每人每月135元提高到148元,增幅9.63%,位列全国第三。三是医疗补助和报销比例提高。2019年,全省城乡居民基本医疗保险筹资标准由上年人均不低于720元提高至人均不低于800元,各级财政补助标准提高至年人均不低于550元,大病保险起付线报销比例由50%提高到60%以上。

5.收入水平稳居全国前列。2019年江苏省居民可支配收入比全国平均水平多10667元,高34.7%,居全国31个省(区、市)第五位,省(区)第二位,与上年排名持平。从增幅看,江苏省在居民收入"五强"省份中与北京市相同,低于浙江省,高于上海市和天津市(上海8.2%,北京8.7%,浙江8.9%,天津7.3%)。分城乡看,江苏省城镇居民人均可支配收入51056元,位列北京市、上海市、浙江省之后,排名第四;农村居民人均可支配收入22675元,位列上海市、浙江省、北京市、天津市之后,排名第五。

(二)居民收入分配特点。

1.中位数比较。2019年江苏省居民人均可支配收入中位数为34065元,比上年增长8.6%,比全省居民平均收入增幅低0.1个百分点。

2.城乡间居民收入差距缩小。农村居民人均可支配收入增速快于城镇居民增速0.6个百分点,城乡居民收入差距持续缩小,城乡收入比由2013年的2.336∶1缩小到2019年的2.252∶1,这是江苏省城乡居民收入差距自2010年(2010年为2.46∶1)以来连续第十年保持缩小态势。

3.地区间居民收入差距缩小。2019年苏南、苏中、苏北居民人均可支配收入分别为55399元、38747元和29380元,分别比上年增长8.5%、8.9%和8.8%。苏中地区增幅领跑,苏北地区次之,地区间收入差距进一步缩小。苏南与苏中、苏南与苏北居民人均可支配收入的倍数由上年

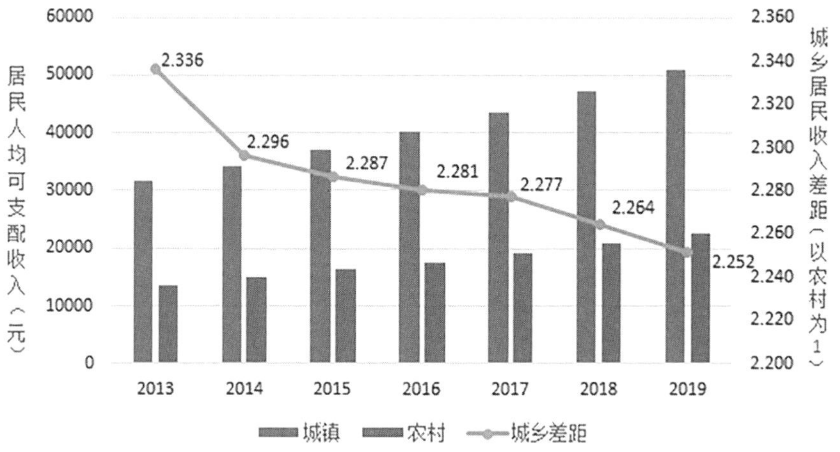

图1　2013—2019年江苏分城乡居民人均可支配收入及城乡收入差距

的1.436和1.892倍缩小为1.430和1.886倍。

4. 不同分组间居民收入差距。从五分组看，低收入组和中间偏下收入组增速均达两位数，分别为14.1%、10.3%，且都超过中间收入组、中间偏上收入组和高收入组的增速，全省高、低收入组的收入倍数由上年的9.18倍缩小为8.44倍。

表2　2018—2019年江苏居民五等分人均可支配收入及中位数

年　份	中位数（元）	低收入组（元）	中间偏下收入组（元）	中间收入组（元）	中间偏上收入组（元）	高收入组（元）	高低收入组收入之比(以低收入组为1)
2018年	31354	10261	20584	31460	45940	94246	9.18
2019年	34065	11708	22701	34055	49785	98797	8.44

二、居民消费支出高质量增长

近年来，江苏省委省政府积极落实建设"强富美高"新江苏的政策措施，居民收入保持较快增长，为提高居民消费水平提供了坚实保障。同时，认真贯彻落实中共中央、国务院《关于完善促进消费体制机制 进一步激发居民消费潜力的若干意见》，出台一系列鼓励居民消费的政策，全省老百姓花起钱来"底气更足"，消费能力进一步增强，家庭生活水平向高质量、高品质方向不断发展升级。

2019年江苏居民人均消费支出26697元，比上年增加1690元，增长6.8%，增速比上年加快0.2个百分点。分城乡看，城镇居民人均消费支出31329元，比上年增长6.3%；农村居民人均消费支出17716元，比上年增长6.9%。

(一)分项消费支出增长特点。

从居民消费支出八大类来看，增长最快的前两项分别是人均其他用品及服务消费688元，比上年增长16.6%；人均教育文化娱乐消费2946元，增长14.1%，增幅都超过一成。其余六项也保持了稳定增长态势，人均食品烟酒消费6847元，增长4.9%；人均衣着消费1573元，增长2.1%；

人均生活用品及服务消费1496元，增长0.2%；人均交通通信消费3732元，增长5.9%；人均医疗保健消费2166元，增长7.4%；人均居住消费7247元，增长7.7%。

按常住地分，城镇居民消费“七涨一降”。其中，人均食品烟酒消费7981元，增长3.8%；人均衣着消费1931元，增长0.3%；人均居住消费8787元，增长8.4%；人均生活用品及服务消费1711元，下降4.2%；人均交通通信消费4052元，增长6.1%；人均教育文化娱乐消费3606元，增长15.2%；人均医疗保健支出2420元，增长6.4%；人均其他用品及服务消费842元，增长14.1%。农村居民消费增速比城镇快0.6个百分点。其中，人均食品烟酒消费4647元，增长7.1%；人均衣着消费881元，增长8.5%；人均居住消费4261元，增长3.2%；人均生活用品及服务消费1080元，增长15.0%；人均交通通信消费3113元，增长5.2%；人均教育文化娱乐消费1668元，增长7.8%；人均医疗保健消费1675元，增长9.5%；人均其他用品及服务消费390元，增长25.4%。

表3 2019年江苏居民消费支出结构及增速

指　　标	全体居民		城镇居民		农村居民	
	水平(元)	增速(%)	水平(元)	增速(%)	水平(元)	增速(%)
居民消费支出	26697	6.8	31329	6.3	17716	6.9
1. 食品烟酒	6847	4.9	7981	3.8	4647	7.1
2. 衣着	1573	2.1	1931	0.3	881	8.5
3. 居住	7247	7.7	8787	8.4	4261	3.2
4. 生活用品及服务	1496	0.2	1711	−4.2	1080	15.0
5. 交通通信	3732	5.9	4052	6.1	3113	5.2
6. 教育文化娱乐	2946	14.1	3606	15.2	1668	7.8
7. 医疗保健	2166	7.4	2420	6.4	1675	9.5
8. 其他用品及服务	688	16.6	842	14.1	390	25.4

(二)消费能力在全国名列前茅。

2019年江苏省居民人均消费支出比全国平均水平多5138元，高23.8%，居上海(45605元)、北京(43038元)、天津(31854元)、浙江(32026元)和广东(28995元)之后，列第六位。分城乡看，城镇居民人均消费支出排在全国第六位(列沪、京、浙、津、粤之后)；农村居民人均消费支出排在全国第五位(列京、浙、沪、津之后)。

(三)消费结构变化。

十八大以来，随着供给侧结构性改革持续推进和居民收入的稳步增长，商品种类多样化和消费手段的不断丰富，消费新动能快速成长，老百姓的消费需求不断释放，消费领域不断拓宽，消费水平稳步提升，发展型和享受型的消费逐渐增多，高质量的消费习惯正成为江苏居民日常消费中的常态。

1.“吃喝早已不愁”，恩格尔系数持续维持在较低水平。江苏地区生活富足程度较高，绝大多数老百姓早已实现“吃喝不愁”。2013年至今，江苏居民恩格尔系数长期保持在0.3以下，2019年恩格尔系数降至 0.256，比上年下降了 0.005，是全国水平较低的省份之一。

2.“自做不如外卖”，在外饮食消费支出迅速增长。社会工业化程度越来越高，互联网与消费领域深度融合，消费手段愈发快速便捷。广泛使用互联网的年轻群体在吃方面的态度发生了一定的转变，网购食品频率变高了，在外饮食花销也变多了。一是食品支出中网购占比不断增加；二是在外饮食消费支出迅速增长，2019 年江苏省居民外出饮食支出 1438 元，同比增长 11.7%。

3.“教育舍得花钱”，家庭教育支出快速增长。江苏居民普遍持有“对教育的投资就是对家庭、对未来的投资”的理念，对教育的重视程度越来越高，调查数据显示，2019 年江苏省居民人均教育支出 1827 元，同比增长 23.2%，占教育文化娱乐总支出的比重为 62.0%，较上年提高 4.6 个百分点。从教育阶段来看，大专及以上教育花销最多达 592 元，增长 27%；小学教育和学前教育排名二三位，分别为 338 元和 311 元，增长 27.1%和 26%。

4.“服务更加重要”，服务性消费比重持续扩大。伴随着物质文化生活水平的提高，消费重心从商品性消费向服务性消费逐步转移，消费领域从生存型过渡到发展型，从同质、单一过渡到多元化，服务性消费提升明显。2019 年江苏省居民服务性消费支出 12527 元，占消费的比重为 46.9%，比上年提高了 1.7 个百分点。其中，城镇居民服务性消费支出 15508 元，占比 49.5%，比上年提高了 2 个百分点；农村居民服务性消费支出 6748 元，提高了 0.8 个百分点。

三、居民生活品质持续提升

（一）交通需求增加、出行品质提升。

目前我国交通基础设施日新月异，老百姓在交通出行上的美好需求得到不断满足，出行品质不断提高。一是交通支出较快增长。2019 年江苏省居民人均交通支出 2657 元，比上年增长 8.5%，增速快于生活消费 1.7 个百分点。二是消费品质明显提升。花在购买汽车和坐飞机两项相对“高品质”消费上的金额明显增加，同比分别增长 15.2%、13.5%。

（二）代表生活品质的白色家电数量稳步增长。

白色家电拥有量是衡量家庭生活水平、生活品质的重要指标。2019 年江苏省居民洗衣机和电冰箱户均超过 1 台，每百户拥有量分别为 101.9、109.0 台，比上年同期增加 1.5、0.6 台；空调机每百户拥有量为 199.3 台，比上年增加 6.3 台。

（三）手机联网率提高，信息化程度更进一步。

如今手机功能强大、使用便捷，越来越多的居民通过手机上网来解决沟通交流、购物消费、了解信息资讯等以前通过传统渠道解决的问题，高效率、多功能和个性化的手机越来越普及。2019 年每百户居民手机拥有量为 251.1 部，比上年增加 3.8 部，其中，接入互联网的手机 191.2 部，比上年增加 5.1 部。

（四）人均住房面积增加，居住环境持续改善。

一是住房面积不断增长。2019 年，全省居民人均住房面积为 52.4 平方米，比上年增加 2.2

平方米，增长4.3%。二是居民所在社区（村）的生活环境和条件明显改善。在城市不断加快棚户区改造步伐，同时，江苏省委省政府制定的农村住房改善、农户危房改造的任务成效显著。2019年末，进社区（村）道路状况是水泥或柏油路面户的比例98.9%，比2017年提高0.4个百分点；社区（村）主要道路有路灯户的比例90.3%，比2017年提高2.8个百分点；社区（村）内垃圾集中处理户的比例99%，比2017年提高了0.7百分点。

（执笔人：国家统计局江苏调查总队　曹慧）

浙江居民收支与生活状况报告

2019年，浙江经济运行呈现总体平稳、稳中有进、下行压力并存的发展态势，居民收入总体保持平稳增长，增收利弊因素共存，其中城乡居民收入分别连续第19年和第35年位居全国省(区)第1位。人均消费支出首破3万元，消费水平继续领跑全国各省区，居民生活质量进一步提升。

一、居民收入增长概况

(一)可支配收入增长情况。

1. 居民人均可支配收入增长8.9%。2019年浙江居民人均可支配收入49899元，比上年增加4059元，同比名义增长8.9%，比上年略降0.1个百分点，由于全年CPI涨幅较上年扩大，扣除价格上涨因素后实际增长5.8%，比上年降低0.7个百分点。从收入构成看，人均工资性收入28511元，同比增长8.6%；人均经营净收入8498元，同比增长9.6%；人均财产净收入5708元，同比增长8.8%；人均转移净收入7182元，同比增长8.8%。

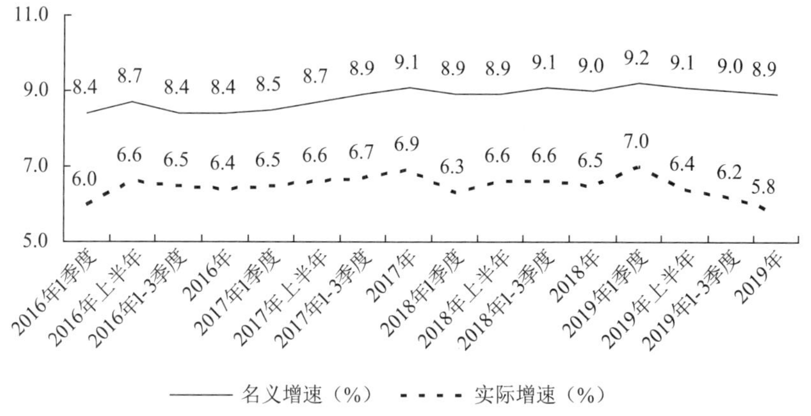

图1　“十三五”以来浙江居民人均可支配收入分季度增速

2. 城镇居民人均可支配收入增长8.3%。按常住地分，城镇居民人均可支配收入60182元，比上年增加4608元，同比名义增长8.3%，比上年降0.1个百分点，扣除价格上涨因素后实际增长5.4%，比上年降低0.6个百分点。从收入构成看，人均工资性收入33663元，同比增长8.1%；人均经营净收入9115元，同比增长9.6%；人均财产净收入8202元，同比增长8.1%；人均转移净收入9202元，同比增长8.0%。

3. 农村居民人均可支配收入增长9.4%。按常住地分，农村居民人均可支配收入29876元，比上年增加2574元，同比名义增长9.4%，增速与上年持平，扣除价格上涨因素后实际增长6.0%，比上年降低1.0个百分点。从收入构成看，人均工资性收入18480元，同比增长9.4%；人均经营净收入7296元，同比增长9.3%；人均财产净收入852元，同比增长8.6%；人均转移净收入 3248 元，同比增长 10.4%。

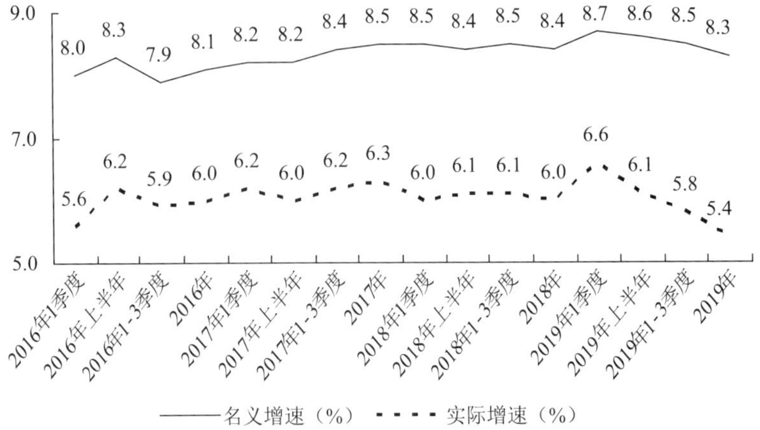

图 2 “十三五”以来浙江城镇居民人均可支配收入分季度增速

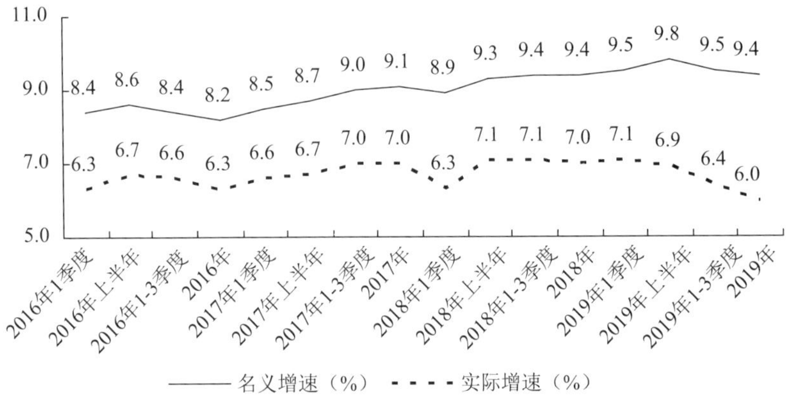

图 3 “十三五”以来浙江农村居民人均可支配收入分季度增速

4. 城乡居民收入比继续缩小。2019 年浙江城乡居民收入比为 2.01，比上年缩小 0.03，比全国平均低 0.63，在全国范围内仅高于天津，已连续 7 年呈缩小态势，城乡一体化统筹发展取得积极成效。

表 1 2019 年浙江居民人均可支配收入增长情况

指标		2019 年水平（元）	2018 年水平（元）	名义增长（%）	实际增长（%）
全体居民	可支配收入	49899	45840	8.9	5.8
	1. 工资性收入	28511	26242	8.6	
	2. 经营净收入	8498	7752	9.6	
	3. 财产净收入	5708	5244	8.8	
	4. 转移净收入	7182	6602	8.8	
城镇居民	可支配收入	60182	55574	8.3	5.4
	1. 工资性收入	33663	31148	8.1	
	2. 经营净收入	9115	8316	9.6	
	3. 财产净收入	8202	7586	8.1	
	4. 转移净收入	9202	8524	8.0	

续表

指　　标		2019 年水平（元）	2018 年水平（元）	名义增长（%）	实际增长（%）
农村居民	可支配收入	29876	27302	9.4	6.0
	1. 工资性收入	18480	16898	9.4	
	2. 经营净收入	7296	6677	9.3	
	3. 财产净收入	852	784	8.6	
	4. 转移净收入	3248	2943	10.4	

注：2019 年居民消费价格指数为全省 102.9、城镇 102.8、农村 103.2。

（二）收入水平居全国第 3、省区第 1 位。

2019 年浙江居民人均可支配收入比全国平均水平的 30733 元高 19166 元，居全国 31 个省（区、市）第 3 位、省（区）第 1 位。人均可支配收入水平位于全国前两位的分别是上海（69442 元）和北京（67756 元）。

按常住地分，城镇居民人均可支配收入比全国平均水平（42359 元）高 17823 元，居全国 31 个省（区、市）第 3 位、省（区）第 1 位；城镇居民人均可支配收入位于全国前两位的分别是北京（73849 元）和上海（73615 元）。农村居民人均可支配收入比全国平均水平（16021 元）多 13855 元，居全国 31 个省（区、市）第 2 位、省（区）第 1 位；农村居民人均可支配收入位于全国第 1 的是上海（33195 元）。截至 2019 年底，浙江城乡居民收入已分别连续第 19 和第 35 年荣膺全国省区第 1 位。

从增长情况看，浙江居民人均可支配收入名义和实际增速均与全国平均水平一致，名义增速与广东并列全国第 16 位。其中城镇居民人均可支配收入名义和实际增速均快于全国 0.4 个百分点，名义增速与陕西、福建并列全国第 11 位；农村居民人均可支配收入名义和实际增速均慢于全国 0.2 个百分点，名义增速与湖北、甘肃并列全国第 19 位。

（三）影响居民增收的有利及不利因素。

1. 有利因素

（1）工资收入稳步增长。2019 年浙江居民人均工资性收入同比增长 8.6%，增速比上年慢 0.1 个百分点，对人均可支配收入增长的贡献率为 55.9%，在四项收入中居首位，其中城乡居民人均工资性收入分别增长 8.1%、9.4%。年初个人所得税改革新政在全国范围内正式实施，不仅提高了个税征收的起征点，同时进行了专项附加扣除，全年城乡居民人均个人所得税支出分别下降 40.7%、53.9%，对就业者整体工资收入增加带来利好。此外，随着新业态经济的蓬勃发展，电子商务、共享经济、快递、微商等新业态和灵活就业比例显著增加，创造了大量就业岗位。2019 年全省城镇新增就业 125.7 万人，以绝对优势超额完成 80 万人的年度目标任务，对工资性收入的稳步增长起到了积极的助推作用。

（2）经营创收多元发展。居民人均经营净收入同比增长 9.6%，增速是四项收入中最快的，且比上年提升 0.8 个百分点，对人均可支配收入增长的贡献率为 18.4%，仅次于工资性收入，其中城乡居民人均经营净收入分别增长 9.6%、9.3%，城镇居民经营净收入增速居四项收入首位。具体来看，城乡居民经营创收点各有千秋、多元发展：城镇居民第一产业经营净收入中的林牧渔业增长势头大好，第三产业经营净收入中的批发和零售业、交通运输仓储和邮政业实现快速增长；农村经营创收较为亮眼的板块为第三产业经营净收入中批发和零售业、住宿和餐饮业、居民服务修理和其他服务业。上半年省发改委发布《2019年浙江省优化营商环境工作要点》，通过6方面34项重点工作，全力打造最优营商环境，为市场主体添活力，为企业在准入、开办、审批、制度改革等方面提供便利；全国增值税改革红利释放，浙江全面落实国家大规模减税降费政策，多数企业税费负担减少，主营业务收入和利润均有所增加，助推民营经济高质量发展。以上都为居民经营收入的多元快速增长创造了条件。

（3）民生支出保障有力。全年居民人均转移净收入同比增长8.8%，增速比上年慢0.4个百分点，对人均可支配收入增长的贡献率为14.3%，其中城乡居民人均转移净收入分别增长8.0%、10.4%，农村居民转移净收入增速是四项收入中最快的。2019年以来，浙江坚持稳中求进工作总基调，突出稳企业、增动能、保平安，全力打好高质量发展组合拳，重点抓工业、项目投资、外贸稳定、风险防范、公共安全和民生保障项目，工业产销等主要经济指标增速稳中有升。全年一般公共预算支出10053亿元，增长16.5%，其中社保就业支出增长17.3%，加上2019年调整退休人员基本养老金政策的落地实施，为居民增收提供了有力的经济和政策保障。

2. 不利因素

（1）财产收入增幅收窄。2019年浙江居民人均财产净收入同比增长8.8%，增幅与上年相比收窄1.8个百分点，对人均可支配收入增长的贡献率为11.4%，在四项收入中处末位，其中城乡居民人均财产净收入同比分别增长8.1%、8.6%。数据显示，城镇居民财产净收入增速放缓主要受利息净收入、集体分配的红利、其他财产净收入不同程度下降的影响，农村居民财产净收入增速放缓则主要由利息净收入同比降低导致。

（2）经济下行压力仍存。2019年浙江突出稳企业、增动能、保平安，坚定不移推动高质量发展，经济运行总体平稳、稳中有进，但面对国内外风险挑战明显上升的复杂局面，尤其受中美贸易摩擦等因素影响，在运行过程中仍存在诸多风险挑战，经济运行下行压力不容忽视，给居民增收带来不确定因素。全省年度生产总值62352亿元，同比增长6.8%，比上年降低0.3个百分点。

（3）价格上涨影响收入的实际增长。由于受非洲猪瘟疫情、全国性生猪供应趋紧、市场供求失衡等影响，猪肉类价格持续领涨，促使食品价格及整体居民消费价格不断上扬。2019年浙江居民消费价格上涨2.9%，其中城市上涨2.8%，农村上涨3.2%，比上年分别扩大0.6、0.5和1.0个百分点，扣除价格上涨因素后，居民收入实际增幅明显降低，增收含金量有所缩水。此外，猪肉价格上涨还带来了一系列连锁反应，如餐饮、小吃等个体户经营成本上升，利润空间遭受挤压，增收难度加大。

二、居民消费增长概况

（一）居民人均消费支出突破3万元大关。

1. 浙江居民人均消费支出32026元。2019年浙江居民人均消费支出32026元，首破3万元，比上年增加2555元；同比名义和实际分别增长8.7%和5.6%，名义增幅比上年略降0.1个百分点，由于CPI涨幅较上年扩大，实际增幅比上年降低0.8个百分点。

2. 城镇居民人均消费支出37508元。按常住地分，2019年城镇居民人均消费支出37508元，比上年增加2910元，同比名义和实际分别增长8.4%和5.4%，名义增幅和上年持平，实际增幅比上年降低0.6个百分点。

3. 农村居民人均消费支出21352元。按常住地分，2019年农村居民人均消费支出21352元，首破2万元，比上年增加1645元，同比名义和实际分别增长8.3%和4.9%，比上年降低0.6和1.7个百分点。

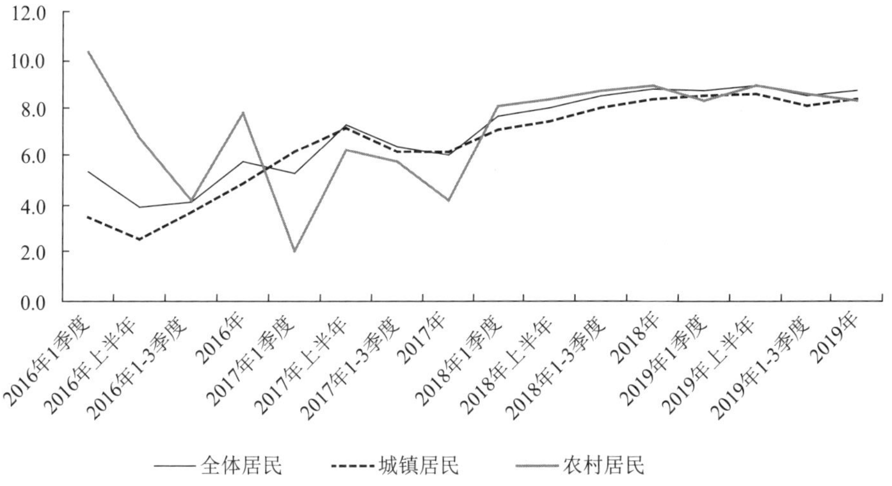

图4　“十三五”以来浙江居民消费支出分季度名义增长趋势

（二）人均消费支出居全国第三、省（区）第一。

2019年浙江居民人均消费支出比全国平均水平（21559元）高10467元，居全国31个省（区、市）第3位，在各省（区）中位居首位。居民人均消费支出位于全国前两位的分别是上海和北京。

按常住地分，城镇居民人均消费支出比全国平均水平（28063元）高9445元，居全国31个省（区、市）第3位；城镇居民人均消费支出位于全国前两位的分别是上海和北京。农村居民人均消费支出比全国平均水平（13328元）高8024元，同样居全国31个省（区、市）第3位；农村居民人均消费支出位于全国前两位的分别是上海和北京。

从增长情况看，浙江居民人均消费支出名义和实际增速均快于全国平均水平0.1个百分点，名义增速位列全国31个省（区、市）第14位。其中城镇居民消费支出名义增速快于全国平均水平0.9个百分点，位列全国31个省（区、市）第10位；农村居民消费支出名义增速慢于全国平均水平1.6个百分点，与北京并列全国31个省（区、市）第23位。

(三)八大类消费支出全面增长。

从居民消费结构分析,2019年浙江居民八大类消费支出全面增长,其中教育文化娱乐、其他用品及服务支出同比增长明显,为当年居民日常消费热点项目。

表2 2019年浙江居民消费支出情况

指　标	全体居民		城镇居民		农村居民	
	本年(元)	增速(%)	本年(元)	增速(%)	本年(元)	增速(%)
居民消费支出	32026	8.7	37508	8.4	21352	8.3
1. 食品烟酒	8929	8.9	10162	8.4	6529	9.4
2. 衣着	1877	3.5	2259	1.2	1134	11.4
3. 居住	8403	8.8	9977	9.0	5339	6.9
4. 生活用品及服务	1716	3.8	2075	5.5	1016	−3.5
5. 交通通信	4553	5.8	5368	7.1	2965	0.4
6. 教育文化娱乐	3624	19.6	4342	17.9	2226	24.5
7. 医疗保健	2123	3.1	2300	0.6	1777	9.2
8. 其他用品及服务	801	15.7	1024	14.7	367	18.3

1. 教育文化娱乐、其他用品及服务支出增速居前两位。2019年浙江居民人均教育文化娱乐支出3624元,同比增长19.6%,增速列八大类消费支出首位,比上年加快13.0个百分点,对消费支出增长的贡献率为23.2%,仅次于占比较大的食品烟酒和居住支出。按常住地分,城镇居民和农村居民人均教育文化娱乐支出分别为4342元和2226元,同比增长17.9%和24.5%,居民全年教育文化娱乐支出受培训费、学杂费等教育支出的大幅提高而快速增长。

居民人均其他用品及服务支出801元,同比增长15.7%,增速仅次于教育文化娱乐支出,但与上年相比降低8.8个百分点,对消费支出增长的贡献率为4.3%。按常住地分,城镇居民和农村居民人均其他用品及服务支出分别为1024和367元,同比增长14.7%和18.3%,其中居民用于首饰及手表、美容美发洗浴比上年显著增长,是拉动其他用品及服务支出快速增长的主要因素。

2. 食品烟酒、居住支出较快增长。居民人均食品烟酒支出8929元,同比增长8.9%,增速和上年相比提升了3.1个百分点,对消费支出增长的贡献率为28.6%,居八大类消费支出首位。按常住地分,城镇居民和农村居民人均食品烟酒支出分别为10162和6529元,同比增长8.4%和9.4%。2019年浙江居民、城镇居民、农村居民恩格尔系数分别为27.9%、27.1%和30.6%。

居民人均居住支出8403元,同比增长8.8%,增速和上年相比降低1.6个百分点,对消费支出增长的贡献率为26.7%,贡献率仅次于食品烟酒支出。按常住地分,城镇居民和农村居民人均居住支出分别为9977和5339元,同比增长9.0%和6.9%。

3. 交通通信支出平稳增长。居民人均交通通信支出4553元,同比增长5.8%,增速和上年相比提升了5.9个百分点,并从上年的同比减少转为同比增加,对消费支出增长的贡献率为9.8%。按常住地分,城镇居民和农村居民人均交通通信支出分别为5368和2965元,同比增长7.1%和0.4%。

4. 生活用品及服务、衣着、医疗保健支出缓慢增长。居民人均生活用品及服务支出1716元，同比增长3.8%，增速和上年相比大幅下降19.0个百分点，对消费支出增长的贡献率为2.5%。按常住地分，城镇居民和农村居民人均生活用品及服务支出分别为2075和1016元，同比增长5.5%和-3.5%。

居民人均衣着支出1877元，同比增长3.5%，增速和上年相比下降了10.9个百分点，对消费支出增长的贡献率为2.5%。按常住地分，城镇居民和农村居民人均衣着支出分别为2259和1134元，同比增长1.2%和11.4%。

居民人均医疗保健支出2123元，同比增长3.1%，增速和上年相比大幅下降了18.3个百分点，对消费支出增长的贡献率亦为2.5%。按常住地分，城镇居民和农村居民人均医疗保健支出分别为2300和1777元，同比增长0.6%和9.2%。

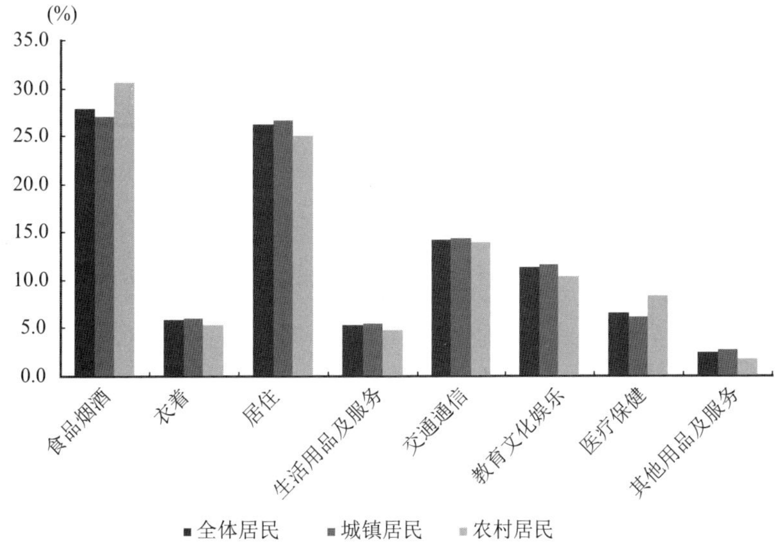

图5 2019年浙江居民消费消费支出构成

(四)居民生活质量进一步改善。

1. 食品消费提质升级。2019年浙江居民在油脂类、肉类、糖果糕点类和酒类的消费量人均分别为11.3、28.3、7.4和8.9公斤，同比分别减少0.3、1.5、0.1和0.6公斤；而水产品、蛋类及蛋制品、奶和奶制品、干鲜瓜果类消费量人均分别为25.9、9.2、13.5和55.6公斤，同比分别增加3.0、0.8、0.3和3.0公斤。居民饮食更加注重绿色健康，食品消费结构不断提质升级。

2. 耐用消费品结构优化。耐用消费品拥有量稳步增长，结构持续优化。2019年末，浙江居民每百户彩色电视机拥有量为175.5台、电冰箱(柜)105.6台、洗衣机92.9台、空调195.8台、热水器104.0台，同比分别增加2.3、1.6、2.3、2.7、2.1台；每百户拥有中高档乐器8.5架，同比增加0.9架；每百户拥有移动电话245.0部，同比增加1.4部，其中接入互联网的移动电话188.3部，同比增加9.5部。智能手机和互联网技术的发展挤压了固定电话和计算机的需求，每百户拥有固定电话和计算机分别为20.9部和72.3台，同比减少6.9部和0.3台，呈持续减少趋势。

3. 服务性消费继续增长。全年浙江居民人均服务性消费支出15233元，比上年增长

10.7%，占居民人均消费支出(32026元)的比重为47.6%，比上年提高0.9个百分点。其中教育文化娱乐、其他用品及服务、食品烟酒的服务性消费支出增长较快。分城乡看，城镇居民、农村居民人均服务性消费支出分别比上年增长10.3%、10.8%，占消费支出的比重比上年分别提高0.8、0.9个百分点。服务性消费支出的持续增长很大程度上折射出居民对高品质生活的追求在不断提升。

4. 居住条件进一步改善。2019年末浙江居民人均住房建筑面积达54.9平方米，比2018年末增加2.6平方米，其中城乡居民人均住房建筑面积分别为48.5、67.3平方米，比上年分别增加3.1、1.9平方米。居民自有房比重为88.2%，比上年提高0.4个百分点，居住环境进一步改善。从住房类型上看，浙江居民居住在单栋楼房和单元房的户数比重为95.0%，比上年提高1.1个百分点；生活设施方面，居民主要饮用经过净化处理的自来水的户数比重为94.8%，比上年提高1.5个百分点，以天然气、煤气、液化石油气为主要炊用能源的户数比重为89.2%，比上年提高1.4个百分点。

5. 培训热度居高不下。在教育为本观念的持续引领下，居民在教育培训消费方面热度丝毫不减。全年居民人均教育消费2257元，同比增长27.4%，占全部消费支出的比重为7.0%，比上年增加1.0个百分点，其中人均培训费支出761元，增长42.7%，占教育总支出的比重由上年的30.1%提高到33.7%。从各教育阶段来看，增长最快的是高中教育阶段，人均培训费支出104元，增长86%；学前教育阶段人均培训费支出144元，增长63%；小学和初中阶段人均培训费支出分别为301元和123元，增长52%和56%。

6. 文娱休闲方式多元化。2019年浙江居民人均团体旅游支出661元，同比增长15.5%，其中城镇居民人均团体旅游支出901元，增长12.9%；农村居民人均团体旅游支出194元，增长35.2%。居民人均景点门票支出70元，增长25.5%，城乡分别增长25.7%和19.9%。除旅游消费外，浙江居民乐于享受各种文化大餐，当年人均观看电影话剧等演出消费32元，增长14.0%，文娱休闲日趋多元，精神生活更加富足。

三、2020年居民收入“十三五”目标完成情况测算

浙江省“十三五”规划提出，到2020年实现城乡居民收入比2010年翻一番。2010年浙江城乡居民人均可支配收入分别为26802元、12277元，按现行价格计算，完成“翻番”任务两项收入须分别达到53604元、24554元，也即浙江已先后于2018、2017年分别实现城乡居民收入倍增目标(见表3)。

以2010年可比价数据为基数，为完成“十三五”规划收入倍增目标，城乡居民年均实际增速均要求达到7.2%。从现有数据分析，2011－2019年两项收入年均实际增速分别为6.9%、7.6%，2020年两项收入实际增长率须分别达到10.9%、3.4%才能完成“翻番”任务。照目前情况来看，2020年完成农村居民收入实际“翻番”目标难度相对较小，而城镇居民收入目标恐难以实现。

表3　2010—2019年浙江分城乡居民人均可支配收入增长情况

指　标	城镇居民			农村居民		
	水平(元)	名义增速±%	实际增速±%	水平(元)	名义增速±%	实际增速±%
2010年	26802	—	—	12277	—	—
2011年	30340	13.2	7.5	14197	15.6	9.5
2012年	33846	11.6	9.2	15806	11.3	8.8
2013年	37080	9.6	7.1	17494	10.7	8.1
2014年	40393	8.9	6.8	19373	10.7	8.3
2015年	43714	8.2	6.7	21125	9.0	7.5
2016年	47237	8.1	6.0	22866	8.2	6.3
2017年	51261	8.5	6.3	24956	9.1	7.0
2018年	55574	8.4	6.0	27302	9.4	7.0
2019年	60182	8.3	5.4	29876	9.4	6.0
2011—2019年均增速	—	9.4	6.9	—	10.4	7.6

注:表中均为新口径数据。

（执笔人:国家统计局浙江调查总队　盛飞）

安徽居民收支与生活状况报告

一、收入状况

（一）居民收入增长趋势：与全国基本一致。

2019 年安徽居民人均可支配收入 26415 元，同比名义增长 10.1%，同比增长 0.4 个点，扣除价格因素，实际增长 7.6%。十八大以来，安徽居民可支配收入增长从高速增长转入中速增长新阶段，收入增速呈现“先降后升”态势，从 2012 年的 14.5%，逐年下降到 2016 年的 8.9%。2016 年增速见底之后，2017 年提高到 9.3%，2018 年进一步提高到 9.7%，2019 年安徽居民收入增长达到两位数。

从安徽居民收入增长趋势来看，与全国趋势走向基本上一致。

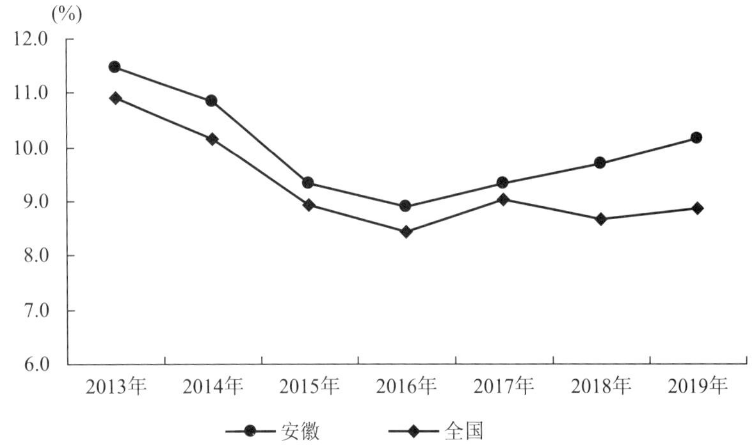

图 1　2012—2019 年安徽居民人均可支配收入增速与全国比较

（二）居民增收速度快于全国，水平有差距。

2019 年，安徽居民人均可支配收入增长 10.1%，高于全国 1.2 个百分点。但是从收入水平看，比全国平均水平低 4318 元，相当于全国平均水平的 86.0%，与全国的差距还比较大。

从收入结构上比较，安徽与全国的差距表现为“三低一高”。工资性收入比全国低 3230 元，财产净收入比全国低 890 元，转移净收入比全国低 919 元，经营净收入高于全国平均水平 720 元。工资性收入与全国的绝对差距最大，也是安徽居民收入低于全国水平的最主要来源。

表1　2019年安徽居民人均可支配收入与全国差距对比

指　　标	安徽		全国		安徽与全国差距	
	水平(元)	增速(%)	水平(元)	增速(%)	绝对差距(元)	相对差距(%)
可支配收入	26415	10.1	30733	8.9	−4318	14.0
1. 工资性收入	13956	8.6	17186	8.6	−3230	18.8
2. 经营净收入	5967	8.9	5247	8.1	720	−13.7
3. 财产净收入	1729	18.7	2619	10.1	−890	34.0
4. 转移净收入	4762	13.5	5680	9.9	−919	16.2

(三)2019年居民增收:四大项全面增长,贡献差异大。

2019年,安徽居民四项收入全面增长,其中财产净收入和转移净收入增长较快,工资性收入稳定增长,对增收的贡献率最高。

工资仍是居民增收的最主要来源。2019年,安徽居民人均工资性收入13956元,同比增长8.6%,较上年提高0.8个百分点,对居民人均可支配收入增长的贡献率为45.4%,是居民收入增加的最主要来源。

表2　2019年安徽居民人均可支配收入情况

指　　标	水平(元)	增速(%)	增量(元)	贡献率(%)
可支配收入	26415	10.1	2432	100.0
1. 工资性收入	13956	8.6	1105	45.4
2. 经营净收入	5967	8.9	489	20.1
3. 财产净收入	1729	18.7	273	11.2
4. 转移净收入	4762	13.5	565	23.2

家庭经营增长平稳,对居民增收的贡献比较小。2019年,安徽居民人均家庭经营净收入5967元,同比增长8.9%,较上年下降3.7个百分点,对可支配收入增长的贡献率为20.1%。其中:一产净收入2218元,同比增长6.9%;二三产业净收入3750元,同比增长10.2%。家庭经营中一产占比小,增幅小,对于增收的作用小。

财产净收入增长最快。2019年,安徽居民人均财产净收入1729元,同比增长18.7%,较上年提高12.6个百分点,对可支配收入贡献率为11.2%。

转移净收入增长较快,增收贡献增加。2019年,安徽居民人均转移净收入4762元,同比增长13.5%,较上年提高4.1个百分点,对可支配收入的贡献率为23.2%。转移性收入对居民可支配收入增长的贡献率大于居民家庭经营。安徽作为农民工输出大省,外出从业人员寄回和带回收入在居民转移性收入中占有比较大份额。

财产收入水平低,占比小,居民收入结构需优化升级。在安徽居民人均可支配收入中,2012年到2019年,工资性收入占比由55.1%下降到的52.8%,下降2.3个百分点;经营净收入占比由23.1%下降到22.6%,下降0.5个百分点;财产净收入占比由4.0%提高到6.5%,提高2.5个百分点;转移净收入占比17.8%提高到18.0%,提高0.2个百分点(详见表3)。四大项收入差距趋于缩小，结构趋于均衡，居民增加收入的多元化趋势显现，说明居民增收渠道拓宽。

表 3　安徽居民人均可支配收入构成变化

指　　标	2012 年		2019 年	
	水平(元)	构成(%)	水平(元)	构成(%)
可支配收入	13593	100.0	26415	100.0
1. 工资性收入	7493	55.1	13956	52.8
2. 经营净收入	3139	23.1	5967	22.6
3. 财产净收入	544	4.0	1729	6.5
4. 转移净收入	2417	17.8	4762	18.0

但是，安徽居民收入主要来源于工资性收入，居民财产净收入占比相对偏低，经营净收入占比不高。“十八大”以来 7 年，居民家庭经营净收入占比低的情况没有改善，财产净收入绝对水平低、占比小的状况基本没有改变。安徽居民收入结构需要优化提升，需要进一步发展二三产业，提升居民的财产拥有量和财产收入水平。

(四)2019 年城乡居民增收特点不同。

1. 城镇居民增收特点

2019 年安徽城镇居民人均可支配收入 37540 元，同比增长 9.1%，比上年提高 0.4 个百分点，比全国高 1.2 个百分点。近 7 年来，安徽城镇可支配收入增长呈“先降后升”态势，由 2013 年的 9.9%降到 2016 年的 8.2%，在 2016 年触底后开始回升。2013－2019 年安徽城镇居民人均可支配收入年均增长 8.9%，比全国高 0.5 个百分点。

工资性收入对城镇居民增收贡献最大。2019 年，安徽城镇居民人均工资性收入 22548 元，同比增加 1574 元，对可支配收入增长的贡献率达到 50.0%。在四大收入来源项中比重最大，对可支配收入增长的贡献率居于决定性支配地位，是收入增长的主要动力，拉动安徽城镇居民人均可支配收入增长 4.6 个百分点。工资收入增加较多，主要是安徽落实了包括行政事业单位“一次性工作奖励”在内的各项奖励政策等，同时提高最低工资标准、就业人口增加也拉动推动了工资性收入上升。

表 4　2019 年安徽城镇居民人均可支配收入增长情况

指标名称	水平(元)	增量(元)	贡献率(%)	拉动收入增长(%)
可支配收入	37540	3147	100.0	9.1
1. 工资性收入	22548	1574	50.0	4.6
2. 经营净收入	5983	434	13.8	1.3
3. 财产净收入	3192	484	15.4	1.4
4. 转移净收入	5817	655	20.8	1.9

经营净收入增长平稳，对于增收贡献小。2019 年，安徽城镇居民人均经营净收入 5983 元，同比增长 7.8%，比上年增加了 434 元，对城镇居民收入增长贡献率 13.8%，拉动城镇居民人均可支配收入增长 1.3 个百分点。经营净收入增长主要来源于二三产业增长，2019 年安徽城镇居民二

三产业经营净收入达到5464元，同比增加376元，占家庭经营收入增加额的86.6%，是城镇居民家庭经营收入增长的主要来源。

财产净收入增长最快。2019年，城镇居民人均财产净收入3192元，同比增长17.9%，比上年增收484元，对于城镇居民人均可支配收入增长的贡献率为15.4%，拉动可支配收入增长1.4个百分点。从财产性收入的来源看，出租房屋财产净收入、利息收入和储蓄性保险收益是现金财产性收入的重要组成部分，三项收入占财产性收入的89.2%。

转移净收入增长较快，对城镇居民增收贡献比较大。2019年，安徽城镇居民人均转移净收入5817元，同比增长12.7%，对城镇居民可支配收入增长贡献率20.8%。从转移性收入来源看，养老金和离退休金是城镇居民转移性收入的主要来源，占转移性收入44.9%，其次是家庭外出从来人员寄回带回收入，占转移性收入31.4%。

2. 农村居民收入增长特点

2019年安徽农村居民人均可支配收入15416元，同比增长10.1%，比上年高0.4个百分点，比全国高0.5个百分点。2013—2016年，农村居民人均可支配收入增速由13.1%降到8.3%，2017—2019年增速由8.9%上升到10.1%。“十八大”以来，安徽农村居民收入基本上呈“U”形增长态势。7年来年均增长10.2%，增长比较快。从结构上看，工资性收入低、经营净收入增长稳定，财产净收入增长快、转移净收入占比不断提高。

工资性收入水平比较低。2019年安徽农村居民人均工资性收入5462元，与全国水平的差距1121元，与上年比增长8.0%，比全国低1.8个百分点。在居民人均可支配收入中占35.5%，比全国平均低5.6个百分点。“十八大”以来，人均工资性收入年均增长10.1%，比全国低1.0个百分点。在农村居民人均可支配收入中，工资性收入的比重基本保持在35.5%左右。工资性收入水平低、增长相对不快是安徽农村居民收入一个比较突出特点，也是安徽农村居民人均可支配收入低于全国平均水平的最主要来源。

经营净收入稳定增长。安徽农村居民人均家庭经营净收入5953元，同比增长10.0%，比全国高2.5个百分点。“十八大”以来，家庭经营净收入年均增长9.5%，占可支配收入比重由40.2%下降到38.6%，对于农村居民增收的作用越来越小，贡献率不断下降，主要是农村居民第一产业增收特别是种植业、养殖业增收的难度越来越大。

财产净收入增长快。在安徽农村居民人均可支配收入中，财产净收入283元，占1.8%。“十八大”以来，财产净收入增加了185元，年均增长16.4%，占比提高0.5个百分点。近年来，安徽农村居民财产净收入增长相对较快，但是财产收入水平低，占比小，对于农村居民增收贡献不多的状况并没有明显改善。

转移净收入实现稳定较快增长。农村居民人均转移净收入3718元，占人均可支配收入的比重24.1%。“十八大”以来，人均转移净收入增加了1798元，年均增长10.9%，占比提高了1.1个百分点。

二、居民消费和生活状况

2019年安徽居民人均消费支出19137元，比上年名义增长12.3%。分城乡看，城镇居民人均消费支出23782元，比上年名义增长10.5%；农村居民人均消费支出14546元，比上年名义增长14.1%。

(一)基本消费支出占比下降。

恩格尔系数下降，居民生活质量提高。2019年安徽居民人均食品烟酒支出6081元，占消费支出的比重(恩格尔系数)为31.8%，比2012年下降3.1个百分点。分城乡看，2019年安徽城镇居民人均食品烟酒支出6081元，占消费支出的31.2%，比2012年下降2.8个百分点；农村居民人均食品烟酒支出4756元，占消费支出的32.7%，比2012年下降3.7个百分点。

居民恩格尔系数下降，标志着人们生活水平的提高，农村居民恩格尔系数下降较快，说明农村居民生活质量提升更快。

农村居民衣着努力追赶城镇居民。2019安徽全体居民人均衣着支出1301元，与2012年相比年均增长7.3%。其中，城镇居民人均衣着支出1763元，与2012相比年均增长3.7%；农村居民人均衣着支出843元，与2012年相比年均增长14.3%。随着收入水平的提高，相对城镇居民而言农村居民更舍得在穿衣上花钱，衣着消费支出增长迅猛。但从占消费支出的比重看，城乡居民衣着消费支出比重均呈下降态势，2019年安徽全体居民人均衣着支出占比为6.8%，比2012年下降0.9个百分点。分城乡看，城镇居民支出占比为7.4%，比2012年下降1.3个百分点；农村居民占比为5.8%，比2012年下降0.3个百分点。

(二)发展型消费占比提高。

居住消费支出比重上升。2019年安徽居民人均居住支出占消费支出的22.4%，比2012年上升1.7个百分点。分城乡看，城镇居民居住支出占22.1%，比2012年上升2.2个百分点；农村居民居住消费支出比重为22.8%，比2012年上升0.8个百分点。

交通、教育文化娱乐、医疗保健等有关居民素质、精神享受、健康和效率提升方面的消费支出比重上升。2019年安徽全体居民人均交通通信支出2287元，占消费支出的比重为11.9%，比2012年下降1.9个百分点；人均教育文化娱乐支出的比重为11.1%，比2012年上升0.6个百分点；人均医疗保健支出占比7.8%，比2012年上升0.8个百分点。分城乡看，城镇居民人均交通通信支出占比12.1%，比2012年上升1.7个百分点；人均教育文化娱乐支出占比为11.8%，比2012年上升0.1个百分点；人均医疗保健支出占比为7.0%，比2012年上升0.1个百分点。农村居民人均交通通信支出占比11.8%，比2012年上升2.5个百分点；人均教育文化娱乐支出占比10.1%，比2012年上升0.9个百分点；人均医疗保健支出占比9.1%，比2012年上升0.8个百分点。

(三)居住条件和生活环境不断改善。

“十八大”以来，安徽加强了城乡居民生活基础和公共服务设施建设。城乡居民的居住条件和居住环境不断优化。2019年，安徽全体居民人均住房建筑面积为47.7平方米，比2012年增加13.4平方米，增长39.1%。其中，城镇居民人均住房建筑面积为41.8平方米，比2012年增加9.4平方米，增长29.0%；农村居民人均住房建筑面积为53.5平方米，比2012年增加17.6平方米，增长49.0%。

从居住空间结构看，高质量房屋的比重高。在全体居民中，2019年居住在单栋楼房或单栋平房的户占63.2%，居住在单元房的户占33.4%，居住在筒子楼或连片平房或其他房屋的户占3.4%。其中，城镇住户中居住在单栋楼房或单栋平方的户占34.5%，居住在单元房的户占62.0%，居住在筒子楼或连片平房或其他房屋的户占3.5%。农村住户中，居住在单栋楼房或单栋平方的户占92.8%，居住在单元房的户占4.0%，居住在筒子楼或连片平房或其他房屋的户比重为3.2%。

随着住房面积增加和住房结构质量的提高，居民家庭的饮用水和炊用能源在质量上和方便性都有明显提高，家庭卫生设施不断完善。

居民饮用水水源质量高，管道供水入户率高。2019年安徽全体居民使用经过净化处理的自来水的户占86.1%；使用受保护的井水和泉水的户占11.5%。其中，城镇居民使用经过净化处理的自来水的户高达93.4%，使用受保护的井水和泉水的户占5.9%；农村居民使用经过净化处理的自来水的户比重为78.5%，使用受保护的井水和泉水的户比重为17.3%。

从管道设施看，全体居民中有管道供水入户的占86.8%，其中，城镇住户为93.6%，农村住户为79.3%。

城乡居民炊用能源清洁化程度不断提高。安徽居民主要炊用能源使用罐装液化石油气、管道天然气、用电的户比重分别为31.8%、21.8%、14.6%，使用柴草、煤炭的户比重分别为27.7%、0.7%。城镇居民主要炊用能源使用罐装液化石油气、管道天然气、用电的户比重分别为30.7%、43.6%、16.3%，使用柴草、煤炭的户比重分别为2.7%、0.7%。农村居民主要炊用能源使用罐装液化石油气、管道天然气、用电的户比重分别为32.9%、0.9%、13.0%，使用柴草、煤炭的户比重分别为51.5%、0.7%。

卫生厕所基本普及。在全体居民中，有水冲式卫生厕所的户占87.2%。在城镇居民住户中，有水冲式卫生厕所的户占94.6%；在农村住户中，有水冲式卫生厕所的户占79.5%。

（四）耐用消费品更新升级快，智能化信息化迅猛增加。

1. 城乡居民家用电器更新换代加快

2019年安徽全体居民每百户洗衣机拥有量94.8台，比2012年增加18.8台，年均增长3.2%。其中，城镇居民每百户洗衣机拥有量达到99.8台，农村居民每百户洗衣机拥有量达到89.7台。

2019年安徽全体居民每百户电冰箱（柜）拥有量103.1台，比2012年增加15台，年均增长2.3%。2019年，城镇居民每百户电冰箱（柜）拥有量达到102.7台，农村居民每百户电冰箱（柜）拥有量103.5台。

2019年全体居民每百户微波炉拥有量45.2台，比2012年增加11.3台，年均增长4.2%。其中，城镇居民每百户微波炉拥有量达到63.7台，农村居民每百户微波炉拥有量26.2台。

2019年全体居民每百户彩色电视机拥有量135.4台，比2012年增加6.4台，年均增长0.7%。2019年城镇居民每百户电视机拥有量达到137.2台，农村居民每百户电视机拥有量达到133.6台。

2019年全体居民每百户空调拥有量152.3台，比2012年增加70.3台，年均增长9.3%。其中，城镇居民每百户空调拥有量达到185.4台，农村居民每百户空调拥有量达到118.3台。居民家庭安装的空调数量增长非常显著。

2019年全体居民每百户热水器拥有量97.4台，比2012年增加24.1台，年均增长4.1%。其中，城镇居民每百户热水器拥有量已经达到104.1台，农村居民每百户热水器拥有量达到90.6台。

2. 居民交通工具电动化趋势发展快

2019年安徽全体居民平均每百户拥有汽车29.9辆，比2012年增加23.5辆，年均增长高达24.8%。其中，2019年城镇居民每百户拥有汽车34.9辆，农村居民每百户拥有汽车24.7辆。

2019年全体居民平均每百户拥有摩托车和助力车129.4辆，其中，城镇居民每百户拥有摩托车和助力车111.6辆，农村居民百户拥有摩托车和助力车147.7辆。

3. 信息化消费品增长非常显著

台式计算机拥有量增长不很明显，但接入互联网的比例高。2019年，安徽居民平均每百户拥有计算机45.6台，比2012年增加2.4台，年均增长0.8%。其中接入互联网的计算机35.2台，占77.2%，比2012年提高8.0个百分点。分城乡看，2019年城镇居民百户拥有计算机65.3台，接入互联网的52.2台，80.0%的接入了互联网；农村居民百户拥有计算机25.3台，接入互联网的17.8台，占76.4%。

移动电话接入互联网的占比高，呈高速增长态势。2019年安徽居民百户拥有移动电话261.4台，比2012年增加74.2台，年均增长4.9%，其中接入互联网的移动电话208.3台，占79.7%，比2012年提高60.3个百分点。分城乡看，2019年城镇居民百户拥有移动电话251.4台，接入互联网的214.1台，占85.2%；农村居民百户拥有移动电话271.7台，接入互联网的202.4台%，占74.5%。

（执笔人：国家统计局安徽调查总队　孟昭杰）

福建居民收支与生活状况报告

2019年，面对错综复杂的国内外经济形势，福建省委省政府认真贯彻落实党中央、国务院决策部署，坚持稳中求进工作总基调，扎实做好“六稳”工作，落实“六保”任务，全省经济运行态势稳中向好，基本民生需求得到有效保障，城乡居民收入稳定增长。

据住户抽样调查，2019年福建全体居民人均可支配收入35616元，比上年增长9.1%，扣除价格因素实际增长6.3%。城镇居民人均可支配收入45620元，增长8.3%，扣除价格因素实际增长5.6%。农村居民人均可支配收入19568元，增长9.8%，扣除价格因素实际增长6.9%。

一、城乡居民收入变化特点

表1　2019年福建分城乡居民人均可支配收入来源及增长情况

指　　标	城镇居民		农村居民	
	水平（元）	增速（%）	水平（元）	增速（%）
可支配收入	45620	8.3	19568	9.8
1. 工资性收入	27992	8.1	8949	8.9
2. 经营净收入	6211	11.4	7179	7.1
3. 财产净收入	5512	10.6	345	6.9
4. 转移净收入	5905	4.1	3096	20.1

（一）居民收入增速在全国位次前移。

2019年福建全体居民人均可支配收入增速比全国平均水平高0.2个百分点，居全国第12位，比上年前移9位。分城乡看，城镇居民人均可支配收入增速比全国高0.4个百分点，居全国第11位，比上年前移5位；农村居民人均可支配收入增速比全国高0.2个百分点，居全国第11位，比上年前移1位。

（二）城乡居民收入差距进一步缩小。

近年来，农村居民人均可支配收入增长速度持续快于城镇居民，城乡居民收入差距逐步缩小。2019年，福建城乡居民人均可支配收入分别为45620元和19568元，城乡居民收入比由上年的2.36∶1缩小为2.33∶1。

（三）工资性收入是带动居民收入增长的最主要来源。

城乡居民工资性收入增长对各自收入增长的贡献率均为四大项收入之首，是带动居民收入增长的最主要来源。2019年，福建城乡居民人均工资性收入分别比上年增长8.1%和8.9%，对城乡居民人均可支配收入增长的贡献率分别为60.1%和42.0%。

（四）居民经营净收入较快增长。

2019年以来，全省经济运行总体平稳，营商环境持续向好，居民经营净收入较快增长。2019年，福建城乡居民人均经营净收入分别比上年增长11.4%和7.1%，同比分别提高3.4和0.3个百分点；对城乡居民人均可支配收入增长的贡献率分别为18.2%和27.1%。

（五）城镇居民财产净收入增速明显快于农村。

相较于农村居民，城镇居民投资渠道和理财方式更加多样。2019年，福建城镇居民人均财产净收入比上年增长10.6%，比农村居民财产净收入增幅高3.7个百分点；占城镇居民人均可支配收入的比重为12.1 %，对城镇居民人均可支配收入增长的贡献率为15.1%。

（六）农村居民转移净收入快速增长。

近年来，各级党委政府高度重视精准扶贫工作，有力促进了农村居民转移净收入快速增长。2019年，福建农村居民人均转移净收入比上年增长20.1%，比城镇居民转移净收入增幅高16.0个百分点；占农村居民人均可支配收入的比重为15.8%，同比提高1.3个百分点；对农村居民人均可支配收入增长的贡献率为29.6%，同比提高14.4个百分点。

二、城乡居民增收主要因素

（一）增资因素推动工资性收入增长。

一是多地不同程度提高工资标准。根据省政府关于调整机关事业单位工作人员基本工资文件精神，多地从2018年7月1日起调整机关事业单位工作人员基本工资标准，补发工资于2019年1月发放，带动了居民工资性收入增长。如宁德市职务工资标准由每月585元至7835元提高到每月640元至9280元。二是机关事业单位人员增发奖金。如三明市2019年4月对机关事业单位、企业、村（社区）依单位评级给予在职干部职工发放平安综治奖，较2018年增长1倍，人均发放约4000元。三是个人所得税新政将起征点由3500元提高至5000元，同时增加了子女教育、继续教育、大病医疗、住房贷款利息、住房租金和赡养老人等六项专项附加抵扣，个税支出普遍减少，居民收入增加。四是企业在岗职工工资持续增长。如2019年漳州市建筑业工人工资比上年增长10%左右；南平市农业雇工日工资达250—350元，比上年增加20—30元。

（二）营商环境优化带动经营净收入较快增长。

一是深化商事制度改革激发创业活力。深化工商登记制度改革、"一照一码"登记制度改革，激发了社会投资创业活力。如2019年宁化县新增各类市场主体2766户，比上年增长18.8%；福清市新登记个体工商户1万多户，较上年同期增长20%以上。二是旅游持续旺盛带动相关行业创收。全省各地假日旅游市场持续旺盛，红色游、乡村游、康养游等产品受到热捧，有效地带动了相关行业经营户创收增效。据统计，2019年1—11月，全省旅游总收入7334.02亿元，同比增长20.0%；接待国内游客人数47910.76万人次，同比增长16.8%；接待入境旅游人数790.05万人次，同比增长8.1%。

（三）居民财产净收入来源渠道拓宽。

一是居民投资理财渠道更加多元。除近年来日益兴盛的互联网理财外，很多居民通过入股的形式加入到合作社办企业、经商等实业投资，从中获得分红收益。如南平延平区西芹村以村小组为主体，流转林业经营（使用权），每年每位村小组成员均有1000元以上的分红收入。二是房租收入持续增长。随着居民对教育更加重视，越来越多学龄儿童到市区较好的学校就读，家长在学校附近租房陪读，扩大了租房市场需求。同时，旧城改造、城镇扩张开发也带动了租房市场，如漳州芗城区益民片区共拆迁47.6万平方米，涉及一千多户居民需要搬迁。

（四）财政转移净收入兜底作用增强。

一是提高企事业单位退休人员基本养老金和失业保险金发放标准。各地根据省人社厅、财政厅下发《关于进一步提高城乡居民养老保险基础养老金省定最低标准通知》（闽人社[2019]57号）文件精神，自2019年1月1日起不同程度提高城乡居民养老保险待遇水平。二是各级政府致力于精准脱贫，强化财政转移净收入兜底作用。2019年，全省共下达财政专项扶贫发展资金5.7亿元，扶持建档立卡贫困户实施了10.2万个产业扶贫项目，通过产业扶贫带动贫困户脱贫。又如三明市实施建档立卡贫困户家庭子女接受职业教育在校生“雨露计划”，2019年共补助1079位在校生，补助金额达322.2万元。

三、城乡居民消费变化特点

受居民消费价格指数较快上涨等因素影响，2019年下半年以来，全省居民人均消费支出增长明显加快。2019年，福建全体居民人均消费支出25314元，比上年增长10.1%，增幅同比提高1.9个百分点，比上半年提高4.7个百分点；扣除价格因素实际增长7.3%，同比提高0.7个百分点。

表2 2019年福建分城乡居民消费支出情况

指标	城镇居民		农村居民	
	水平（元）	增速（%）	水平（元）	增速（%）
居民消费支出	30946	9.9	16281	9.0
1. 食品烟酒	9537	6.0	5784	8.3
2. 衣着	1659	6.8	774	14.4
3. 居住	8955	16.1	3799	4.1
4. 生活用品及服务	1557	2.7	809	5.8
5. 交通通信	3715	2.3	1903	4.7
6. 教育文化娱乐	3066	12.4	1615	18.8
7. 医疗保健	1692	23.0	1210	19.2
8. 其他用品及服务	765	22.4	386	20.7

（一）城乡居民主要消费支出结构趋同。

2019年，福建城镇居民人均消费支出金额列前3位的分别是食品烟酒9537元、居住8955元和交通通信3715元，三项合计占消费支出比重的71.8%；农村居民人均消费支出金额列前3位的也分别是食品烟酒5784元、居住3799元和交通通信1903元，三项合计占消费支出比重

70.5%，城乡居民的主要消费结构趋同。

（二）食品烟酒消费支出增速加快、比重下降。

2019年，全省城镇居民人均消费支出30946元，比上年增长9.9%，其中，食品烟酒消费支出增长6.0%，同比提高0.7个百分点；占城镇居民人均消费支出的比重为30.8%，同比下降1.2个百分点。农村居民人均消费支出16281元，增长9.0%，其中，食品烟酒消费支出增长8.3%，同比提高4.9个百分点；占农村居民人均消费支出的比重为35.5%，同比下降0.2个百分点。

（三）教育文化娱乐与医疗保健消费升温。

近年来，居民在教育、文化、娱乐方面需求和医疗保健、养生意识逐年增强，在教育文化娱乐和医疗保健消费方面支出持续升温。2019年，全省城镇居民教育文化娱乐和医疗保健消费支出分别比上年增长12.4%和23.0%，增速分别快于城镇居民人均消费支出2.5个和13.1个百分点。农村居民教育文化娱乐和医疗保健消费支出分别比上年增长18.8%和19.2%，增速分别快于农村居民消费支出9.8个和10.2个百分点。

四、需要关注的问题

（一）经济增长速度放缓影响居民增收动力。

当前，全省经济处于提质换档期，部分产业转型升级压力较大，市场有效需求仍然不足，部分企业效益下滑，城乡居民增收后劲的基础有待夯实。据省统计局数据，2019年规模以上工业品产销率97.15%，比上年回落0.01个百分点，比全国平均水平低1.05个百分点；规模以上工业企业每百元营业收入中的成本为86.34元，同比增加0.23元；营业收入利润率为6.7%，同比降低0.1个百分点。同时，受中美贸易摩擦影响，后市前景仍不明朗，部分出口企业订单减少，效益下降，如福建新胜峰木业有限公司2019年第四季度订单同比下降20%左右。

（二）农业农村发展相对滞后，农民收入增长压力较大。

一是农业发展水平有待提高。目前福建省多数农业企业生产经营规模较小、产业化组织化程度较低，经营主体仍然是以小规模农户为主，尚未形成规模经济效应。现代农业发展优势不足，农业生产科技含量不够高，农村居民文化素质及专项技能水平较低，农业生产的产业链条不够完善，附加值较低，缺乏市场竞争力；同时，农户经营模式以传统粗放经营为主，科技化集约化水平不够，制约农民进一步增收。二是农业生产抗灾害能力不强，受市场、自然灾害等因素影响较大。2019年5—7月全省普降暴雨，多地灾情严重，南平、三明等地有不少农户农田被淹，农业设施被毁，蔬菜、稻谷等农作物减产甚至绝收，对农业生产发展以及农村居民增收带来较大影响，如浦城县大庄村数户种粮户7月份稻田受灾减产30%左右。又如7—11月连续干旱天气造成南平市夏粮减少9%左右，卖粮收入减少直接影响全年收入。

（三）就业领域结构性矛盾影响居民就业。

从劳动力调查、农民工监测及高校毕业生就业等方面情况来看，企业用工需求和劳动力市场供给间的结构性矛盾仍然存在。一方面因劳动力和高技术人才流失，导致部分行业人才质量、数量与产业需求失衡，企业仍然面临招工难、用工贵问题；另一方面存在由于高校毕业生集中就业、农民工缺乏适合产业转型发展需求的专项技能等因素造成的结构性失业，形成一定时期的“缓就业”，直接影响居民收入增长。

（四）肉类价格上涨致居民生活成本上升。

2019年，受生猪生产周期、非洲猪瘟疫情和环保政策等因素影响，生猪存栏数下降，生猪价格大幅上涨，出栏价、零售价较上年同期增加1倍以上，同时带动牛肉、羊肉、鸡鸭等肉类替代品价格也普遍上涨1成以上。受此影响，居民肉类、禽类的生活消费支出明显增加，居民家庭生活压力有所增加，尤其是中低收入水平家庭的生活压力明显加大。虽然生猪稳产保供工作成效初显，生猪生产出现积极变化，但受生猪养殖周期限制，且非洲猪瘟尚无有效疫苗，全面恢复生猪产能仍需时日，预计未来一段时间生猪价格仍将高位运行。

五、若干建议

（一）加强技能培训，持续扩大居民就业。

一是牢固树立就业是最大民生的理念，积极采取扩大就业相关政策，密切关注高校毕业生、贫困家庭、农民工等重点群体的就业状况变化，为用工单位和求职者搭建就业服务平台，实现企业用工和居民就业动态平衡。二是加大职业技能培训力度。结合各个时期的用工市场需求特点，针对性地开展职业技能培训，强化实用技能培训，突出实践能力，注重培训实效，不断提高劳动者的适岗能力，缓解结构性失业矛盾。

（二）提升实体经济经营效益，夯实居民增收基础。

一是进一步落实小微企业普惠性税收减免、减税降费政策，深化“放管服”改革，持续优化营商环境，有效激发企业活力，提升企业经营效益，夯实居民增收基础。二是致力乡村振兴，发展特色现代农业。大力发展农产品精深加工业，集中力量打造一批农产品加工龙头企业，逐步完善农业全产业链；推广农业“互联网＋”技术应用，发展农产品电子商务，组织好产销对接，多渠道销售农产品。三是丰富乡村旅游业态，促进农民增收。引导优势特色农业与休闲、旅游、文化、养生养老等产业深度融合，建设具有生产、观赏、体验、游乐等功能配套的特色产业小镇、现代农业庄园、休闲观光农业园区等，促进观光农业、森林人家、农家乐等乡村旅游业态快速发展，拓宽农村居民增收渠道。

（三）持续推进精准扶贫，重点关注低收入群体。

落细落实各项精准扶贫措施，突出产业帮扶，用好精准扶贫信息平台，支持扶贫龙头企业、扶贫车间生产，重点扶持可直接带动贫困户受益的项目，吸纳当地就业，提升带贫能力，促进贫困户稳定增收。加大金融支持，对脱贫项目在信贷资金投向、投量、期限、利率等方面予以倾斜。深入实施健康扶贫，提高医疗保障水平，扩大医疗保障范围，防止因病致贫返贫。适当提高低保标准，保障低收入家庭基本生活，对没有劳动能力的特殊贫困人口要强化社会保障兜底作用，实现应保尽保。

（执笔人：国家统计局福建调查总队　范春霞）

江西居民收支与生活状况报告

2019 年，江西坚持稳中求进工作总基调，贯彻新发展理念，统筹做好稳增长、促改革、调结构、优生态、惠民生、防风险、保稳定各项工作，推动发展成果更多惠及民生，城乡居民收入增长态势总体向好，消费水平稳步提升，生活水平进一步提高。

一、2019 年城乡居民收入增长态势总体向好

（一）全省居民收入增幅高于全国，与全国差距逐步缩小。

2019 年，江西居民人均可支配收入 26262 元，增长 9.1%，扣除价格因素，实际增长 6.0%，名义增幅位居中部六省第 4、全国第 13 位。

1. 增长态势总体向好，与全国差距逐步缩小。江西始终坚持以民为本，改善民生提升福祉。2019 年全省居民收入增长态势总体向好。全省居民收入名义增幅和实际增幅均比全国平均水平高 0.2 个百分点，人均收入水平达到全国平均水平的 85.5%，比上年（85.3%）提升 0.2 个百分点，与全国平均水平相对差距逐步缩小。

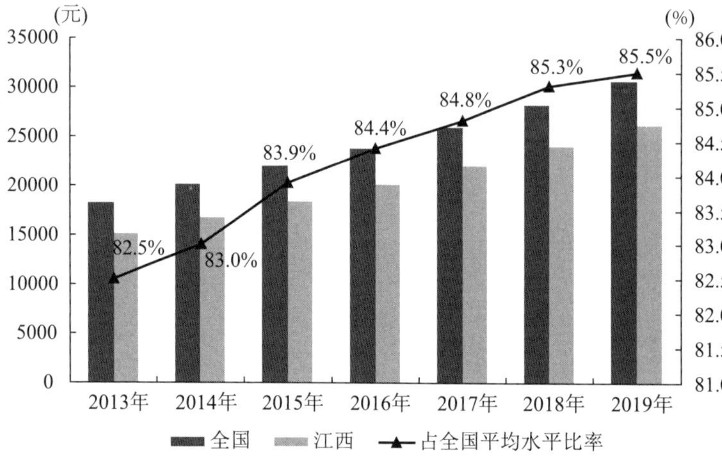

图 1　2013—2019 年江西居民人均可支配收入占全国平均水平比率

2. 收入结构相对稳定，四大项收入全面增长。2019 年，全省居民收入四大项保持全面增长，结构相对稳定。其中：人均工资性收入 15006 元，占可支配收入的比重为 57.1%，对收入增长的贡献率达 58.1%，仍然是拉动居民收入增长的主要动力；人均经营净收入 4367 元，占可支配收入的比重为 16.6%，对收入增长的贡献率为 14.2%；人均财产净收入 1736 元，占可支配收入的比重为 6.7%，对收入增长的贡献率为 6.9%；人均转移净收入 5154 元，占可支配收入的比重为 19.6%，对收入增长的贡献率为 20.8%。

（二）城镇居民收入增速好于预期，高于全国平均水平0.2个百分点。

2019年，江西城镇居民人均可支配收入36546元，增长8.1%，扣除价格因素，实际增长5.0%，名义增幅位居中部六省第4、全国第17位。

1. 城镇居民收入增速好于预期。2019年以来，江西切实抓好稳就业工作，切实保障和改善民生，有力促进城镇居民收入稳定增长，增速高于年初预期8%的目标。城镇居民人均可支配收入名义增幅高于全国平均水平(7.9%)0.2个百分点，实际增幅与全国平均水平持平。

2. 城镇居民收入结构更趋合理。2019年江西城镇居民人均可支配收入四大项均实现平稳增长，收入结构更趋合理优化。一方面是经营净收入及转移净收入比重提高，对可支配收入贡献率上升。城镇居民人均经营净收入3055元，增长8.2%，占可支配收入的比重同比提高0.01个百分点，对可支配收入贡献率提升0.13个百分点；人均转移净收入7135元，增长8.2%，占可支配收入的比重同比提高0.03个百分点，对可支配收入贡献率提升3.59个百分点。另一方面是工资性收入比重下降。城镇居民人均工资性收入23168元，增长8.1%，占可支配收入的比重同比下降0.04个百分点。

（三）农村居民收入翻番目标提前实现，连续十年快于城镇居民收入增长。

2019年，江西农村居民人均可支配收入15796元，增长9.2%，扣除价格因素，实际增长6.3%，名义增幅位居中部六省第5、全国第23位。

1. 农村居民收入翻番目标提前实现。按可比价格看，2019年江西农村居民人均可支配收入实际水平为12467元，实现翻番目标的104.1%，提前完成农村居民收入翻番目标。2011－2019年农村居民人均可支配收入实际增速分别为：12.7%、10.3%、9.0%、8.9%、8.5%、7.0%、7.1%、6.8%和6.3%，九年累计实际增长108.2%。

2. 农村居民收入连续十年快于城镇居民。2019年江西农村居民人均可支配收入名义增长快于城镇居民1.1个百分点，实际增长快于城镇居民1.3个百分点，连续十年保持快于城镇居民收入增长；城乡居民收入比值为2.31（农村居民收入＝1），比上年缩小0.03，比全国平均水平低0.33，城乡居民收入差距持续缩小。

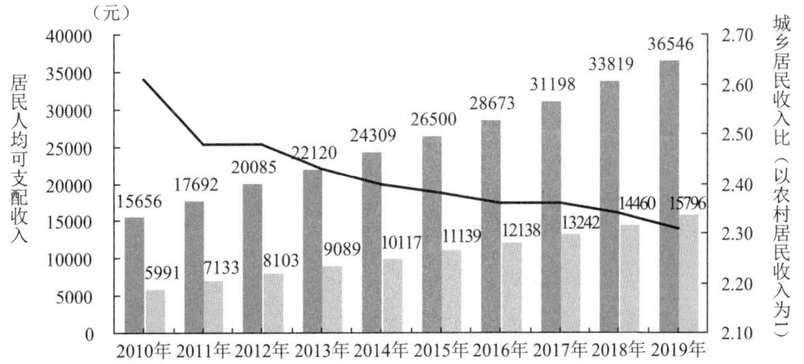

图2　2010－2019年江西城乡居民收入比情况

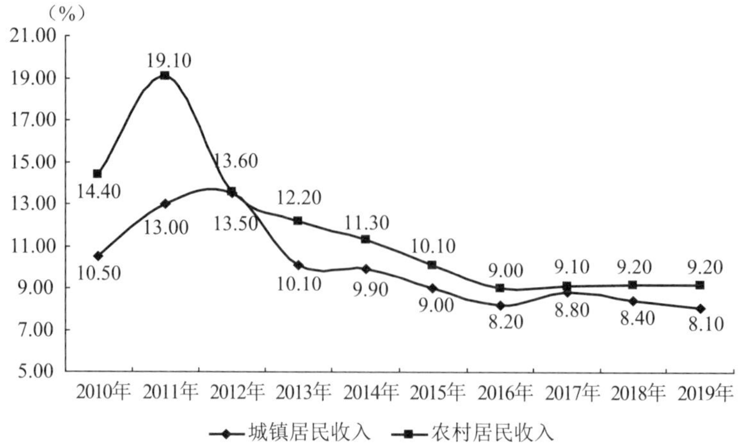

图3 2010—2019年江西分城乡居民人均可支配收入增长情况

二、2019年城乡居民生活消费水平稳步提升

(一)消费水平稳步提升。

1. 城乡居民消费快速增长,增速居全国第3位。2019年,江西实施了一系列激发居民消费潜力的措施,持续提升传统消费,大力培育新兴消费,激发了潜在消费,促进居民生活消费快速增长。全省居民人均消费支出17650元,增长11.8%,名义增幅位居中部六省第2、全国第3位,扣除价格因素,实际增长8.6%。其中:城镇居民人均消费支出22714元,增长9.4%,扣除价格因素,实际增长6.3%;农村居民人均消费支出12497元,增长14.8%,扣除价格因素,实际增长11.7%。

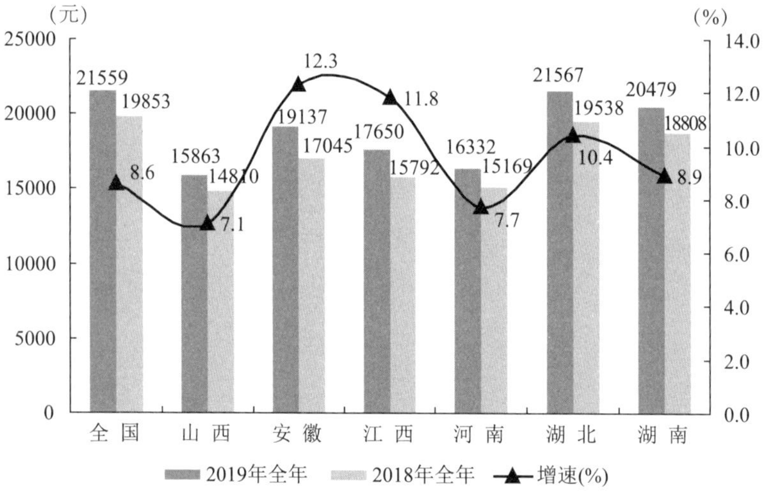

图4 2019年全国及中部六省居民消费水平及增幅

2. 八大项消费呈现"七增一降"态势。总体来看,2019年全省居民人均消费支出八大项呈现"七增一降"态势。食品烟酒支出增长8.4%;衣着支出增长0.3%;居住支出增长15.9%;生活用品及服务支出增长7.7%;交通通信支出增长12.4%;教育文化娱乐支出增长15.5%;医疗保健支出增长26.5%;其他用品及服务支出下降3.6%。其中,城镇居民人均消费支出八大项呈现"六增二降"态势,增幅排在前三的分别是医疗保健支出、居住支出和教育文化娱乐支出;农村居民人

均消费支出八大项呈现全面增长态势，增幅排前三位的分别是医疗保健支出、生活用品及服务支出和教育文化娱乐支出。

表1　2019年江西居民人均消费支出情况

指　标	全体居民		城镇居民		农村居民	
	水平（元）	增速（%）	水平（元）	增速（%）	水平（元）	增速（%）
居民消费支出	17650	11.8	22714	9.4	12497	14.8
1. 食品烟酒	5215	8.4	6604	6.0	3801	11.7
2. 衣着	1078	0.3	1569	−3.7	578	9.8
3. 居住	4399	15.9	5370	17.7	3410	12.2
4. 生活用品及服务	1129	7.7	1507	0.9	743	22.4
5. 交通通信	2104	12.4	2772	9.2	1425	17.3
6. 教育文化娱乐	2094	15.5	2781	11.7	1395	21.9
7. 医疗保健	1265	26.5	1559	27.9	964	23.0
8. 其他用品及服务	367	−3.6	551	−7.5	180	6.8

（二）消费升级态势持续。

1. 恩格尔系数降至30%以下。随着人民物质生活日益改善，全省居民食品消费支出总量不断增加，支出比重逐渐减少。2019年全省城乡居民恩格尔系数继续保持下降态势，生活水平稳步提升。2019年，全省居民人均食品烟酒支出5215元，增长8.4%。恩格尔系数为29.5%，首次下降到30%以下，比上年下降1.0个百分点。其中：城镇居民人均食品烟酒支出6604元，增长6.0%，城镇居民恩格尔系数为29.1%，比上年下降0.9个百分点；农村居民人均食品烟酒支出3801元，增长11.7%，农村居民恩格尔系数为30.4%，比上年下降0.9个百分点。

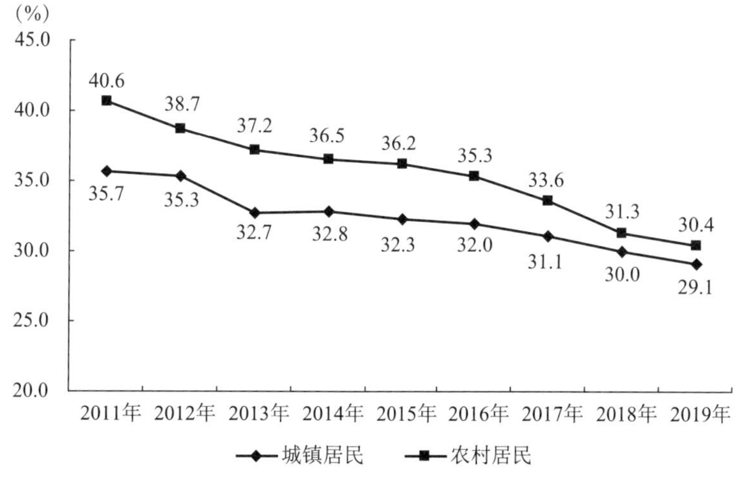

图5　2011—2019年江西分城乡居民恩格尔系数

2. 教育文化娱乐消费升温。一是教育支出不断增长。现如今，重视教育已经成为一种共识，家长越来越舍得在孩子的教育上进行投入。2019年全省居民人均教育支出增长28.6%。二是文化娱乐消费成为新选择。随着居民物质生活水平的提高，文化娱乐休闲消费成为越来越多消费者的选择，观光旅游、看电影、看展览、健身美容等文体娱乐活动深受大众喜爱。2019年全省居民人均景点门票支出增长34.2%，人均体育健身活动支出增长27.5%，人均电影话剧演出票支出增长16.1%。

3. 医疗保健消费增长较快。《江西省"十三五"大健康产业发展规划》出台后，一批大健康产业、养生基地在江西生根发芽、开花结果，健康养生、健康养老、健康医疗越来越受到群众的重视和青睐。2019年，全省居民人均医疗保健支出1265元，增长26.5%，增速在消费八大项中最快。其中：城镇居民人均医疗保健支出1559元，增长27.9%；农村居民人均医疗保健支出964元，增长23.0%。

（三）城乡居民消费差距逐步缩小。

1. 城乡消费更加平衡。随着农村居民收入的不断增长以及乡村振兴战略的实施，农村消费市场潜力不断挖掘，城乡消费不平衡状况持续改善。2019年，全省农村居民人均消费支出名义增速和实际增速均快于城镇居民5.4个百分点，城乡居民消费支出比值为1.82，比上年缩小0.09。

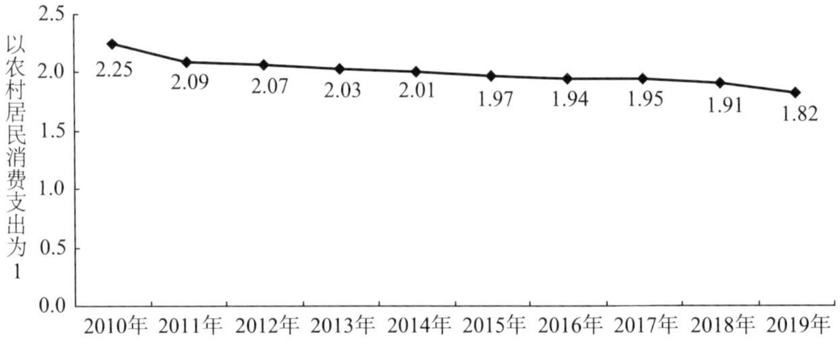

图6　2010—2019年江西分城乡居民消费支出比

2. 与全国差距继续缩小。从消费增幅看，全省城镇居民人均消费支出增速快于全国1.9个百分点，实际增幅快于全国1.7个百分点；农村居民人均消费支出增速快于全国4.9个百分点，实际增幅快于全国5.2个百分点。从消费水平看，全省城镇居民人均消费支出比全国平均水平低5349元，差距同比缩小3元；农村居民人均消费支出比全国平均水平低831元，差距同比缩小408元。

（四）居住生活水平稳步提高。

1. 居住生活条件不断改善。随着居民家庭对居住品质的要求不断提高，对装潢和修缮方面的投入不断增加，居住环境得到明显改善。2019年，全省居民人均居住支出4399元，增长15.9%，占消费支出的24.9%，比上年提升0.9个百分点，在八大项支出占比中排第二。其中，全省居民住房维修及管理支出807元，增长59.1%。

2. 耐用消费品升级换代明显。2019年，全省居民每百户家用汽车拥有量为31.1辆，增长5.7%；每百户洗衣机拥有量为81.4台，增长4.2%；每百户空调拥有量为114.4台，增长6.5%。值得一提的是，反映现代生活的耐用品拥有量快速增长，例如每百户中高档乐器拥有量增长19.5%、每百户空气净化器拥有量增长54.0%。

三、居民增收有利因素分析

（一）全省经济总体平稳、经济发展形势稳中向好。

2019年全省经济保持稳定增长，主要经济指标增速平稳，运行质量稳步提升，经济发展稳中向好，为居民收入增长奠定坚实基础。主要经济指标增速高于全国，继续保持在全国“第一方阵”。

（二）就业形势稳定向好、结构优化特征不断显现。

一是城镇新增就业超额完成。2019年新增城镇就业54.3万人，完成年计划的120.8%。二是创业带动就业倍增效应明显。通过不断完善创业政策、拓宽扶持范围、降低担保门槛等措施，为各类创业人员和小微企业提供了强有力的资金支持。2019年新增发创业担保贷款连续6年过百亿元、列全国第一，直接扶持个人创业11万人次，带动就业43.1万人次。三是就业补助标准不断提高。2019年修订了一系列保岗稳岗的管理办法，加大支持力度，扩大扶持范围，提高补贴标准。全年共计发放失业保险稳岗返还资金2.84亿元。

（三）营商环境持续利好、减税降费政策落实落细。

一是系列降成本稳就业政策不断出台。近年来，省委、省政府聚焦企业发展的痛点和堵点，出台一系列降成本政策举措，进一步降低企业负担，激发实体经济发展活力。二是持续落实落细减税降费政策。从2019年5月1日起，实行了新一轮社保降费政策，城镇职工基本养老保险单位缴费比例降至16%、继续阶段性降低失业保险和工伤保险费率等。2019年1—10月，全省税务部门依法减免各项税费943.09亿元。

（四）利息收入稳定增长、房屋土地资源有效盘活。

一是利息收入增长较快。2019年全省居民利息净收入增长66.8%。12月末，全省住户存款余额为19736.53亿元，比上年同期增加2476.39亿元，同比增长14.3%。二是出租房屋收益稳定。全年共下达专项资金33.6亿元支持棚户区改造及住房租赁，各地老城区、棚户区及危房拆迁改造力度加大，居民房屋出租率大幅提高，价格上涨，推动居民房屋出租收入增加，2019年全省居民出租房屋净收入增长14.7%。三是农村土地流转深入推进，土地经营权有效盘活。乡村振兴背景下，农村土地经营权和林权流转管理服务体系进一步完善，农村土地资源要素有效盘活。2019年农村居民转让承包土地经营权租金净收入增长87.7%。

（五）社会保障稳步推进、民生改善福祉持续提升

一是社会救助和保障标准与物价上涨挂钩联动机制落实。2019年以来，受猪肉价格大幅上涨影响，全省食品价格同比涨幅已连续数月达到6%，各地及时启动了价格补贴联动机制，缓解物价上涨对困难群众基本生活造成的影响，落实困难群众基本生活保障。二是城乡居民最低生活保障调标。2019年，全省城市低保月人均保障标准提高60元、达到640元，财政月人均补差水平提高30元、达到410元。三是脱贫攻坚取得决定性进展。2019年，全省41.1万人贫困人口脱贫，剩余7个贫困县全部达到摘帽条件，剩余387个贫困村全部退出，贫困发生率降至0.27%，城

镇贫困群众减少 23.7 万。

四、居民增收难点分析

(一)经济下行压力加大,不确定因素增多。

主要表现在二个方面:一是受国外环境不确定性增加,特别是受国际新冠疫情不断加重影响,对外出口的外贸企业和依靠进口原材料的加工企业将受到较大冲击,企业经营困难加大、订单减少,亦进一步影响就业形势,收入增长将面临较大压力。二是内部结构性矛盾压力传导。内部压力主要表现为经济增长新旧引擎的转换进入“攻坚期”,在供给侧结构性改革的引导下,以往依靠地产和基建的粗狂型经济不可持续,以科技创新为主的新型竞争力短时间略显薄弱。

(二)抵抗风险能力较弱,经营效益难以保障。

一是农业经营靠天吃饭,对市场波动敏感度较大。当前全省农产品结构还比较单一,出售农林牧渔产品中水稻、生猪占比较大,分别占 22.0%、11.9%,市场波动风险对经营收入影响较大;同时江西当前农业现代化程度不高,技术含量较低,无法有效抵抗天灾,易受洪涝、干旱等极端天气的影响。二是经营成本上升,经营效益难以保障,企业经营信心不足。目前国家出台一系列降税减费政策,但仍然不能满足小微企业的发展需求,成本高、税负高、用工难、融资难仍然是困扰小微企业发展的主要瓶颈。

(三)财产净收入增长乏力,比重长期低位徘徊。

2019 年全省居民人均财产净收入占可支配收入的比重仅为 6.6%,一直处于低位。一是投资渠道狭窄。当前全省城乡居民财产净收入增长的渠道主要集中在资本市场和房地产市场,金融工具品种和数量较为单一,使得居民除了进行股票投资和银行理财外,难以获得其他便捷的理财渠道,房产市场上房屋的抵押、出租面临许多阻碍。二是投资风险较大。当前部分理财平台缺乏足够的安全、风控技术支持,信息披露的不完整不规范,再加上现有法律法规尚不完整,投资者资金安全无法得到保障,投资风险较大。

(四)物价压力快速上涨,收入实际增长缓慢。

2019 年以来,受猪肉、鲜瓜果等食品价格上涨的影响,全省食品类价格涨幅同比逐月攀升,1 月、2 月食品价格同比分别上涨 2.1%、2.0%,3 月同比涨幅陡增至 6.0%,4—6 月持续攀高,涨幅分别达 8.0%、9.0%、8.9%,7—8 月继续维持高位运行,涨幅连续创下新高,分别高达 10.0%、13.5%,9—11 月分别上涨 13.6%、16.5%、19.0%。扣除价格因素后,2019 年全省城乡居民收入增幅分别只有 5.0%、6.3%,物价的快速上涨造成居民购买能力下降,储蓄减少,居民收入获得感不强。

(执笔人:国家统计局江西调查总队　廖云洲)

山东居民收支与生活状况报告

2019 年，山东牢牢把握稳中求进工作总基调，深入实施八大发展战略，着力“六稳”工作，全面实施乡村振兴战略，经济运行总体平稳，全省居民收入稳步增长，生活质量持续改善。

一、居民收入增长主要特点

2019 年，全省居民人均可支配收入突破三万元大关，达到 31597 元，同比增长 8.2%，扣除价格因素，实际增长 4.8%。其中，城镇居民人均可支配收入突破四万元大关，达到 42329 元，同比增长 7.0%，扣除价格因素，实际增长 3.8%；农村居民人均可支配收入 17775 元，同比增长 9.1%，扣除价格因素，实际增长 5.3%。

表 1　2019 年山东居民人均可支配收入情况

指　　标	全体居民		城镇居民		农村居民	
	水平（元）	增速（%）	水平（元）	增速（%）	水平（元）	增速（%）
可支配收入	31597	8.2	42329	7.0	17775	9.1
1. 工资性收入	18111	7.7	26611	6.3	7165	9.4
2. 经营净收入	6813	8.1	6046	8.3	7799	8.4
3. 财产净收入	2212	8.2	3575	7.1	456	6.4
4. 转移净收入	4461	10.2	6097	9.1	2355	10.8

（一）农村居民收入增长快于城镇居民。

农村居民人均可支配收入名义增速高于城镇居民 2.1 个百分点，这是自 2010 年起连续第 10 年农村居民收入增速高于城镇居民，城乡居民人均可支配收入比值（以农村居民收入为 1）为 2.38，比上年下降 0.05，比 2010 年下降 0.32，城乡居民收入差距持续缩小。

（二）收入结构持续优化。

全省居民人均工资性收入 18111 元，增长 7.7%，占可支配收入比重为 57.3%，拉动居民人均可支配收入增长 4.4 个百分点，是居民增收的主要来源。人均经营净收入 6813 元，增长 8.1%，占可支配收入比重为 21.6%。人均财产净收入 2212 元，增长 8.2%。人均转移净收入 4461 元，增长 10.2%，增速居四项收入之首，占可支配收入的比重比上年提高 0.2 个百分点。

（三）收入翻番目标基本完成。

2011—2019 年全省居民人均可支配收入累计实际增长 97.4%。据测算，若 2020 年居民人均可支配收入实际增长在 1.3%以上，即可实现到 2020 年居民人均可支配收入实际增长翻番目标。

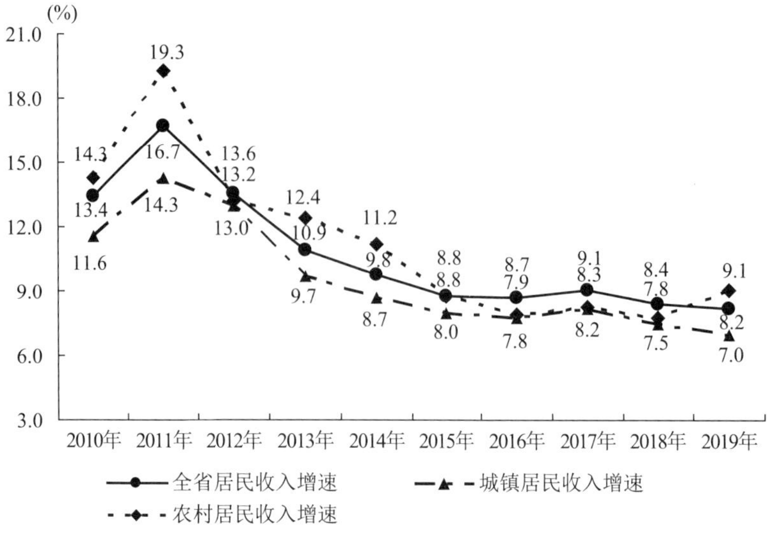

图1　2010—2019年山东居民人均可支配收入增速

(四)收入水平居全国第九位。

全省居民人均可支配收入比全国高864元,名义增速比全国低0.7个百分点,实际增速低1.0个百分点。在全国各省(区、市)中,居民人均可支配收入位居第9位,名义增速位居第24位。

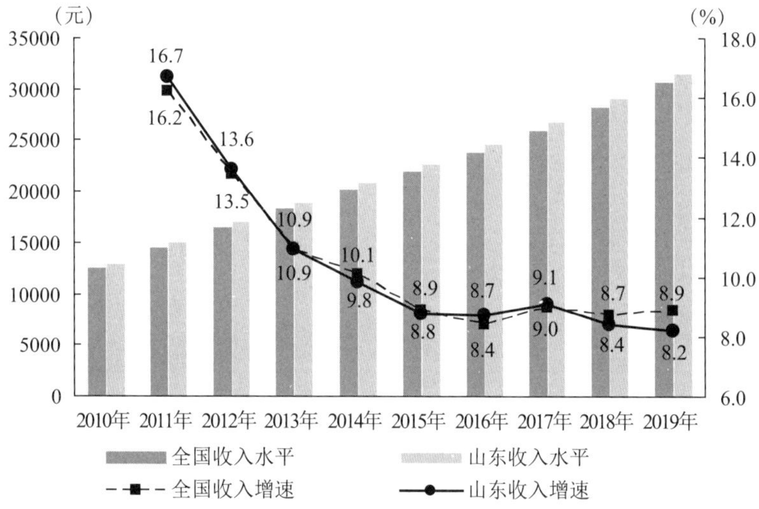

图2　2010—2019年山东居民人均可支配收入与全国对比

二、居民消费支出增长主要特点

2019年,全省居民人均消费支出20427元,同比增长8.8%,增速比上年提高0.1个百分点。

表2　2019年山东居民人均消费支出情况

指　　标	全体居民		城镇居民		农村居民	
	水平(元)	增速(%)	水平(元)	增速(%)	水平(元)	增速(%)
居民消费支出	20427	8.8	26731	7.8	12309	9.2
1. 食品烟酒	5417	7.7	6965	6.7	3423	8.3
2. 衣着	1443	3.7	2042	1.7	671	7.9
3. 居住	4370	11.2	5883	11.0	2421	9.3

续表

指　　标	全体居民		城镇居民		农村居民	
	水平(元)	增速(%)	水平(元)	增速(%)	水平(元)	增速(%)
4. 生活用品及服务	1539	10.4	2083	9.6	838	10.0
5. 交通通信	2992	5.5	3762	4.4	1999	6.7
6. 教育文化娱乐	2410	10.8	3171	9.3	1429	12.9
7. 医疗保健	1816	11.6	2184	11.1	1343	11.5
8. 其他用品及服务	441	10.7	640	9.6	184	11.0

(一)农村居民消费支出增速快于城镇居民。

城镇居民人均消费支出26731元,增长7.8%;农村居民人均消费支出12309元,增长9.2%,增速快于城镇居民1.4个百分点。城乡居民消费比值为2.17(农村居民消费支出=1),较上年下降0.03,城乡居民消费差距持续缩小,显示出农村居民较强的消费潜力。

(二)食品烟酒、衣着支出占消费支出比重下降。

随着居民生活水平的提高,食品消费结构持续优化。居民更加注重饮食的质量和膳食营养搭配,各种营养价值高、绿色健康的食品摆上餐桌,成为居民日常选购的必需品。衣着消费看重审美需求,质量、品牌和个性化成为消费主流。2019年,全省居民人均食品烟酒支出5417元,增长7.7%,占人均消费支出比重26.5%,比上年下降0.3%;人均衣着支出1443元,增长3.7%,占人均消费支出比重比上年下降0.3%。

(三)教育文化娱乐支出保持快速增长。

居民子女教育与继续教育支出可抵扣个人所得税，中低收入群体增加教育培训支出意愿更加突出;互联网技术快速发展催生了各类知识付费平台和服务平台的出现,知识消费成为热点。全省居民人均教育文化娱乐支出2410元,同比增长10.8%。其中,教育支出增长11.5%,学前教育支出增长18.5%。景区票价不断降低,全域旅游蓬勃发展,全省居民人均文化娱乐支出787元,增长9.5%;其中,景点门票支出增长10.4%,电影话剧演出票支出增长23.4%。

(四)交通支出平稳增长,通信服务支出下降。

城市基础设施稳步改善,市民出行更加方便。2019年,居民人均交通支出2333元,增长6.6%。受网络提速降费、携号转网、智能移动终端技术升级以及服务应用成本降低等因素影响,居民人均通信支出658元,增长2.1%,其中,通信服务支出下降8.9%,移动电话费下降3.2%,上网费下降25.8%。

(五)医疗保健支出增长最快,健康消费成为新追求。

健康山东建设深入推进,卫生服务水平持续强化,人民群众健康观念不断转变,健康需求日益增长。全省居民人均医疗保健支出1816元,增长11.6%,占消费支出比重较上年提高0.2个百分点。其中,门诊医疗总费用和住院医疗总费用分别增长14.1%和20.5%。

(六)服务性消费持续快速增长。

一方面随着人口老龄化加深、"二孩政策"放开以及消费领域的不断拓宽,消费形态从购买产品向购买服务延伸，居民服务需求旺盛。2019 年，居民服务性消费支出 8629 元，较上年增长 14.4%。另一方面移动支付、人脸扫描、语音识别、拼团购物等技术和商业模式的出现，创新了消费体验，居民饮食服务、家具及室内装饰、家政服务和美容美发消费支出分别增长 32.1%、18.6%、13.2%和 28.8%，消费升级趋势明显。居民服务性消费支出占消费支出比重由 2017 年的 37.9%提高到 2019 年的 42.2%。

三、居民生活质量持续改善

（一）居住条件不断改善。

全省居民人均住房建筑面积 39.9 平方米，其中，城镇居民人均住户建筑面积 37.1 平方米，农村居民人均住房建筑面积 43.5 平方米。全省居民居住在单元房的户比重 46.0%，比上年提高 1.4 个百分点；居住在钢筋混凝土或砖混材料架构住房的户比重 79.3%，比上年提高 0.8 个百分点。

（二）基础设施建设水平明显提升。

生活设施更加齐全，全省居民所在社区有健身器材的比重为 94.9%，能便利乘坐公共汽车的比重为 93.1%，开通管道燃气的比重为 53.7%，社区饮用水经过了集中净化处理的比重 92.6%，分别比上年提高 2.3、1.7、4.1 和 4.5 个百分点。全省人居环境整治扎实推进，人居环境持续改善。居民所在社区有绿化园林景观的户比重为 66.7%，比上年提高 4.6 个百分点；居民所在社区内垃圾能集中处理的户比重为 99.8%，比上年提高 0.5 个百分点。农村“厕所革命”持续推进，农村居民住宅内使用水冲式卫生厕所的户比重为 73.3%，比上年提高 28.2 个百分点。

（三）商品性消费转型升级。

一方面，国家扩大开放，减税降费，提升了居民消费能力；另一方面，国家接连出台促进汽车消费、家电消费、绿色消费、信息消费、养老服务等方面政策措施，促进消费转型升级。全省居民每百户家庭拥有汽车 51.7 辆，比上年增加 5.0 辆。其中，城镇居民 60.7 辆，增加 2.5 辆；农村居民 39.4 辆，增加 7.9 辆。每百户居民家庭拥有空调 125.5 台，增加 7.0 台，拥有健身器材 5.7 台，空气净化器 5.8 台。

四、居民收入增长因素分析

（一）就业稳定向好，工资绩效到位，工资性收入持续增长。

从城镇看，山东贯彻落实就业优先和稳就业重大决策部署，就业形势总体稳定。机关事业单位工资和津补贴标准上调、部分绩效考核奖发放到位、企业工资指导线连续 21 年调整等举措持续发挥作用，城镇居民人均工资性收入增长 6.3%。从农村看，随着乡村振兴战略实施和产业融合深化，农民就地就近务工机会增多，本地农民工月均收入增长 5.8%。此外，农民工职业技能培训加强，城市基础设施建设进程加快，外出农民工需求强劲，人数增长 1.8%，月均收入增长 6.5%，从业时间有所增加；农村居民人均工资性收入增长 9.4%，比上年加快 1.5 个百分点。

（二）减税政策落地，创新活力增强，支撑非农产业经营净收入稳中有增。

山东深入推进流程再造和“一次办好”改革，经济结构调整进入上升通道，减税降费等普惠性政策落地，小微企业及个体工商户经营向好、税负减轻，居民自主创业参与度提高。农产品深加工、休闲旅游＋农业、互联网＋农业等产业链条不断延伸，带动农村居民住宿餐饮、交通运输、批发零售等行业经营净收入增长。全省居民人均二三产业经营净收入增长 11.3%，高出可支配收入增速 3.1 个百分点。

（三）粮食生产丰收，农产品价格上涨，拉动农业经营净收入较快增长。

2019 年山东粮食总产量 1071.4 亿斤，增长 0.7%，单产增长 1.8%，创历史新高。农产品生产者价格同比上涨 12.2%，比上年提高 11.7 个百分点。由于种植业产品价格上涨 6.1%，农村居民人均农业经营净收入比上年增加 206 元，增长 6.1%。由于畜牧业产品价格上涨 32.2%，人均牧业经营净收入比上年增加 125 元，增长 26.4%；剔除涨价因素，由于生猪出栏减少则少收入 84 元。农村居民人均一产经营净收入增长 5.9%，比上年加快 2.2 个百分点。

（四）租房市场活跃，产权改革推进，带动财产净收入继续增长。

一方面，部分地区在城市发展建设的带动下，住房租赁市场活跃，城镇居民人均出租房屋净收入增长 20.3%。另一方面，农村集体产权制度改革加快推进，新型农业经营主体发展迅速，土地流转规模扩大，农村居民人均转让承包土地经营权租金净收入增长 4.9%，集体分配的红利增长 11.7%。

（五）社保体系完善，政策红利释放，推动转移净收入稳定增长。

一是个人所得税起征点提高、专项附加扣除等改革有效降低居民税收负担，城镇居民中间收入组个人所得税减少 36.3%。二是连续 15 年调整企业和机关事业单位退休人员养老金，城乡低保、失业和工伤保险、特困救助、优抚对象抚恤、经济困难老年人和残疾人补贴等社会保障标准继续上调，医保报销范围和比例不断扩大，人均养老金或离退休金增长 8.3%，报销医疗费增长 12.3%，社会救济和补助增长 35.6%。三是 50 万亩耕地推行玉米改种大豆，每亩补助 150 元，人均政策性惠农补贴有所增长。

五、居民收入增长面临的压力

（一）居民收入增速逐渐放缓。

随着经济增长呈现放缓走势，居民收入增速面临下行压力。2019 年全省居民人均可支配收入增速比上年回落 0.2 个百分点，比 2012 年回落 5.4 个百分点。其中，城镇居民收入增速回落幅度较大，2019 年比上年回落 0.5 个百分点，比 2012 年回落 6.0 个百分点，城镇居民人均可支配收入水平比全国低 30 元，这是自 2005 年以来首次低于全国平均水平。

（二）城镇居民工资和转移收入增长后劲不足。

2019 年城镇居民人均工资性收入和转移净收入占可支配收入比重为 77.3%，是城镇居民收入的重要来源。其中，工资性收入受经济结构转型调整和贸易摩擦影响较大，部分企业裁员、降薪时有发生。此外，机关事业单位工作人员工资水平趋于稳定，企业工资指导线、机关企事业单位离退休人员养老金和居民基础养老金标准上调幅度缩窄，政策性因素带来的增收效应递减。

（三）传统农业生产经营增收动力减弱。

2019 年农村居民人均经营净收入占可支配收入比重为 43.9%，其中一产经营净收入占 56.2%。目前主要农产品价格已高于国际市场，产量也保持在相对较高水平，而农业经营产业化程度和科技含量有待提高。另外，农业和牧业生产受气候、传染病等偶然性因素影响较大，农业经营收入难以保持较快增长。

（四）财产净收入增长难以持续。

2019 年全省居民人均财产净收入占可支配收入比重为 7.0%，比全国低 1.5 个百分点。随着金融产品收益的下降和生活性贷款利息支出的增加，居民利息净收入增长减慢，目前财产净收入增长主要来源于出租房屋净收入和转让承包土地经营权租金净收入增长，但是房屋租金受市场影响不确定性较大，转让承包土地经营权租金收入增幅有限，财产净收入增长难以持续。

六、居民消费的主要制约因素及对策

（一）收入增速放缓限制居民消费增长。

2019 年，全省城镇和农村居民人均可支配收入实际增速分别是 3.8%和 5.3%，城乡居民收入增速放缓，居民对未来收入的不确定性预期增强，制约当前消费意愿。对此，要建立收入增长长效机制，进一步提升居民收入预期和消费能力，持续改善收入分配机制，加快重点行业群体增收政策跟踪推进，激发重点群体增收活力，拓宽增收渠道。

（二）物价上涨和刚性需求制约消费增长。

一方面，食品等生活必需品价格增长较快，减缓了积极的消费预期。另一方面，住房和教育支出占消费支出比重加大，一定程度上抑制了居民消费，居民对未来消费普遍持谨慎态度。要稳定水果、蔬菜和猪肉等基本生活食品的市场供应和价格。坚持精准施策，区别对待中高低收入人群住房消费。通过购买服务、减免租金、派驻公办教师等方式引导和支持民办幼儿园提供普惠性学前教育。

（三）城乡二元消费结构差异制约农村消费增长。

长期二元经济体制使得农村基础设施和社会保障力度不及城镇，农村消费品产品档次和质量普遍较低，加之企业产品生产的城市定位导向，制约了农村购买力的有效释放。要坚持城乡统筹发展，分类施策。运用互联网、大数据、云计算等开发适合不同收入群体的多样化、个性化潜在服务需求，引导城镇智能消费，完善农村流通渠道，推进农村耐用消费品消费升级。

（执笔人：国家统计局山东调查总队　王凤娇　马洪涛）

河南居民收支与生活状况报告

党的十八大以来，在以习近平同志为核心的党中央坚强领导下，河南省各级政府始终坚持稳中求进工作总基调，以新发展理念为引领，积极适应、把握、引领经济发展新常态，着力打好产业结构优化升级、创新驱动发展、基础能力建设、新型城镇化“四张牌”，全省经济结构持续优化，经济发展稳中有进、稳中提质，实现了全省居民收入平稳增长，生活品质持续提升。

一、全体居民收入增长特点

（一）居民人均可支配收入保持平稳增长，增幅趋缓。

2019 年河南居民人均可支配收入为 23903 元，比上年增加 1939 元，增长 8.8%，与 2012 年 12772 元相比，累计增长 87.1%，年均增长 9.4%，扣除价格上涨因素，年均实际增速为 7.1%。十八大以来，河南居民收入增幅逐渐趋缓，从 2013 年的 11.2%，下降到 2016 年的 7.7%，2017 年增长略有提速，增速为 9.4%，之后两年继续趋缓，2019 年增速为 8.8%，基本与全国趋势保持一致。

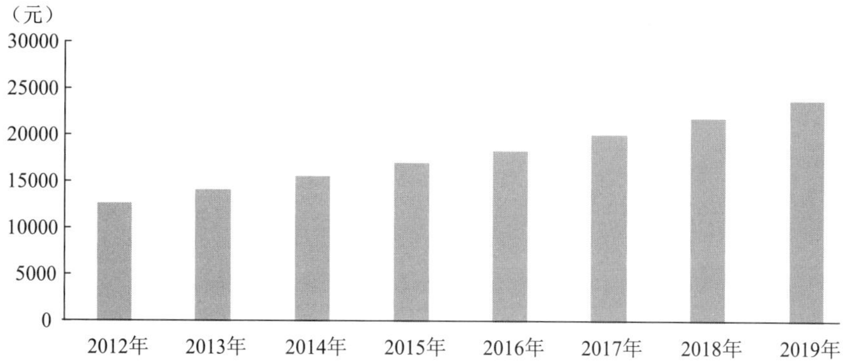

图 1　2012—2019 年河南居民人均可支配收入

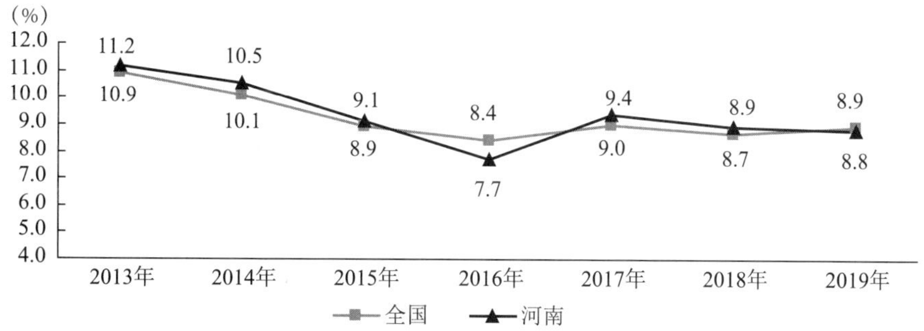

图 2　2013—2019 年全国与河南居民人均可支配收入增速

（二）收入增速基本与全国同步。

2019 年河南居民人均可支配收入为 23903 元，同比增长 8.8%，以 2012 年为基期，年均增长 9.4%，与全国平均增长 9.3%速度相比，快 0.1 个百分点。扣除价格上涨因素，河南居民年均实际增长 7.1%,与全国实际增速 7.1%同步。

表 1　2012—2019 年全国与河南居民人均可支配收入对比

指　标	水平(元)		名义增速(%)		实际增速(%)	
	全国	河南	全国	河南	全国	河南
2012 年	16510	12772	—	—	—	—
2013 年	18311	14204	10.9	11.2	8.1	8.1
2014 年	20167	15695	10.1	10.5	8.0	8.4
2015 年	21966	17125	8.9	9.1	7.4	7.7
2016 年	23821	18443	8.4	7.7	6.3	5.7
2017 年	25974	20170	9.0	9.4	7.3	7.9
2018 年	28228	21964	8.7	8.9	6.5	6.4
2019 年	30733	23903	8.9	8.8	5.8	5.7
年均增速	—	—	9.3	9.4	7.1	7.1

(三)农村居民收入增长快于城镇,城乡居民收入差距缩小。

2019 年河南城镇居民人均可支配收入 34201 元,与 2012 年相比增长 72.4%,年均增长 8.1%,扣除价格上涨因素,年均实际增长 5.8%;农村居民人均可支配收入 15164 元,与 2012 年相比增长 90.4%,年均增长 9.6%,扣除价格上涨因素,年均实际增长 7.5%,农村居民收入年均增长速度明显快于城镇。2012—2019 年,全省农村居民人均可支配收入增长速度分别为 13.9%、12.6%、11.1%、8.9%、7.8%、8.7%、8.7%和 9.6%,分别高出城镇居民增速 1.5、3.0、2.2、0.9、1.3、0.2、0.9 和 2.3 个百分点,农村居民收入增速连续八年快于城镇,城乡居民收入比由 2012 年的 2.49:1 缩小至 2019 年的 2.26:1,城乡居民收入差距持续减小。

表 2　2012—2019 年河南分城乡居民人均可支配收入情况

指　标	城镇居民				农村居民			
	水平(元)	名义增速(%)	以 2012 年为基期扣除物价收入(元)	实际增速(%)	水平(元)	名义增速(%)	以 2012 年为基期扣除物价收入(元)	实际增速(%)
2012 年	19843	12.4	19843	9.5	7963	13.9	7963	11.3
2013 年	21741	9.6	21128	6.6	8969	12.6	8716	9.5
2014 年	23672	8.9	22554	6.8	9966	11.1	9533	9.4
2015 年	25576	8.0	24055	6.7	10853	8.9	10258	7.6
2016 年	27233	6.5	25136	4.5	11697	7.8	10839	5.7
2017 年	29558	8.5	26879	6.9	12719	8.7	11646	7.5
2018 年	31874	7.8	28278	5.2	13831	8.7	12404	6.5
2019 年	34201	7.3	29487	4.3	15164	9.6	13190	6.3
年均增速	—	8.1	—	5.8	—	9.6	—	7.5

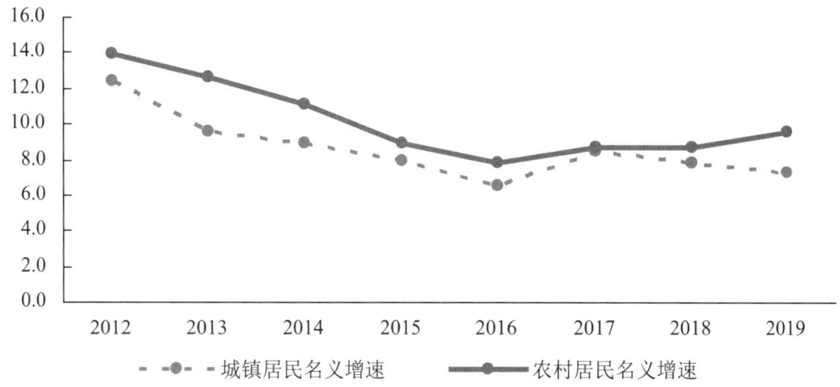

图3　2012—2019年河南分城乡居民人均可支配收入增速

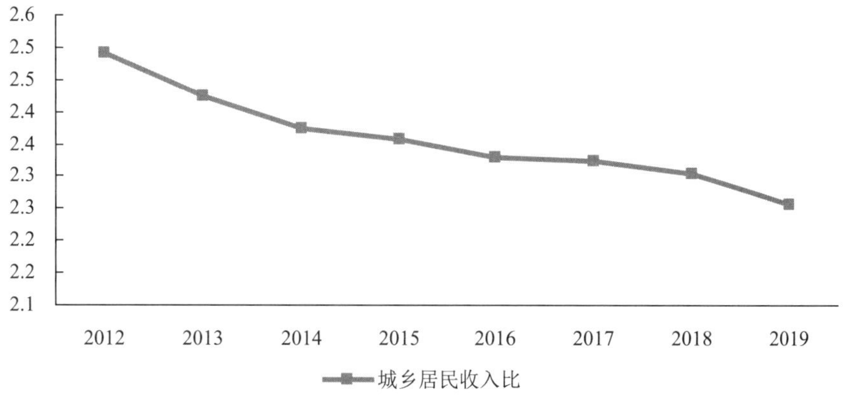

图4　2012—2019年河南分城乡居民人均可支配收入比

（四）居民收入翻番目标已经提前实现。

不考虑物价影响，全体居民人均可支配收入已于2017年提前实现“翻一番”目标。2017年，全省居民人均可支配收入为20170元，较2010年累计增长111.9%，大于全体居民收入翻一番的测算目标值19040元，实现“翻一番”目标。以2010年为基期，扣除价格因素，2019年河南居民人均可支配收入为19096元，较2010年收入实际累计增长100.6%，全体居民人均可支配收入于2019年提前实现“翻一番”目标。

二、居民收入结构特征

（一）工资性收入是居民收入主要来源。

2019年全省居民人均工资性收入为11963元，比上年增长8.1%，与2012年相比增长86.7%，年均增长9.3%，工资性收入占可支配收入的比重为50.0%，对可支配收入增长的贡献率为46.2%，工资性收入是河南居民收入的主要来源，对全体居民收入增长起着重要的支撑作用。

（二）转移净收入快速增长，社会保障体系逐步完善，成为居民增收的重要保障。

2019年全省居民人均转移净收入5212元，比上年增长11.5%，对可支配收入增长的贡献率为27.6%，与2012年相比增长1.0倍，年均增长10.7%，增收优势明显。十八大以来，河南省各级政府以聚焦三大国家战略规划，统筹稳增长、促改革、调结构、强支撑、控风险、惠民生，出台了

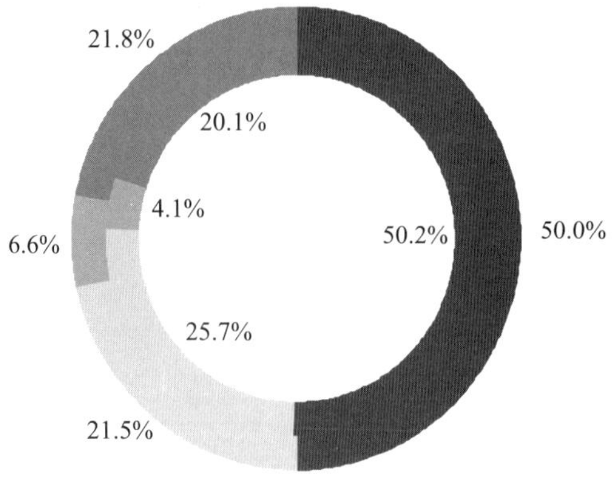

图5 2012年与2019年居民人均可支配收入结构对比

一系列保民生政策：各项惠农补贴及时兑现、城乡低保和养老金标准的提高以及覆盖面的扩大等社会保障体系逐步完善、各级政府加强对农民工实名制管理、银行代发工资模式推行以及农民工与城镇职工实行同工同酬，特别是扶贫力度加大等，合力拉动了居民转移净收入的增长，成为居民收入增长的重要保障。

（三）财产净收入较快增长，成为居民家庭收入新的增长点。

2019年河南居民人均得到的财产净收入为1589元，比上年增长2.7%，与2012年相比增长2.0倍，年均增长17.2%，对可支配收入增长的贡献率为2.2%。财产净收入占可支配收入的比重由2012年的4.1%提高到2019年的6.6%，上升了2.6个百分点。财产净收入较快增长，已经成为近年来河南居民家庭收入新的增长点，收入多元化的增长格局逐步形成。城乡居民家庭家底的殷实、投资理财观念的增强，居民得到的储蓄保险收益等各种形式的收入增加以及城市建设扩张，新建小区带动商品房门面增多，城中村拆迁改造力度加大，房租价格上涨，房屋租金相应增加，以及土地承包经营权流转加快，农村居民转让土地经营权收入快速增长等，有力助推全省居民财产净收入的稳步增长。

（四）经营净收入稳步增长，市场环境不断优化。

2019年全省居民人均经营净收入为5139元，同比增长9.9%，与2012年相比增长56.7%，年均增长6.6%，占可支配收入的比重为21.5%，对可支配收入增长的贡献率为24.0%。十八大以来，河南粮食生产连获丰收，2019年河南粮食总产量达1339亿斤，创历史新高；农产品价格上涨明显，特别是畜肉类产品价格增长较大。2019年河南牧业产品生产价格同比上涨57.9%，其中生猪价格上涨66.1%，成为推动牧业产品生产价格大幅度攀升的主要因素；与此同时，省委、省政府针对小微企业出台的金融政策和税收政策初见成效，为以家庭经营为主的小微企业发展提供了有力支撑；减税降费政策实施进一步激发了市场活力，同时也进一步提高了全省居民经营净收入；大力推进大众创业、万众创新，优化创业环境，强化市场活力，出台一系列政策引导推动二、三产业发展，支持不同群体的创业创新基地建设政策陆续出台；乡村特色经济助推农村居民增收，提高了农村居民来自于第三产业的经营收入。

二、全体居民生活质量显著提升

（一）消费支出稳步增长。

2019年河南居民人均消费支出为16332元，比上年增长7.7%，与2012年相比增长79.4%，年均增长8.7%。

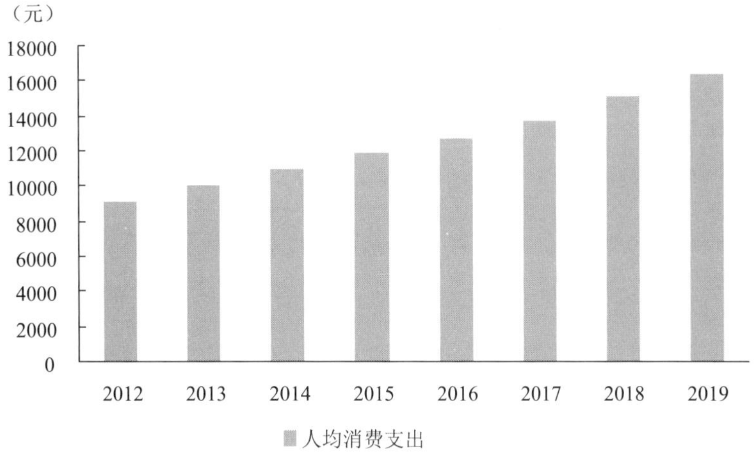

图6　2012—2019年河南居民人均消费支出

（二）基本消费支出占比下降。

2019年全省居民人均食品烟酒、衣着、居住、生活用品及服务消费支出分别为4187元、1227元、3723元、1102元，分别比上年增长5.7%、4.6%、6.0%、4.5%，衣、食、住、用基本消费支出占消费总支出的62.7%，是河南居民的主要消费支出。2012—2019年，河南居民基本消费支出占比持续下降，从2012年的69.3%，下降到2019年的62.7%，下降了6.6个百分点。河南居民衣、食、住、用基本消费正在由数量到质量升级。

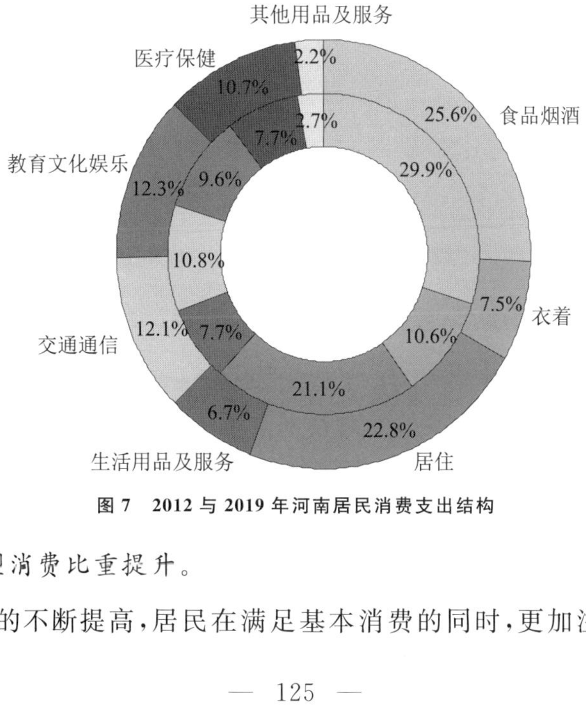

图7　2012与2019年河南居民消费支出结构

（三）发展型、享受型消费比重提升。

随着人民生活质量的不断提高，居民在满足基本消费的同时，更加注重对文化、娱乐、医疗、旅游等发展型、享受型的消费，消费比重不断提升。教育文化娱乐消费占比从2012年的9.6%，提升到2019年的12.3%，医疗保健消费占比从2012年的7.7%，提升到2019年的10.7%。河南居民生活质量显著提升，消费结构不断优化调整，人们对更高层次、更大比重精神生活的需求提升。

三、促进河南城乡居民收入增长、生活质量提高的建议

十八大以来，河南经济持续健康发展，全省居民收入实现了平稳增长，居民生活质量不断提升。但河南既是人口大省又是农业大省，农村人口占比多，城镇化水平较低，城乡居民收入差距仍然较大，居民收入水平与全国平均水平相比仍有较大差距。为确保居民收入的平稳增长，切实提高城乡居民生活品质，应采取切实可行措施。

（一）实施更加积极的就业政策，多种增资政策结合，夯实城乡居民收入稳定增长的基础。

工资性收入不仅是城乡居民收入的主要来源，也是居民收入增长的主要动力，但河南职工工资水平依然很低。一是要加快统筹城乡就业，把就业指导、信息服务与就业扶持等政策扩大到城乡所有需要就业的对象，努力构建城乡统一的劳动力就业市场，为城乡居民提供平等的就业机会；二是中小企业一直是河南省吸纳就业的主力军，也是市场最活跃的主体，应通过对中小企业以及战略性新兴产业的扶持，推动就业结构调整与产业结构调整的有机结合，创造更多就业机会；三是应建立企事业单位职工福利待遇与社会平均工资联动调整制度，实现职工工资、福利待遇增长常态化，促进职工工资福利水平的整体提高；四是健全面向全体劳动者的职业技能培训制度，加强职业教育、技能培训，增加劳动者的人力资本含量，提高劳动者的素质和就业能力。

（二）大力发展二、三产业，促进产业结构的调整升级，拓宽城乡居民增收渠道。

采取积极有力的政策措施，促进城乡有意愿、有能力的劳动者积极创业，增强经济活力，使更多居民家庭拥有非农经营收入。一是要大力发展民营经济、电商经营，为小微企业的发展、高校毕业生及返乡农民工创业解决困难、创造条件，给予融资、生产经营、销售、纳税与吸纳就业等方面的惠利政策，促进经营收入的增长；二是引导企业加快投资重点的转换，依托龙头企业，大力发展农产品加工业，拉长产业链，充分发挥中原经济区优势，提高河南经济发展的就业吸纳能力，提高产品档次及竞争能力；三是大力发展现代服务业，发展形成以开发、金融、保险、信息技术、商贸、旅游、物流、房地产等为支柱的现代服务业，加快推进中小城市和中心城镇建设，放宽县城和中心城镇农民的落户条件，加快推进城镇化进程，促进产业的集聚发展和人口聚集，拓宽城乡居民就业空间，拓展城乡居民增收渠道。

（三）挖掘农业增产潜力，稳定农产品价格特别是生猪价格，夯实农民增收基础。

一是加强农业基础设施建设，提高农业抗御自然灾害的能力，大力支持农民专业合作社、家庭农场、种养大户等发展，以多种形式进行土地流转，发展适度规模化经营，增强农业生产稳定性，提高抵抗市场风险能力，提升农业自身效益和比较效益；二是大力推动农业科技进步，加强对农民农业科技知识方面的培训，提升新型农民素质，建立粮、棉、油、蔬菜、瓜果等预警机制，引导

农民合理调整种植结构，减少农业生产中的盲目性和滞后性，提升农业产业化水平；三是推进养殖业生产方式转变，大力发展标准化规模化养殖，在注重经济效益的同时注重环境效益，注重环境保护，通过改进养殖技术、加强养殖企业管理等手段，降低生产成本，稳定出售价格，提高养殖效益。

（四）建立和完善社会保障体系，优化收入再分配机制，提升居民消费信心。

近年来，河南民生投入力度不断加大，社会保障体系日趋完善，公共事业快速发展，但是，最低生活保障标准仍然较低，消费信心依然不足，因此，第一，要加快推进国民收入分配制度改革，进一步提高最低生活费用补助标准，增加居民转移净收入；第二，应进一步完善社会保障体系，提高保障水平，扩大养老、医疗、失业等社会保险保障覆盖面，提高医疗保险费用报销比例和最高支付限额；第三，要加快推进城镇居民基本医疗保险和新型农村合作医疗建设，切实解决城乡居民看病难、看病贵等问题，努力使全体居民"劳有所得、学有所教、病有所医、老有所养、住有所居"，从根本上解决社会保障水平，增强居民消费信心，提高居民消费能力。

（五）加快供给侧改革，优化消费环境，促进消费结构升级，提升消费水平和质量。

一要加快城镇化建设步伐，完善基础设施，特别是农村地区的公路交通网、有线电视网及互联网等硬件设施，扩大消费领域；二要健全市场法制，打击假冒伪劣产品，消除不正当竞争，规范市场秩序，培育新的消费热点；三要引导银行和商家密切配合，完善个人消费信贷机制，积极开发高端、新兴消费品市场，促进居民消费观念转型升级，鼓励适度提前消费；四要合理调整住房、汽车等高档消费品的价格，使之与当前市场消费能力相适应，拓展私家轿车、住房、旅游等消费市场，促进消费结构升级转换，全面提升居民消费水平和质量。

（执笔人：国家统计局河南调查总队　张亚男）

湖北居民收支与生活状况报告

2019年，面对国内外风险挑战明显增多的复杂局面，湖北坚持稳中求进工作总基调，深入贯彻新发展理念，统筹落实"六稳"要求，全省经济总体呈现高开稳走、稳中有进、进中向好的良好发展态势，城乡居民收入和消费均保持稳步增长，民生福祉持续改善。2019年，湖北城镇居民人均可支配收入37601元，同比增长9.1%，增幅比上年提高1.1个百分点；农村居民人均可支配收入16391元，同比增长9.4%，增幅比上年提高1.0个百分点。2019年，湖北城镇居民人均消费支出26422元，同比增长10.1%；农村居民人均消费支出15328元，同比增长9.9%。城乡居民收入的较快增长，为湖北如期全面建成小康社会打下坚实基础。

一、城乡居民收入稳步增长

（一）城镇居民收入增速全国第二，中部六省第一。

2019年，湖北城镇居民人均可支配收入增长9.1%，与全国平均增速7.9%相比高出1.2个百分点，增速仅次于西藏，位居全国第二，中部六省第一。绝对数与全国平均水平相对差距逐年缩小。2019年相对差距为11.2%，比2018年相对差距12.2%缩小1.0个百分点，比2013年相对差距14.4%缩小3.2个百分点。从结构分析看，城镇居民收入四大项保持相对稳定，工资性收入仍占主体。2019年湖北城镇居民人均工资性收入上涨9.5%，涨幅比上年提高3.5个百分点，占可支配收入比重比上年提高0.2个百分点；人均经营净收入上涨11.3%，涨幅比上年提高4.7个百分点，比重比上年提高0.3个百分点；人均财产净收入涨幅最快，上涨11.8%，涨幅比上年下降2.1个百分点，比重比上年提高0.2个百分点；转移净收入上涨5.7%，涨幅比上年下降6.3个百分点，比重比上年下降0.7个百分点。

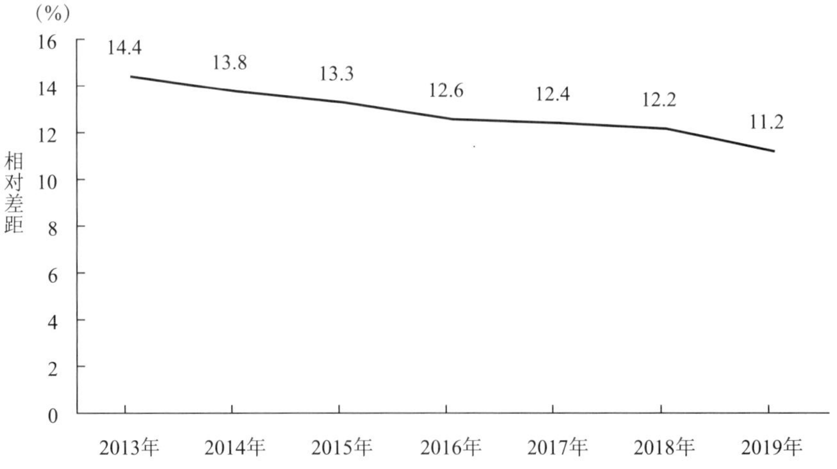

图1　2013—2019年湖北城镇居民人均可支配收入与全国相对差距

表 1　2018－2019 年湖北城镇居民人均可支配收入情况

指　　标	2019 年水平（元）	2018 年水平（元）	增量（元）	增速（%）	构成（%）	拉动（%）
可支配收入	37601	34455	3147	9.1	100.0	9.1
1. 工资性收入	20811	18997	1814	9.5	55.3	5.3
2. 经营净收入	5341	4797	544	11.3	14.2	1.6
3. 财产净收入	3302	2954	348	11.8	8.8	1.0
4. 转移净收入	8148	7707	441	5.7	21.7	1.3

（二）农村居民收入水平高于全国，增速快于城镇。

乡村振兴战略、脱贫攻坚政策的实施，有力推动了农村居民收入稳步增长。2019 年，湖北农村居民人均可支配收入较全国平均水平高出 370 元，且增速快于城镇居民收入 0.3 个百分点。城乡居民人均收入倍差比由上年 2.300∶1 缩小至 2.294∶1。从收入结构看，农村居民收入四大项全面增长。其中，人均财产净收入涨幅最快，上涨 13.3%，比上年提高 1.1 个百分点。转移净收入人均增加 385 元，上涨 10.6%，比城镇居民高 4.9 个百分点。人均工资性收入比上年增加 466 元，上涨 9.5%，人均经营净收入比上年增加 537 元，上涨 8.6%。在人均经营净收入中，非农经营收入增速快于农业经营，比重略有增加。第二、三产业经营净收入分别增长 12.2%和 12.6%，而第一产业经营净收入增长 6.3%，远低于二、三产业增长幅度。在人均可支配收入总额中，第一产业经营净收入比重为 26.0%，比上年下降 0.8 个百分点，人均二、三产业经营净收入比重为 15.5%，占比较上年分别提高 0.1 和 0.3 个百分点。

表 2　2018－2019 年湖北农村居民人均可支配收入情况

指　　标	2019 年水平（元）	2018 年水平（元）	增量（元）	增速（%）	构成（%）	拉动增长（%）
可支配收入	16391	14978	1413	9.4	100.0	9.4
1. 工资性收入	5353	4887	466	9.5	32.7	3.1
2. 经营净收入	6808	6271	537	8.6	41.5	3.6
3. 财产净收入	211	186	25	13.3	1.3	0.2
4. 转移净收入	4020	3634	385	10.6	24.5	2.6

（三）五大因素推动湖北城乡居民增收。

2019 年，湖北主要经济指标实现平稳增长，运行质量稳步提升，工业增速全国靠前。宏观经济平稳运行有效促进企业效益提升，行业内就业稳定和薪资增长得以保障，是湖北城乡居民收入增长的主要支撑因素。

1. 就业呈现良好态势，工资性收入平稳增长。一是本地就业情况稳定。据湖北人社部门数据显示 2019 年全省城镇新增就业 92.15 万人，再创历史新高；城镇登记失业率 2.44%，持续保持低位运行。“春风行动”等促就业举措有效落实，农村劳动力本地务工人数增加。二是本地务工薪资水平进一步提升。据全省农民工监测调查显示，2019 年，湖北农民工本地非农务工月均收入为 3625 元，同比增长 4.7%。据各市州本地务工情况调查显示，2019 年建筑大工和小工日工资的平均增幅保持在10%到15%之间。

2. 减税降费红利释放，经营净收入稳健增长。2019年，湖北小微企业普惠性减税、深化增值税改革、降低社会保险费率、清理规范行政事业性收费和政府性基金措施等减税降费政策密集落地，落实有力。据湖北省十三届人大三次会议公开的数据，2019年湖北省预计新增减税降费740亿元。据国家统计局湖北调查总队对全省35家代表性民营企业的跟踪调查显示，民营企业是减税降费的最大受益群体。如咸宁市某机电企业2019年共减免税费24.91万元，全部投入企业新厂房建设，一定程度上缓解了企业资金压力。调查中的多数企业2019年全年减税降费总金额占营业收入的比重有所增加，节约下来的资金主要用于更新设备、扩大再生产等再投资和提高员工待遇等方面，更在人才招聘、技术创新等方面助力企业长远发展，政策红利惠及企业发展的方方面面。

3. 房屋土地资源收益提高，财产净收入较快上涨。随着城镇化进程加快和改造拆迁催生租购房需求，推动各地房价和租金较快增长。据各市州国家调查队反馈的有关调查数据，2019年，湖北各地级市房屋租金价格平均上涨8%—20%之间。另外，随着农村土地确权推进和"三权分置"政策明确，土地流转提速，转让承包权、村集体红利等收入增长较快。

4. 惠民政策持续推进，转移净收入稳步提高。湖北转移支付力度不断加大。自2019年4月1日起，湖北各地上调城乡居民最低生活保障标准，平均涨幅达到10%左右；政府加大对贫困人口医保支付倾斜力度，贫困人口大病保险起付线为5000元、支付比例较普通参保群众提高5个百分点、全面取消封顶线；个人所得税专项附加扣除政策惠及140多万纳税人；稻谷补贴等惠农补贴资金落实到位；农民工职业技能培训力度不断加大，农村劳动力素质不断提高，外出就业渠道拓宽，促进农民增收。

5. 传统农业总体平稳，特色农业发展壮大。从传统农业看，2019年，湖北粮食总产2725.0万吨，虽然呈现夏粮、早稻和秋粮"三减"态势，但出售价格上涨相对降低了总产下降对农民种植业收入的不利影响，据农产品生产者价格指数显示，2019年湖北小麦价格涨幅高出全国4.7个百分点，稻谷价格较上年稳中略涨1.2%。在猪肉价格高位运行的背景下，禽蛋类替代猪肉消费明显增强，养殖收入获利颇丰，2019年活家禽出栏量增长11.5%，禽肉产量增长11.4%，禽蛋产量增长4.2%，家禽(毛重)生产者价格指数上涨6.8%，禽蛋生产者价格指数上涨2.4%；从特色农业发展看，2019年湖北积极推进农业供给侧结构性改革，培育了一批发展潜力大、产品质量优的特色农产品，助力农民增收。

二、城乡居民消费能力持续增强

随着城乡居民收入水平稳步提高以及统筹推进城乡社会经济发展、民生兜底保障作用持续增强等有利因素带动，湖北城乡居民消费呈现良好增长势头。2019年，湖北城镇居民人均消费支出26422元，比上年增长10.1%，高出全国平均水平2.6个百分点；农村居民人均消费支出15328元，比上年增长9.9%，与全国平均水平保持同步。

（一）消费支出普遍呈涨势。

2019年湖北城镇居民人均食品烟酒、衣着、居住、生活用品及服务、交通通信、教育文化娱乐、医疗保健、其他用品及服务支出分别增长8.9%、8.4%、10.0%、18.8%、5.8%、10.1%、14.3%、15.0%。全省农村居民八大类消费呈“六涨两跌”，食品烟酒、衣着、居住、交通通信、教育文化娱乐、医疗保健分别增长6.0%、5.4%、11.0%、15.3%、16.5%、21.0%。

（二）医疗保健消费水平提升较快。

随着城乡医疗保障制度不断完善以及居民对身体健康重视程度越来越高，养生保健意识不断增强，全省城镇居民医疗保健支出保持较快增长，涨幅14.3%，位列城镇居民八大类消费增速第三位；农村居民增21.0%，位列农村居民八大类消费增速第一位。

（三）消费结构优化，发展享受型消费支出占比扩大。

作为体现基本消费水平的食品烟酒、衣着支出合计占比下降，2019年，湖北城镇居民食品烟酒、衣着支出合计占比从上年的35.3%下降到34.9%，农村居民食品烟酒、衣着支出合计占比从上年的33.8%下降到32.6%；作为体现发展享受型消费的交通通信、教育文化娱乐和医疗保健支出占比上升，农村居民交通通信、教育文化娱乐和医疗保健支出从上年的36.4%提高到38.9%，城镇居民的交通通信、教育文化娱乐和医疗保健支出合计占比与上年持平。

（四）农村居民教育文化娱乐消费意愿增强。

随着城乡一体化稳步发展，农民收入水平不断提高，农村居民家庭对教育的重视程度越来越高，在子女择校与兴趣培训等教育支出上消费意愿较强，教育支出在农村居民消费中占比扩大，成为近年来湖北农村居民消费结构优化新亮点。2019年，湖北农村居民教育文化娱乐消费支出1808元，比上年增长16.5%，占比提高0.7个百分点，在八大类消费中增速仅次于医疗保健消费。

表3　2019年湖北分城乡居民消费支出结构及增速

指　　标	城镇居民		农村居民	
	水平(元)	增速(%)	水平(元)	增速(%)
居民消费支出	26422	10.1	15328	9.9
1. 食品烟酒	7334	8.9	4164	6.0
2. 衣着	1887	8.4	826	5.4
3. 居住	5929	10.0	3278	11.0
4. 生活用品及服务	1869	18.8	840	−1.5
5. 交通通信	3284	5.8	2229	15.3
6. 教育文化娱乐	2967	10.1	1808	16.5
7. 医疗保健	2471	14.3	1922	21.0
8. 其他用品及服务	680	15.0	263	−26.2

三、城乡居民生活状况不断改善

（一）居住条件进一步改善。

从住房条件看，2019年全省城镇居民人均住房建筑面积为46.3平方米，比上年增长3.0%；

农村居民人均自有现住房面积为58.4平方米，比上年增长1.1%。从居住空间样式看，城镇居民居住在单栋楼房或单栋平房的户比重为37%，比上年增长1.5个百分点；居住在单元房的户比重为62.3%，比上年下降1.4个百分点；居住在筒子楼或连片平房的户比重为0.5%，比上年下降0.1百分点。农村居民居住在单栋楼房或单栋平房的户比重为96.4%，比上年增长1.1%百分点；居住在单元房的户比重为3%，与上年持平。

（二）生活保障水平提升。

从饮用水情况看，城镇居民获取饮用水无困难的户比重为98.7%，比上年提高0.2个百分点；农村居民获取饮用水无困难的户比重为93.7%，比上年下降0.1个百分点。从主要炊用能源看，城镇居民主要炊用能源使用管道天然气和用电的户比重分别为52.6%和6.3%，使用灌装液化石油气、管道煤气的户比重分别为33.6%和0.9%。农村居民主要炊用能源使用管道天然气和用电的户比重分别为1.4%和9.3%，使用灌装液化石油气、管道煤气的户比重分别为55.9%和0.3%。

（三）家庭耐用消费品稳步增长。

随着城乡消费条件得到改善，家庭耐用消费品购买能力稳定提升。2019年全年每百户城镇居民家庭拥有家用汽车37.3辆、洗衣机98.6台、电冰箱106.3台、彩色电视机122.9台、空调168.4台、热水器103.2台、接入互联网的移动电话219.7部，分别比上年增长2.7%、1.0%、1.4%、0.1%、1.3%、1.2%、1.2%，拥有量均高于农村家庭。全年每百户农村居民家庭拥有家庭汽车23.2辆、洗衣机86.5台、电冰箱104.9台、微波炉13.2台、空调88.1台、热水器87.2台、排油烟机32.2台、移动电话270.9部、家用计算机33.6台，分别比上年增长7.2%，2.4%、2.8%、4.1%、2.2%、2.9%、6.1%、1.0%、5.3%。

（执笔人：国家统计局湖北调查总队　孙胜男）

湖南居民收支与生活状况报告

2019年，湖南深入实施创新引领开放崛起战略，扎实推动高质量发展，全省经济运行保持总体平稳、稳中有进、稳中向好的良好态势。城乡居民收入较快增长，消费结构升级趋势明显，人民群众获得感、幸福感不断提升。

一、城乡居民收入较快增长

2019年，湖南居民人均可支配收入为27680元，增长9.7%，增速居全国第7位，居中部六省第2位；扣除价格因素，实际增长6.6%。

表1　2019年中部六省居民人均可支配收入情况

地　区	水平(元)	水平排名	增速(%)	增速排名
全　国	30733	—	8.9	—
山　西	23828	6	8.4	6
安　徽	26415	3	10.1	1
江　西	26262	4	9.1	4
河　南	23903	5	8.8	5
湖　北	28319	1	9.7	2
湖　南	27680	2	9.7	2

居民收入总体呈现四大特点：一是居民收入增速高于全国平均增速；二是居民收入增速高于上年；三是城乡居民收入差距逐年缩小；四是贫困地区居民收入增速高于全省农村居民。

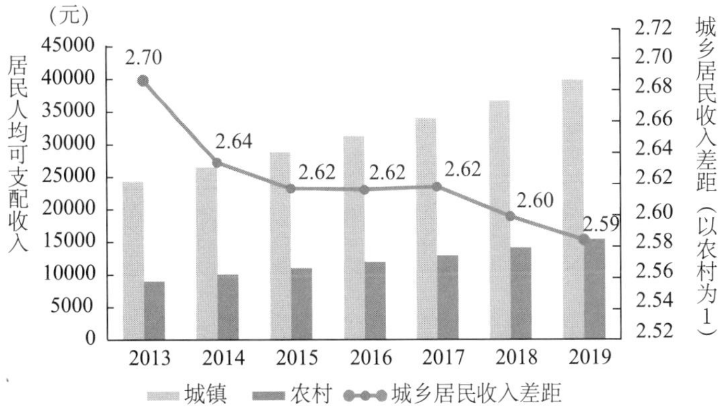

图1　2013—2019年湖南分城乡居民人均可支配收入及城乡差距

(一)城镇居民收入增速“两快两稳”。

2019年湖南城镇居民人均可支配收入39842元，增长8.6%，增幅比上年高0.5个百分点；增速居全国第7位，居中部六省第3位；扣除价格因素，实际增长5.6%。

表 2　2019 年中部六省城镇居民人均可支配收入情况

地　区	水平(元)	水平排名	增速(%)	增速排名
全　国	42359	—	7.9	—
山　西	33262	6	7.2	6
安　徽	37540	3	9.1	1
江　西	36546	4	8.1	4
河　南	34201	5	7.3	5
湖　北	37601	2	9.1	1
湖　南	39842	1	8.6	3

1. 从增长速度看，城镇居民四大项收入呈现“两快两稳”的态势。其中，经营净收入增速最快，增长 13.2%；转移净收入增长 9.1%；工资性收入和财产净收入增长较为平稳，分别增长 7.6%和 6.3%。

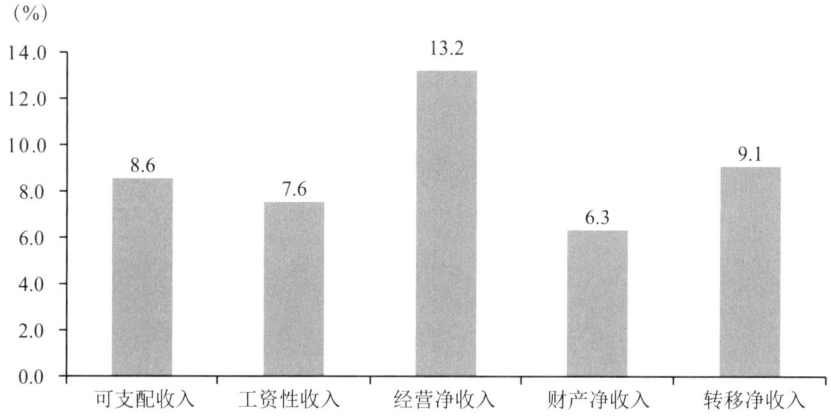

图 2　2019 年湖南城镇居民人均可支配收入及分项增速

2. 从增长贡献率来看，两项收入影响较为明显。一是工资性收入增长是推动居民增收的最主要动力，对城镇居民收入增长的贡献率达到 48.1%。二是城镇居民的四项收入中，经营净收入增长最快，对居民收入增长的贡献率较前三季度提升了 3.9 个百分点。

表 3　2019 年湖南城镇居民人均可支配收入情况

指　　标	水平(元)	增量(元)	增速(%)	贡献率(%)	构成(%)
可支配收入	39842	3144	8.6	—	—
1. 工资性收入	21534	1513	7.6	48.1	54.0
2. 经营净收入	5947	694	13.2	22.1	14.9
3. 财产净收入	3951	236	6.3	7.5	9.9
4. 转移净收入	8410	701	9.1	22.3	21.1

3. 从收入占比来看，收入结构进一步优化。城镇居民的工资性收入在可支配收入中的占比超五成，占 54.0%；财产净收入占比持续提高，占 9.9%，比前三季度提高 0.2 个百分点，收入结构进一步优化。

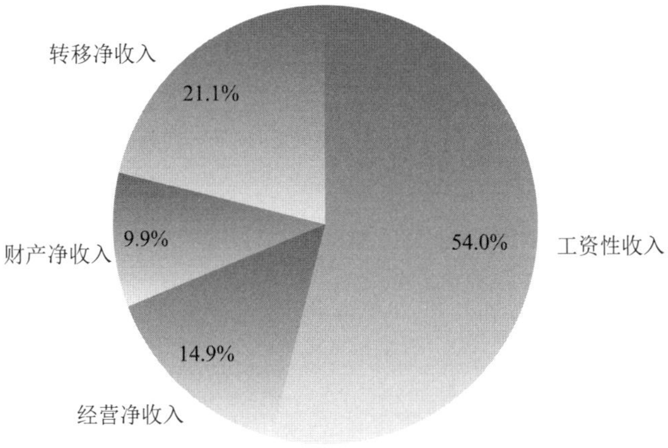

图 3　2019 年湖南城镇居民人均可支配收入来源及构成

(二)农村居民收入增速"三快一稳"。

湖南农村居民人均可支配收入 15395 元，增长 9.2%，增幅比上年高 0.3 个百分点；增速居全国第 23 位，居中部六省第 5 位；扣除价格因素，实际增长 6.0%。

表 4　2019 年中部六省农村居民人均可支配收入情况

地　区	水平(元)	水平排名	增速(%)	增速排名
全　国	16021	—	9.6	—
山　西	12902	6	9.8	2
安　徽	15416	3	10.1	1
江　西	15796	2	9.2	5
河　南	15164	5	9.6	3
湖　北	16391	1	9.4	4
湖　南	15395	4	9.2	6

1. 从增长速度看，农村居民四大项收入呈"三快一稳"态势。财产净收入、经营净收入和转移净收入快速增长，增速均超过 10 个百分点。其中，财产净收入增长最快，增长 16.4%；经营净收入、转移净收入分别增长 10.1%、10.0%；工资性收入平稳增长，增长 7.9%。

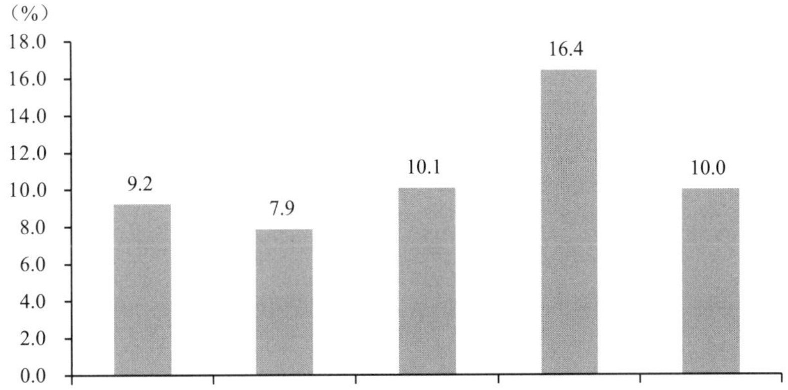

图 4　2019 年湖南农村居民人均可支配收入及分项增速

2. 从增长贡献率来看，经营净收入和工资性收入影响显著，对农村居民收入增长的贡献率超七成。一方面，经营净收入对农村居民收入增长的贡献率达到了 37.1%，在农村居民的四项收入中居第一位。另一方面，工资性收入增长依旧是推动居民增收的主要动力，对农村居民收入增长的贡献率达到34.9%。

表5 2019年湖南农村居民收入及构成

指　　标	水平(元)	增量(元)	增速(%)	贡献率(%)	构成(%)
可支配收入	15395	1302	9.2	—	—
1. 工资性收入	6224	455	7.9	34.9	40.4
2. 经营净收入	5268	483	10.1	37.1	34.2
3. 财产净收入	209	29	16.4	2.3	1.4
4. 转移净收入	3694	335	10.0	25.8	24.0

3. 从收入占比来看,结构更为均衡。全年农村居民的工资性收入、经营净收入、转移净收入占比分别为40.4%、34.2%和24.0%,收入结构得到进一步优化;财产净收入在可支配收入中的占比为1.4%,较前三季度持平,较上年提高了0.1个百分点。

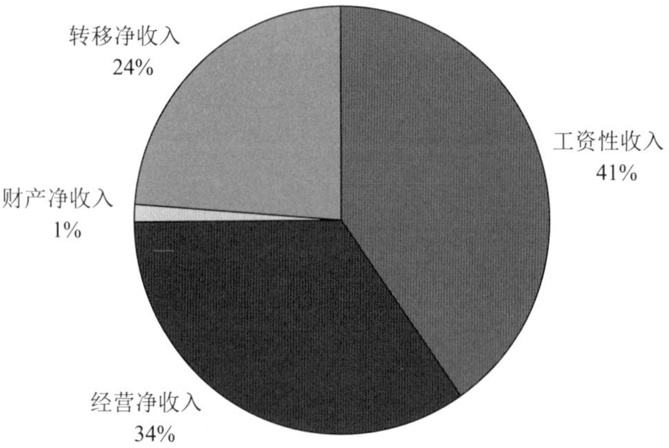

图5 2019年湖南农村居民人均可支配收入来源及构成

(三)四因素支撑居民收入增长。

1. 省域经济发展总体平稳向好。2019年,湖南省GDP总量达39752.1亿元,位居全国第9;比上年增长7.6%,高于全国平均水平1.5个百分点,总体保持平稳向好态势。一是农业发展稳。非洲猪瘟防控方面,湖南一直是全国疫情防控最好的省份之一,特别是通过疫情防控与产业发展两手抓,保住了核心产能,生猪生产加快恢复,年末生猪存栏2698.3万头,位居全国第3;生猪出栏4812.9万头,位居全国第2。抗灾救灾方面,及时落实保种保苗、改种补种和蓄水抗旱、人工降雨等措施,最大限度减轻了灾害损失,全省粮食总播种面积6924.6万亩,下降2.8%,粮食播种面积排名居全国第10位,名次比上年上升1位。全省粮食总产量2974.8万吨,下降1.6%,但仍属于历史较好年份之一。二是工业基础牢。全年全省规模工业增加值同比增长8.3%,比全国平均水平快2.6个百分点,比上年加快0.9个百分点,增速及排位均创2015年以来的最好水平。全省规模以上工业企业实现营业收入37310.77亿元,增长6.1%;实现利润总额1870.81亿元,增长6.6%,增速分别比全国平均增速快2.3和9.9个百分点。三是服务业发展态势好。2019年,全省6533家规模以上服务业企业实现营业收入4016.37亿元,增长11.0%,高于全国平均水平1.6个百分点。其中,其他营利性服务业实现营业收入1381.33亿元,增长17.9%,高于全国平均水平3.7个百分点。

2. 工资性收入增长是城乡居民增收的重要保障。2019 年，湖南居民工资性收入为 13918 元，增长 8.7%，对居民收入增长的贡献率为 45.9%。从构成看，工资性收入都是占比最高的，对增长的贡献率在四项收入中也较大。因此，工资性收入的稳定增长，是湖南城乡居民增收的重要保障。工资性收入的稳定增长，得益于湖南地区重点民生持续改善。一是就业基本稳定。全年湖南新增城镇就业人员 80.83 万人，超过年度目标任务 10 余万人；失业人员再就业 33.9 万人，就业困难人员就业 12.44 万人，均超额完成全年目标任务；城镇登记失业率为 2.9%，处于历史较低水平。二是各行业人员普遍增资。1 月份湖南行政事业单位整体调资，并补发从 2018 年 7 月至 12 月共六个月的增资部分，人均增加 350 元/月左右。同时，全省统一提高了最低工资标准，对月最低工资标准和小时最低工资标准均进行了上调，适用时间从 2019 年 10 月 1 日开始执行。

3. 经营净收入增长为居民增收提供较大助力。2019 年，湖南居民经营净收入为 5609 元，增长 11.8%，对居民收入增长的贡献率为 24.3%。经营净收入的增长，已为湖南城乡居民尤其是农村居民增收重要“助推器”。全年湖南城乡居民经营净收入的增长，主要原因有以下几点：一是“稳投资”不断加码。2019 年，全省全年固定资产投资同比增长 10.1%，增速比上年快 0.1 个百分点，继续保持在平稳较快增长区间。2019 年湖南继续实施“产业项目建设年”，引导更多金融活水投入到重大产业、重大项目上来。2019 年 1—12 月，全省产业项目建设完成投资比上年增长 20.9%，增速比全部投资快 10.8 个百分点；全省民间投资增长 18.3%，增速比全部投资快 8.2 个百分点。基础设施投资重点投向了脱贫攻坚、铁路、公路、机场、水利、能源、农业农村、生态环保和社会民生等经济社会发展的关键领域和薄弱环节，力求收到稳增长、调结构、惠民生的一举多得之效。二是“促销费”持续发力。2019 年，全省实现社会消费品零售总额 17239.54 亿元，比上年增长 10.2%，增速比上年高 0.2 个百分点。消费对湖南经济增长的贡献率超过了 50%，真正发挥了消费对经济增长的“压舱石”作用。三是进出口逆势大幅增长并居全国第一。2019 年湖南省进出口总值为 4342.2 亿元，外贸规模首次突破 4300 亿元，创历史新高，比 2018 年增长 41.2%，增速全国第一。三是减税降费持续发力。1 至 11 月，湖南新增减税降费 419.7 亿元，其中 786 万人享受个人所得税减免政策；全年办理出口退税 189.6 亿元，比上年增长 15.2%。四是营商环境不断优化。1—11 月，湖南新登记注册企业 18.18 万户，同比增长 9.3%。2019 年以来，湖南开展“优化营商环境执行年”行动。截至 11 月底，全省“一件事一次办”总办件量超过 1100 万件，企业群众办事申报材料平均减少 60%以上、办理环节压缩 70%以上、办理时间缩减 80%以上。

4. 转移净收入受政策影响较为明显。2019 年，湖南居民转移净收入为 6064 元，增长 10.2%，对居民收入增长的贡献率为 23.0%。转移净收入的持续增长，主要是受政策影响较为明显。一是脱贫攻坚成效显著。为决胜脱贫攻坚，2019 年湖南省财政安排扶贫专项资金增幅超过 19%，通过产业扶贫、就业扶贫等政策支持和引导农村贫困人口就业创业，全省剩余的 20 个贫困县已在 2019 年全部脱贫摘帽。同时，湖南调整提高了城乡低保标准和贫困人口脱贫年人均纯收入标准。从 7 月 1 日起，农村低保指导标准提高到不低于 3700 元/年，城乡低保救助水平分别提高到人均不低于 340 元/月和 197 元/月；全省贫困人口脱贫年人均纯收入调整到 3700 元/年。二是财政保障有力。2019年，全年地方一般公共预算收入3006.99亿元，增长5.1%，增速位居全国第八。全省一般公共预算支出8034.1亿元，增长7.4%，其中民生支出5644.4亿元，占一般公共预算支出的比重为70.3%，较上年提高0.2个百分点。三是价格补贴启动及时。根据物价上涨情况，全省各地及时启动低收入人群价格临时补贴机制，对符合条件的低收入群体发放价格临时补贴，保障困难群众基本生活水平不因物价上涨而降低。截至11月，全省累计发放价格临时补贴3.9亿元，惠及301万人。

二、居民消费稳中有增

(一)城镇居民消费支出不同幅度增长。

按常住地分，2019年湖南城镇居民人均消费支出为26924元，比上年增长7.4%。分类来看，医疗保健、其他用品及服务消费增长较快，增速高于10个百分点，分别增长13.3%、10.4%；生活用品及服务、衣着消费较为平稳，分别增长1.5%、1.1%；食品烟酒、居住、交通通信、教育文化娱乐消费分别增长9.5%、7.6%、6.4%、6.3%。

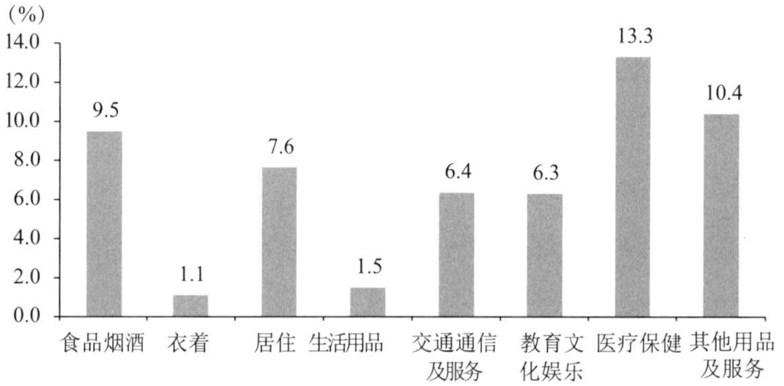

图6　2019年湖南城镇居民消费支出分项增速

(二)农村居民消费支出相对均衡增长。

农村居民人均消费支出为13969元，比上年增长9.8%。分类来看，医疗保健、其他用品及服务、交通通信、教育文化娱乐消费增长较快，增速高于10个百分点，分别增长16.5%、15.0%、13.3%、10.3%；食品烟酒、衣着、居住、生活用品及服务消费分别增长8.4%、8.1%、8.0%、4.1%。

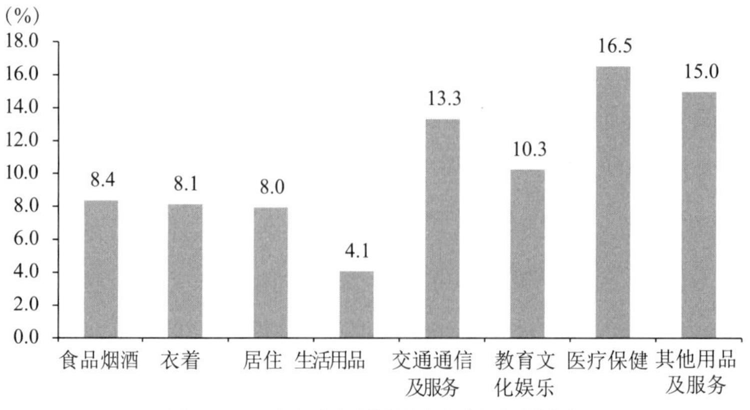

图7　2019年湖南农村居民消费支出分项增速

（三）五因素推升居民消费支出增长。

1. 服务性消费成为消费增长的重要支撑。当前，湖南城乡居民消费结构都处在不断升级的过程中。居民在教育文化娱乐、交通通信等附加值相对较高的领域，花费越来越多，服务性消费已成为居民消费增长的重要支撑。全年城乡居民人均服务性消费支出（不含自有住房折算租金）分别为 9194 元和 4055 元，增速分别为 12.9％和 18.2％。

2. 食品消费依然是消费支出的主力。“菜篮子”作为居民生活的基本保障，始终牵动着居民消费支出的神经。2019 年，受非洲猪瘟、自然灾害等因素影响，湖南地区食品市场供应总体趋紧，鲜菜、鲜果、猪肉等食品价格长期处在高位，居民受消费刚需影响为自己“菜篮子”加大支出，人均食品消费支出增长明显。全年城乡居民人均食品消费支出分别为 4708 元和 3084 元，分别增长 6.2％和 6.5％，增速较上年分别提高 2.2 和 1.0 个百分点。

3. 教育消费的重视程度与日俱增。全年湖南城乡居民人均教育文化娱乐支出分别为 4712 元和 1851 元，分别增长 6.3％和 10.3％，增速较上年分别提高 7.5 和 12.2 个百分点。随着社会经济的高速发展，对人才素质要求不断提高，居民教育观念逐渐发生转变，教育需求更加多元。同时，需求升级带动教育产品和服务提质升级，新产品、新模式不断出现，在内容和形式上有了更多选择。在教育市场供需两旺的大环境下，居民教育消费支出增速逐步提升。全年湖南城乡居民人均教育支出分别为 2478 元和 1472 元，分别增长 20.6％和 16.1％，增速较上年分别提高 24.9 和 16.2 个百分点。

4. 医疗服务成为消费新增长点。随着收入的逐步提升，居民的消费观念开始转变，对健康的关注度显著提高，医疗保健消费不断升级。同时，随着医改的持续深入，药品加成取消，各大医疗机构将提升医疗服务水平作为了新的利润增长点。因此，虽然医疗器具及药品消费稍显疲软，但医疗服务消费的扩张带来了很好的补偿效应，进而推动城乡居民医疗保健支出的持续增长。全年湖南城乡居民人均医疗保健支出分别为 2305 元和 1615 元，分别增长 13.3％和 16.5％。其中，城乡居民人均医疗服务支出分别为 1646 元和 1249 元，分别增长 19.5％和 23.4％，

5. 交通通信消费刺激成效显现。全年湖南城乡居民交通通信消费支出分别为 3425 元和 1643 元，分别增长 6.4％和 13.3％。居民交通通信消费支出增长，主要是由于交通消费增速较大。为刺激消费市场，1 月份国家发改委等 10 部委发布了《进一步优化供给推动消费平稳增长促进强大国内市场的实施方案》，将刺激汽车消费放在了首位。随着政策的不断推进，消费刺激成效不断显现。全年城镇居民交通消费支出为 2733 元，增长 11.5％，农村居民交通消费支出为 1212 元，增长 22.7％。

（执笔人：国家统计局湖南调查总队　王璐）

广东居民收支与生活状况报告

2019 年，广东经济运行总体平稳，各级党委政府深入贯彻落实新发展理念，坚定不移推动高质量发展，持续深化供给侧结构性改革，着力做好稳就业、稳金融、稳外贸、稳投资，大力推动乡村振兴，持续加大脱贫攻坚和民生投入力度，出台多项惠民惠农政策，民生福祉不断改善，居民收支水平稳步提升。

一、广东居民收支总体情况

（一）居民收入增速为近五年最高。

2019 年，广东居民人均可支配收入 39014 元，同比增长 8.9%，增速比上年提高 0.4 个百分点，扣除价格因素影响实际增长 5.3%，增速比上年下降 0.9 个百分点。2019 年广东居民人均可支配收入增速为五年来最高水平（与 2017 年持平）。其中，城镇居民人均可支配收入同比增 8.5%，为五年来第二高水平（略低于 2017 年）；农村居民人均可支配收入同比增 9.6%，比 2018 年提高 0.8 个百分点，为五年来最高水平。

（二）城乡居民收入差距进一步缩小。

2019 年，按常住地划分，广东城镇居民人均可支配收入 48118 元，同比增长 8.5%，增速比上年提高 0.3 个百分点，扣除价格因素影响实际增长 5.2%，增速比上年下降 0.7 个百分点；农村居民人均可支配收入 18818 元，同比增长 9.6%，增速同比提高 0.8 个百分点，扣除价格因素影响实际增长 4.8%，增速比上年下降 2.0 个百分点。全年广东农村居民收入增速比城镇居民收入增速高 1.1 个百分点，城乡收入差距从 2018 年的 2.58:1 缩小为 2.56:1（以农村居民收入为 1）。

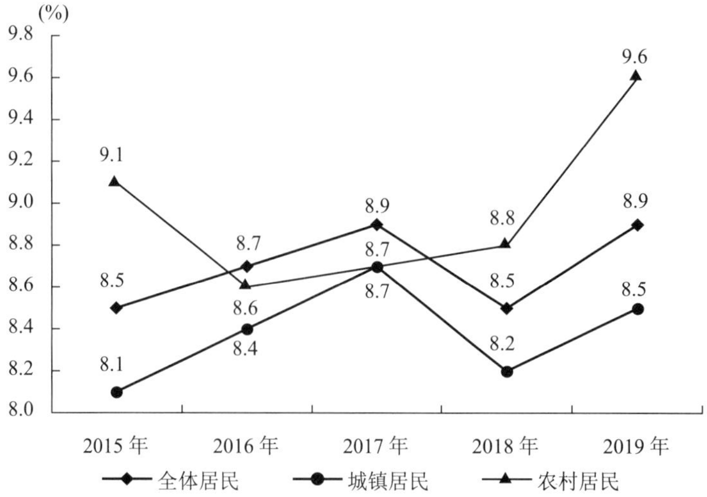

图 1　2015—2019 年广东居民人均可支配收入名义增速

（三）近年地区收入差距略有扩大。

近年，广东珠三角地区居民收入增速持续高于粤东西北地区，2019 年继续保持这种态势，导致珠三角地区和粤东西北地区居民收入差距略有扩大。珠三角与粤东、粤西、粤北山区居民收入比值（珠三角＝1）由 2014 年的 1∶0.47∶0.46∶0.44 调整为 2019 年的 1∶0.45∶0.45∶0.44。

表 1　2019 年广东各地区分城乡居民人均可支配收入情况

地　区	全体居民		城镇居民		农村居民	
	水平（元）	增速（%）	水平（元）	增速（%）	水平（元）	增速（%）
珠三角	52214	9.0	56639	8.7	25026	9.7
粤东西北	23384	8.4	29523	7.3	16993	9.1
粤　东	23484	7.9	28570	7.0	16387	9.1
粤　西	23551	8.6	30553	7.6	17932	9.1
粤　北	23120	8.6	29828	7.2	16491	9.1

（四）居民消费保持快速增长。

2019 年广东居民人均消费支出 28995 元，同比增长 11.3%，增幅同比扩大 6.3 个百分点。其中，按常住地划分，城镇居民人均消费支出 34424 元，同比增长 11.3%；农村居民人均消费支出 16949 元，同比增长 10.0%。

（五）居民消费结构不断优化。

2019 年，广东居民消费结构不断优化。居民恩格尔系数为 32.3%，比上年下降 0.3 个百分点；文教娱乐、医疗保健和交通通信等发展型消费支出迅猛增长，支出增速分别为 17.9%、16.4%和 12.0%，位于八大类消费支出增速的前三位，均高于消费支出的总体增长水平。

二、广东居民增收主要特点

（一）多项政策保障就业，工资性收入平稳增长。

2019 年，广东各级党委政府深入实施就业优先战略，建立重大项目带动就业机制，大力促进创业带动就业；开展“就业援助月”、“春风行动”等专项就业促进活动，面向就业困难人员、零就业家庭、登记失业残疾人、贫困劳动力等，提供针对性援助服务；出台系列增资政策，提高企业职工最低工资标准，建立健全农民工工资支付保障制度，落实劳动技能补贴政策，共同推动工资性收入增长。同时，各级党政加大企业就业帮扶力度，实施援企稳岗措施，有效破解企业用工荒，提升社会就业水平，提升居民工资性收入。2019 年，广东居民人均工资性收入 26554 元，增长 7.3%，占可支配收入的比重达 68.1%，对可支配收入增长的贡献率达 56.3%，是拉动居民收入增长的主要动力。按常住地划分，城镇居民人均工资性收入 34152 元，同比增长 6.1%；农村居民人均工资性收入 9699 元，同比增长 14.0%。

（二）优化营商环境，经营净收入稳健增长。

2019 年，广东持续加大减税降费力度，优化企业营商环境。广东下调职工医疗保险费率，深化增值税改革，进行小微企业普惠性税收减免，两次降低全省一般工商业电价；各级政府加大企业经营资金扶持，解决企业融资难题，加大对中小微企业的扶持力度，有力促进了市场经营主体经营收入的稳步增长。同时，广东努力挖掘新的消费增长点，有效激发了部分地区二三产业的经营活力，推动二三产业经营活动蓬勃发展，推动非农经营收入稳步增长。2019年，广东居民人均经营净收入5155元，同比增长8.9%，占可支配收入的比重为13.2%，对可支配收入增长的贡献率为13.1%。按常住地划分，城镇居民人均经营净收入5474元，同比增长12.3%；农村居民人均经营净收入4447元，同比增长0.3%。

农村居民经营净收入增长放缓与受极端天气与生猪疫情等不利因素影响有关。2019年上半年，广东多次出现大范围降水，致使早稻分蘖慢，部分地区蔬菜渍害明显，荔枝、龙眼、李子、蜜柚等果树落果严重，产量明显下降。进入三季度，台风和强降雨天气也给农业生产带来影响，粤西和粤北部分地区处于分蘖期的水稻有少量病虫害发生，部分地区也出现鱼、虾缺氧死亡情况。

同时生猪疫情也对广东生猪养殖活动产生了较大的负面影响。上半年，受生猪疫情和各地限运政策影响，生猪价格大幅下滑，甚至跌破成本价。进入第三季度以后，由于养殖户对生猪市场前景缺乏信心，各地生猪存栏量继续下降，农民经营净收入增长面临较大压力。

（三）资产价值提升，财产净收入大幅增长。

2019年广东各地房价继续呈上涨态势，居民房屋估价普遍有所提高；珠三角地区外来人口增加进一步推动居民房租收入增长。同时，农村耕地流转加快，工业园区建设促进村居集体土地收益的增加，带动城乡居民红利收入快速提高。全年广东居民人均财产净收入4777元，同比增长15.6%，占可支配收入的比重为12.2%，对可支配收入增长的贡献率为20.1%，是推动居民增收、改善收入构成的重要因素。按常住地划分，城镇居民人均财产净收入6686元，同比增长14.9%；农村居民人均财产净收入541元，同比增长20.5%。

（四）惠民政策发力，转移净收入加快增长。

2019年，广东各地政府继续加大转移支付力度，着力改善民生，出台提升居民基本养老金、提高居民低保标准、减免个人所得税、发放生活困难补助、提升医疗报销水平等一系列惠民政策，奋力推进精准扶贫，推动了居民转移净收入的增长。全年广东居民人均转移净收入2528元，同比增长15.2%，占可支配收入的比重为6.5%，对可支配收入增长的贡献率为10.4%。按常住地划分，城镇居民人均转移净收入1806元，同比增长22.7%；农村居民人均转移净收入4132元，同比增长9.4%。

表2　2018—2019年广东居民人均可支配收入及分项变动

指　　标	2019年水平(元)	2018年水平(元)	比上年±(元)	增长(%)
可支配收入	39014	35810	3204	8.9
1. 工资性收入	26554	24749	1805	7.3
2. 经营净收入	5155	4734	420	8.9
3. 财产净收入	4777	4131	645	15.6
4. 转移净收入	2528	2195	333	15.2

三、广东居民消费主要特点

随着居民收入的增长，居民的消费水平也进一步提升，消费结构不断优化，呈现了以下新特点：

（一）消费需求提升拉动文教娱乐支出增长。

随着居民生活水平的提高，教育消费在家庭消费中的地位越来越重要，城乡居民家庭在子女择校与兴趣培训等教育支出上消费意愿较高；同时随着居民收入水平提高与带薪休假制度落实，过节探亲访友和休闲度假旅游受到越来越多居民的欢迎，直接带动居民文化娱乐等项目支出。2019 年广东居民教育文化娱乐消费支出 3244 元，同比增长 17.9%，是八大类消费中增速最快的。

（二）汽车消费推动交通消费快速增长。

在 2019 年出台的广东省完善促进消费体制机制实施方案中，明确提出鼓励新能源汽车消费，优化汽车消费环境，完善二手车消费市场，促进汽车消费优化升级等促进汽车消费的举措，极大推动了居民购买汽车的热情。同时随着居民汽车保有量的不断增长，汽车消费中的燃料费用、停车费用、过路费、车辆维修保养费用也在增加，推动交通通信支出增长。2019 年，广东居民人均交通通信消费支出 3834 元，同比增长 12.0%。

（三）物价上涨推动食品消费增长。

2019 年以来，受生猪疫情、恶劣天气等因素影响，广东蔬菜、水果、猪肉等食品价格持续上涨，导致居民的食品支出出现较快增长。进入下半年，受猪肉市场供应短缺影响，其他肉类、家禽、水产品和蛋类等食品价格上涨迅猛，大幅拉动了居民食品消费的增长。同时，网购外卖等新消费形态因支付便捷、更好满足个性化服务需要，进一步激发了居民消费热情，对居民的食品消费有明显拉升作用。2019 年，广东居民人均食品烟酒消费支出 9369 元，同比增长 10.5%。

（四）房屋价格上涨推动居住支出提高。

2019 年，广东各市房价继续呈上涨态势，居民房屋估价和市场租金水平普遍拉升，推动了房屋虚拟租金以及房租支出的提高。同时随着收入水平提高，居民水电燃料支出、房屋装修等也有所增长。2019 年，广东居民人均居住支出 7329 元，同比增长 10.3%。其中人均租赁房房租 686 元，同比增长 7.7%；人均住房维修及管理支出 727 元，同比增长 30.1%。

（五）耐用消费品拥有量继续增长。

2019 年，广东城乡居民家庭耐用消费品拥有量继续增长，不仅冰箱、洗衣机、彩色电视机在城乡居民家庭普及，移动电话、计算机、汽车也逐渐走向寻常百姓家，居民生活更加便捷和舒适。2019 年，城镇居民平均每百户拥有汽车 47.6 辆、移动电话 264.0 部、计算机 86.8 台、空调 212.1 台、热水器 103.0 台；农村居民平均每百户拥有汽车 26.0 辆、移动电话 286.3 部、计算机 38.4 台、空调 129.6 台、热水器 98.0 台。

表 3 2018－2019 年广东居民消费支出情况

指 标	2019 年水平(元)	2018 年水平(元)	增长(%)
居民消费支出	28995	26054	11.3
1. 食品烟酒	9369	8481	10.5
2. 衣着	1192	1135	5.0
3. 居住	7329	6643	10.3
4. 生活用品及服务	1560	1441	8.3
5. 交通通信	3834	3424	12.0
6. 教育文化娱乐	3244	2751	17.9
7. 医疗保健	1770	1521	16.4
8. 其他用品及服务	696	658	5.7

四、提高收入水平优化收入分配的建议

(一)继续做大做优经济“蛋糕”,夯实增收基础。

深入实施“一核一带一区”区域发展战略,抓住粤港澳大湾区发展机遇,加快发展新兴产业,促进支柱产业集群,在经济转型升级中持续优化经济结构,做大做优全省经济“蛋糕”,形成经济增长→扩大就业→收入增长→消费增长→经济增长的良性循环,提高居民增收与经济增长的协同性。

(二)实施区域协调发展,缩小区域收入差距。

统筹兼顾公平效率,实施更加开放、包容的区域协调发展政策。充分发挥珠三角龙头作用,加强其辐射全省带动发展的能力;加大对粤东西北地区的扶持力度,积极对接粤港澳大湾区产业扩张和配套需求,加快资源要素流动,促进产业共建共享,形成大湾区与粤东西北融合发展新路径,打造“一核一带一区”区域协调发展新格局。同时,加快户籍制度改革,降低农村转移劳动力落户门槛,促进新型城镇化建设,大力发展县域经济,以城区经济辐射带动乡村经济,形成城乡融合发展新路径,统筹推进城乡区域公共服务均等化发展。

(三)加强政府调节功能,优化收入分配格局。

进一步完善收入分配机制和工资增长机制,完善最低工资和工资支付保障制度,以及工资集体协商制度,着重保障职工劳动所得,实现劳动报酬增长和劳动生产率提高同步。积极利用财政、税收等经济手段,加大生态地区财力补偿,鼓励通过多种方式建立横向补偿关系。提高收入分配的调节功能,通过加大转移支付力度、多渠道增加低收入者收入、调节垄断性行业利润水平和调节过高收入,不断扩大中等收入者比重,努力缩小居民收入差距。

(四)坚持就业优先战略,促进居民充分就业。

把人才培养、人才引进和产业升级有机结合起来,进一步加大教育投入,加强职业技能培训,提升职业技能培训的针对性和有效性,为新产业的落地、发展提供人才储备。加强农村劳动力就业技能培训,拓宽农村劳动力就业领域,提升农村劳动力就业层次,通过大力发展现代农业产业

园、培育新型农业经营主体等方式，促进农民高质量就业，获得更多的劳动报酬。

（五）建立健全政策体系，创新增收体制机制。

进一步完善工资增长机制和工资支付保障制度，实现劳动报酬增长和劳动生产率提高同步。深化农村制度改革，盘活农村资源资产，创新利益联结机制，增加农民收入来源。加大房地产市场调控，避免刚性消费"挤占"过多收入，更好满足居民的美好生活需求。扩大社会保障覆盖面，不断提高养老、医疗等社会保障水平。

（六）加强底线民生保障，促进低收入群体增收。

加大转移支付力度，加强政策保障力度，落实好低保五保、"两不愁三保障"等政策，解决低收入群体后顾之忧。继续加大脱贫攻坚力度，强化支撑保障体系，进一步加大扶贫资金整合力度，突出抓好产业扶贫、金融扶贫和民生扶贫，积极探索旅游扶贫、电商扶贫，不断增强贫困户的造血功能，多渠道增加贫困户收入、促进贫困户增收。

（执笔人：国家统计局广东调查总队　谢韩涛　叶田）

广西居民收支与生活状况报告

2019年,广西自治区党委政府深入贯彻习近平总书记“建设壮美广西 共圆复兴梦想”重要题词和党的十九大精神,落实高质量发展理念,加大民生保障力度,以实体经济发展带动城乡居民收入稳步增长。

一、广西居民可支配收入增长总体情况

2019年,广西居民人均可支配收入23328元,同比增加1843元,增长8.6%。分城乡看,城镇居民人均可支配收入34745元,同比增长7.1%;农村居民人均可支配收入13676元,同比增长10.0%。

(一)居民收入持续稳定增长,为收入翻番目标奠定基础。

党的十八大报告提出:“2020年实现小康社会的重要标志是实现国内生产总值和城乡居民人均收入比2010年翻一番”。近年来广西居民收入保持较快增长,收入总量不断增加,为实现翻番目标打下坚实基础。以2010年价格为基期,2019年广西居民人均可支配收入扣除价格影响因素后实际为18397元,2010—2019年累计实际增长88.9%,完成翻番目标的94.5%,基本达到收入增长翻番目标。

以2010年价格为基期,分城乡看:2019年广西城镇居民人均可支配收入扣除价格影响因素后实际为27408元,完成翻番目标的82.5%;2019年广西农村居民人均可支配收入扣除价格影响因素后实际为10738元,较2010年增1.03倍,已提前一年实现收入翻番目标。

表1　2012—2019年广西居民人均可支配收入及增速

年　份	全体居民			城镇居民			农村居民		
	水平(元)	名义增速(%)	实际增速(%)	水平(元)	名义增速(%)	实际增速(%)	水平(元)	名义增速(%)	实际增速(%)
2010年	9739	12.5	—	16613	10.2	—	5214	15.4	—
2011年	11054	13.5	7.2	18356	10.5	4.5	6003	15.1	8.2
2012年	12644	14.4	10.8	20681	12.7	9.2	6894	14.8	11.2
2013年	14082	11.4	9.0	22689	9.7	7.5	7793	13.0	10.4
2014年	15557	10.5	8.2	24669	8.7	6.4	8683	11.4	9.3
2015年	16873	8.5	6.9	26416	7.1	5.5	9467	9.0	7.4
2016年	18305	8.5	6.8	28324	7.2	5.5	10359	9.4	7.6
2017年	19905	8.7	7.0	30502	7.7	5.7	11325	9.3	8.1
2018年	21485	7.9	5.5	32436	6.3	3.8	12435	9.8	7.4
2019年	23328	8.6	4.7	34745	7.1	3.5	13676	10.0	5.6

（二）农村居民收入增速快于城镇，城乡收入倍差逐年缩窄。

广西持续贯彻落实党的各项助农增收政策，通过解决好“三农问题”，实行精准扶贫政策以及大力发展“乡村振兴”战略，为农村居民增收提供制度保障。2012 年以来，城镇居民收入稳中有进，农村居民收入稳步增长，农村居民人均收入增速连续 8 年跑赢城镇居民人均收入增速，2019 年农村居民人均收入增幅高于城镇居民 2.9 个百分点。城乡居民收入差距逐年缩小，收入格局持续优化，2019 年，广西城乡居民人均可支配收入比 2.54∶1，低于 2012 年的 3.00∶1、2015 年的 2.79∶1、2018 年的 2.61∶1。

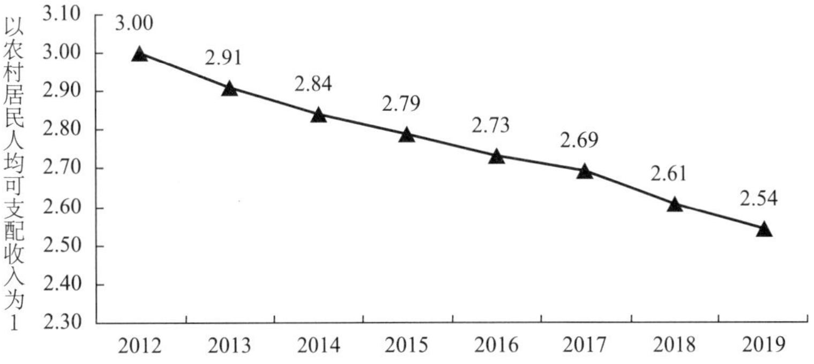

图 1　2012—2019 年广西城乡居民收入比

（三）收入增速在全国位次基本稳定。

广西城乡居民收入在全国的位次基本保持稳定：城镇居民收入绝对水平和增速在全国排位处于中等偏下，与其他省份尚有差距；农村居民收入增速连续领先全国。

从绝对量上看：2019 年广西居民人均可支配收入比全国平均水平低 7405 元，差距比 2018 年扩大 662 元，居第 25 位。分城乡看，城镇居民人均可支配收入比全国平均水平低 7614 元，差距扩大 799 元，居第 22 位；农村居民人均可支配收入比全国平均水平低 2345 元，差距扩大 163 元，居第 22 位。

从增速上看：2019 年广西居民人均可支配收入名义增速比全国平均水平低 0.3 个百分点，居第 21 位，已连续 3 年低于全国平均水平。分城乡看，城镇居民人均可支配收入名义增速低于全国平均 0.8 个百分点，居第 25 位，位次比 2018 年前进了 6 位；农村居民人均可支配收入名义增速高于全国平均 0.4 个百分点，居第 7 位，位次比 2018 年后退了 5 位。

（四）居民收入结构调整优化。

从收入来源看，城乡居民收入结构不断优化。2019 年广西居民人均工资性收入 11170 元、经营净收入 5778 元、财产净收入 1528 元、转移净收入 4853 元，占人均可支配收入的比重分别为 47.9％、24.8％、6.5％和 20.8％（见图 2）。四大项收入对可支配收入增长的贡献率分别为 52.4％、15.9％、4.8％和 26.9％（见图 3），工资性收入增收贡献率大，财产净收入增收贡献率小。

城镇居民人均可支配收入来源主要以工资性收入为主，其次为经营净收入和转移净收入，财产净收入占比相对较小（见图 2）。四大项收入占人均可支配收入的比重依次为 55.7％、17.2％、8.4％和 18.7％，较 2018 年增长－0.1％、－0.1％、－0.5％和 0.6％，工资、经营、财产净收入比重略有下降而转移净收入比重上升。工资性收入对城镇居民收入增长的贡献率为54.6%，仍占据绝对份额。

农村居民人均可支配收入来源主要以经营净收入为主，其次为工资性收入和转移净收入，财产净收入占比相对较小(见图2)。四大项收入占人均可支配收入的比重依次为31.1%、41.1%、2.5%和25.3%，较2018年增长1.5%、-2.3%、0.5%和0.3%，经营净收入比重下降明显。工资性收入和转移净收入对收入增长的贡献率分别为45.7%和28.1%，是农村居民收入增长的主要推动力。

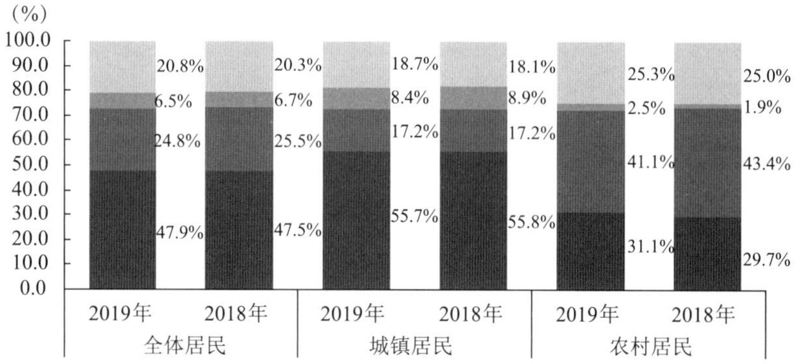

图2 2018—2019年广西居民人均可支配收入结构变化

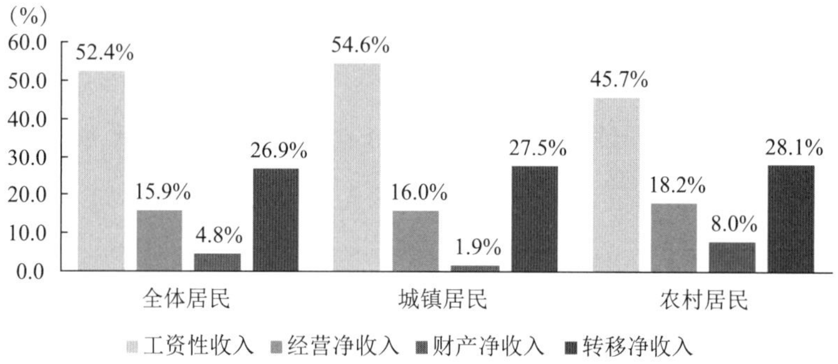

图3 2019年广西居民人均可支配收入分项增收贡献率

二、2019年广西城乡居民收入增长特点

2019年居民人均可支配收入增长主要特点如下：

表2 2019年广西居民收入情况

指标	全体居民			城镇居民			农村居民		
	水平(元)	增速(±%)	构成(%)	水平(元)	增速(±%)	构成(%)	水平(元)	增速(±%)	构成(%)
可支配收入	23328	8.6	100.0	34745	7.1	100.0	13676	10.0	100.0
1. 工资性收入	11170	9.5	47.9	19344	7.0	55.7	4258	15.4	31.1
2. 经营净收入	5778	5.3	24.8	5965	6.6	17.2	5619	4.2	41.1
3. 财产净收入	1528	6.1	6.5	2932	1.5	8.4	340	41.0	2.5
4. 转移净收入	4853	11.4	20.8	6503	10.8	18.7	3458	11.2	25.3

（一）工资性收入增长 9.5%。

2019 年，广西居民人均工资性收入 11170 元，同比增长 9.5%，增速比上年提高 5.6 个百分点。

城镇居民人均工资性收入 19344 元，同比增长 7.0%。增收因素有：一是得益于稳中向好的经济和就业形势。2019 年，广西经济运行总体平稳，工业总体效益得到改善，商贸和投资繁荣活跃，就业岗位稳定，就业需求扩大。二是得益于各项增资政策的有效落实，推动工资水平刚性增长。按时完成机关事业单位人员工资标准调整，提高绩效奖金发放额度，稳步提高义务教育教师工资待遇，完善乡镇机关事业单位工作人员乡镇工作补贴机制等。

农村居民人均工资性收入 4258 元，同比增长 15.4%。增收因素有：一是稳定增加农民工就业人数，提升就业技能。近年来广西先后出台金融政策鼓励农民工创业，大力发展农村合作社、家庭农场、扶贫车间等，增加就业岗位，本地雇工人数增加。全面推行终身职业技能培训制度，大力支持推进贫困劳动力“提技能、促就业”工程，开展“千村万企”职业技能培训大行动，促进农民工就业技能提升。二是落实整治拖欠农民工政策，工资及时兑现，保障农民工权益效果明显。广西各级政府及有关部门认真贯彻落实党中央、国务院决策部署，狠抓责任落实、制度落实和工作落实，保障农民工工资支付工作取得新的积极进展，全区拖欠农民工工资案件、涉及金额、涉及人数同比实现“三个大幅度下降”预期目标。

（二）经营净收入增长 5.3%。

2019 年，广西居民人均经营净收入 5778 元，同比增长 5.3%，增速比上年回落 4.1 个百分点。

城镇居民人均经营净收入 5965 元，同比增长 6.6%。一是重视营商环境建设，促进各类经营主体发展。广西进一步放宽市场准入，企业开办实现“一日办结”，达到全国先进水平；统筹资金及引导金融信贷等，采取“银税互动”解决民营企业融资难题；出台降成本、激活力的政策措施，减轻企业负担，激发企业活力。二是持续加强职业技能培训、培育创新创业孵化平台，发放创业担保贷款，提高创业积极性。鼓励微商、跨境电商等新兴产业的发展，拉动三产收入持续增加。

农村居民人均经营净收入 5619 元，同比增长 4.2%。其中：第一产业经营净收入增速小幅回升。林业净收入同比增长 21.1%，主要是八角、玉桂等林产品价格大幅上涨；农业、牧业净收入减幅比上年收窄，主要是“双高”甘蔗种植面积扩大，荔枝、龙眼、芒果等南方水果价格上涨，生猪出售价格受猪瘟影响大幅上涨。第二第三产业收入保持较快增长，同比分别增长 24.3%和 10.2%。二三产业收入主要来源于建筑、餐饮、批发零销及旅游等行业。

（三）财产净收入增长 6.1%。

2019 年，广西居民人均财产净收入 1528 元，同比增长 6.1%，增速比上年回落 16.8 个百分点。

城镇居民人均财产净收入 2932 元，同比增长 1.5%。主要原因：一是随着房价的上涨，私房房租和商铺租金收入均有所提高。城镇居民人均出租房屋净收入和房屋虚拟租金收入同比增长 1.4%和 1.2%。二是电子理财产品的普及便利了财产的保值增值，可供城镇居民家庭选择的理财方式增多，理财渠道进一步拓宽。

农村居民人均财产净收入 340 元,同比增长 41.0%。增收亮点是:一是租金收入高速增长。各地大力发展合作社、引进农业龙头企业,土地需求增长、供应增加以及租金上涨促进土地租金收入增长;青壮年劳动力外出从业,空置耕地增加,促使农村居民将其外租获利。农村居民人均转让承包土地经营权租金净收入同比增长 66.3%;乡村旅游的发展使企业或合作社租赁村民房屋做民宿,带动房屋租金收入上涨,农村居民人均出租房屋净收入同比增长 51.4%。二是红利收入稳步增长。随着广西农村地区合作社和村集体经济的发展,农村居民红利收入增加。

(四)转移净收入增长 11.4%。

2019 年,广西居民人均转移净收入 4853 元,同比增长 11.4%,增速比上年回落 0.3 个百分点。

城镇居民人均转移净收入 6503 元,同比增长 10.8%。一是城乡居民基本养老保险基础养老金标准由每人每月 90 元提高至 116 元,建立了城乡居民基础养老金正常调整机制。二是企业和机关事业单位退休人员的基本养老金水平较上年提高 5%左右,惠及全区 258 万余人,月人均增资 149.5 元。三是居民最低生活保障标准提高,保障标准从 590 元/月提高至 666 元/月,平均补助水平由每人每月 350 元提高至 405 元。四是医疗保障体系建设稳步推进,提高医疗保险补助标准和报销比例。五是个人所得税改革稳步推进,通过上调起征点、设立专项附加扣除、调整优化税率结构等,使纳税人的税负普遍得到降低,转移性支出减少。

农村居民人均转移净收入 3458 元,同比增长 11.2%。一是提高城乡居民养老金。农村居民人均社会救济和补贴收入 295 元,同比增长 30.7%;人均政策性生活补贴 145 元,同比增长 33.0%。二是脱贫攻坚政策性补贴及时发放。受危旧住房改造政策、汽车下乡以及家电以旧换新补贴政策刺激,农村地区购建房、购买汽车家电等耐用消费品费用增长,促使在外务工人员寄带回收入以及分家子女赡养收入同比增长 9.0%和 14.5%。

三、2019 年居民消费支出增长特点

2019 年,广西居民人均消费支出 16418 元,同比增加 1484 元,增长 9.9%,增速比全国高 1.3 个百分点,比 2018 年降低 1.4 个百分点。其中城镇居民人均消费支出 21591 元,同比增长 7.1%;农村居民人均消费支出 12045 元,同比增长 13.5%,增速比城镇居民高 6.4 个百分点。

表 3　2018—2019 年广西居民消费支出情况

指　　标	2019 年			2018 年		
	水平(元)	增速(%)	构成(%)	水平(元)	增速(%)	构成(%)
居民消费支出	16418	9.9	100.0	14935	11.3	100.0
1. 食品烟酒	5031	10.7	30.6	4546	3.1	30.4
2. 衣着	648	5.1	3.9	617	9.2	4.1
3. 居住	3493	6.9	21.3	3269	12.4	21.9
4. 生活用品及服务	944	5.1	5.8	898	17.8	6.0
5. 交通通信	2385	10.9	14.5	2150	14.5	14.4
6. 教育文化娱乐	2007	11.6	12.2	1799	13.4	12.0
7. 医疗保健	1616	18.4	9.8	1365	26.9	9.1
8. 其他用品及服务	294	0.8	1.8	292	23.1	2.0

（一）消费水平稳步提升，消费结构稳定。

从增速情况来看，广西居民人均消费支出呈现全面上升的特点。其中医疗保健、教育文化娱乐、交通通信和食品烟酒支出增速均超过两位数，同比分别增长 18.4%、11.6%、10.9%和 10.7%。从拉动力来看，食品烟酒和医疗保健支出分别拉动消费增长 3.3 和 1.7 个百分点，是促进居民消费增长的主要动力。

从支出结构来看，食品烟酒和居住消费仍是居民消费的主要组成部分，占消费的比重分别为 30.6%和 21.3%，合计占比超 5 成；其次是交通通信消费和教育文化娱乐，分别占比 14.5%和 12.2%；医疗保健消费占比 9.8%；生活用品及服务和衣着消费占比分别为 5.8%和 3.9%；其他用品及服务消费占比 1.8%。消费构成基本稳定，医疗保健支出比重上升较快，提高了 0.7 个百分点，居住支出比重下降了 0.6 个百分点，其余各项消费比重较 2018 年变化不大。

（二）食品支出稳定增长，消费更注重品质营养。

2019 年，广西居民人均食品烟酒支出为 5031 元，同比增长 10.7%，其中食品支出为 3774 元，同比增长 7.9%。随着生活水平的逐渐提高，居民对于饮食消费的支出需求日益增长。食品消费需求趋于健康品质化，在吃得好的同时还要选择营养和保健，带动了干鲜瓜果类、豆类、蔬菜和食用菌等消费的增长，人均干鲜瓜果类、豆类、蔬菜和食用菌消费同比分别增长 5.2%、9.3%和 9.1%。在非洲猪瘟疫情的影响下，猪肉等肉类价格上涨明显，肉类消费减少，肉类替代品消费增长，人均肉类消费同比下降 5.1%，人均禽类、水产品、蛋类消费同比分别增长 46.0%、38.5%和 12.8%。

（三）医疗保健消费领跑，制度变革是最大推动力。

2019 年广西居民人均医疗保健支出 1616 元，同比增长 18.4%。其中医疗器具及药品类消费同比下降 11.2%，医疗服务类消费同比增长 28.6%，占医疗保健消费支出的 80.8%，是医疗保健消费的主要来源。医疗保健消费支出的上涨，一方面由于居民医疗保健意识不断增强，越来越多人由被动就医转变为主动预防，健康体检和相关医疗保健支出快速增长；另一方面由于医疗保障体系建设稳步推进，提高城乡居民医保财政补助标准、异地就医直接结算、大病保险待遇对困难群众倾斜等，加上取消药品加成、提升医疗机构服务价格和服务便捷度等多重因素的共同推动，对全体居民医疗保健消费起到较大促进作用，居民报销医疗费所得也相应有了较大幅度的增长。

（四）服务性消费成为新晋消费增长点。

收入增长带来居民消费升级，服务性消费比重随之上升。2019 年广西城镇居民人均服务性消费支出 6996 元，同比增长 12.7%，占消费支出的比重为 42.6%，同比提高了 1.0 个百分点。服务性消费热点也在逐一呈现：外出就餐和外卖服务方便快捷，食品烟酒支出中的饮食服务支出同比增长 25.6%；家庭清洁、保姆服务走进千家万户，生活用品及服务中的家政服务支出同比增长 19.2%；旅游、健身私人订制服务逐渐流行，教育文化娱乐服务支出同比增长 12.3%；人们追求时尚和个性化，用于满足日常生活需要的美发、化妆品等其他用品及服务支出同比增长 2.4%。

（执笔人：国家统计局广西调查总队　李兰澜　陆海）

海南居民收支与生活状况报告

2019年，海南省委省政府高度重视居民增收问题，克服非洲猪瘟、槟榔价格下跌等不利因素的影响，持续加大脱贫攻坚和民生投入力度，出台多项惠农惠民政策并落实到位，促进海南居民收入实现稳步增长，消费支出增长较快，生活质量持续改善。

国家统计局海南调查总队住户调查数据显示，2019年海南居民人均可支配收入(以下简称收入)为26679元，同比名义增长8.5%，扣除价格因素实际增长5.0%，其中：城镇居民人均可支配收入36017元，同比名义增长8.0%，扣除价格因素实际增长4.7%；农村居民人均可支配收入15113元，同比名义增长8.0%，扣除价格因素实际增长3.9%(以下如无特别说明，均指名义增速)。

一、2019海南居民收入主要亮点

(一)居民收入增长和经济基本同步。

2019年，全省GDP增速为5.8%，人均GDP增速为4.7%。海南居民人均可支配收入实际增速为5.0%，高于人均GDP增速0.3个百分点，居民收入和经济同步增长，居民在经济增长中的获得感有所增强。

(二)增收成效显著，人均收入增量创近十年新高。

2019年，海南居民人均收入同比增长8.5%，比上年增加了2100元，虽然增速有所回落，但是增量创下自2010年以来的新高，是近十年增收成效最高的一年。

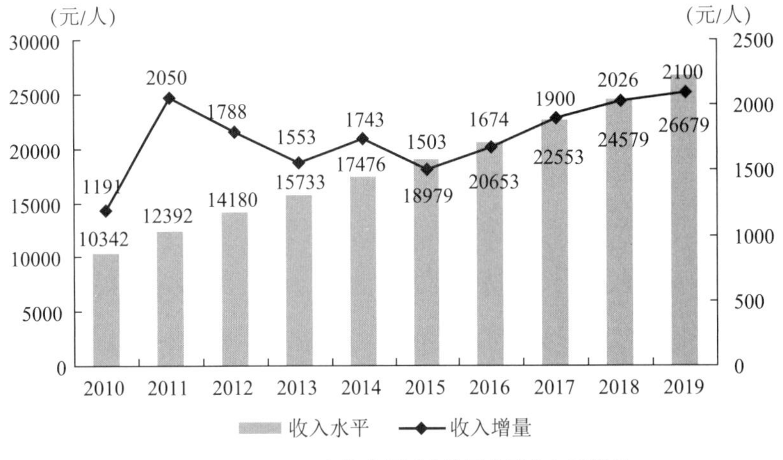

图1 2010—2019年海南居民人均可支配收入及增量

(三)城乡居民收入差距优于全国平均。

2019年海南省城乡居民收入比值为2.38，城乡居民收入比小于全国平均水平(2.64)。

（四）农村居民收入提前实现翻番，全体城乡居民收入实现翻番可期。

2019年海南省居民收入比2010年增长了157.0%，以扣除价格因素的可比价计算，2011—2019年海南居民收入比2010年累计实际增长了98.7%，其中，农村居民收入比2010年累计实际增长了106.6%，提前实现收入翻番目标。经测算，2020年海南居民收入实际增幅在1.1%以上即可在2020年实现收入翻番目标。

二、海南居民主要收入来源和影响因素

从收入构成来看，2019年海南居民四大项收入均呈增长的态势，其中：人均工资性收入15581元，同比增长8.9%，占可支配收入的比重为58.4%；人均经营净收入4598元，增长3.0%，占可支配收入的比重为17.2%；人均财产净收入2039元，增长7.9%，占可支配收入的比重为7.6%；人均转移净收入4463元，增长13.8%，占可支配收入的比重为16.7%。

分城乡看，城镇居民人均工资性收入、经营净收入、财产净收入和转移净收入分别增长7.2%、6.7%、6.5%和12.9%。农村居民人均工资性收入、经营净收入、财产净收入和转移净收入分别增长12.6%、1.0%、11.5%和14.3%。（详见表1）

表1 2018—2019年海南居民人均可支配收入情况

指标	2019年		2018年		2019年比2018年±		增长贡献率
	水平（元）	构成（%）	水平（元）	构成（%）	水平（元）	增速（%）	（%）
全体居民							
可支配收入	26679	100.0	24579	100.0	2100	8.5	100.0
1. 工资性收入	15581	58.4	14306	58.2	1274	8.9	60.7
2. 经营净收入	4598	17.2	4462	18.2	136	3.0	6.5
3. 财产净收入	2039	7.6	1890	7.7	149	7.9	7.1
4. 转移净收入	4463	16.7	3921	16.0	541	13.8	25.8
城镇居民							
可支配收入	36017	100.0	33349	100.0	2668	8.0	100.0
1. 工资性收入	23059	64.0	21506	64.5	1553	7.2	58.2
2. 经营净收入	3574	9.9	3349	10.0	226	6.7	8.5
3. 财产净收入	3456	9.6	3244	9.7	212	6.5	7.9
4. 转移净收入	5927	16.5	5249	15.7	678	12.9	25.4
农村居民							
可支配收入	15113	100.0	13989	100.0	1124	8.0	100.0
1. 工资性收入	6317	41.8	5611	40.1	705	12.6	62.7
2. 经营净收入	5865	38.8	5806	41.5	59	1.0	5.3
3. 财产净收入	283	1.9	254	1.8	29	11.5	2.6
4. 转移净收入	2648	17.5	2318	16.6	331	14.3	29.4

从居民增收的主要影响因素来看，主要有以下几点：

(一)工资性收入是海南居民增收的主要驱动力。

作为收入主体，工资性收入的稳步提升有力推动了居民收入的增长。2019年，海南居民人均工资性收入为15581元，同比增长8.9%，对收入增长的贡献率达60.7%，在四大项收入中贡献率最大，是海南居民收入增长的主要驱动力。

从影响因素看，2019海南社会就业整体稳定，全年城镇新增就业人数14.49万人，比上年增加了1.65万人，在岗职工工资延续稳步增加态势。城镇化进程不断推进，农村富余劳动力向受益更高的非农就业转移增加，农村外出务工和本地务工工资也保持增长的态势。据农民工调查数据显示，2019年海南农民外出从业人数同比增长4.7%，外出从业人员月人均收入3235元，增长8.8%。

同时，2019年以来海南出台多项政策性增资，全省各市县均实施并发放机关事业单位人员绩效奖励工资，促进机关事业单位人员工资收入较快增长。

(二)家庭经营净收入稳定增长，增速回落明显。

从海南居民家庭经营情况来看，2019年海南居民家庭人均经营净收入为4598元，同比增长3.0%，对可支配收入增长的贡献率为6.5%。

从增速上看，增速虽然处于平稳区间，但增速回落比较明显。和上年相比，增速回落了1.1个百分点，尤其是第三产业，2019年第三产业人均经营净收入增长5.6%，比上年回落了3.4个百分点。从分产业来看，行业之间的差异较为显著。第一产业小幅下降，二、三产业发展平稳。

分城乡看：

城镇方面，城镇居民人均经营净收入为3574元，同比增长6.7%。第三产业经营是城镇家庭经营收入的主要来源。2019年社会商品交易总体平稳，城镇社会商品零售总额同比增长5.1%，全年接待游客总人数增长13.6%，这都促进了城镇居民家庭第三产业经营持续发展。

农村方面，农村居民人均经营净收入为5865元，同比增长1.0%。2019年海南农村居民第一产业经营净收入增长季度之间的波动较大(一季度、上半年、前三季度和全年增速分别为6.1%、7.6%、7.1%和0.5%)。主要原因是：2019年以来，海南农村生产经营形势复杂，一是爆发了非洲猪瘟疫情，对海南农民生猪养殖产业造成较大冲击。二是农产品生产价格波动较大，行业分化比较明显。2019年，海南农产品价格指数低开高走然后回落，一季度冬季瓜菜开局不利，价格低迷，进入二季度后蔬菜、热带水果等价格飙升，四季度生猪价格开始大幅上涨，带动全年海南农产品价格整体上涨9.2%。从行业分化上看，牧业产品价格一枝独秀，农业产品小幅上涨。但四季度槟榔等影响海南农民收入比较大的主要农产品价格下跌明显，林业产品价格持续低迷，渔业产品价格经过多年的较快上涨后略有回落，所以全年第一产业经营净收入增速较慢。

非农经营方面，2019年海南农村居民非农经营净收入增长2.0%，高于第一产业经营净收入增速。主要原因是随着美丽乡村、特色小镇的建设和居民对生活品质追求的提升，乡村自驾休闲旅游等带动了农村家庭第三产业经营的活力，促进农民非农经营增收。但乡村旅游等发展经营过了爆发期后增速趋缓。

（三）转移净收入增长最快，对居民增收作用增强。

2019 年海南居民人均转移净收入为 4463 元，同比增长 13.8%，四大项收入中增速最快，对居民收入增长的贡献率为 25.8%，贡献率仅次于工资性收入，其中转移性收入 5801 元，同比增长 11.7%。分城乡看，城镇居民转移净收入增长 12.9%，农村居民该项收入增长 14.3%。

从影响因素来看：

城镇方面，养老金和离退休金是城镇居民转移性收入增长的主要影响因素。受离退休人数增加、企事业单位养老金和离退休金标准提高和行政事业单位离退休人员政策性增资等多重因素影响，2019 年海南城镇居民养老金和离退休金同比增长 9.0%，带动城镇居民转移性收入较快增长。同时个人所得税改革降低了海南居民的转移性支出，2019 年海南城镇居民个人所得税支出同比下降 33.7%，对提升居民转移净收入的作用十分明显。

农村方面，2019 年海南省惠农支农政策力度加大，特别是四季度，落实发放了“非洲猪瘟”扑杀补贴，财政惠农资金大幅增长，农村居民转移净收入增速加快，全年增速比前三季度提升了 3.5 个百分点。

（四）多因素促财产净收入平稳增长。

2019 年海南居民人均财产净收入为 2039 元，同比增加 149 元，增长 7.9%，对居民增收的贡献率为 7.1%，增长的主要原因：

城镇居民方面，增长的主要原因是房价、租金上涨的驱动。农村居民方面，由于农村土地流转加快，农民来自转让承包土地经营权租金净收入以及农村集体土地出租后分配的红利增加较快，使得农民财产净收入较快增长。

三、海南居民消费支出增长快于收入，生活质量持续改善

随着收入的持续增加，海南居民人均消费支出呈现较快增长态势，2019 年人均消费支出 19555 元，同比增长 11.6%，增速快于收入 3.1 个百分点。按常住地分，城镇居民人均消费支出 25317 元，同比增长 10.2%，增速快于收入 2.2 个百分点；农村居民人均消费支出 12418 元，同比增长 13.3%，增速快于收入 5.3 个百分点。

按消费类别分，2019 年，食品烟酒类消费仍是海南居民最大的支出项目，人均支出 7122 元，占消费支出的比重（恩格尔系数）为 36.4%，居住、交通通信、教育文化娱乐方面的消费支出位居二至四位，人均分别支出 4110 元、2578 元和 2413 元，占消费支出的比重依次为 21.0%、13.2% 和 12.3%。

表 2　2019 年海南居民消费支出表

指　　标	2019 年		2018 年		2019 年比 2018 年±	
	水平（元）	构成(%)	水平(元)	构成(%)	水平(元)	增速(%)
居民消费支出	19555	100.0	17528	100.0	2026	11.6
1. 食品烟酒	7122	36.4	6552	37.4	570	8.7
2. 衣着	698	3.6	656	3.7	42	6.4
3. 居住	4110	21.0	3744	21.4	366	9.8
4. 生活用品及服务	933	4.8	827	4.7	106	12.8
5. 交通通信	2578	13.2	1919	10.9	659	34.3
6. 教育文化娱乐	2413	12.3	2185	12.5	228	10.4
7. 医疗保健	1294	6.6	1236	7.1	58	4.7
8. 其他用品及服务	406	2.1	409	2.3	−3	−0.7

(一)恩格尔系数继续下降。

2019 年，海南居民恩格尔系数为 36.4%，比上年下降了 1.0 个百分点，从图 2 可以看出，2013—2019 年恩格尔系数整体上呈现下降的趋势，六年下降了 3.5 个百分点，平均每年下降 0.59 个百分点。

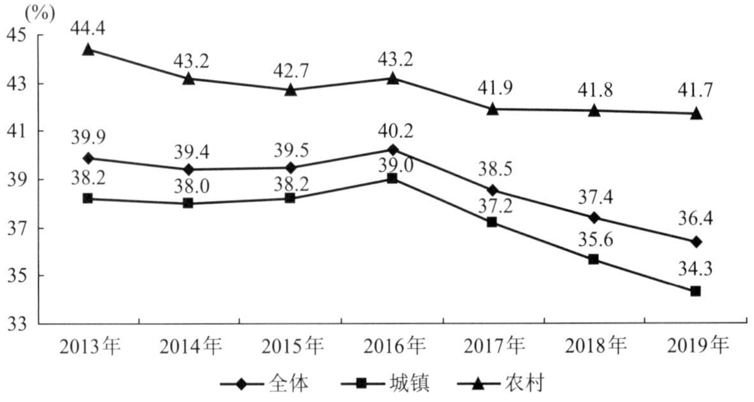

图 2　2013—2019 年海南居民恩格尔系数

(二)服务性消费支出快速增长，占比提升。

2019 年，海南居民人均服务性消费支出 8917 元，同比增长 12.9%，增速高于人均消费支出增速 1.3 个百分点。从居民服务性消费结构看，海南居民人均饮食服务(含在外饮食、食堂就餐和食品加工费)支出增长 8.8%，居住服务支出增长 10.1%，教育文化娱乐服务支出增长 20.1%，医疗服务支出增长 5.7%，包含旅馆住宿、美容美发等在内的其他服务支出增长 23.4%。

服务性消费支出快速增长的主要原因是随着收入水平不断提高，城乡居民消费观念提升，更加注重发展型、享受型消费，尤其更加注重教育和健康方面的投入；同时，国家大力推进城乡居民医保并轨和异地就医直接结算等惠民措施，这些因素促进在外饮食、居住服务、教育文化娱乐服务、医疗服务等服务性消费实现较快增长。

(三)居住环境进一步改善，居民生活水平进一步提高。

居住条件进一步改善。2019 年，海南居民人均现住房建筑面积 33.9 平方米，同比增长了 4.5%。有安全饮用水的户比重达 97.5%，比上年提升 0.9 个百分点；无饮水困难的户 98.5%，比上年提升 2.0 个百分点；91%的住户住宅外道路路面是水泥或柏油路面，比上年提升 0.8 个百分点；有 95.2%的住户拥有水冲式厕所，比上年提升 2.3 个百分点。

耐用消费品拥有量继续增加。2019 年海南居民家庭每百户拥有家用汽车 29 辆，比上年增长 9.8%，拥有助力车 97 辆，增长 25.3%；居民拥有空调、热水器、洗衣机、电冰箱等用于改善居住条件的电器数量也呈现不同程度的增多，百户拥有量分别为 127 台、88 台、74 台和 92 台，分别增长 16.4%、5.7%、7.3%和 5.2%，部分家庭还购置了洗碗机等新兴厨电产品。

四、问题和建议

（一）海南居民收入和全国平均差距仍比较明显，赶超全国难度较大。

2019 年，全国居民人均收入增长 8.9%，其中城镇居民收入增长 7.9%，农村居民收入增长 9.6%。海南全体、城镇、农村居民收入增速分别比全国慢 0.4、快 0.1 和慢 1.6 个百分点，收入水平和全国的差距有所扩大。虽然从整体上看，2019 年海南居民收入增速和全国差距并不大，城镇居民收入增速还快于全国，但拉动海南居民 2019 年收入增长的因素中，发放机关事业单位绩效工资、离退休人员一次性生活补贴、提高离退休金标准、扶贫资金转移力度加大等政策性因素和房价上涨推动房屋出租价格上涨等占据主导地位，而经济下行压力下社会就业和薪酬提升、家庭经营收入等增长较为乏力。

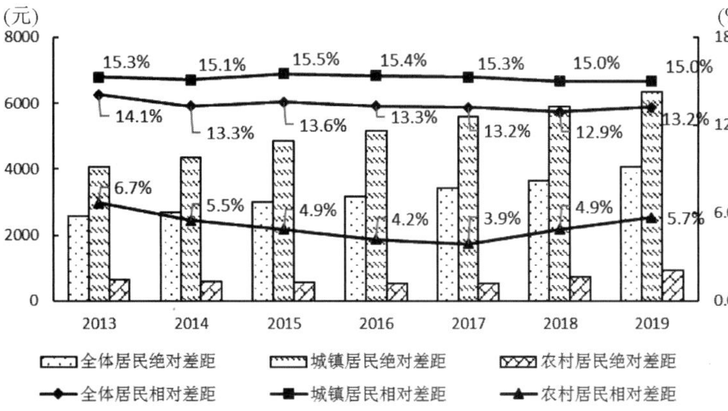

图 3　2013—2019 年海南居民人均可支配收入与全国差距

表 3　2013—2019 年海南居民人均可支配收入与全国对比

年　份	全体居民				城镇居民				农村居民			
	全国水平（元）	海南水平（元）	绝对差距（元）	相对差距（%）	全国水平（元）	海南水平（元）	绝对差距（元）	相对差距（%）	全国水平（元）	海南水平（元）	绝对差距（元）	相对差距（%）
2013 年	18311	15733	2578	14.1	26467	22411	4056	15.3	9430	8802	628	6.7
2014 年	20167	17476	2691	13.3	28844	24487	4357	15.1	10489	9913	576	5.5
2015 年	21966	18979	2987	13.6	31195	26356	4839	15.5	11422	10858	564	4.9
2016 年	23821	20653	3168	13.3	33616	28453	5163	15.4	12363	11843	520	4.2
2017 年	25974	22553	3421	13.2	36396	30817	5579	15.3	13432	12902	530	3.9
2018 年	28228	24579	3649	12.9	39251	33349	5902	15.0	14617	13898	719	4.9
2019 年	30733	26679	4053	13.2	42359	36017	6342	15.0	16021	15113	908	5.7

如表3和图3，总体上看，2013—2019年海南居民收入和全国的相对差距有所缩小，说明近年来海南居民收入增速总体上快于全国，但是绝对差距有所扩大，说明海南居民收入增速领先全国的幅度还不够大，后发优势发挥还不够显著。据测算，按照目前全国居民的收入增速，海南居民收入增速大约要快于全国1.3个百分点以上才能实现绝对收入差距和全国缩小的目的，难度较大。

经济发展活跃度不够，就业不够充分，是海南居民收入和全国差距比较大的主因。2018年[①]全国平均每一从业人口负担人数(包括就业者本人)为1.9人，海南则为2.0人，相差了0.1人，按照全国平均水平算，海南将在现有基础上净增24万左右的就业人口，据测算，可为海南居民人均增加收入1000元左右，可明显缩小和全国的差距。

所以，如何借势自由贸易试验区、自由贸易港建设，优化营商环境，激活地区经济发展活力，提高居民就业水平，激发居民收入增长的内生动力是促进海南居民持续增收的关键。

(二)农业生产模式还比较落后，产销环节脱节现象仍较为突出，农业抵御市场波动风险的能力仍显不足。

如前文所述，受非洲猪瘟和农产品价格大幅波动的影响，海南农村居民家庭第一产业经营净收入增速波动十分明显，并呈震荡下行的态势(一季度、上半年、前三季度和全年增速分别为6.1%、7.6%、7.1%和0.5%)。

小农生产经营模式下，农户在市场中无定价话语权，缺乏对冲市场波动风险的手段，农业生产方式、产业结构调整仍需进一步深化，农业规模化、标准化程度仍有待提高；农产品生产者价格和市场消费价格脱节，当部分蔬菜等农产品出现滞销时，市场价格依旧高居不下，仍需加强生产和销售环节的衔接。

农业是农村发展的基石。要继续深化农业产业结构调整，不仅要做“大”，更要“强”海南热带特色农业产业，提高农业经营的稳定性和抗风险能力。要提高海南省农业产品的品质和竞争力，从“增量”到“提质”纵向发展，以国际化的视野推动海南特色农业产业发展。加快农业产业化、规模化、现代化进程，提高农业生产效率和效益，拉长农业生产产业链，提高农业产品附加价值。其次，城镇化和劳动力非农就业转移是农村发展最终出路。推进新型城镇化发展，发展小城镇经济，加大特色风情小镇建设力度，带动乡村旅游发展，促进农村第三产业经营发展和富余劳动力向非农就业转移，提升劳动附加价值，打开居民工资性收入增长空间。

(三)海南居民食品消费支出较大，在一定程度影响居民生活质量提升。

虽然近年来海南居民恩格尔系数下降比较明显，但和全国比较，海南居民恩格尔系数仍显著高于全国平均水平。2019年海南居民恩格尔系数为36.4%，全国仅为28.2%，海南比全国居民高了8.2个百分点，其中，海南城镇、农村分别高于全国平均水平6.7和11.7个百分点，和全国的差距十分明显。

---

① 由于成文时尚未获得全国2019年的数据，故本处用2018年数据进行分析。

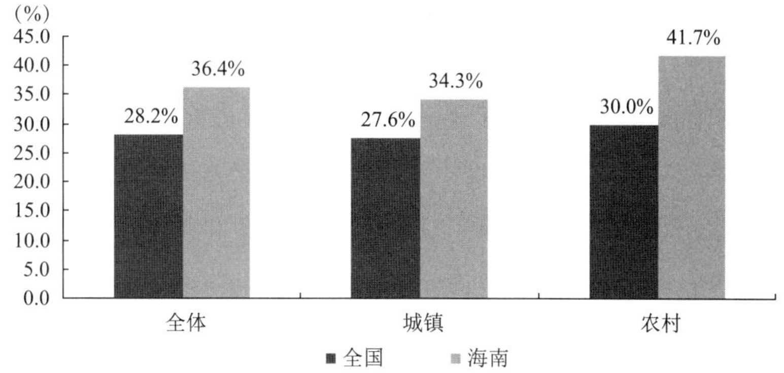

图 4　2019 年海南居民恩格尔系数与全国对比

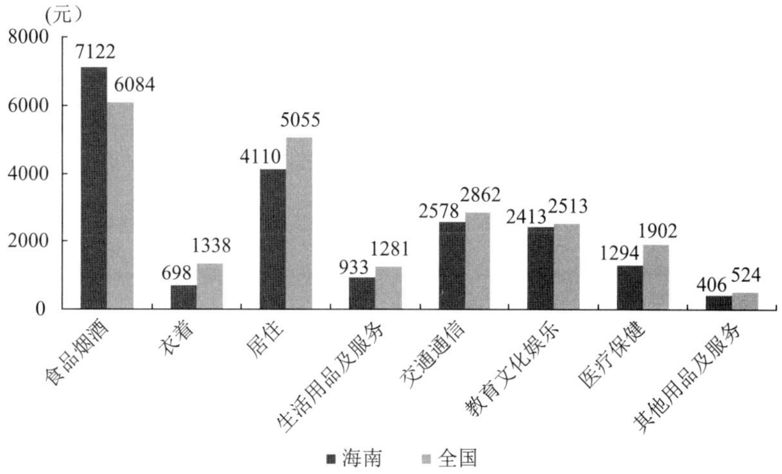

图 5　2019 年海南居民消费支出分项与全国对比

从消费水平上看，2019 年全国居民人均消费支出 21559 元，海南比全国低了 2004 元，但是从图 5 可以看出，在整体消费水平比全国低的情况下，海南人均食品烟酒支出还比全国高了 1038 元，比全国高了 17.1%，其余 7 大项支出均明显低于全国平均水平。

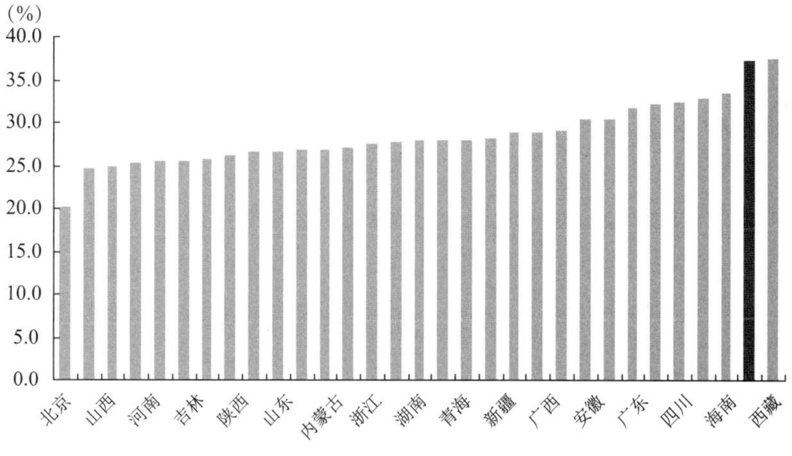

图 6　2018 年全国 31 个省区市居民恩格尔系数对比

从全国范围看，2018[①] 年海南居民在食品烟酒类的支出高居全国第 7 位，而同年人均消费支

① 由于成文时尚未取得全国各省市 2019 年分项消费数据，故本处用 2018 年数据进行分析。

出水平在全国仅排名第15。长期以来,海南居民恩格尔系数居全国第2,仅低于收入水平排全国倒数第一的西藏。

较高的食品烟酒消费支出一方面挤压了居民用于改善生活的其他发展享受型支出,挤压了居民在发展享受型消费的支出,在一定程度上限制了居民生活水平的提高,另一方面也在一定程度上限制了居民在资本形成上的投入,影响了居民财富的积累和再生产投入能力。

海南在食品烟酒类支出较大的原因是多方面的,一方面和海南人的消费习惯有关,另一方面和海南肉、菜等生活必需食品的价格有关。在价格水平已经较高的情况下,价格涨幅也不小(2019年海南居民消费价格上涨3.4%,其中食品上涨10.5%,均明显高于全国),双重因素导致海南居民在食品消费上支出较大。

居民消费价格水平的上涨,会限制居民实际购买能力的提升,也会影响收入翻番目标的实现。2019年海南居民收入名义增长8.5%,但实际增速仅为5.0%。虽然2019年海南向收入翻番目标又迈出了坚实的一步,但2020年还需1.1%的实际增幅才能实现翻番,在最后冲刺的关头,即使是1.1%的实际增速,也需要付出100%的努力。所以在关键的2020年,为了实现全面建成小康社会,除了要大力发展经济,提高居民收入,还需要重点关注物价水平,大力发展"菜篮子"工程,稳定居民消费价格水平,尤其是食品价格水平。

(执笔人:国家统计局海南调查总队 廖忠芳)

重庆居民收支与生活状况报告

2019年，重庆市坚持以习近平新时代中国特色社会主义思想为指导，全面落实习近平总书记对重庆提出的“两点”定位、“两地”“两高”目标、发挥“三个作用”和营造良好政治生态的重要指示要求，坚持稳中求进工作总基调，深入贯彻新发展理念，落实高质量发展要求，持续打好“三大攻坚战”，统筹推进稳增长、促改革、调结构、惠民生、防风险、保稳定，全市城乡居民收入实现较快增长，消费结构保持持续升级。

一、重庆城乡居民收入实现较快增长

（一）城乡居民收入增长速度略有回升。

据统计，2019年重庆居民人均可支配收入达28920元，比上年增加2535元，同比增长9.6%，增速较上年提高0.4个百分点。其中，城镇居民人均可支配收入达37939元，比上年增加3049元，同比增长8.7%，增速较上年提高0.3个百分点；农村居民人均可支配收入达15133元，比上年增加1352元，同比增长9.8%，增速较上年提高0.8个百分点。

从绝对量排位来看，重庆居民人均可支配收入在全国各省区市排第11位，在西部各省区市排第2位。其中，城镇、农村居民人均可支配收入在全国分别位居第12、17位，在西部各省区市排名均为第2位。

从增速排位来看，重庆全体、城镇、农村居民人均可支配收入增速在全国各省区市分别位居8、6、11位，在西部各省区市分别位居5、4、9位。

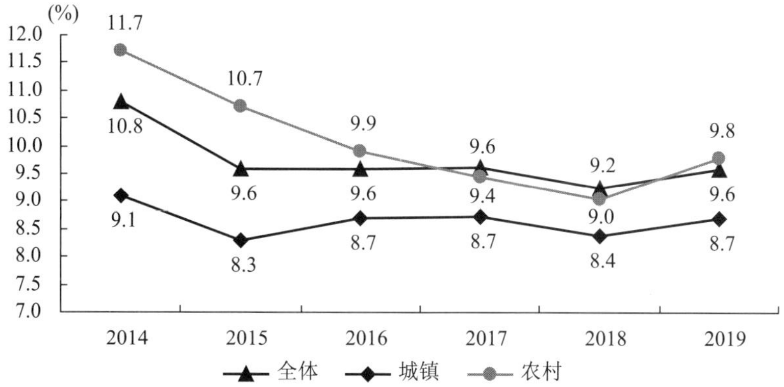

图1　2014—2019年重庆居民人均可支配收入增速

（二）重庆城乡居民收入与全国差距较上年进一步缩小。

与全国比，重庆居民人均可支配收入绝对额达到同期全国平均水平的94.1%，较上年提高0.6个百分点。其中，城镇居民人均可支配收入绝对额达到同期全国平均水平的89.6%，较上年提高0.7个百分点；农村居民人均可支配收入绝对额达到同期全国平均水平的94.5%，较上年提高0.2个百分点。

表1 2018—2019年重庆居民人均可支配收入与全国对比

年份	全体居民				城镇居民				农村居民			
	全国水平（元）	重庆水平（元）	绝对差距（元）	相对差距（%）	全国水平（元）	重庆水平（元）	绝对差距（元）	相对差距（%）	全国水平（元）	重庆水平（元）	绝对差距（元）	相对差距（%）
2018年	28228	26386	1842	93.5	39251	34889	4362	88.9	14617	13781	836	94.3
2019年	30733	28920	1813	94.1	42359	37939	4420	89.6	16021	15133	888	94.5

（三）城乡居民收入相对差距继续缩小，绝对差距仍然较大。

从城乡居民收入倍差来看，重庆城乡居民收入相对差距进一步缩小。2019年重庆城乡居民收入倍差为2.51∶1，同比下降0.02，倍差比2013年下降0.21。需要注意的是，在相对差距继续缩小的同时，绝对差距仍然保持扩大的趋势。2019年重庆城镇居民人均收入比农村高22806元，差距同比扩大了1697元。

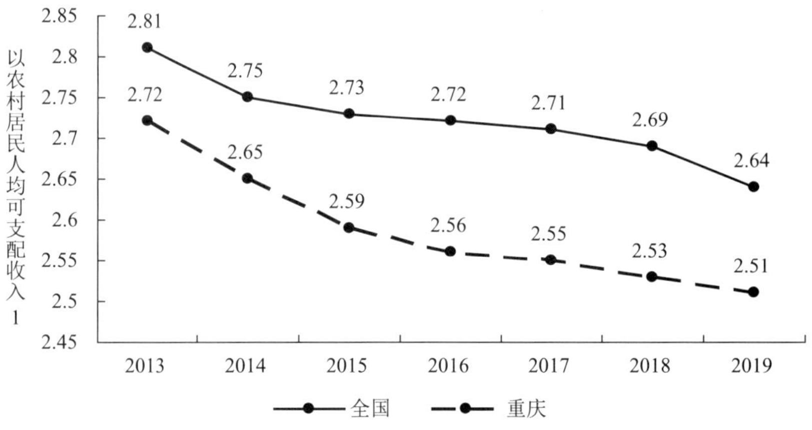

图2 2013—2019年重庆城乡居民收入比与全国对比

（四）全体居民工资性收入占比过半，增速和贡献率居首位。

从收入占比来看，全体居民工资性收入占可支配收入的比重过半。2019年，重庆居民人均工资性收入、经营净收入、财产净收入、转移净收入占人均可支配收入的比重分别为53.5%、16.2%、6.2%、24.1%。其中，人均工资性收入比重再次提高，较上年提高0.7个百分点。

从增速来看，工资性收入增速最高，转移净收入增速有所下降。2019年，重庆居民人均工资性收入、经营净收入、财产净收入、转移净收入同比分别增长11.1%、8.9%、8.7%、7.1%，增速分别比上年提高0.6、1.6、0.6和降低1.1个百分点。

从贡献率来看，工资性收入拉动居民增收的贡献率最大。2019年，重庆居民人均工资性收入、经营净收入、财产净收入、转移净收入对居民增收的贡献率分别为61.0%、15.2%、5.6%、18.1%，分别拉动收入增长5.9、1.5、0.5、1.7个百分点。

表 2　2019 年重庆居民人均可支配收入情况

指　　标	2019 年水平（元）	构成（%）	2018 年水平（元）	2019 年比 2018 年增加（元）	增速（%）	贡献率（%）	拉动增长（%）
可支配收入	28920	100.0	26386	2535	9.6	100.0	9.6
1. 工资性收入	15475	53.5	13928	1547	11.1	61.0	5.9
2. 经营净收入	4697	16.2	4311	385	8.9	15.2	1.5
3. 财产净收入	1792	6.2	1649	143	8.7	5.6	0.5
4. 转移净收入	6957	24.1	6497	460	7.1	18.1	1.7

（五）城乡居民收入结构差异较大。

工资性收入为城镇居民主要增收来源。从比重来看，城镇居民人均工资性收入占可支配收入的比重为 58.3%，这一比重比上年提高 0.8 个百分点。从贡献率来看，城镇居民人均工资性收入对居民增收的贡献率为 67.7%，其他三类收入贡献率均不超过 15%。

农村居民增收来源较为丰富。具体来看，农村居民人均工资性收入、经营净收入、转移净收入占可支配收入的比重分别为 35.1%、34.4%、28.0%，对居民增收的贡献率分别为 34.7%、29.3%、33.6%。财产净收入占比和贡献率均为 2.4%，对农村居民增收影响较小。

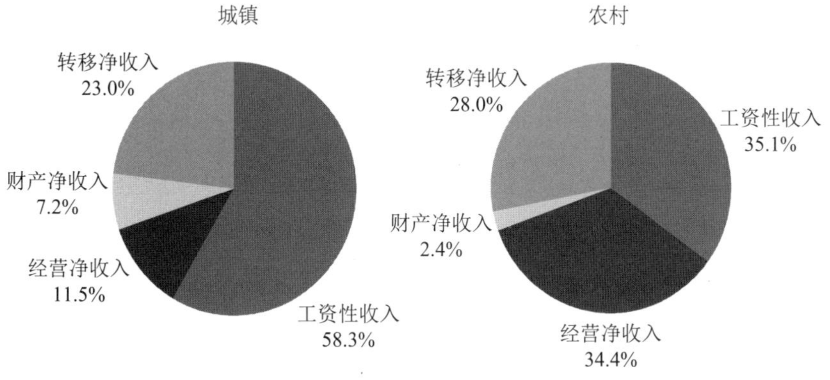

图 3　重庆分城乡居民人均可支配收入结构

二、重庆城乡居民消费结构持续升级

（一）城乡居民消费水平持续提升。

2019 年，重庆全体、城镇、农村居民人均消费支出分别为 20774 元、25785 元、13112 元，同比分别增长 7.9%、6.8%、9.5%，分别相当于全国平均水平的 96.4%、91.9%、98.4%。从排位来看，重庆全体、城镇、农村居民人均消费支出绝对额在全国各省区市分别排在第 10、12、13 位，在西部各省区市分别排在第 1、1、3 位，增速在全国分别排在第 18、19、15 位，在西部分别排在第 8、8、7 位。可以看出，在西部各省区市中，重庆居民消费水平位居前列。

（二）医疗保健支出增长较快，城镇居民更注重教育支出。

分类来看，八大类消费支出中，重庆居民医疗保健、其他用品及服务、教育文化娱乐、居住消费支出增长相对较快。2019 年，重庆居民医疗保健、其他用品及服务、教育文化娱乐、居住消费支

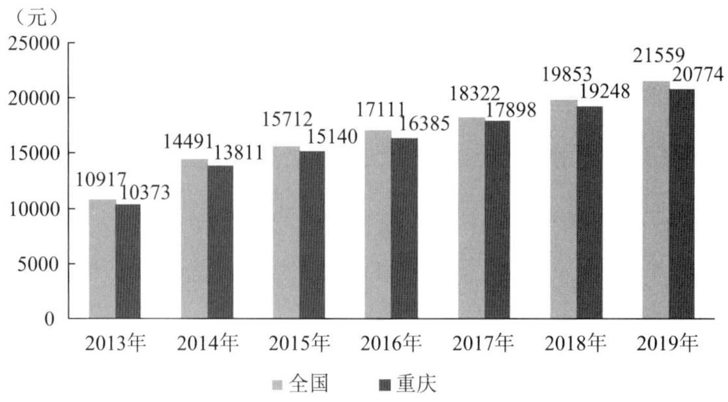

图 4　2013—2019 年重庆与全国居民消费支出情况

出同比分别增长 16.0%、13.2%、10.7%、10.1%。分城乡来看，城镇居民医疗保健、教育文化娱乐、其他用品及服务消费支出同比分别增长 14.8%、11.8%、10.8%，农村居民其他用品及服务、医疗保健、居住消费支出同比分别增长 20.3%、17.4%、10.0%。其中，城镇居民教育支出同比增长 19.7%，增速比农村高 14.7 个百分点。

（三）食品烟酒对农村居民消费增长拉动较大，教育文化娱乐对城镇贡献更大。

从对消费增长的贡献来看，重庆城乡居民消费增长的支撑因素略有不同。具体来看，全体居民消费增长主要得益于食品烟酒、居住、医疗保健的支撑，三者贡献率分别为 29.2%、23.1%、17.4%，分别拉动全体居民消费支出增长 2.3、1.8、1.4 个百分点；城镇居民消费增长主要得益于食品烟酒、居住、教育文化娱乐、医疗保健的支撑，贡献率分别为 26.8%、25.1%、18.7%、18.7%，分别拉动城镇居民消费支出增长 1.8、1.7、1.3、1.3 个百分点；农村居民消费增长主要得益于食品烟酒、居住、医疗保健的支撑，三者贡献率分别为 34.8%、20.1%、16.5%，分别拉动农村居民消费支出增长 3.3、1.9、1.6 个百分点。食品烟酒对农村居民消费增长的贡献率比对城镇高 8.0 个百分点，教育文化娱乐对农村居民消费增长的贡献率比对城镇低 11.9 个百分点。

（四）城乡居民消费升级持续推进。

从消费类型[①]来看，重庆居民生存型消费比重持续下降，发展型消费比重提高。2019 年，重庆居民人均生存型消费支出 12010 元，同比增长 7.5%，占消费支出的比重为 57.8%，较上年下降 0.3 个百分点；人均发展型消费支出 6080 元，同比增长 10.0%，占消费支出的比重为 29.3%，较上年上升 0.6 个百分点；人均享受型消费支出 2684 元，同比增长 5.4%，占消费支出的比重为 12.9%，较上年下降 0.3 个百分点。

分城乡来看，重庆城镇居民人均生存型、发展型、享受型消费支出分别为 14785 元、7419 元、3582 元，分别占消费支出的比重为 57.3%、28.8%、13.9%，发展型消费支出比重较上年上升 0.8 个百分点，生存型、享受型分别下降 0.4、0.4 个百分点。农村居民人均生存型、发展型、享受型消费支出分别为 7767 元、4033 元、1312 元，分别占消费支出的比重为 59.2%、30.8%、10.0%，享受

① 按照惯例，本文将食品烟酒、衣着和居住类消费定义为生存型消费，将交通通信、教育、医疗保健类消费定义为发展型消费，将生活用品及服务、文化娱乐、其他用品及服务类消费定义为享受型消费。

型消费支出所占比重较上年上升 0.1 个百分点，发展型消费支出下降 0.1 个百分点，生存型消费支出保持持平。

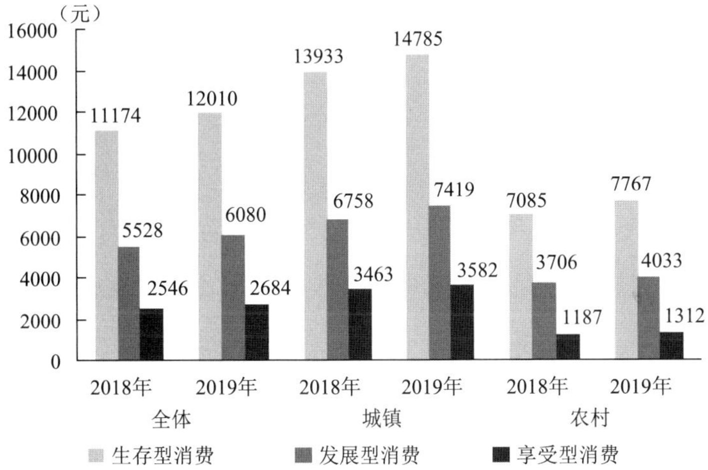

图 5　2019 年重庆居民分类型消费支出情况

三、城乡居民生活品质持续得到提升

(一)城乡居民家庭恩格尔系数持续下降。

2019 年，重庆全体、城镇、农村居民家庭恩格尔系数[①]分别为 32.1%、31.2%、34.9%，其中，全体、城镇居民家庭恩格尔系数分别比上年下降 0.2、0.3 个百分点，农村居民家庭恩格尔系数与上年基本持平。

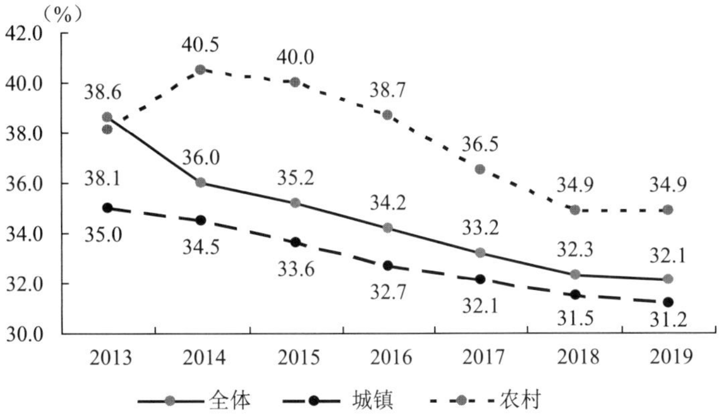

图 6　2013—2019 年重庆居民恩格尔系数变动

(二)农村居民实物性消费仍然具有较大潜力。

随着重庆经济的稳步增长，城乡居民实物性消费基本上得到满足，尤其是农村居民，其耐用消费品拥有量同比增速快于城镇。一是家用汽车拥有量稳步增长。2019 年，重庆居民家庭每百户家用汽车拥有量为 27.0 辆，同比增长 13.8%，其中城镇居民家庭拥有 34.4 辆，农村居民家庭拥有 16.2 辆，分别同比增长 10.9%、22.1%。二是主要家电拥有量仍基本保持增长。城镇居民每百户洗衣机、电冰箱、彩色电视机、空调拥有量分别为 98.8 台、103.0 台、129.9 台、218.5 台，分

① 本文的恩格尔系数是指食品烟酒类消费支出占全部消费支出的比重。

别同比增长0.4%、0.0%、1.2%、4.3%;农村居民每百户洗衣机、电冰箱、彩色电视机、空调拥有量分别为87.8台、105.4台、117.3台、76.5台,分别同比增长6.8%、4.8%、2.5%、16.8%,虽然农村居民“大件”拥有量少于城镇,但其增速均快于城镇。三是提升生活质量“小物”拥有量高速增长。农村居民每百户空气净化器、洗碗机、健身器材、中高档乐器、吸尘器拥有量分别同比增长263.8%、198.5%、162.1%、102.1%、68.6%,均保持高速增长,农村物质性消费仍具有较大潜力。

(三)城镇居民更注重服务性消费。

在满足实物性消费的同时,城乡居民也开始更加注重服务性消费。2019年,重庆居民人均服务性消费支出①为6630元,同比增长18.3%,占同期消费支出的比重为31.9%,较上年上升2.8个百分点。其中,城镇居民人均服务性消费支出为8751元,同比增长19.9%,占同期消费支出的比重为33.9%,较上年上升3.7个百分点;农村居民人均服务性消费支出为3387元,同比增长9.5%,占同期消费支出的比重为25.8%,与上年持平。与农村居民相比,城镇居民服务性消费支出所占比重更大,增长更快,说明城镇居民更注重服务性消费,对享受更多社会服务的需求更强。

四、城乡居民居住环境进一步得到改善

(一)居住条件更加舒适。

2019年,重庆居民人均现住房建筑面积44.1平方米,比上年提高了0.6平方米,其中城镇居民人均面积37.5平方米,比上年提高了1.0平方米;农村居民人均面积54.3平方米,比上年提高了0.4平方米。从居住空间样式来看,重庆居民住单栋楼房或单栋平房的户比重为47.7%,比上年降低1.2个百分点;住单元房的户比重为51.5%,比上年提高1.5个百分点;住筒子楼或连片平房的户比重为0.4%,比上年降低0.2个百分点。从主要建筑材料来看,重庆居民居住在竹草土坯结构住房的户比重为0.4%,比上年降低0.1个百分点,其中农村居民居住在竹草土坯结构住房的户比重为1.0%,比上年降低0.1个百分点。

全体居民使用经过净化处理的自来水户比重为80.4%,比上年提高2.0个百分点,其中农村居民户比重为57.1%,比上年提高3.6个百分点。全体居民获取饮用水无困难的户比重为97.1%,比上年提高0.9个百分点,其中农村居民户比重为94.0%,比上年提高2.4个百分点。全体居民有水冲式卫生厕所的户比重为90.7%,比上年提高12.6个百分点,其中农村居民户比重为79.2%,比上年提高25.2个百分点,厕所革命效果明显。全体居民有洗澡设施的户比重为94.1%,比上年提高2.6个百分点,其中农村居民户比重为87.3%,比上年提高5.7个百分点。

(二)社区基础设施持续改善。

近年来,在社区通公路、通电、通电话、接受有线电视信号基本全面实现的基础上,2019年全体、城镇和农村居民所在社区能便利地乘坐公共汽车的户比重分别为86.0%、98.9%、67.3%,分别比上年提高3.6、2.6、4.6个百分点。全体、城镇和农村社区垃圾能够做到集中处理的户比重

① 不含自有住房折算租金,下同。

分别为 96.9%、99.4%、93.2%，分别比上年提高 2.3、1.0、4.0 个百分点。全体、城镇和农村社区有健身器材的户比重分别为 81.3%、94.1%、62.6%，分别比上年提高 4.7、1.0、9.6 个百分点。全体、城镇和农村社区有绿化园林景观设计的户比重分别为 54.0%、72.7%、26.9%，分别比上年提高 2.2、2.2、1.6 个百分点。

（三）社区基本服务更加完善。

社区的医疗和教育资源也更加完善。2019 年全体、城镇和农村居民所在社区有卫生站（室）的户比重分别为 97.4%、95.6%、100%，分别比上年提高 1.9、3.0、0.3 个百分点，农村社区实现卫生站（室）全覆盖。全体、城镇和农村社区上幼儿园或学前班便利或较便利的户比重分别为 95.7%、100%、89.5%，分别比上年提高 3.5、0.8、7.3 个百分点；全体、城镇和农村社区上小学便利或较便利的户比重分别为 98.6%、100%、96.6%，分别比上年提高 0.2、0.0 和 0.5 个百分点；城镇居民所在的全部社区都可以便利地上幼儿园、学前班或小学。

（执笔人：国家统计局重庆调查总队　罗剑）

四川居民收支与生活状况报告

2019年以来，在省委省政府的坚强领导下，四川上下认真贯彻习近平总书记对四川工作系列重要指示精神，紧扣全面建成小康社会目标任务，全力打好三大攻坚战，推动干支联动全域开放、构建现代产业体系、加强生态文明建设等重点工作，全省经济暨城乡居民增收延续总体平稳、稳中有进的运行态势。2019年，四川居民人均可支配收入为24703元，同比增长10.0%，人均消费支出19338元，同比增长9.5%。其中农村居民人均可支配收入为14670元，同比增长10.0%，人均消费支出14056元，同比增长10.5%；城镇居民人均可支配收入36154元，同比增长8.8%，人均消费支出25367元，同比增长8.0%。

一、2019年四川城乡居民增收主要特点

（一）农村居民增收的主要特点。

1. 从总体看，收入增速持续回升。2019年四川农村居民人均可支配收入为14670元，增长10.0%，增速持续回升，为近三年增速最高值。

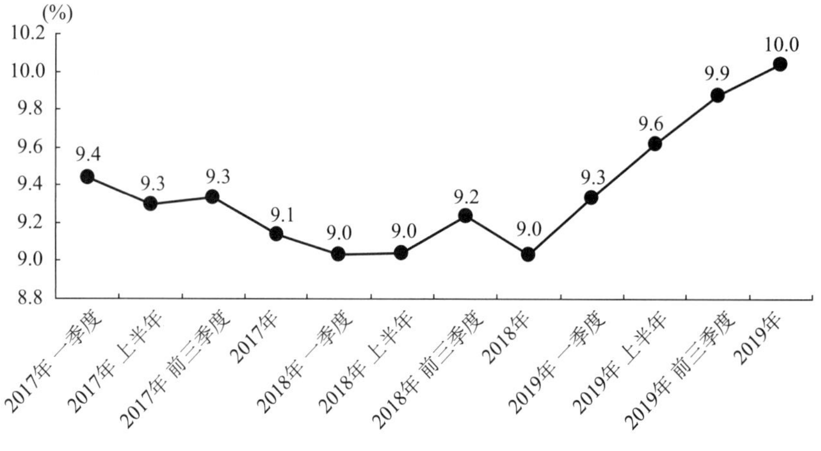

图1　2017—2019年四川农村居民人均可支配收入分季度增长情况

2. 从构成看，收入增长各具特点。

（1）工资性收入平稳增长。2019年以来，全省各级各部门坚持把稳定农民工就业放在突出位置，密切关注中美贸易摩擦对就业影响，积极推进各项稳就业政策措施落实落地，全年全省农民工总量为2165.6万人，较上年增长0.1%，农村劳动力转移就业总量持续高位运行。2019年全省农村居民人均工资性收入4662元，同比增长8.1%，增速较上年提升0.8个百分点。

（2）经营净收入增幅明显回升。全省农业生产稳定发展，粮油总产量稳步增长；农业投资力度持续加大，全年中央及省级财政农业专项投入共计581亿元，较上年增长22.3%；农产品生产

价格总指数逐季上扬，累计同比上涨15.6%，涨幅创十年之最，四大类农产品价格全面上涨，畜牧业产品价格上涨突出。各因素合力推动农村居民经营净收入较快增长，2019年四川农村居民人均经营净收入5641元，同比增长10.2%，增速较上年提升4.1个百分点。

(3)财产净收入增长最快。全省土地“三权分置”工作稳步推进，农村承包土地确权颁证率达到94.3%，耕地流转率超过40%，适度规模经营率达26.7%，农村土地流转收入稳步增加；农村集体资产清产核资工作如期完成，农民合作社、乡村集体经济分红收益持续增加；乡村旅游不断提质增效，全年全省乡村旅游实现总收入3200亿元，共同支撑农民财产净收入快速增长。2019年四川农村居民人均财产净收入456元，同比增长20.3%，为收入增长最快项，增速较上年提升2.6个百分点。

(4)转移净收入持续较快增长。伴随着脱贫攻坚持续发力，城乡居民最低生活保障标准、基本养老金标准持续上调，农村特困人员救助供养工作不断加强，物价补贴发放工作全面落实，农村居民转移净收入呈现持续较快增长。2019年四川农村居民人均转移净收入3910元，同比增长11.0%，增速较上年回落3.9个百分点。

3. 收入占比呈现“两升一降一持平”。从收入四大类占比情况看，经营净收入占比最大，为38.4%，占比与上年持平；工资性收入次之，占比为31.8%，较上年减少0.5个百分点；再者为转移净收入，占比26.7%，较上年提升0.3个百分点；财产净收入占比最小，仅3.1%，但较上年提升0.2个百分点，占比提升势头强劲。农村居民收入构成变化表明随着乡村振兴战略持续推进，四川农村居民家庭财产、转移等占比逐年扩大，收入来源、渠道更趋多元化。

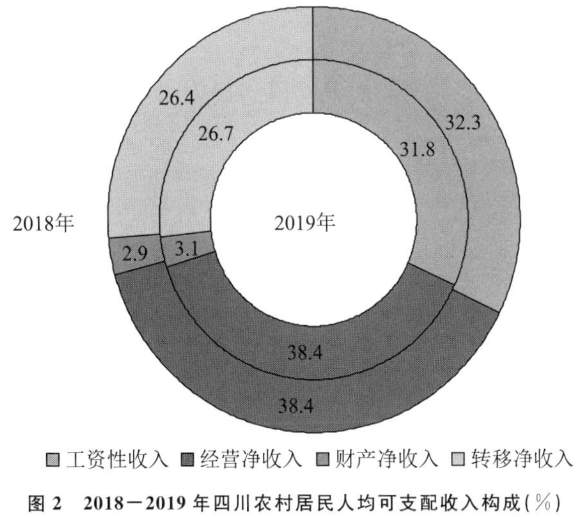

图2　2018—2019年四川农村居民人均可支配收入构成(%)

4. 横向比较看，收入增速居全国上游。据国家反馈资料，2019年四川农村居民人均可支配收入为14670元，绝对值在全国31个省区市中排第21位，在西部十二省份中排第三位，次于内蒙古和重庆；同比增长10.0%，高于全国平均0.4个百分点，在全国31个省区市中排第7位，在西部十二个省(区、市)中排第6位。四川占全国平均水平的比重为91.6%，比上年提高0.4个百分点，四川农村居民人均可支配收入正以较快速度接近全国平均。

（二）四川城镇居民增收的主要特点。

1. 收入增长总体稳步回升。2019 年，四川城镇居民人均可支配收入为 36154 元，延续较快增长势头，同比增长 8.8%。增速较 2018 年和 2017 年分别提升 0.7 和 0.4 个百分点。

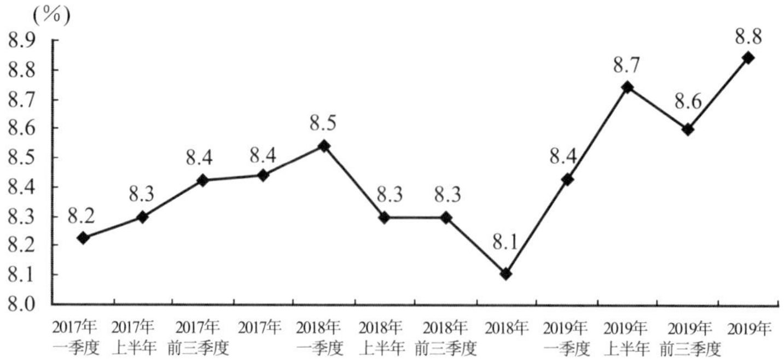

图 3　2017—2019 年四川城镇居民人均可支配收入分季度增速

2. 四大项收入实现全面增长。

（1）工资性收入加快增长。2019 年，四川城镇居民人均工资性收入 20479 元，增长 7.6%，增速较上年提升 0.5 个百分点。

（2）经营净收入增速回升明显。城镇居民人均经营净收入 4393 元，增长 12.6%，增速为四大项最快，较上年提升 5.3 个百分点。

（3）财产净收入增速稳定。城镇居民人均财产净收入 2891 元，增长 7.2%，增幅较上年回落 0.2 个百分点。

（4）转移净收入平稳增长。城镇居民人均转移净收入为 8391 元，增长 10.6%，增速较上年回落 0.5 个百分点。

3. 收入占比呈现“两升两降”。从 2019 年城镇居民四大项收入占比情况看，工资性收入占比 56.6%，为四大项收入中绝对主导，但较之上年回落了 0.7 个百分点；次之是转移净收入，占比为 23.2%，较上年提升 0.4 个百分点；再者为经营净收入，占比为 12.2%，较上年提升 0.5 个百分点，提升幅度可观；财产净收入占比最小，为 8.0%，较上年回落 0.2 个百分点。

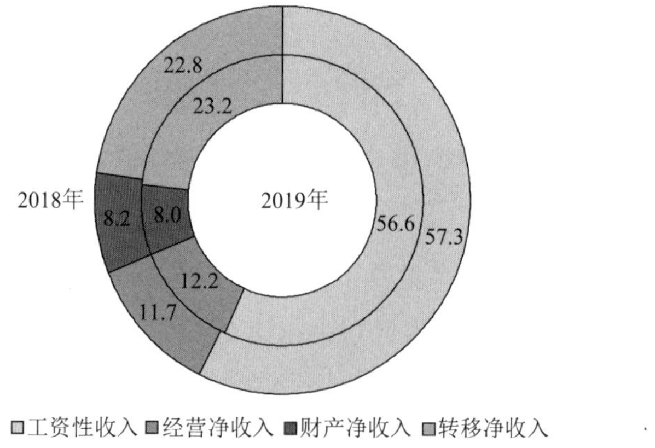

图 4　2018—2019 年四川城镇居民人均可支配收入构成（%）

4. 增速居全国和西部中上游。据国家局反馈资料，2019 年四川城镇居民人均可支配收入同比增长 8.8%，比全国平均水平高 0.9 个百分点，在全国 31 个省（区、市）中增速排第 5 位，在西部十二个省（区、市）中排第 3 位，四川城镇居民人均可支配收入占全国平均水平的比重为 85.4%，较上年提升 0.8 个百分点，表明四川城镇居民收入快速接近全国平均。

二、2019 年四川城乡居民消费变动的主要特点

伴随城乡居民收入的稳定增长，家庭消费支出也呈现平稳增长，消费各分项支出增长各具特点。

（一）农村居民消费变动的主要特点。

1. 消费增速有所放缓。2019 年四川农村居民人均消费支出 14056 元，同比增长 10.5%，增速分别较 2018 年和 2017 年低 1.1 和 1.3 个百分点，为近三年各季度消费增速较低水平。

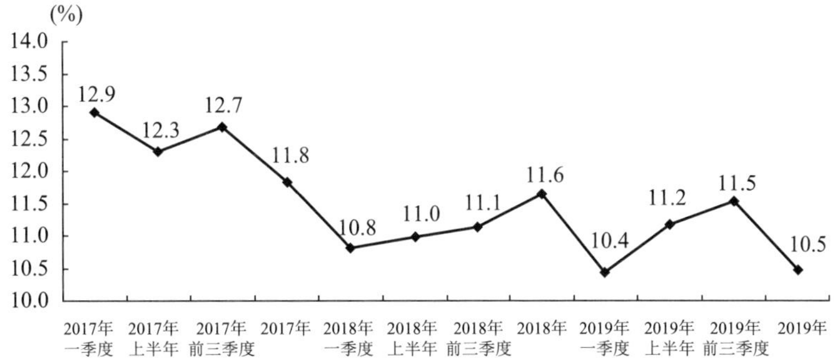

图 5 2017—2019 年四川农村居民消费支出分季度增速

2. 八大分项消费支出呈现全面增长。对比 2019 年四川农村居民各分项消费支出情况，八大类支出呈现全面增长态势，但分项支出增长差距明显。其中，医疗保健、交通通信、教育文化娱乐和居住等发展型消费表现突出，全年人均分别支出 1621 元、1808 元、1065 元和 2748 元，增速分别为 14.6%、14.5%、14.0%和 9.9%；食品类消费支出因食品价格大幅上涨而呈现较快增长，全年人均食品烟酒支出 4879 元，同比增长 8.8%，增速较上年提升 3.0 个百分点；其他用品及服务、生活用品及服务和衣着分别支出 258 元、917 元和 760 元，增速分别为 8.4%、6.7%和 6.1%。

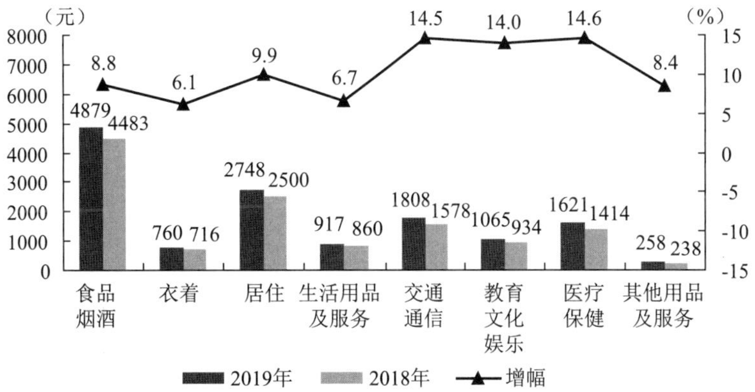

图 6 2018—2019 年四川农村居民消费支出分项情况

3. 消费结构不断升级。一是农村居民更愿意在改善居住条件、医疗健康、教育文化娱乐和交通出行方面增加支出。对比近两年数据，四川农村居民食品烟酒和衣着类支出占比，由同期

40.9%下降至40.1%，医疗保健、居住、交通通信和教育文化娱乐等消费合计占比由同期50.5%提升至51.5%。二是服务性消费占比持续增加。2019年四川农村居民服务性、商品性消费支出分别为5313元、8743元，分别增长12.1%和9.5%，服务性消费占比由上年的37.2%提升至37.8%，预计占比提升仍将持续。

（二）城镇居民消费变动的主要特点。

1. 消费增长总体稳定。2019年四川城镇居民人均消费支出25367元，同比增长8.0%，增速较上年提升1.2个百分点，低于同期收入增速0.8个百分点。

2. 八大分项消费支出呈现“七增一降”。从构成上看，八大类消费支出中仅生活用品及服务消费支出1525元，较上年有所下降，降幅为2.3%；其余七大分项支出均呈现差异化上涨。其中，医疗保健支出2293元，同比增长23.2%，增长势头强劲，增幅为消费支出之最；其次教育文化娱乐、食品烟酒和居住等支出分别增长11.9%、10.9%和6.1%，呈现明显增长；而交通通信、其他用品及服务和衣着等支出小幅增长，增速分别为2.6%、1.6%和1.0%。

3. 消费升级亮点突出。一是服务性消费占比持续增加。2019年四川城镇居民服务性、商品性消费支出分别为11536元、13832元，分别增长11.9%和5.0%，服务性消费占比由上年的43.9%提升至45.5%，预计未来占比仍将持续提升。二是消费结构更趋智能化。伴随着消费水平的提升，电动牙刷、扫地机器人、智能马桶和洗碗机等初级智能产品逐步进入居民日常生活。三是消费环境更趋虚拟化。网络购物和在线支付成为日常生活。以“双十一”为例，四川实现全网络销售额91.98亿元，同比增长43.8%，销售额和增速均居全国第六。

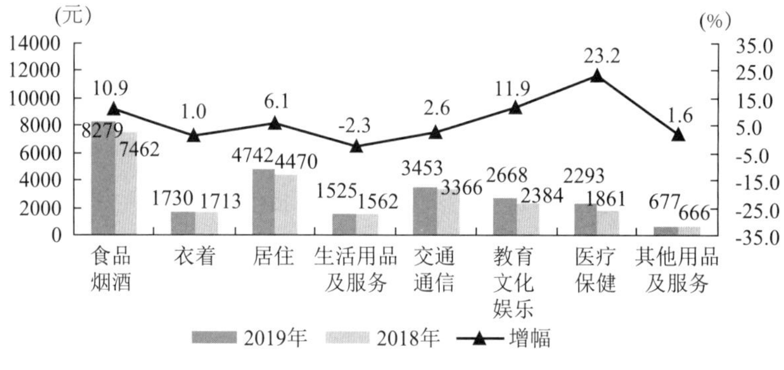

图7 2018—2019年四川城镇居民消费支出分项情况

三、2019年城乡居民增收因素分析

（一）有利因素。

1. 四川经济形势总体平稳为城乡居民增收提供良好环境。2019年全省经济总体保持平稳态势。2019年四川GDP增长7.5%，比全国增速6.1%高1.4个百分点，增速保持基本稳定。从主要指标看，全社会固定资产投资、规模以上工业增加值、社会消费品零售总额等均呈现较快增长，增速均高于全国平均水平2个百分点以上。经济总体平稳运行为城乡居民增收提供良好环境。

2. 就业形势总体稳定为城乡居民增收奠定了坚实基础。随着“四个一批”稳岗措施的强化落实及返乡下乡创业和就业扶贫工作向纵深推进，省内就业容量进一步拓展，农民工转移就业取得良好成效，就业农民工稳中略增，外出农民工人均月收入持续稳定增长。根据省内 21 个市州定点联系的 104 家企业 2019 年末就业与工资汇总情况，企业就业人数较上年增长 1.9％，人均工资同比增长 8.5％，就业形势总体稳定为城乡居民增收奠定了坚实基础。

3. 一二三产业发展势头良好为城乡居民增收提供了有力支撑。“5＋1”现代产业体系建设和制造业高质量发展正积极推进，四川工业经济总体保持平稳增长，好于年初预期、高于全国；重点行业、重点企业、重点产品生产形势总体稳定，供给侧结构性改革成效持续显现，工业用电量、工业增值税及货物发送量等协调性指标支撑稳定。乡村振兴战略推进下，休闲农业加速发展，电商综合发展水平持续提升，种植业稳定发展，畜牧业生产转型升级稳步推进，规模养殖户占比持续提升，牛羊、家禽出栏占比不断增加，农产品价格指数较快回升，乡村旅游持续转型升级，农民合作社经营收入持续增加，为城乡居民经营性、财产性增收提供了有力支撑。

4. 各项社会保障救助工作为城乡居民增收提供了坚实保障。省委一号文件将打赢脱贫攻坚战作为推动实施乡村振兴战略的首要任务，贫困地区助农增收效果显著；企业养老金、城乡居民最低生活保障标准持续上调，城乡困难群众救助补助、特困人员救助供养工作等社会保障作用不断加强，物价补贴发放工作全面落实，财政支农惠农投入持续加大，为城乡居民转移净收入持续增长提供了坚实保障。

（二）不利因素。

1. 经济稳定运行压力较大。2019 年以来，全国经济增速已持续回落，主要经济指标增速减缓，四川 GDP 增速较上年回落 0.5 个百分点，经济下行压力持续加大。一是各项主要经济指标增速较上年均呈现不同程度的回落。二是稳投资压力大。全年全省工业投资同比增速较上年回落明显，全省 6 个市州工业投资出现负增长。三是受货币政策总体审慎稳健、防控金融风险和金融去杠杆等影响，实体经济融资难情况仍然存在。

2. 收入持续较快增长乏力。2019 年收入增速在近年来处于高位，但收入持续较快增长缺乏持续动力。农村居民收入较快增长主要依托经营净收入的较大幅度回升，增收贡献率达 39.1％，但经营净收入的较大幅度增长主要源于肉类、水果、蔬菜等农产品生产价格指数的持续上涨，而非主要来自农业现代化、产业化进程的加快推进，后期生猪产能进一步恢复后，价格回落将对农业经营净收入增长带来极大冲击。在整体经济下行压力加大的背景下，全省就业形势总体稳中趋紧，城镇居民增收主要来源的工资性收入持续增长具有较大的不确定性。

3. 生猪产能恢复仍需时间影响增收。受疫情影响，生猪存栏尤其是能繁母猪存栏大幅减少，养殖户退出较多，养殖信心和产能进一步恢复仍需要时间，期间对农村居民养殖收益影响明显。

（执笔人：国家统计局四川调查总队　刘仁鹏）

贵州居民收支与生活状况报告

2019年，全省上下在省委、省政府的坚强领导下，牢记习总书记的嘱托、感恩奋进，践行高质量发展理念，苦干实干、攻坚克难，向贵州人民递交一份满意的民生答卷。

一、贵州城乡居民收入水平显著增加

十八大以来，贵州始终坚守发展和生态两条底线，坚定推进“大扶贫、大数据、大生态”三大战略，坚持以脱贫攻坚统揽经济社会发展全局，贯彻“强基础，壮动能，优环境，治污染，防风险，惠民生”高质量发展理念。2019年，贵州居民人均可支配收入20397元，同比增长10.7%。自2012年以来，贵州农村居民收入增速显著快于城镇，城乡收入比由2012年的3.6下降至2019年的3.2，城乡收入比持续收窄，城乡发展不平衡的矛盾持续缓解。

表1 2012—2019年贵州分城乡居民人均可支配收入及增速

年份	水平（元）		增速（%）	
	城镇居民	农村居民	城镇居民	农村居民
2012年	18608	5159	13.4	14.7
2013年	20565	5897	10.5	14.3
2014年	22548	6671	9.1	22.8
2015年	24580	7387	9.0	10.7
2016年	26743	8090	8.8	9.5
2017年	29080	8869	8.7	9.6
2018年	31592	9716	8.6	9.6
2019年	34404	10756	8.9	10.7

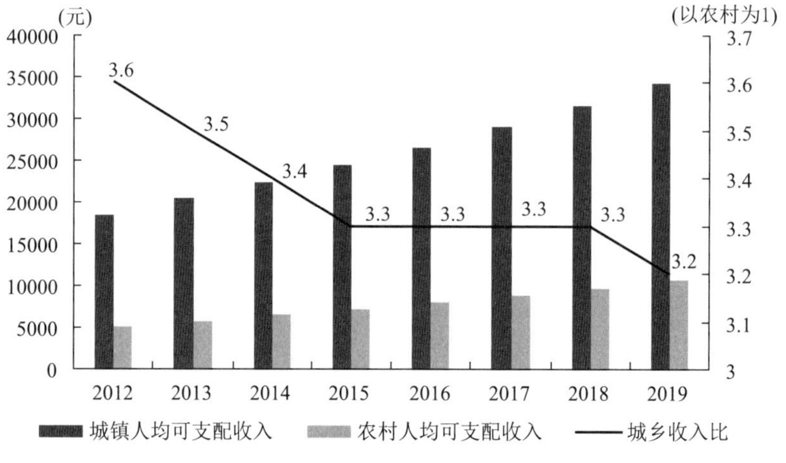

图1 2012—2019年贵州城乡居民收入

(一)城镇居民收入快速增长。

2019年城镇居民人均可支配收入34404元,增长8.9%。工资、经营、财产、转移等四大项收入占比分别为55.1%、16.6%、10.0%、18.3%,工资性收入仍是城镇居民收入最重要的来源,其次是转移净收入和经营净收入。

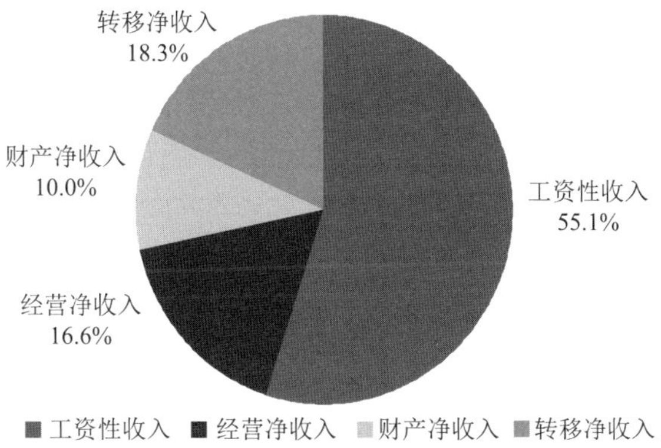

图2　2019年贵州城镇人均可支配收入构成

(二)农村居民人均可支配收入首破万元大关。

自十八以来贵州农村居民人均可支配收入连续多年的高速增长,2019年贵州农村居民人均可支配收入首次突破万元大关,达到10756元,增长10.7%,比上年加快1.1个百分点。工资、经营、财产、转移四大项收入占比分别为44.4%、31.9%、1.1%、22.6%,其中工资性收入、经营净收入是贵州农村居民收入的主要来源。

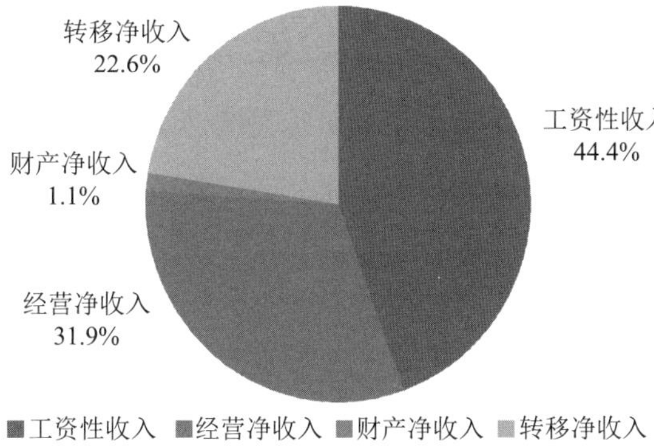

图3　2019年贵州农村人均可支配收入构成

表2　2019年贵州分城乡居民人均可支配收入情况

指　　标	城镇居民		农村居民	
	水平(元)	增速(%)	水平(元)	增速(%)
可支配收入	34404	8.9	10756	10.7
1. 工资性收入	18960	9.0	4774	11.6
2. 经营净收入	5714	8.6	3427	6.2
3. 财产净收入	3433	12.0	121	−4.1
4. 转移净收入	6298	7.3	2434	16.6

（三）城乡居民收入增长主要因素。

一是中央财政资金投入大幅增加。2019年，中央财政安排贵州专项扶贫资金104.3亿元，其中扶贫发展资金99.6亿元，少数民族资金3.4亿元，以工代赈资金8700万元，贫困农场资金1465万元，贫困林场资金2797万元。

二是农村产业革命显成效。开展农村产业革命以来，贵州新增省级以上龙头企业100家、农民合作社省级示范社2000家，建设500亩以上坝区1725个，建立牢固的利益联结机制，让贫困户可以分享全产业链所带来的红利。以产值为导向，进行农业产业补助，年平均亩产值在8000元（含8000元）以上不足12000元的，每亩补助1000元；12000元（含12000元）以上不足20000元的，每亩补助1200元；20000元（含20000元）以上的每亩补助1400元。完善冷库冷链建设，新增冷库库容50万立方米。大力推进农产品与市场的对接，建好直供上海等东部对口帮扶城市和粤港澳大湾区“菜篮子”基地。积极发展农村电商，拓展线上销售，让“黔货出山”产销量更上一个台阶。

三是减税降费提升行政审批效率。2019年，贵州省新增减税235亿元，降费82亿元，降低实体经济企业成本685亿元。建筑许可审批事项省级层面缩减至84项，企业开办时间平均压缩至2.2天，不动产一般登记、抵押登记实现5个工作日内办结。“一云一网一平台”建成投入使用，电子政务网络实现省市县乡村五级全覆盖。极大降低了居民、企业行政办事效率，有效降低行政办事成本，为经济发展注入活力。

四是社会保障体系进一步完善。2019年，贵州民生重点类支出4003亿元，同比增长13.5%；城乡低保提高3%，分别提高至615元/月、4103元/年。新增53种药品纳入医保范围。新建改扩建公立幼儿园650所，普通高中项目280个。城镇保障性安居房建成10.9万套。极大的保障了贵州城乡居民的教育、医疗、卫生、住房的基本需求。

二、贵州城乡居民生活质量不断提高

（一）城镇居民消费结构进一步优化。

2019年，贵州城镇居民人均消费支出21402元，增长3.0%，比上年提升0.8个百分点。发展型消费比重进一步提升，教育文化娱乐、居住、医疗保健支出增速加快，分别比上年提升1.1、1、0.2个百分点。

（二）农村居民消费量质同增。

2019年，贵州农村居民人均消费支出10222元，增长11.5%，比上年提升1.0个百分点。农村居民的绝对消费数量进一步增长，发展型消费比重逐步增加，其中其他用品及服务、医疗保健、教育文化娱乐、生活用品及服务、交通通信增速高于消费增速8.6、5.6、1.6、0.9、0.6个百分点。

（三）恩格尔系数进一步降低。

2019年，贵州城镇居民恩格尔系数由2018年的32.4降低到32.2，农村居民恩格尔系数由36.9降低到36.7，标志着贵州城乡居民富裕程度在逐步增加，在生活消费上不再处于简单生存型消费，开始逐步向发展型消费变迁。

（四）生活耐用品拥有量进一步增加。

2019 年，贵州每百户城镇家庭拥有汽车 43 辆、农村家庭拥有汽车 23 辆，比上年分别增长 8.3%、16.7%；彩电的百户拥有量城镇 108 台、农村 103 台；移动电话每百户拥有量城镇 288 部、农村 299 部。

表 3　2019 年贵州城乡居民消费增长情况

指　　标	城镇居民		农村居民	
	水平(元)	增速(%)	水平(元)	增速(%)
居民消费支出	21402	3.0	10222	11.5
1. 食品烟酒	6894	2.2	3755	11.0
2. 衣着	1625	2.3	553	10.1
3. 居住	3865	4.0	1988	8.8
4. 生活用品及服务	1425	2.9	572	12.4
5. 交通通信	1257	3.2	817	16.1
6. 教育文化娱乐	2999	2.7	1371	12.1
7. 医疗保健	2908	4.1	997	13.1
8. 其他用品及服务	429	2.1	169	20.1

三、贵州城乡居民收支面临的挑战

（一）企业营利能力减弱。

2019 年，贵州规模以上工业企业实现利润总额较上年增长 0.2%，比贵州居民可支配收入增速低 10.5 个百分点。在工业企业利润不出现显著改变情况下，企业单位职工收入增幅难以超过工业企业利润增幅。根据以往经验数据，收入增加是决定消费增加的首要因素，在收入难以大幅增加的情况下，消费增长也会受到一定的影响。

（二）投资增速回落。

2019 年，贵州固定资产投资增长 1%，比上年回落 14.8 个百分点，特别是第三产业投资下降 3.8%，比上年更是回落 19.4 个百分点。投资增速回落，将制约全省以建筑业为主务工人员收入增加。

（三）贵州城镇化率相比全国平均水平还较低。

根据国家统计局 2019 年统计公报数据，全国常住人口城镇化率为 60.6%，比贵州常住人口城镇化率高 11.6 个百分点。2019 年贵州城乡收入比 3.2，虽然相比 2012 年有了巨大的进步，但是城乡二元结构尚未根本性改变。

（四）贵州居民财产性收入占比较低。

2019 年，贵州城镇居民财产净收入占总收入比重仅为 10%，农村居民财产净收入占总收入比重仅为 1%，较低的财产净收入需要金融服务进一步下沉农村以及居民的理财意识提升，影响居民收入长期增长的稳定性。

四、几点建议

（一）增加企业盈利能力，强化用工单位工资保障。

针对重点企业加大政策扶持力度，强化龙头企业的市场地位；完善产销平台，增加贵州工业农业产品的曝光度，提升品牌知名度，提高单位产品盈利能力；优化产业结构布局，引导工业企业向高附加值产业转变；合理优化企业薪酬分配制度，建立与利润增长挂钩的长效机制。

（二）增加社会投资，合理引导社会资金进入实体经济。

加强政府投资的引领作用，增强政府投资在基础领域的主导作用；加强政策指引，合理引导社会资金进入实体经济；降低投资门槛，降低行政审批手续及时间，焕发社会投资活力。

（三）持续推进乡村城镇化。

稳步推进城镇化建设，完善基础设施建设，将符合条件的农民转化为城镇居民。围绕中央提出的“六保、六稳”重点保障城镇化后的群众的就业、医疗、教育等基本需求。

（四）进一步完善金融市场，增加居民获取财产性收入的渠道。

一是拓宽居民获取财产性收入的渠道，完善各级金融市场。二是充分利用农村产业革命的契机，完善农村土地流转市场，提高土地流转的效率和收益提高财产净收入占比。三是加强金融知识的宣传提高居民的理财意识。

（执笔人：国家统计局贵州调查总队　张瑜　程子瑜）

云南居民收支与生活状况报告

党的十八大以来，云南省委、省政府认真贯彻落实习近平总书记对云南工作重要指示精神，始终遵循习近平总书记"闯出一条跨越式发展的路子来"的殷切希望和嘱托，以人民为中心，以创新驱动为着力点，大力发展战略性新兴产业。在改造提升传统产业，促进经济高质量发展，推进产业质量、效率和动力变革，脱贫攻坚等一系列重大措施的推动下，云南民生发展呈现居民收入持续较快增长，提前两年实现居民收入翻一番的全面建成小康社会目标；以此同时，云南呈现出农村居民收入增速持续高于城镇居民，城乡居民收入差距不断缩小，脱贫攻坚成效显著的良好态势，为决战脱贫攻坚、决胜全面建成小康社会宏伟目标奠定了坚实基础。在居民收入持续增长的同时，云南省始终着力加强对城乡消费环境的改善，促进城乡居民消费提档升级，居民生活水平和质量不断提高，居民的获得感、幸福感显著增强。

一、党的十八大以来云南居民收入实现平稳较快增长

（一）居民收入增速持续快于全国平均。

2013 年至 2019 年，云南居民人均可支配收入年均名义增长 10.1%，比全国年均增速快 0.8 个百分点。扣除物价因素，同期云南居民人均可支配收入年均实际增长 8.0%，高于全国平均实际增速 0.9 个百分点。

分城乡看，城镇居民人均可支配收入年均增长 8.6%，比全国平均增速快 0.2 个百分点。扣除物价因素，同期云南城镇居民人均可支配收入年均实际增长 6.4%，高于全国平均实际增速 0.2 个百分点。农村居民人均可支配收入年均增长 10.5%，比全国平均增速快 0.8 个百分点。扣除物价因素，同期云南农村居民人均可支配收入年均实际增长 8.5%，高于全国平均实际增速 1.0 个百分点。

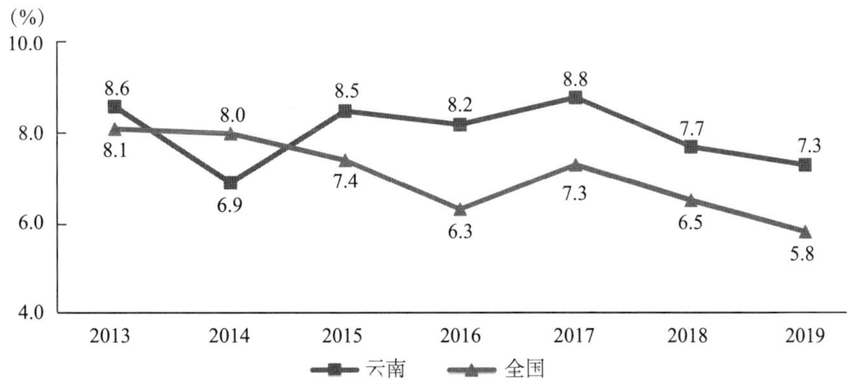

图 1　2013—2019 年云南与全国居民人均可支配收入增长情况

2013年至2019年，云南居民人均可支配收入分别为12578元、13772元、15223元、16720元、18348元、20084元和22082元，2018年实现收入跨2万元大关；各年分别比上年实际增长8.6%、6.9%、8.5%、8.2%、8.8%、7.7%和7.3%，与全国居民人均可支配收入实际增速8.1%、8.0%、7.4%、6.3%、7.3%、6.5%和5.8%相比，除2014年居民人均可支配收入实际增速慢于全国平均1.1个百分点外，其他年份均快于全国平均。其中2016年居民人均可支配收入实际增速快于全国平均1.9个百分点，为最好年份。

（二）居民收入增长与宏观经济增长基本同步。

2013年至2019年，云南人均GDP实际增长8.5%，各年实际增速分别为11.5%、7.5%、8.0%、8.0%、8.8%、8.2%和7.4%。比较云南居民人均可支配收入与人均GDP的实际增速可看出，两者各年实际增速基本接近，表明云南居民收入增长与宏观经济增长基本同步。

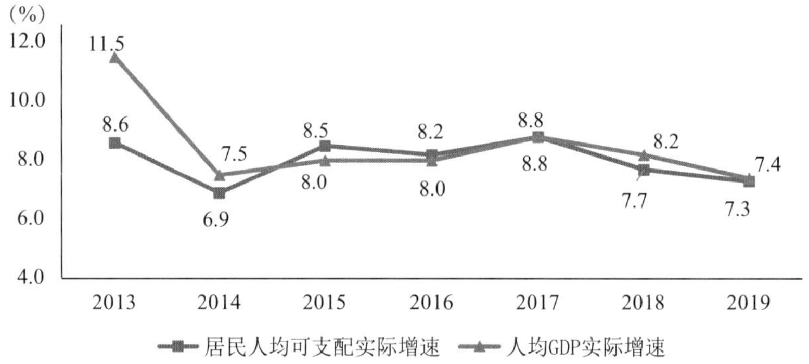

图2　2013—2019年云南人均GDP与居民人均可支配收入增长情况

（三）居民收入已提前两年实现翻番目标。

云南省已提前两年圆满实现党的十八大提出的到2020年实现城乡居民人均可支配收入比2010年翻一番的全面建成小康社会民生发展目标。2019年云南居民人均可支配收入为22082元，是2010年的2.7倍。按可比价格看，2011年—2019年云南居民人均可支配收入实际增速分别为13.5%、12.3%、8.6%、6.9%、8.5%、8.2%、8.8%、7.7%和7.3%，九年累计实际增长118.4%。其中2011年—2018年八年累计增长103.6%。云南居民人均可支配收入已于2018年提前实现翻番目标。

（四）城乡居民收入实际增速持续快于全国。

2013年至2019年，云南城镇居民人均可支配收入累计实际增长54.3%，年均实际增长6.4%，高于全国平均水平0.2个百分点。除2013年、2014年、2015年云南城镇居民人均可支配收入低于全国平均水平外，2016年至2019年在云南社会经济持续向好发展，政策性增资力度不断加大以及物价水平保持平稳的有利因素支撑下，云南城镇居民人均可支配收入实际增速持续高于全国平均增速。

农村居民人均可支配收入较快增长。2013年至2019年云南农村居民人均可支配收入累计实际增长76.5%，年均实际增长8.5%，高于全国平均水平1.0个百分点。除2014年云南农村居民人均可支配收入实际增长慢于全国平均水平外，其他年份均高于全国平均。

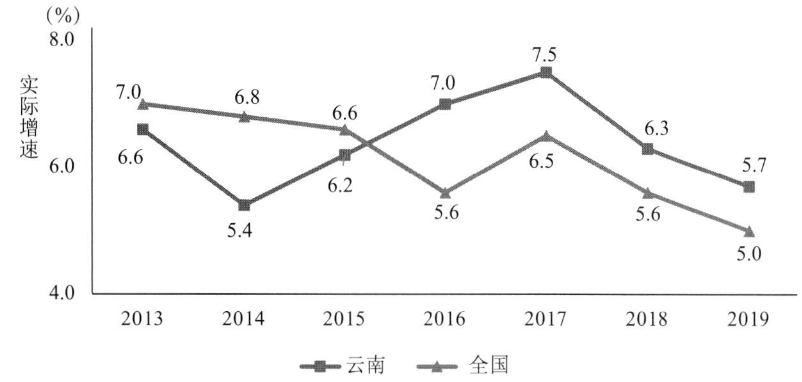

图 3　2013—2019 年云南与全国城镇居民人均可支配收入增长情况

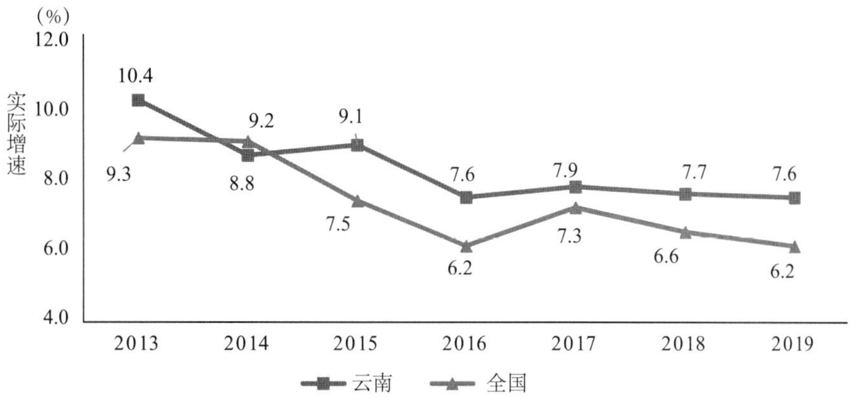

图 4　2013—2019 年云南与全国农村居民人均可支配收入增长情况

云南农村居民人均可支配收入实际增速持续快于城镇居民，城乡居民人均可支配收入比值差距逐年下降。2013 年至 2019 年，云南城乡居民人均可支配收入比值分别为 3.34、3.26、3.20、3.17、3.14、3.11 和 3.04，累计下降 0.3；全国城乡居民人均可支配收入比值分别为 2.81、2.75、2.73、2.72、2.71、2.69 和 2.64，累计下降 0.17，云南城乡居民收入相对差距比全国大，相对差距缩小速度比全国快 0.13。

表 1　2013 年—2019 年云南分城乡居民人均可支配收入及实际增速

年　份	城镇居民		农村居民	
	水平(元)	实际增速(%)	水平(元)	实际增速(%)
2013 年	22460	6.6	6724	10.4
2014 年	24299	5.4	7456	8.8
2015 年	26373	6.2	8242	9.1
2016 年	28611	7.0	9020	7.6
2017 年	30996	7.5	9862	7.9
2018 年	33488	6.3	10768	7.7
2019 年	36238	5.7	11902	7.6

(五)居民收入结构变化特征。

居民人均工资性收入、经营净收入、财产净收入、转移净收入的比重呈现“两升两降”变化特征。居民工资性收入、转移净收入占比提升。2019 年，云南居民人均工资性收入占人均可支配收入的 48.0%，比 2013 年提升 2.6 个百分点；人均转移净收入占比为 17.9%，比 2013 年提升 1.8

个百分点。

经营净收入、财产净收入占比下降。2019年,人均经营净收入占人均可支配收入的24.2%,比2013年下降3.8个百分点;人均财产净收入占比为9.9%,比2013年下降0.6个百分点。

表2 2013—2019年云南居民人均可支配收入构成

单位:%

年　份	工资性收入	经营净收入	财产净收入	转移净收入
2013年	45.4	28.0	10.5	16.1
2014年	45.8	27.2	10.5	16.5
2015年	46.4	26.6	10.8	16.2
2016年	45.8	26.5	10.0	17.7
2017年	46.2	26.0	10.1	17.8
2018年	47.8	24.3	9.8	18.1
2019年	48.0	24.2	9.9	17.9

城镇居民人均工资性收入、经营净收入、财产净收入、转移净收入的比重呈现“两升两降”变化特征。2019年,云南城镇居民人均工资性收入、转移净收入、经营净收入、财产净收入占人均可支配收入的比重分别为56.1%、18.8%、11.3%、13.7%,分别比2013年提升0.3个、1.8个,下降1个、1.2个百分点。

表3 2013—2019年云南城镇居民人均可支配收入构成

单位:%

年　份	工资性收入	经营净收入	财产净收入	转移净收入
2013年	55.9	12.3	14.8	17.0
2014年	55.7	12.0	15.0	17.3
2015年	55.6	12.0	15.3	17.1
2016年	54.3	12.2	14.1	19.4
2017年	54.6	12.3	14.0	19.1
2018年	56.0	11.5	13.5	19.0
2019年	56.1	11.3	13.7	18.8

农村居民人均工资性收入、经营净收入、财产净收入、转移净收入的比重呈现“两升两降”变化特征。农村居民工资性收入、转移净收入占可支配收入的比重分别为30.3%和16.0%,与2013年相比,分别提升5.4和1.6个百分点,经营净收入、财产净收入占比分别为52.2%和1.6%,分别下降6.8和0.2个百分点。

表4 2013—2019年云南农村居民人均可支配收入构成

单位:%

年　份	工资性收入	经营净收入	财产净收入	转移净收入
2013年	24.8	59.0	1.8	14.4
2014年	26.5	56.9	1.8	14.8
2015年	28.1	55.8	1.8	14.3
2016年	28.3	55.9	1.7	14.1
2017年	28.3	54.9	1.8	15.0
2018年	30.3	52.0	1.7	16.0
2019年	30.3	52.2	1.6	16.0

二、2019 年云南居民收入增长特征

（一）居民人均可支配收入加快增长。

2019 年，云南居民人均可支配收入 22082 元，同比增长 9.9%，增速比全国平均快 1.0 个百分点，比上年快 0.4 个百分点，呈现持续加快增长的良好态势。其中，居民人均工资性收入增长 10.4%，对可支配收入增长的贡献最大。居民人均经营净收入增长 9.2%，拉动可支配收入增长 2.2 个百分点。居民人均财产净收入增长 11.3%，拉动可支配收入增长 1.1 个百分点。居民人均转移净收入增长 9.1%，拉动可支配收入增长 1.7 个百分点。

（二）城镇居民收入稳定增长。

工资性收入增长 8.6%。占人均可支配收入的 56.1%，对城镇居民收入增长的贡献率达 58.3%，为城镇居民人均可支配收入之首。经营净收入增长 6.5%。比上年加快 5.4 个百分点，占人均可支配收入的 11.3%，对城镇居民可支配收入增长的贡献率为 9.2%。财产净收入增长 9.6%。占人均收入 13.7%，对城镇居民收入增长的贡献率为 16.0%。转移净收入增长 7.1%。占人均可支配收入的 18.8%，对城镇居民可支配收入增长的贡献率为 16.5%。

（三）农村居民收入加快增长。

工资性收入增长 10.5%。2019 年，云南农村居民人均工资性收入增长 10.5%，对可支配收入增长的贡献率为 30%，拉动收入增长 3.2 个百分点。经营净收入增长 11.0%。对可支配收入增长的贡献率为 54.2%，拉动收入增长 5.7 个百分点。经营净收入继续领涨农村居民收入，是收入增长的主要动力。财产净收入增长 0.7%。对可支配收入增长的贡献率为 0.1%。转移净收入增长 10.3%，对可支配收入增长的贡献率为 15.6%，拉动收入增长 1.6 个百分点。

（四）云南贫困地区农村居民收入增速持续高于全省农村平均。

2019 年是打赢脱贫攻坚战的关键之年。云南 88 个国家级贫困县农村居民人均可支配收入达 10771 元，首次突破万元，比上年增长 12.3%，增速比上年加快 1.9 个百分点，比全省农村居民可支配收入增速高 1.8 个百分点。

三、2019 年云南居民消费支出特征

（一）云南居民消费支出较快增长。

2019 年云南居民人均消费支出为 15780 元，比上年名义增长 10.7%，扣除价格因素影响，实际增长 8.0%。居民人均消费呈现较快增长良好态势。分城乡看，城镇居民人均消费支出 23455 元，比上年名义增长 8.5%，扣除价格因素影响，实际增长 5.9%；农村居民人均消费支出 11902 元，比上年名义增长 10.5%，扣除价格因素影响，实际增长 7.6%。农村居民人均消费支出名义增速和实际增速分别快于城镇居民 2.0 和 1.7 个百分点，表明农村居民消费愿望和需求高于城镇。

表5 2018—2019年云南居民人均消费支出增长情况

指标	水平(元)		2019年增速(%)	
	2019年	2018年	名义增速	实际增速
全省居民人均消费支出	15780	14250	10.7	8.0
城镇居民人均消费支出	23455	21625	8.5	5.9
农村居民人均消费支出	11902	10768	10.5	7.6

(二)分项消费支出增长特点。

1. 食品烟酒、交通通信、教育文化娱乐和医疗保健等消费支出较快增长。食品烟酒支出增长14.4%。2019年云南居民人均食品烟酒支出4558元,同比增长14.4%。居民食品消费从传统温饱型消费向追求营养、生态的高质量方向转变。交通通信支出增长10.2%。2019年云南居民人均交通通信支出2439元,增长10.2%。其中,交通支出1878元,增长13.8%;受电信行业连续出台提速降费以及国内智能手机质优价廉的影响,居民通信成本降低,居民人均通信支出561元,下降0.4%。教育文化娱乐支出增长10.0%。2019年云南居民人均教育文化娱乐支出1950元,增长10.0%。其中,教育支出增长14.7%;文化娱乐支出下降0.4%。受智能手机对照相机以及其他娱乐设备的替代影响,文娱耐用消费品支出下降23.5%。居民的发展享受型消费需求增加,居民文化娱乐服务支出增长0.2%。医疗保健支出增长10.6%。2019年云南省居民人均医疗保健支出1401元,增长10.6%。其中,医疗器具及药品支出392元,增长0.4%;医疗服务支出增长15.1%。

2. 衣着、居住、生活用品及服务消费支出平稳增长。衣着支出增长4.3%。2019年,云南居民人均衣着支出823元,增长4.3%。其中,衣类支出632元,增长3.4%;鞋类支出190元,增长7.3%。居住支出增长9.4%。2019年,云南居民人均居住支出3371元,增长9.4%。生活用品及服务支出增长7.8%。2019年,居民人均生活用品及服务支出927元,增长7.8%。

表6 2019年云南居民消费支出变化

指标	水平(元)	增速(%)
居民消费支出	15780	10.7
#服务性消费支出	4660	12.6
1. 食品烟酒	4558	14.4
2. 衣着	823	4.3
3. 居住	3371	9.4
4. 生活用品及服务	927	7.8
5. 交通通信	2439	10.2
6. 教育文化娱乐	1950	10.0
7. 医疗保健	1401	10.6
8. 其他用品及服务	311	9.9

(三)居民消费支出结构变化。

1. 食品烟酒支出占比上升。2019年,云南居民人均食品烟酒支出占比为28.9%,比上年上升0.9个百分点。分城乡看，城镇居民和农村居民人均食品烟酒支出占比分别为27.1%和31.8%，分别比上年上升0.1和2.3个百分点。

2. 医疗保健支出占比持平。2019年，云南居民人均医疗保健支出占比为8.9%，与上年持平。分城乡看，城镇居民和农村居民人均医疗保健支出占比分别为8.7%和9.1%，分别比上年上升0.1和下降0.1个百分点。

3. 居民人均衣着、居住、生活用品及服务、交通通信和教育文化娱乐支出占比下降。2019年，云南居民人均衣着、居住、生活用品及服务、交通通信和教育文化娱乐支出占比分别为5.2%、21.4%、5.9%、15.5%和12.4%，比上年分别下降0.3、0.3、0.2、0.1和0.1个百分点。

表7 2019年云南居民消费支出结构

指标	全体居民		城镇居民		农村居民	
	水平(元)	构成(%)	水平(元)	构成(%)	水平(元)	构成(%)
居民消费支出	15780	100	23455	100	10260	100
1. 食品烟酒	4558	28.9	6357	27.1	3265	31.8
2. 衣着	823	5.2	1416	6.0	396	3.9
3. 居住	3371	21.4	5202	22.2	2053	20.0
4. 生活用品及服务	927	5.9	1417	6.0	574	5.6
5. 交通通信	2439	15.5	3518	15.0	1663	16.2
6. 教育文化娱乐	1950	12.4	2918	12.4	1254	12.2
7. 医疗保健	1401	8.9	2048	8.7	936	9.1
8. 其他用品及服务	311	2.0	579	2.5	119	1.2

(四)食品消费结构变化。

1. 人均粮食、肉类、禽类、水产品、蛋类及蛋制品、奶和奶制品、干鲜瓜果类、糖果糕点类消费量增加。薯类、豆类粮食消费量增加，稻谷消费量下降。2019年，云南居民人均粮食消费量124.0公斤，增长5.7%。其中，薯类增长17.4%；豆类增长24.0%；稻谷下降4.8%。猪肉和牛肉消费量增加，羊肉消费量下降。居民人均肉类消费量32.2公斤，增长0.9%，其中，猪肉增长0.7%，牛肉增长4.5%，羊肉下降9.2%。禽类消费量增加。居民人均禽类消费量7.9公斤，增长18.8%。水产品消费量增长26.5%。其中，鱼类增长23.8%。蛋类及蛋制品消费量增加。居民人均蛋类及蛋制品消费量4.5公斤，增长6.0%。奶和奶制品消费量增加。居民人均奶和奶制品消费量5.8公斤，增长12.5%。干鲜瓜果类消费量34.2公斤，增长15.3%，糖果糕点消费量6.2公斤，增长10.7%，其中，食糖消费量1.2公斤，增长3.4%。

2. 人均油脂类、蔬菜及菜制品消费量下降。油脂类消费量下降。2019年，云南居民人均油脂类消费量6.5公斤，比上年下降8.2%。蔬菜和食用菌消费量减少。人均蔬菜和食用菌消费量82.5公斤，比上年下降1.7%。

表 8 2019 年云南居民主要食品消费量

单位:公斤/人

指　　标	全体居民	城镇居民	农村居民
粮食	124.0	100.3	141.0
其中:稻谷	82.5	55.5	101.9
薯类	3.3	3.0	3.5
豆类	7.4	9.2	6.0
食用油	6.5	7.3	6.0
其中:植物油	4.9	6.1	4.0
蔬菜及菜制品	82.5	93.7	74.4
其中:鲜菜	80.1	89.7	73.2
肉类	32.2	29.9	33.9
其中:猪肉	27.7	22.3	31.6
牛肉	2.1	3.5	1.1
羊肉	0.4	0.4	0.4
禽类	7.9	8.6	7.5
其中:鸡	6.7	6.6	6.7
鸭	0.3	0.4	0.3
鹅	0.1	0.1	0.1
水产品	4.5	6.5	3.0
其中:鱼类	3.7	5.0	2.8
蛋类及蛋制品	4.5	5.0	4.2
其中:鲜蛋	4.4	4.8	4.2
奶和奶制品	5.8	10.1	2.6
其中:鲜奶	3.7	6.4	1.8
干鲜瓜果类	34.2	50.1	22.7
其中:鲜瓜果	31.2	45.7	20.8
糖果糕点类	6.2	8.4	4.7
其中:食糖	1.2	1.3	1.1

四、云南居民生活状况特征

(一)住房条件。

2019 年,云南居民人均住房面积、居住空间、建筑材料等住房条件进一步改善。

1. 居住面积和空间式样。云南居民人均住房建筑面积为 46.2 平方米,比上年增加 3.2 平方米,增长 7.4%;城镇居民人均住房建筑面积为 48.6 平方米,比上年增加 1.0 平方米,增长 2.1%;农村居民人均住房建筑面积为 44.6 平方米,比上年增加 4.8 平方米,增长 12.1%。居民居住在单栋楼房或平房的户比重为 71.5%,比上年提高 1.4 个百分点;居住在单元房的户比重为 26.2%,比上年下降 0.6 个百分点;居住在筒子楼或连片平房的户比重为 0.7%,比上年上升 0.2 个百分点。

2. 主要建筑材料。云南居民居住在钢筋混凝土结构住房的户比重为 39.4%,比上年提高 1.7 个百分点;居住在专混材料结构住房的户比重为 32.4%,比上年提高 1.4 个百分点;居住在砖瓦砖木结构住房的户比重为21.8%，比上年提高0.3个百分点；居住在竹草土坯结构住房的户比重为1.2%，比上年下降2.5个百分点。

表9　2019年云南居民居住条件

单位：%

指　　标	全体居民	城镇居民	农村居民
人均住房建筑面积（平方米）	46.2	48.6	44.6
居住的空间式样	—	—	—
其中：居住在单栋楼房和平房的户比重	71.5	41.8	95.3
居住在单元房的户比重	26.2	57.0	1.6
居住在筒子楼或连片平房的户比重	0.7	0.9	0.6
住房的主要建筑材料	—	—	—
其中：居住在钢筋混凝土结构住房的户比重	39.4	58.3	24.2
居住在专混材料结构住房的户比重	32.4	33.2	31.8
居住在砖瓦砖木结构住房的户比重	21.8	7.9	32.9
居住在竹草土坯结构住房的户比重	1.2	0.2	2.1

（二）生活设施。

2019年，云南居民饮用水使用经过净化处理的自来水的户比重明显上升，住宅内卫生设施、洗澡设施极大改善，炊用能源使用柴草、煤炭的户比重有所下降。

1. 饮用水情况。从饮用水取水位置看，云南居民住宅内管道取水的户比重为72.2%，院内管道取水的户比重为19.5%，住宅内及院内其他方式取水的户比重为6.4%，云南居民获取饮用水方便程度显著提高。从主要饮用水来源看，居民使用经过净化处理的自来水的户比重为65.4%，比上年提高9.3个百分点。居民获取饮用水无困难的户比重为95.1%，比上年提高4.1个百分点。

表10　2019年云南居民饮用水情况

单位：%

指　　标	全体居民	城镇居民	农村居民
饮用水取水位置情况	—	—	—
其中：住宅内管道取水的户比重	72.2	94.5	54.3
院内管道取水的户比重	19.5	3.5	32.3
住宅内及院内其他方式取水的户比重	6.4	1.7	10.2
主要饮用水来源情况	—	—	—
其中：使用经过净化处理的自来水的户比重	65.4	86.5	48.4
获取饮用水无困难的户比重	95.1	98.9	92.0

2. 住宅内卫生设施。

云南居民使用水冲式卫生厕所的户比重为60.1%，比上年提高8.0个百分点；使用卫生旱厕的户比重为7.4%，比上年下降0.5个百分点；使用普通旱厕的比重为18.6%，比上年下降13.9百分点；厕所为独用的户比重为92.4%，比上年上升1.4个百分点。

表 11 2019 年云南居民住宅内卫生实施情况

单位:%

指　　标	全体居民	城镇居民	农村居民
厕所类型	—	—	—
其中:有水冲式卫生厕所的户比重	60.1	92.1	34.4
有卫生旱厕的户比重	7.4	2.3	11.5
有普通旱厕的和比重	18.6	3.4	30.8
厕所使用情况	—	—	—
其中:本住户独用的户比重	92.4	96.0	89.5

3. 住宅内洗澡设施。云南居民家庭自装热水器的户比重为 81.4%,比上年提高 7.1 个百分点;无洗澡设施的户比重为 12.1%,比上年下降 17.0 个百分点。

4. 主要炊用能源。云南居民主要炊用能源使用管道天然气和用电的户比重分别为 7.4%和 65.6%,使用管道天然气比上年下降 0.8 个百分点,使用电比上年提高 5.3 个百分点,使用柴草和煤炭的户比重分别为 19.8%和 0.8%,分别比上年下降 3.8 和 1.2 个百分点。

(三)耐用消费品拥有情况。

1. 交通工具拥有情况。2019 年云南居民家庭平均每百户汽车拥有量为 39.6 辆,比上年增加 1.9 辆,增长 5.0%。每百户摩托车拥有量为 59.5 辆,比上年增加 2.7 辆,增长 4.8%。每百户助力车拥有量 31.5 辆,比上年增加 4.0 辆,增长 14.7%。

2. 主要家用电器拥有情况。云南居民家庭平均每百户洗衣机拥有量为 95.6 台,比上年增长 5.1%。每百户电冰箱(柜)拥有量为 92.6 台,增长 5.6%。每百户微波炉拥有量为 34.2 台,增长 3.9%。每百户彩色电视机拥有量为 105.4 台,增长 0.6%。每百户热水器拥有量为 86.8 台,增长 3.3%。每百户排油烟机拥有量为 40.8 台,增长 4.6%。

3. 信息化耐用品拥有量。云南居民家庭平均每百户移动电话拥有量为 278.2 部,其中接入互联网的移动电话 204.2 部,比上年增加 11.1 部,增长 4.1%。居民家庭平均每百户计算机拥有量为 33.5 台,其中接入互联网的计算机 26.3 台,比上年减少 0.9 台,下降 2.5%。

表 12 2019 年云南居民耐用消费品拥有情况

单位:平均每百户

指　　标	单位	全体居民	城镇居民	农村居民
家用汽车	辆	39.6	55.6	26.7
摩托车	辆	59.5	35.3	78.9
电动助力车	辆	31.5	44.8	20.8
洗衣机	台	95.6	104.8	88.2
电冰箱(柜)	台	92.6	100.8	86.1
微波炉	台	34.2	62.3	11.6
彩色电视机	台	105.4	108.9	102.6
空调	台	4.5	8.1	1.6
热水器	台	86.8	98.6	77.3
排油烟机	台	40.8	78.8	10.4
固定电话	线	4.8	8.3	2.0

续表

指　　标	单位	全体居民	城镇居民	农村居民
移动电话	部	278.2	263.8	289.8
其中：接入互联网	部	204.2	210.0	199.7
计算机	台	33.5	64.2	8.8
其中：接入互联网	台	26.3	51.7	6.0

（四）社区（自然村）基础设施和基本公共服务。

1. 社区基础设施情况。“四通”基本全面覆盖。截至2019年，云南范围内通电和通电话的社区实现全覆盖。居民所在社区能接收有线电视信号和通宽带网的户比重分别为99.2%和96.1%，分别比上年提高3.1和4.8个百分点。社区交通条件不断改善。居民进社区道路为水泥或柏油路面的户比重为93.5%，比上年提高4.2个百分点。社区内基础设施条件明显改善。居民所在社区饮用水经过集中净化处理的户比重、开通了管道燃气的户比重、主要道路有路灯的户比重和垃圾能集中处理的户比重分别为73.1%、15.0%、77.2%和86.1%，除开通了管道燃气的户比重下降1.8个百分点外，饮用水经过集中净化处理的户比重、主要道路有路灯的户比重和垃圾能集中处理的户比重分别上升7.0、7.4和7.0个百分点。文体娱乐设施显著增强。居民所在社区有健身器材的户比重和有绿化园林景观的户比重分别为61.0%和42.9%，比上年提高8.6和5.5个百分点。

表13　2019年云南居民所在社区基础设施情况

单位：%

指　　标	全体居民	城镇居民	农村居民
进社区道路为水泥或柏油路面的户比重	93.5	98.9	89.1
社区内道路为水泥或柏油路面的户比重	92.6	98.1	88.2
通电话的户比重	100.0	100.0	100.0
通电话的户比重	100.0	100.0	100.0
能接收有线电视信号的户比重	99.2	100.0	98.6
通宽带网的户比重	96.1	100.0	93.0
饮用水经过集中净化处理的户比重	73.1	95.4	55.2
开通了管道燃气的户比重	15.0	32.7	0.7
主要道路有路灯的户比重	77.2	97.9	60.6
垃圾能集中处理的户比重	86.1	98.6	76.0
有健身器材的户比重	61.0	82.2	44.0
有绿化园林景观的户比重	42.9	71.9	19.6

2. 社区基本公共服务情况。居民出行更加方便。居民所在社区能便利地乘坐公共汽车的户比重为74.8%，比上年提高5.0个百分点。医疗水平继续提高。居民所在社区有卫生站（室）的户比重为85.5%，比上年提高0.9个百分点。教育条件继续改善。居民所在社区上幼儿园（学前班）便利或较便利的户比重和上小学便利或较便利的户比重分别为90.9%和94.0%，分别比上年提高2.8和3.2个百分点。社区安全状况不断提高。居民所在社区有专职安全保卫人员的户比

重为47.7%，比上年提高3.9个百分点。

表14　2019年云南居民所在社区基本公共服务情况

单位：%

指　　标	全体居民	城镇居民	农村居民
能便利地乘坐公共汽车的户比重	74.8	96.8	57.2
有卫生站(室)的户比重	85.5	86.1	85.1
上幼儿园(学前班)便利或较便利的户比重	90.9	98.0	85.2
上小学便利或较便利的户比重	94.0	99.1	89.9
有专职安全保卫人员的户比重	47.7	67.7	31.7

（执笔人：国家统计局云南调查总队　王建伟　庄新沂）

西藏居民收支与生活状况报告

2019 年，在习近平总书记和党中央、国务院的亲切关怀下，通过各兄弟省市的无私援助，西藏自治区党委、政府团结带领全区各族干部群众，坚持以习近平新时代中国特色社会主义思想为指导，全面贯彻党的十九大和十九届二中、三中、四中全会精神和中央经济工作会议、中央第六次西藏工作座谈会精神，深入贯彻落实习近平总书记治边稳藏重要论述，紧扣全面建成小康社会目标任务，坚持创新协调绿色开放共享的新发展理念，坚持稳中求进工作总基调，坚持以供给侧结构性改革为主线，全力做好"六稳"工作，正确处理好"十三对"关系，全力打好"三大攻坚战"，坚持推动高质量发展，扎实做好稳增长、促改革、调结构、惠民生、防风险工作，经济运行总体平稳，发展质量稳步提升，经济结构进一步优化，人民生活福祉持续增进。

2019 年，西藏 19 个贫困县（区）脱贫摘帽、15 万建档立卡贫困人口脱贫，绝对贫困基本得到消除，整体攻坚即将取得全胜，为全面建成小康社会、实现两个一百年奋斗目标奠定了基础。

一、经济运行总体平稳

2019 年，全区经济运行稳中有进，进中向好。实现地区生产总值（GDP）1697.82 亿元，同比增长 8.1%。其中，第一产业增加值 138.19 亿元，增长 4.6%；第二产业增加值 635.62 亿元，增长 7.0%；第三产业增加值 924.0 亿元，增长 9.2%。人均地区生产总值 48902 元，增长 6.0%。按年平均美元汇率折算，人均地区生产总值 7088.8 美元。

西藏经济总体稳步发展的良好形势为西藏城乡居民收入增长提供了有力支撑。

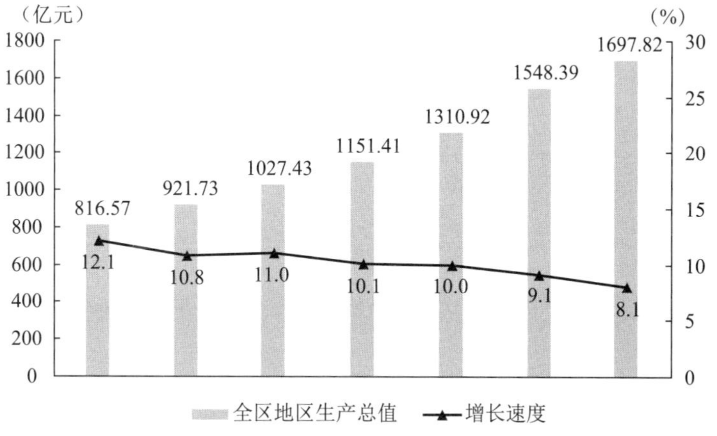

图 1　2013—2019 年西藏地区生产总值及其增长速度

二、居民人均可支配收入快速增长

西藏居民人均可支配收入19501元，增长12.8%，高出全国平均水平3.9个百分点，高出第二名2.1个百分点。

城镇居民人均可支配收入37410元，增长10.7%，高出全国平均水平2.8个百分点，高出第二名1.6个百分点。城镇居民收入的增长主要得益于就业规模的不断扩大和劳动报酬水平的不断提高，以及经济发展水平提升带动的持续发力，推动了城镇居民收入的快速增长。

农村居民人均可支配收入12951元，增长13.1%，高出全国平均水平3.5个百分点，高出第二名2.4个百分点。农村居民收入快速增长主要得益于以下几个方面：一是得益于脱贫攻坚的深入推进。截至2019年年底，全区74个县区全部脱贫摘帽，取得了可喜的成果。自脱贫攻坚战打响以来，自治区党委、政府坚持精准扶贫、精准脱贫方略，不断细化脱贫攻坚的各项政策保障、资金支持、项目支撑、具体措施、促进贫困地区经济不断发展。二是得益于各项强农惠农政策的有力落实。2019年，自治区财政共下拨强农惠农政策补助资金145.21亿元，比2018年增加8.07亿元，有力支撑了贫困地区收入增长。三是得益于农牧民转移就业政策的的大力支持。农牧民转移就业的持续向好，有效促进了农牧民工资性收入持续稳定增长。2019年，全区从宏观政策、产业扶贫、就业培训和就业帮扶等各个方面切实推动农牧民转移就近就便就业，为农牧民快速增收奠定了坚实基础。

2019年，在全国31个省(自治区、直辖市)中，西藏居民人均可支配收入、城镇居民人均可支配收入和农村居民人均可支配收入增速均列全国第一。

表1　2018—2019年西藏居民人均可支配收入情况

指　　标	2019年水平(元)	2018年水平(元)	2019年比2018年±(元)	2019年比2018年±(%)
可支配收入	19501	17286	2215	12.8
1. 工资性收入	10334	8903	1431	16.1
2. 经营净收入	4953	4589	364	7.9
3. 财产净收入	1251	1096	155	14.1
4. 转移净收入	2963	2697	265	9.8

城乡居民收入增长特点：

(一)农村居民收入增长快于城镇，城乡居民收入倍差继续缩小。

城镇居民人均可支配收入37410元，农村居民人均可支配收入12951元，全区城乡居民收入倍差为2.89，较上年缩小0.06。

(二)工资性收入快速增长。

工资性收入是居民主要收入来源，2019年西藏居民人均工资性收入10334元，占可支配收入的53.0%，增长16.1%，拉动可支配收入增长8.3个百分点，对可支配收入增长的贡献率64.6%。一是全区机关企事业单位干部职工工资补发及增资政策的落实；二是生态岗位的增加和岗位工资的不断提高；三是各市（地）出台的“本地农民工建筑队就近就便务工”政策给农牧民提供了农村居民本地就近就业的平台，本地就近务工人数明显增加，务工工资也有所增加；四是按照“发展产业增就业、推动创业带就业、加强培训促就业”的思路，精心组织开展转移就业培训工作，各类技能培训力度不断加大，与基地互动、与贫困户对接、企业订单培训等方式，促进本地劳动力就业转移，为就业者营造良好条件，加大了转移就业力度，推动工资性收入高速增长。

（三）经营净收入平稳增长。

2019 年西藏居民人均经营净收入 4953 元，增长 7.9%，拉动可支配收入增长 2.1 个百分点，对可支配收入增长的贡献率 16.4%。其中：第一产业人均经营净收入 2737 元，比上年下降 6%；第二产业人均经营净收入 403 元，增长 45.5%；第三产业人均经营净收入 1813 元，增长 29.5%。经营净收入增长的主要因素：一是一系列旅游优惠政策的出台，促使农家乐、藏家乐、藏式家庭旅馆等服务行业生意红火，拉动经营收入的增长；二是拉林铁路、拉萨至那曲高速公路、拉萨至山南、拉萨至日喀则高速公路等大型项目的建设吸纳了较多当地群众的运输等设备；三是“本地农民工建筑队就近就便务工”政策的出台，为农牧民施工队提供了增收项目。

（四）财产净收入较快增长。

2019 年西藏居民人均财产净收入 1251 元，增长 14.1%，拉动可支配收入增长 0.8 个百分点，对可支配收入增长的贡献率 7%。一是随着旅游业的大力发展，出租房屋净收入增长 36.6%；二是脱贫攻坚的产业效益逐渐显现，各类产业和集体分红得到了不断提升，人均红利收入 110 元，增长 113.2%，促进了财产净收入的较快增长。

（五）转移净收入稳步增长。

2019 年西藏居民人均转移净收入 2963 元，增长 9.8%，拉动可支配收入增长 1.5 个百分点，对可支配收入增长的贡献率 12%。主要是因为各项强农惠农政策的有力落实和居民最低生活保障、医疗保险、养老保险的不断提标阔面，使转移净收入稳步增长。

西藏居民人均可支配收入实现连续十四年两位数增长。

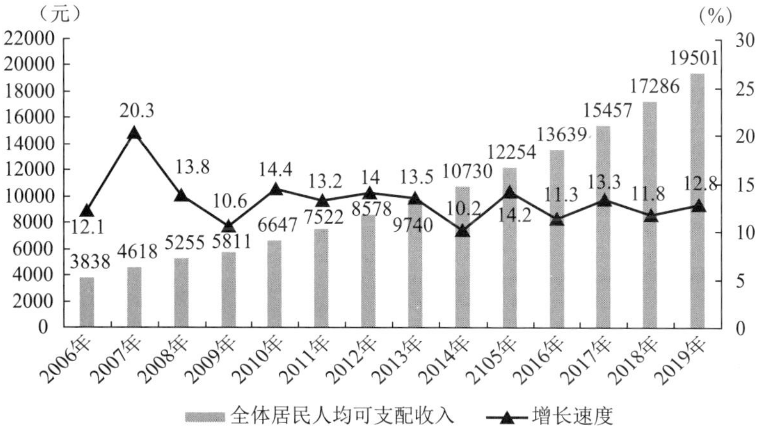

图 2　2006—2019 年西藏居民人均可支配收入及增速

三、居民消费支出持续增长，结构更加优化

2019年，西藏居民消费支出呈现持续快速增长态势，人均消费支出为13029元，增长13.1%，八大类消费呈全面增长格局，消费结构进一步优化，居民生活设施逐渐完善，生活质量不断提高，居民的幸福感、获得感和安全感得到进一步提升。

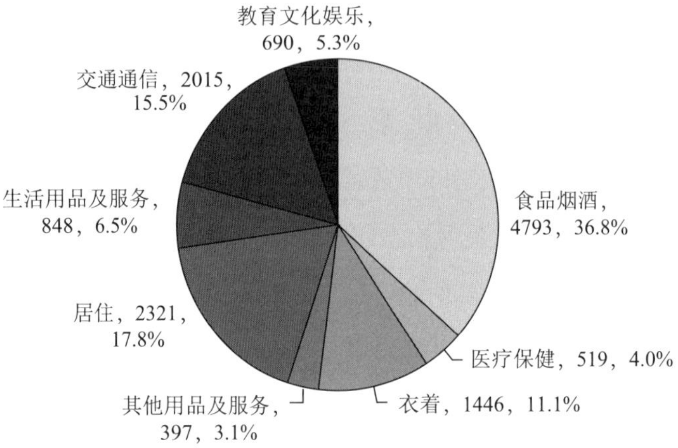

图3　2019年西藏居民消费支出结构

（一）食品消费从传统温饱型消费向追求营养、生态的高质量方向转变。

西藏居民人均食品烟酒支出4793元，同比增长10.7%，占人均消费支出的比重为36.8%，对消费增长的贡献率为30.6%，拉动增长4个百分点。

（二）衣着消费从防寒保暖逐步走向追求品牌和时尚。

西藏居民人均衣着支出1446元，同比增长12.5%，占人均消费支出的比重为11.1%，对消费增长的贡献率为10.7%，拉动增长1.4个百分点。

（三）居住条件不断改善，居住品质不断提升。

西藏居民人均居住支出2321元，同比增长10.4%，占人均消费支出的比重为17.8%，对消费增长的贡献率为14.5%，拉动增长1.9个百分点。

（四）生活用品应有尽有，生活质量不断改善。

西藏居民人均生活用品及服务支出848元，同比增长36.2%，占人均消费支出的比重为6.5%，对消费增长的贡献率为14.9%，拉动增长2个百分点。

（五）交通通信。

西藏居民人均交通通信支出2015元，同比增长9.1%，占人均消费支出的比重为15.5%，对消费增长的贡献率为11.1%，拉动增长1.5个百分点。随着村村通和拉林、拉贡高速以及在建的拉日、拉那、拉山等高速公路的建设为城乡居民出行提供了便利，带动了交通通信支出的增加。

（六）教育文化娱乐。

西藏居民人均教育文化娱乐支出690元，同比增长13.3%，占人均消费支出的比重为5.3%，对消费增长的贡献率为5.4%，拉动增长0.7个百分点。大力推进精神文明建设，居民对精神生

活的追求不断增强，全民参与健身娱乐的氛围越发浓厚，助推教育文化娱乐支出的增长。

（七）医疗保健。

西藏居民人均医疗保健支出519元，同比增长12.8%，占人均消费支出的比重为4.0%，对消费增长的贡献率为3.9%，拉动增长0.5个百分点。不断提高居民基本医保待遇，助推居民医疗保健支出快速增长。

（八）其他用品及服务。

西藏居民人均其他用品及服务支出397元，同比增长51.4%，占人均消费支出的比重为3.1%，对消费增长的贡献率为8.9%，拉动增长1.2个百分点。

（执笔人：国家统计局西藏调查总队　益西泽仁）

陕西居民收支与生活状况报告

2019年是新中国成立70周年，是决胜全面建成小康社会第一个百年奋斗目标的关键之年。一年来，陕西坚持以习近平新时代中国特色社会主义思想为指导，坚持稳中求进工作总基调和“巩固、增强、提升、畅通”八字方针，紧扣追赶超越定位和“五个扎实”要求，在面对多重挑战和困难的大背景下，积极应对压力挑战，着力改善人民群众生活，千方百计促进居民增收，拓宽收入渠道。2019年，陕西居民人均可支配收入继续保持稳步增长态势，居民生活水平和质量进一步提升，城乡收入差距继续缩小，收入分配格局持续优化，人民群众的幸福感、获得感、安全感进一步提升。

一、居民收入持续较快增长

2019年，陕西居民人均可支配收入24666元，同比增长9.5%，扣除价格因素，实际增长6.4%。十八大以来，陕西居民人均可支配收入持续较快增长，年均增长9.7%，扣除价格因素，年均实际增长7.6%。

（一）城乡居民收入总量继续扩大。

2019年陕西城镇居民人均可支配收入36098元，同比增长8.3%，扣除价格因素，实际增长5.3%；较2012年增加15829元，年均实际增长6.6%。农村居民人均可支配收入12326元，同比增长9.9%，扣除价格因素，实际增长6.8%；较2012年增加6041元，年均实际增长7.9%。

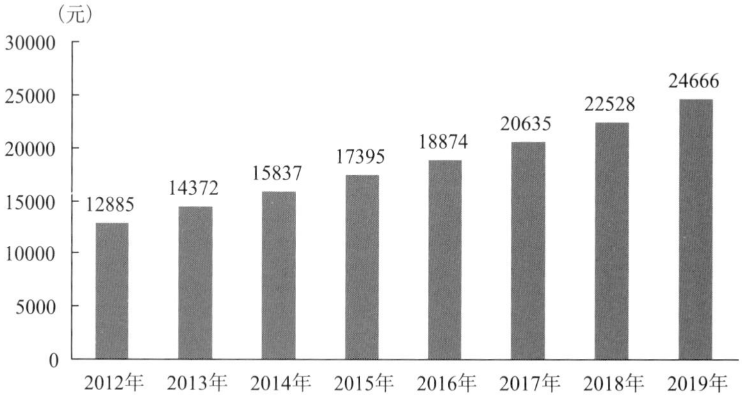

图1 2012—2019年陕西居民人均可支配收入

（二）居民收入实现翻番。

近年来，在陕西省委和省政府的领导和全省居民的追赶超越下，陕西居民收入保持了较快的增长速度。以2010年为基期，扣除价格上涨因素，2019年陕西居民人均可支配收入较2010年实际增长111.0%。其中，城镇居民人均可支配收入较2010年实际增长90.2%；农村居民人均可支配收入较2010年实际增长120.2%。

（三）收入与经济水平同步增长。

十八大以来，陕西居民人均可支配收入各年分别比上年实际增长8.3%、8.5%、8.8%、7.1%、7.6%、6.9%和6.4%，累计实际增长67.6%；各年人均生产总值增速分别为10.7%、9.4%、7.5%、7.1%、7.3%、7.5%和5.4%，累计实际增长69.5%。比较居民人均可支配收入与人均生产总值的增速可以看出，2012年以来，两者均有所放缓，居民收入增长和经济发展水平基本同步，居民收入增长更加平稳，逐步由低于人均生产总值增速向高于人均生产总值增速的趋势发展。

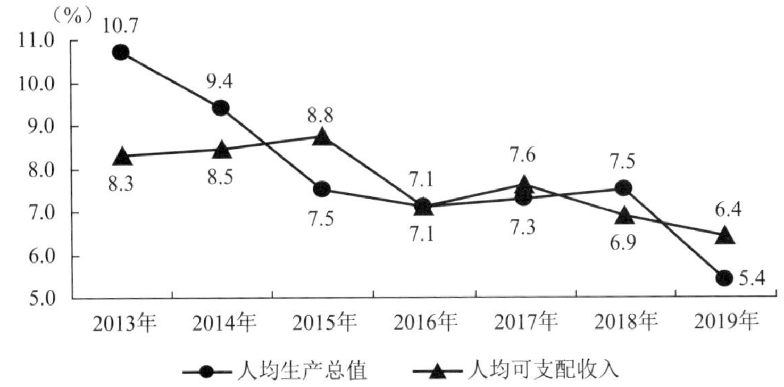

图2　2013—2019年陕西居民收入与生产总值增长情况比较

（四）与全国绝对差距扩大，相对差距不断缩小。

陕西居民人均可支配收入与全国的绝对差距量呈扩大态势，由2012年的3625元扩大到6067元，增加2442元。其中，城镇居民人均可支配收入与全国差距由3858元扩大到6261元；农村居民人均可支配收入与全国差距由2104元扩大到3695元。陕西城乡居民人均可支配收入与全国平均水平相对差距不断缩小。2019年，陕西居民人均可支配收入占全国的比重达到80.3%，较2012年提高了2.3个百分点。其中，城镇居民人均可支配收入占全国的比重为85.2%，比2012年提高1.2个百分点；农村居民人均可支配收入占全国的比重为76.9%，比2012年提高2.0个百分点。

二、城乡居民收入增长特点

（一）城镇居民收入稳定增长。

2019年，陕西城镇居民人均可支配收入36098元，同比增加2779元，增长8.3%，快于全国0.4个百分点；扣除价格因素，实际增长5.3%，快于全国0.3个百分点；增速在全国31个省份中排名11位，较上年前移2位。

1. 工资性收入占比最大、贡献最高。2019年，陕西城镇居民人均工资性收入20983元，同比增长8.4%，对可支配收入增长的贡献率达58.7%，拉动收入增长4.9个百分点，是陕西城镇居民增收的最主要动力来源。工资性收入增长的主要因素：一是陕西在2019年顶格落实更大规模减税降费政策，全年新增减税降费超过600亿元，个人所得税同比降低27.4%，有效促进居民增收。二是最低工资标准再次上调。自2019年5月1日起最低工资标准由过去的四类标准重新划分为三类，最低标准由1380元提升至1600元。三是城镇就业人口平稳增加，2019年全省城镇实现新增就业45万人。

2. 经营净收入和财产净收入有力推动居民增收。2019年，陕西城镇居民人均经营净收入2760元，同比增长6.9%；人均财产净收入2644元，同比增长7.9%。两项收入共占可支配收入的比重为15.0%，对可支配收入增长的贡献率为13.3%，拉动收入增长1.1个百分点，有力推动居民增收。经营净收入增长的主要因素：一是陕西对增值小规模纳税人缴纳的“六项两费”按减50%最高幅度征收，减轻企业经营压力，增加企业收入。二是2019年5月1日起，陕西省城镇职工基本养老保险单位缴费比例由20%降至16%，小微企业和劳动密集型企业受益明显。财产净收入增长的主要因素：2019年，陕西各地房地产市场持续升温，西安新建商品住宅价格指数和成交面积高位增长，房屋出租价格也普遍上涨，带动人均财产净收入增加。

3. 转移净收入增长最快。2019年，陕西城镇居民人均转移净收入9711元，同比增长8.7%，对可支配收入增长的贡献率达28.0%，拉动收入增长2.3个百分点。转移净收入增长的主要因素：一是退休人员基本养老金再次上调。二是居民医保财政补助标准增加，大病保险政策范围内报销比例提高。三是陕西省失业保险待遇标准再次提高，失业保险金类区标准再次提高。

（二）农村居民收入增长连续提速。

2019年，陕西农村居民人均可支配收入为12326元，比上年增加1113元，收入增长9.9%，比全国高0.3个百分点；扣除价格因素，实际增长6.8%，比全国高0.6个百分点；增速在全国31个省份中排名9位。2019年以来，陕西农村居民收入增速不断提升，由一季度的9.4%提高到9.9%，创近四年新高。

1. 工资性收入占比最高。2019年，陕西农村居民人均工资性收入5025元，比上年增加404元，同比增长8.7%；占可支配收入的比重最高，达到40.8%；对可支配收入增长的贡献率36.3%。工资性收入是农村居民增收的主要拉动力量之一，拉动可支配收入增长3.6个百分点。工资性收入增长的主要原因：一是政策助力，2019年陕西出台多项政策保障就业、提高就业收入水平。二是由于房地产开发投资保持高位运行，各地用工需求稳定、工价较上年有所增长。三是农村劳动力转移就业人数增加。四是苏陕扶贫协作和东部产业转移等因素，有效增加了陕西本地就业岗位。

2. 经营净收入增速回升。2019年，农村居民人均经营净收入3792元，同比增加284元，增长8.1%，比前三季度提高2.3个百分点；对可支配收入增长贡献25.5%，拉动可支配收入增长2.5个百分点。经营净收入增长的主要原因：一是农产品价格明显上涨。2019年陕西农产品生产价格总水平上涨7.7%。其中，薯类、蔬菜和畜牧业产品分别上涨16.6%、13.2%和15.5%，有力拉动农村居民经营收入增长。二是旅游资源联动发展，陕西乡村旅游持续、健康、快速发展，乡村旅游收入大幅提高。

3. 财产净收入贡献较小。2019年，农村居民人均财产净收入214元，同比增加17元，增长9.1%；对可支配收入增长贡献1.5%，拉动可支配收入增长0.2个百分点。从内部构成分析，红利收入、转让承包土地经营权租金净收入和出租房屋财产性收入是当前陕西农村居民财产净收入的主要来源，占比达到84.0%。财产净收入的主要增长因素：一是陕西土地流转市场逐渐规范，流转面积不断增加，带动转让承包土地经营权租金净收入增加。二是陕西房价持续上涨，一定程度带动城镇周边的农村租房市场，拉动房租收入增长。

4. 转移净收入贡献最大。2019年，农村居民人均转移净收入3295元，同比增加408元，增长14.1%；对可支配收入增长贡献达36.7%，在四项收入中贡献最大；占可支配收入的比重为26.7%，拉动可支配收入增长3.6个百分点。转移净收入的大幅上涨主要得益于：一是赡养收入和寄带回收入的上涨，2019年赡养收入和寄带回收入较上年增长10.6%。二是2019年陕西所有县区全部脱贫摘帽，各地脱贫投入加大，带动低收入人群收入上涨。三是先后出台并落实基本养老金调整、脱贫攻坚兜底保障、工伤和失业保险待遇标准调整等增收举措。

（三）城乡相对差距进一步缩小。

近年来，陕西省委、省政府坚持农业农村优先发展，全面推进乡村振兴，居民收入分配格局不断优化，城乡收入差距逐年缩小。2019年，陕西城镇居民人均可支配收入增长8.3%，农村居民人均可支配收入增长9.9%，农村居民人均可支配收入增速高于城镇1.6个百分点。城乡居民人均可支配收入比值为2.93，较上年缩小0.04，比2012年缩小0.29，城乡居民收入相对差距呈现出不断缩小的良好发展势头。农村居民人均可支配收入增速虽然高于城镇，但较大的城乡收入差异现实依然没有明显改善。2019年，陕西城乡居民人均可支配收入绝对差额为23772元，比2018年扩大1666元，比2012年扩大9788元。

三、居民消费水平不断提高

2019年，陕西居民人均消费支出17465元，同比增长8.1%，扣除价格因素，实际增长5.0%。其中，城镇居民人均消费支出23514元，同比增长7.0%，扣除价格因素，实际增长4.0%；农村居民人均消费支出10935元，同比增长8.6%，扣除价格因素，实际增长5.5%。农村居民人均消费支出名义增速高于城镇居民1.6个百分点，实际增速高于城镇居民1.5个百分点。

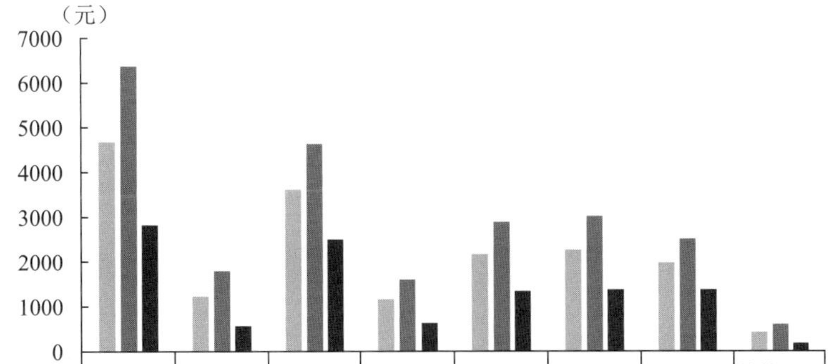

	食品烟酒	衣着	居住	生活用品及服务	交通通信	教育文化娱乐	医疗保健	其他用品及服务
全体居民	4672	1228	3625	1151	2155	2243	1978	413
城镇居民	6376	1816	4641	1611	2891	3037	2528	614
农村居民	2832	592	2529	655	1360	1387	1383	197

图3　2019年陕西居民消费支出

(一)八大类消费支出“七升一降”。

在八大类消费支出中，2019年陕西居民医疗保健支出1978元，增长13.0%，增速最快。其他各项依次为：教育文化娱乐支出2243元，增长11.7%；其他用品及服务支出413元，增长10.8%；食品烟酒支出4672元，增长8.8%；衣着支出1228元，增长7.6%；交通通信支出2155元，增长7.4%；居住支出3625元，增长7.0%；生活用品及服务支出1151元，下降4.1%。其中，城镇居民增长最快的是医疗保健支出，增速达13.2%；农村最快的是衣着支出，增速为12.7%。

(二)服务性消费支出快速增长。

随着收入水平不断提高，城乡居民消费观念转变，更加注重发展型、享受型消费；同时，伴随着智能终端、电子支付以及快递物流业的快速发展，网购成为居民的消费常态，带动服务性消费实现快速增长。2019年，陕西居民人均服务性消费支出7889元，增长14.0%；人均商品性消费支出9576元，增长3.6%；服务性消费支出增长速度远高于商品性消费支出。

分不同消费类别看，八大项服务性消费支出均呈上涨态势，且除居住和生活用品及服务外，其他六项服务性消费支出涨幅均超过10.0%。增速最快的是食品烟酒服务性消费支出，达25.7%；其次是其他用品及服务的服务性消费支出，增长19.9%。分城乡看，城镇居民人均服务性消费支出10877元，增长13.7%，不含自有住房折算租金的人均服务性消费支出8336元，增长14.1%；农村居民人均服务性消费支出4664元，增长12.5%，不含自有住房折算租金的人均服务性消费支出3417元，增长18.9%。

(三)网上购物快速发展。

随着网络通信技术的快速发展及通信产品的快速普及，居民通过互联网购买的商品和服务迅速增长。2019年，陕西居民人均通过互联网购买商品和服务支出较上年增长52.4%。其中城镇和农村居民人均支出同比分别增长46.3%和83.0%。无论是城镇还是农村，人民生活越来越离不开网络，通过互联网购买商品和服务的消费模式已经被越来越多的人所接受。

(四)居民消费更加注重品质。

随着居民收入的不断提高，陕西居民消费更加注重品质，消费观念发生转变。在外用餐需求增加，2019年陕西居民人均饮食服务支出达到1246元，同比增长25.7%。精神文化生活不断丰富，旅游娱乐意识逐渐增强，2019年陕西居民人均景点门票支出增长20.6%，人均电影话剧演出票支出增长29.8%。医疗保健观念逐步由就医治病向预防保健转变，2019年陕西居民人均购买滋补保健品支出增长25.3%。对自身外形重视程度不断提高，2019年陕西居民人均购买化妆品支出增长29.9%，人均美容美发洗浴支出增长28.5%，人民对美好生活的向往正在不断实现。

四、居民生活状况

(一)居住条件不断提高。

2019年陕西居民住房面积继续增加，人均住房建筑面积达到40.3平方米，比上年增长1.2%。其中，城镇居民人均住房建筑面积为38.8平方米，比上年增长1.7%；农村居民人均住房建筑面积为41.8平方米，比上年增长0.8%。居住在单元房的户比重为38.8%，比上年提高1.3个百分点。

从主要饮用水源看，使用经过净化处理的自来水和的受保护的井水和泉水户比重为93.1%，比上年提高0.9个百分点。

从住宅卫生设施看，住宅内有水冲式卫生厕所或卫生旱厕的户比重为70.5%，比上年提高7.8个百分点。无厕所的户比重仅占0.1%，比上年降低0.7个百分点。

从主要炊用能源看，使用管道天然气和用电的户比重分别比上年提高2.3和1.0个百分点；使用柴草、罐装液化石油气的户比重分别下降1.6和0.9个百分点。

（二）耐用消费品拥有量不断增加。

随着耐用消费品革新速度加快和居民购买力的不断提升，城乡居民主要耐用消费品拥有量不断增多，农村居民升级换代趋势更为明显。

汽车拥有量逐年增加。2019年，陕西居民平均每百户汽车拥有量为28.8辆，比上年增加1.1辆，增长3.9%。其中，城镇居民平均每百户汽车拥有量达到37.4辆，增长2.1%；农村居民平均每百户汽车拥有量达到18.5辆，增长6.5%。

普通家电趋于饱和。2019年，陕西居民平均每百户拥有彩色电视机104.7台，洗衣机96.6台，电冰箱（柜）91.8台，空调84.4台，热水器69.3台，主要家用电器趋于饱和。

移动电话拥有量最高。陕西居民平均每百户移动电话拥有量达到248.5部，其中接入互联网的移动电话达到177.1部，分别较上年增长0.6%和9.7%。按2019年陕西平均每户常住人口3.0人计算，陕西居民人均移动电话拥有量达到0.83部，人均接入互联网的移动电话拥有量达到0.59部。移动电话是陕西居民拥有量最高的耐用消费品。

（三）基础设施持续改善。

近年来，陕西在社区（村）通公路、通电、通电话、通有线电视基本全面实现的基础上，其他基础设施也在不断完善。

城镇居民所在社区开通了管道燃气的比重达到68.1%；有市政或小区集中供暖的比重为52.9%；所在社区上幼儿园（学前班）便利的比重为97.5%；所在社区上小学便利或较便利的户比重为96.5%。

农村居民所在村进村道路为硬化路面的比重为98.9%，村内主要道路为硬化路面的比重为97.8%；垃圾能集中处理的比重达到81.1%；有健身器材的比重达到72.0%；有卫生站（室）的比重为92.7%；上幼儿园（学前班）便利的比重为71.8%；所在社区上小学便利或较便利的户比重为69.6%。

（执笔人：国家统计局陕西调查总队　陈燮函）

甘肃居民收支与生活状况报告

2019 年是全面建成小康社会和"十三五"规划收官的重要一年，甘肃省委、省政府高度重视居民增收问题，坚持稳中求进总基调，努力践行新发展理念，切实推动经济高质量发展，持续抓好民生政策的贯彻落实，加大脱贫攻坚力度，不断增强人民群众的获得感和幸福感，城乡居民收入继续保持增长态势，生活质量明显改善。

一、全省城乡居民收入情况及特点

2019 年，甘肃城镇居民人均可支配收入达到 32323 元，同比增长 7.9%；农村居民人均可支配收入 9629 元，同比增长 9.4%。甘肃城乡居民人均可支配收入增长的主要情况如下：

表 2019 年甘肃分城乡居民人均可支配收入情况

指标	水平(元)		增速(%)		构成(%)		拉动增长(%)		贡献率(%)	
	城镇	农村	城镇	农村	城镇	农村	城镇	农村	城镇	农村
可支配收入	32323	9629	7.9	9.4	—	—	—	—	—	—
1. 工资性收入	21708	2769	8.9	9.3	67.2	28.8	5.9	2.7	75.1	28.4
2. 经营净收入	2484	4322	6.4	13.0	7.7	44.9	0.5	5.7	6.3	60.4
3. 财产净收入	2539	130	0.5	−38.8	7.9	1.3	0.1	−0.9	0.5	−9.9
4. 转移净收入	5592	2408	8.3	7.8	17.2	25.0	1.4	1.9	18.1	21.1

(一)工资性收入稳定增长。

2019 年以来甘肃省委省政府继续坚持抓培训、促就业、保增收的工作思路，积极落实各项就业政策，健全完善促进就业政策体系，加强创业带动就业，加大高校毕业生就业扶持力度，为工资性收入稳定增长打下坚实基础，城乡居民工资性收入继续延续稳定增长态势。

2019 年，城镇居民人均工资性收入 21708 元，同比增长 8.9%，占人均可支配收入的 67.2%，对可支配收入增长的贡献率最大，为 75.1%，拉动可支配收入增长 5.9 个百分点，仍是促进城镇居民收入稳定增长的最重要因素。工资性收入增长的主要因素：一是最低工资标准和企业工资增长指导线上调，有效保障了企业职工工资收入增加；二是行政单位考核奖、科学发展观奖励增加、部分企事业单位绩效工资和年终奖金标准提高，带动全社会整体工资水平提高。

2019 年，农村居民人均工资性收入 2769 元，同比增长 9.3%，占人均可支配收入的比重为 28.8%，对可支配收入增长的贡献率为 28.4%，拉动可支配收入增长 2.7 个百分点，是农村居民收入增长的主要来源。一是随着精准扶贫、精准脱贫政策的全力实施，以及城镇化、新农村建设进程的加快，特别是新型农村社区的大力建设，农村居民就地就近务工机会增多；二是加强对农民工职业技能培训，部分企业为缓解用工荒，采取了提高工资、发放加班补贴等措施，推动了农村务工人员劳动力价格的上涨。据农民工监测调查数据显示，2019 年甘肃农民工总量达 425.4 万人，同比增长 2.2%。外出农民工月均收入同比增长 6.1%。

（二）经营净收入保持平稳增长，来源更加多样。

2019 年，城镇居民人均经营净收入 2484 元，同比增长 6.4%，占可支配收入的 7.7%，对收入增长的贡献率为 6.3%，拉动可支配收入增长 0.5 个百分点。在“三新”经济的引领以及税费改革、全域旅游等政策推动下，甘肃创业环境不断改善，减税降费等普惠性政策落地，小微企业、个体工商户较快发展，税负减轻，居民自主创业参与度提高，促进了城镇居民家庭经营持续发展。

2019 年，农村居民人均经营净收入 4322 元，同比增长 13.0%，占可支配收入比重为 44.9%，四项收入中占比最大，对收入增长的贡献率为 6.3% ，拉动可支配收入增长 5.7 个百分点。其中，第一产业经营净收入增长 13.0%，第三产业经营净收入增长 8.2%。2019 年甘肃畜牧业生产稳中有进，价格持续高位运行，助推了农村居民家庭经营净收入快速增长。2019 年全省牛、羊、禽存栏同比分别增长 4.0%、5.4%和 7.1%；出栏同比分别增长 6.4%、5.8%和 14.5%，价格同比分别增长 5.3%、17.9%和 9.5%；猪存、出栏同比分别下降 11.9%和 6.2%，价格同比增长 39.3%。

（三）财产净收入增长缓慢，对可支配收入的贡献较低。

2019 年，甘肃城镇居民人均财产净收入 2539 元，同比增长 0.5%，占可支配收入的 7.9%，对可支配收入增长的贡献率为 0.5%，拉动可支配收入增长仅 0.1 个百分点。随着房地产调控和减息政策的实施，存款、理财利率下降，个人消费信贷增多，房贷、车贷等生活消费利息支出增加，使城镇居民财产净收入增幅收窄。

2019 年，农村居民人均财产净收入 130 元，同比下降 38.8%，在可支配收入中的占比仅为 1.3%。

（四）多因素促进转移净收入增长较快。

城镇居民人均转移净收入 5592 元，同比增长 8.3%，占可支配收入的 17.2%，对收入增长的贡献率为 18.1%，拉动可支配收入增长 1.4 个百分点，是城镇居民收入增长第二大动力因素。个人所得税起征点提高，专项附加扣除等改革，有效降低居民税收负担，养老、医保、低保等各项补贴政策相继提高标准，惠及不同群体，政策性促增实现全覆盖，是促使转移净收入增长的主要因素。

农村居民人均转移净收入 2408 元，同比增长 7.8%，占可支配收入的 25.0%，对收入增长的贡献率为 21.1%，拉动可支配收入增长 1.9 个百分点。人均养老金或离退休金、外出从业人员寄带回收入的增长，以及农村综合补贴、医保补助、农村基本养老等政策性补助标准的提高，带动农村居民转移净收入增长。

二、城乡居民收入比进一步缩小

2019 年甘肃城乡居民人均可支配收入保持较快增长，农村居民人均可支配收入增速高于城镇居民 1.5 个百分点，城乡居民人均可支配收入比值为 3.36:1，比上年下降 0.04，比 2012 年下降

0.29,城乡居民收入差距进一步缩小,收入分配状况进一步改善。

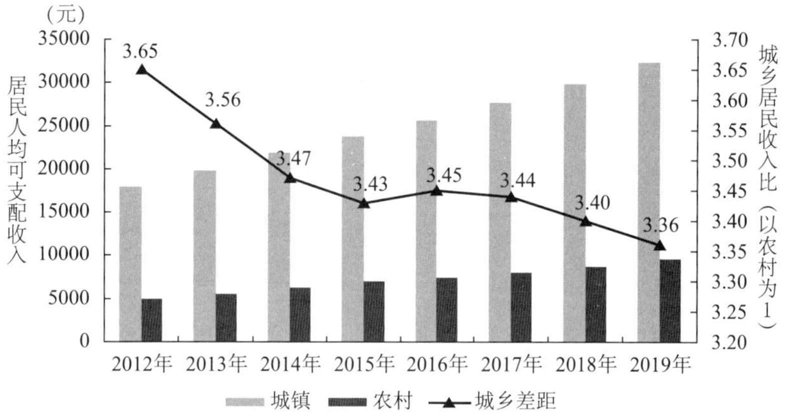

图 1　2012—2019 年甘肃分城乡居民人均可支配收入及城乡收入比

三、脱贫攻坚成效显著

党的十八大以来,甘肃省委省政府高度重视扶贫开发工作,把脱贫攻坚作为"一号工程"来抓,坚决落实精准扶贫精准脱贫战略,因地制宜、创新思路,加大对贫困地区的就业、金融、医疗、教育等扶贫力度,助推贫困村、贫困户发展产业,促进贫困地区、贫困人口收入持续较快增长,据农村贫困监测调查数据显示:2019 年甘肃贫困地区农村居民人均可支配收入为 8592 元,比上年增加 904 元,增长 11.8%,较全国农村居民人均可支配收入增速高 2.2 个百分点,较全省农村居民人均可支配收入增速高 2.4 个百分点,脱贫攻坚取得了积极进展和显著成效,为迈入全面小康社会打下了坚实的基础。

四、2019 年甘肃城乡居民人均消费支出情况

随着城乡居民收入稳步增加,消费水平也不断提高,消费亮点突出,生活质量明显改善。2019 年,甘肃城镇居民人均消费支出 24454 元,同比增长 8.2%;农村居民人均消费支出 9694 元,同比增长 6.9%。

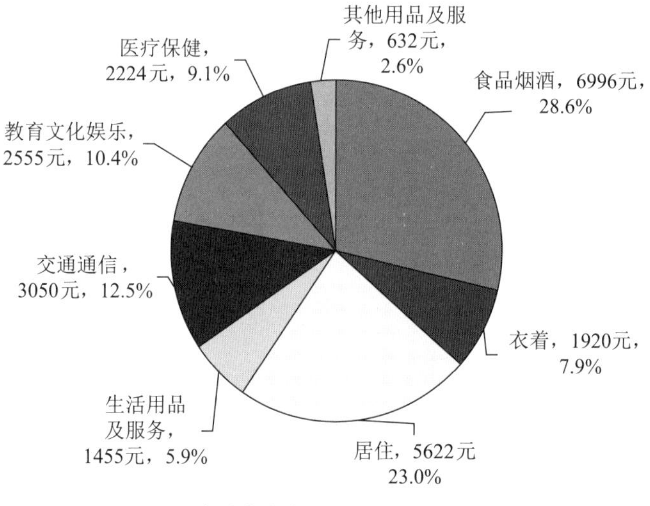

图 2　2019 年甘肃城镇居民人均消费支出及其构成

从消费支出构成看，城镇八大类消费全面增长。其中，增长最快的是交通通信，为 3050 元，增速高达 24.6%；人均居住、食品烟酒、教育文化娱乐、其他用品及服务消费保持平稳增长，分别为 5622 元、6996 元、2555 元和 632 元，分别增长 11.1%、7.8%、4.7%和 4.6%。医疗保健、衣着、生活用品及服务消费与上年基本持平，分别为 2224 元、1920 元和 1455 元，分别增长 0.8%、0.7%和 0.6%。

农村“八大类”消费支出“七升一降”。生活用品及服务类增长最快，绝对值为 578 元，增速达 12.4%；交通通信、教育文化娱乐类消费支出呈两位数增长，分别为 1196 元和 1331 元，分别增长 10.9%和 10.7%；居住、食品烟酒、医疗保健增长也较快，分别为 1867 元、2827 元和 1183 元，分别增长 8.2%、4.9%和 4.5%；生活用品及服务与上年基本持平，为 162 元，增长 1.8%；衣着略有下降，为 552 元，同比下降 1.1%。

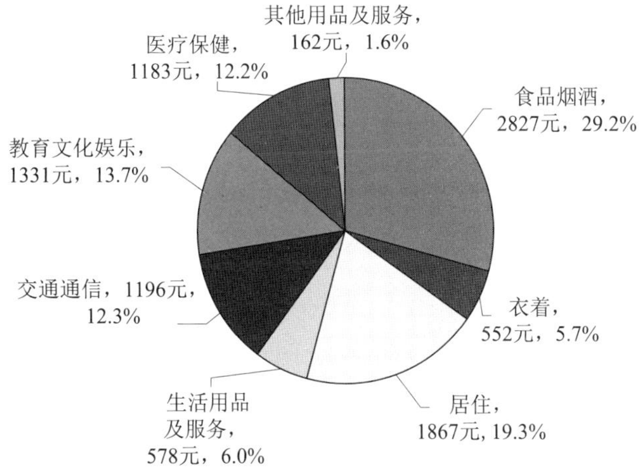

图 3　2019 年甘肃农村居民人均消费支出及其构成

（一）消费结构优化，升级态势突出。

1. 从生存型消费向发展型消费升级。数据显示，甘肃城乡居民生存型消费比重下降，发展型消费比重提高。2019 年，甘肃城镇居民生存型消费支出 14538 元，占消费支出的比重为 59.4%，同比下降 0.1 个百分点；发展型消费支出 6915 元，占消费支出的比重为 28.3%，同比提高 1.5 个百分点。农村居民生存型消费支出 5246 元，占消费支出的比重为 54.1%，同比下降 0.8 个百分点；发展型消费支出 2526 元，占消费支出的比重为 26.2%，同比提高 1.1 个百分点。

2. 从物质型消费向服务型消费升级。一方面，经历了改革开放 40 年的发展，城乡居民物质性消费基本得到满足。2019 年城镇人均食品烟酒支出占人均消费支出的比重（即恩格尔系数）比上年下降 0.1 个百分点；农村人均食品烟酒支出占人均消费支出的比重比上年下降 0.5 个百分点。城乡居民家庭的“大件”基本普及，家电全面普及；另一方面，物质性消费得到基本满足后，居民服务性消费需求快速增长。据统计，2019 年甘肃城镇居民人均服务性消费支出为 10895 元，增长 7.6%，占人均消费支出的比重为 44.6%；农村居民人均服务性消费支出为 3861 元，增长 9.9%，占人均消费支出的比重为 39.8%。

（二）消费热点频现，提档趋势明显。

1. 食品消费趋于健康便捷。随着家庭收入越来越高，居民在享受“舌尖上的甘肃”时，更加注重营养健康。2019 年甘肃城镇居民人均蔬菜和食用菌、肉类、禽类、水产品支出分别增长 7.1%、0.6%、13.3%和 23.3%，酒类和食用油支出小幅下降；农村居民人均肉类、禽类、水产品支出分别增长 7.8%、36.7%和 10.6%。随着互联网的普及，传统餐饮模式积极转型，外卖平台用户数量迅猛增长，2019 年城乡居民人均饮食服务消费增长明显，分别同比增长 21.1%和 13.0%。

2. 交通消费旺盛。近年来，随着交通工具不断更新，汽车快速进入寻常百姓家，2019 年甘肃城乡居民每百户拥有汽车数量分别为 28 辆和 22 辆。在此背景下，2019 年甘肃城乡居民人均交通用燃料分别增长 13.3%和 5.0%，交通工具使用及维修消费支出分别增长 16.1%和 5.6%。这说明汽车拥有量的快速增长，推动了自有交通工具消费支出的快速增长，同时，也从侧面反映出甘肃城乡交通基础设施改善成效明显，出行更为便捷。

五、需要关注的问题

（一）甘肃城乡居民收入水平与全国差距依然较大。

近年来甘肃城乡居民收入持续快速增长，城乡居民人均可支配收入与全国平均水平的相对差距不断缩小，但绝对差距却随着收入水平的大幅度提高呈扩大态势，促进城乡居民增收依然任重道远。2019 年甘肃城镇居民人均可支配收入绝对值在全国 31 个省（区、市）中排名第 29 位，高于黑龙江省 1378 元、吉林省 24 元，居全国倒数第三位，与全国平均水平差距为 10036 元，比上年扩大 742 元；农村居民人均可支配收入绝对值在全国 31 个省（区、市）中排名最末位，比全国平均水平低 6392 元，比上年扩大 579 元。

（二）城镇居民收入增长对政策依赖较大，内生动力不足。

拉动甘肃城镇居民收入增长的因素中，发放机关事业单位绩效工资、提高离退休金标准、扶贫资金转移力度加大等政策性因素占据主导地位，工资性收入是甘肃城镇居民收入增长的最主要来源，在可支配收入中占比达七成左右，而工资性收入主要依赖政策性工资调整和年终绩效考核等奖励，2019 年甘肃出台的增资政策提升收入效果依旧不明显，已落实的调资等增资政策也是全国性政策，对工资性收入增长的拉动作用不足，与全国其他省份比较，仍存在较大差距。经济下行压力加大，社会就业和薪酬提升、家庭经营收入等增长较为乏力，城镇居民收入内生动力不足，制约了收入的增长。

（三）城镇经营净收入增收效果有限，后劲不强。

随着经济的发展，城镇居民中从事生产经营活动的家庭逐渐增加，但居民参与的经营活动多以劳动密集型、低技术的行业为主，经营领域不宽，产品技术含量不高，经营形式传统，行业优势不明显，小微企业发育很不充分，民营经济活力不足。同时，店铺房租和雇工工资、物价上涨等因素使得经营显性和隐性成本增加，利润空间受挤压，这些都给个体和私营经济带来困难和不确定性，后劲不足，制约了城镇居民经营净收入增长。

（四）农村居民转移净收入增长动力减弱。

在经济新常态背景下，国民经济特别是财政收入增速有所放缓，继续以直接补贴等形式增加农村居民转移净收入面临较大压力。当前农业支持保护补贴、低保金等各项惠农政策基本稳定，农业补贴边际效应递减，农村居民转移净收入缺乏增长后劲。

（五）传统农业生产经营增收动力减弱。

2019 年，农村居民人均经营净收入占可支配收入比重为 44.9%。其中，一产经营净收入占经营净收入的 78.2%，农村居民对农业生产经营依赖性依然较强。目前主要农产品价格已高于国际市场，产量也保持在相对较高水平，而农业经营产业化程度和科技含量有待提高。另外，农业和牧业生产受气候、传染病等偶然性因素影响较大，农业经营收入难以保持较快增长，

（六）扶贫任务依然艰巨。

2020 年是坚决打赢脱贫攻坚战，全面建成小康社会的收官之年，甘肃省作为全国脱贫攻坚的主战场之一，近年来脱贫攻坚取得了显著成效，但甘肃涉及六盘山、秦巴山和藏族地区三个集中连片特困地区，贫困面积大，贫困程度深。脱贫攻坚越到最后难度越大，贫困程度越深，减贫难度更大，坚决打赢脱贫攻坚战，实现全省贫困人口全部脱贫，贫困县全部脱帽，同时全面巩固脱贫成果，增强可持续性，实现从脱贫攻坚到乡村振兴的有效衔接，依旧面临很大的挑战。

（执笔人：国家统计局甘肃调查总队　黄馨仪）

青海居民收支与生活状况报告

2019 年，青海居民收入稳步提升，城乡居民收入比进一步缩小，居民消费结构日益优化，生活品质再上台阶。人民群众获得感、幸福感、安全感日益增强，为全面建成小康社会收官打下决定性基础。

一、十八大以来青海居民收入情况

（一）居民收入增速持续快于全国平均。

十八大以来，青海省居民人均可支配收入增速分别为 12.9%、11.0%、10.0%、9.4%、9.8%、9.2%、9.0%，同期全国居民人均可支配收入增速分别为 10.9%、10.1%、8.9%、8.4%、9.0%、8.7%、8.9%，青海居民收入增速持续快于全国平均。

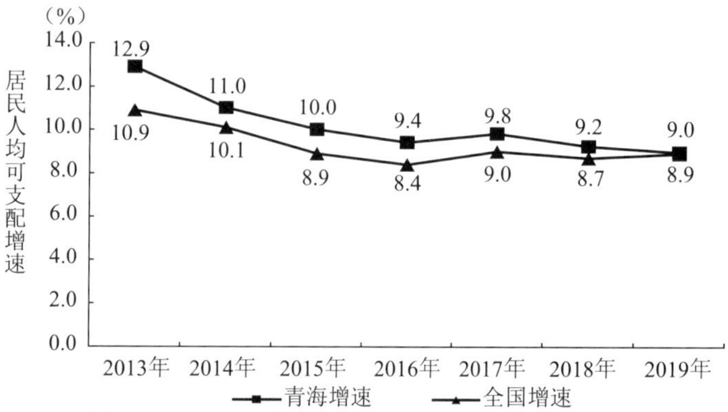

图 1　2013—2019 年青海与全国居民人均可支配收入增速

（二）收入和经济水平同步增长。

2012 年至 2019 年全省居民人均可支配收入分别为 11470 元、12948 元、14374 元、15813 元、17302 元、19001 元、20757 元和 22618 元，各年分别比上年实际增长① 8.7%、8.0%、7.2%、7.5%、

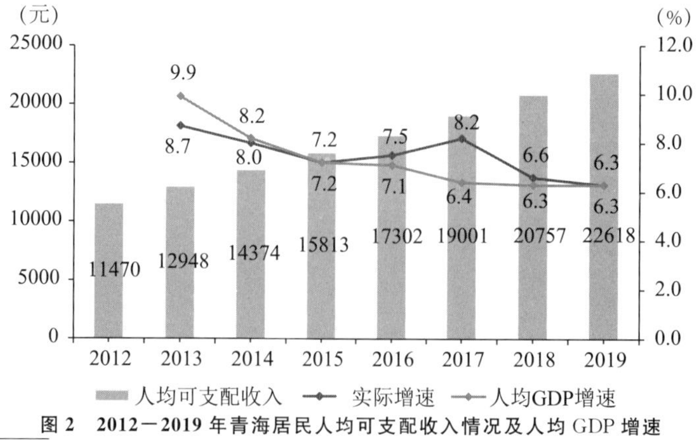

图 2　2012—2019 年青海居民人均可支配收入情况及人均 GDP 增速

① 实际增速：即扣除价格因素后的增速，文中除此处皆为名义增速。

8.2%、6.6%和6.3%，同期人均生产总值实际增速①分别为9.9%、8.2%、7.2%、7.1%、6.4%、6.3%和6.3%。居民收入增长和经济发展水平基本同步。

（三）提前实现全省居民收入翻番目标。

党的十八大提出，到2020年实现城乡居民人均收入比2010年翻一番。按现价看，2019年全省居民人均可支配收入为22618元，是2010年（8659元）的2.6倍；按可比价看，九年累计实际增长100.7%，已实现到2020年全省居民人均可支配收入实际增长翻番目标。收入翻番是指扣除价格因素后，2020年居民人均可支配收入比2010年实际增长一倍。

图3 基于2010年价格与当年价格的居民人均可支配收入和增速

（四）城乡居民收入差距缩小。

表1 2012—2019年青海分城乡居民人均可支配收入及收入差距

年份	城镇居民（元）	农村居民（元）	收入绝对差距（元）	收入相对差距（以农村居民为1）
2012年	18336	5594	12742	3.28
2013年	20352	6462	13890	3.15
2014年	22307	7283	15024	3.06
2015年	24542	7933	16609	3.09
2016年	26757	8664	18093	3.09
2017年	29169	9462	19707	3.08
2018年	31515	10393	21122	3.03
2019年	33830	11499	22331	2.94

2019年，城镇居民人均可支配收入33830元，比2012年（18336元）增加15494元，增长84.5%，年均增长9.1%；农村居民人均可支配收入11499元，比2012年（5594元）增加5905元，增长105.6%，年均增长10.8%。农村年均增速高出城镇1.7个百分点。

青海省城乡居民人均收入比由2012年的3.28下降为2019年的2.94，相对差距逐渐缩小，收入绝对差额由12742增长到22331，绝对差距仍继续扩大。

① 数据来源：青海省统计局。

（五）收入结构多元化。

表 2　2012 年与 2019 年青海居民人均可支配收入分项情况

指　　标	2012 年			2019 年		
	水平（元）	构成（%）	贡献率（%）	水平（元）	构成（%）	贡献率（%）
可支配收入	11468	100.0	100.0	22618	100.0	100.0
1. 工资性收入	6940	60.5	55.2	13204	58.4	53.5
2. 经营净收入	1688	14.7	5.5	3306	14.6	15.7
3. 财产净收入	199	1.8	1.9	1141	5.0	4.5
4. 转移净收入	2641	23.0	37.4	4967	22.0	26.3

2019 年全省居民人均可支配收入中，四大项收入占比分别为 58.4%、14.6%、5.0%、22.0%，增收贡献率分别为 53.5%、15.7%、4.5%、26.3%。

从来源构成看，2019 年较 2012 年各项收入比重为：人均财产净收入提高 3.2 个百分点；人均工资性收入下降 2.1 个百分点，人均转移净收入下降 1.0 个百分点，人均经营净收入下降 0.1 个百分点。工资性收入占比降低，收入结构向多元化发展。

从增收贡献率看，2019 年较 2012 年各项收入增加额贡献率为：人均经营净收入提高 10.2 个百分点，人均财产净收入提高 2.6 个百分点；人均转移净收入下降 11.1 个百分点，人均工资性收入下降 1.7 个百分点。

二、2019 年青海居民收入增长特点

表 3　2018—2019 年青海居民人均可支配收入情况

指　　标	2019 年			2018 年		
	水平（元）	增速（%）	构成（%）	水平（元）	增速（%）	构成（%）
全体居民可支配收入	22618	9.0	100.0	20757	9.2	100.0
1. 工资性收入	13204	8.1	58.4	12209	7.6	58.8
2. 经营净收入	3306	9.7	14.6	3014	5.3	14.5
3. 财产净收入	1141	7.9	5.0	1057	11.4	5.1
4. 转移净收入	4967	10.9	22.0	4477	16.6	21.6
城镇居民可支配收入	33830	7.3	100.0	31515	8.0	100.0
1. 工资性收入	22872	5.3	67.6	21719	5.6	68.9
2. 经营净收入	2307	10.4	6.8	2089	10.0	6.6
3. 财产净收入	1878	12.2	5.6	1674	3.8	5.3
4. 转移净收入	6773	12.3	20.0	6033	18.6	19.2
农村居民可支配收入	11499	10.6	100.0	10393	9.8	100.0
1. 工资性收入	3617	18.7	31.4	3047	12.7	29.3
2. 经营净收入	4297	10.0	37.4	3905	3.7	37.6
3. 财产净收入	410	−11.5	3.6	463	41.9	4.4
4. 转移净收入	3175	6.6	27.6	2978	11.6	28.7

2019年青海居民人均可支配收入为22618元，比上年增长9.0%。增速较上年回落0.2个百分点，比全国平均增速快0.1百分点。

从收入来源看，青海居民四大项收入均呈增长态势，同比分别增长8.1%、9.7%、7.9%、10.9%，其中人均转移净收入增速最快。

从构成看，工资性收入仍占主导，但占比较上年有所降低，转移净收入占比增长明显，增加0.4个百分点，经营净收入占比微增，财产净收入占比微降。

（一）城镇居民收入增长特点。

2019年，青海城镇居民人均可支配收入为33830元，增长7.3%，增速较上年回落0.7个百分点，低于全国平均增速0.6个百分点。

1. 工资性收入增长5.3%。2019年青海城镇居民人均工资性收入22872元，同比增长5.3%，增速比上年回落0.3个百分点，占可支配收入的比重达67.6%，对可支配收入增长的贡献率达49.8%，拉动居民收入增长3.7个百分点。

主要增收因素：一是就业人数增加，为工资性收入稳定增长打下良好基础，2019年，全省城镇新增就业6.30万人，同比增长1.6%①；二是增收政策落实，机关事业单位基本工资标准上调、事业单位正常晋升工资、发放六州公务交通补贴、事业单位绩效工资调整、省级文明单位增加等政策增资共同拉动工资水平的上涨。

2. 经营净收入增长10.4%。2019年青海城镇居民人均经营净收入2307元，同比增长10.4%，增速比上年提高0.4个百分点，占可支配收入的比重达6.8%，对可支配收入增长的贡献率达9.4%，拉动居民收入增长0.7个百分点。

主要增收因素：一是第一产业市场整体较好，肉价上涨，枸杞、当归、虫草等出售量增加，全省城镇居民一产经营净收入增长明显；二是旅游业发展带动第三产业收入增长，2019年，1—12月全省旅游总人数增长20.8%，总收入增长20.4%②，城镇居民三产人均经营净收入增长5.6%。受经济下行压力影响，非农经营人员收入不稳定，特别是建筑业经营收入波动较大，第二产业收入呈下降趋势，城镇居民二产人均经营净收入下降2.3%。

3. 财产净收入增长12.2%。2019年青海城镇居民人均财产净收入1878元，同比增长12.2%，增速比上年提高8.4个百分点，占可支配收入的比重达5.6%，对可支配收入增长的贡献率达8.8%，拉动居民收入增长0.6个百分点。

主要增收因素：一是出租机械专利版权等资产的收入增长明显；二是投资分红增加拉动利息、红利收入增长；三是房屋虚拟租金受房价持续上涨影响保持小幅增长。

4. 转移净收入增长12.3%。2019年青海城镇居民人均转移净收入6773元，同比增长12.3%，增速比上年回落6.3个百分点，占可支配收入的比重达20.0%，对可支配收入增长的贡献率达32.0%，拉动居民收入增长2.3个百分点。

---

① 数据来源：青海省统计局。

② 数据来源：青海省统计局。

主要增收因素：一是企业和机关事业单位退休人员基本养老金、城乡最低生活保障标准上调；二是家庭外出从业人员寄带回收入上涨；三是因个税起征点调整，个人所得税支出下降；四是政府加大转移支付力度惠及更多城镇居民，政策性生活补贴、社会救济和补助增长。

（二）农村居民收入增长特点。

2019年，青海农村居民人均可支配收入为11499元，增长10.6%，增速较上年提高0.8个百分点，比全国平均增速快1.0个百分点。

1. 工资性收入增长18.7%。2019年青海农村居民人均工资性收入3617元，同比增长18.7%，增速比上年提高6.0个百分点，占可支配收入的比重达31.4%，对可支配收入增长的贡献率达51.5%，拉动居民收入增长5.5个百分点。

主要增收因素：一是农民工数量增加，据全省农民工监测调查数据显示，2019年，青海农民工总量93.0万人，比上年增加0.9万人，增长1.0%；二是工资水平增长，本地农民工非农务工月人均收入2993元，比上年增长11.0%；三是村级环卫工及生态管护员公益性岗位增加，且工资提高，使得工资性收入保持较快增长。

2. 经营净收入增长10.0%。2019年青海农村居民人均经营净收入4297元，同比增长10.0%，增速比上年提高6.3个百分点，占可支配收入的比重达37.4%，对可支配收入增长的贡献率达35.5%，拉动居民收入增长3.7个百分点。

主要增收因素：一是农畜产品价格和出售量增长，促使农村居民人均一产经营净收入增长明显，第一产业经营收入增长11.8%；二是据全省农民工监测调查数据显示，本地农民工非农自营月人均收入5002元，比上年增长21.6%，第三产业经营收入增长7.4%。因环境整治、扫黑除恶，砖瓦厂、砂石厂等小型企业强制关闭，对二产经营净收入产生不利影响，第二产业经营收入下降59.6%。

3. 财产净收入下降11.5%。2019年青海农村居民人均财产净收入410元，同比下降11.5%，增速比上年回落53.4个百分点，占可支配收入的比重达3.6%，对可支配收入增长的贡献率为−4.8%，下拉居民收入0.5个百分点。

主要原因：村集体分红、扶贫产业分红等红利收入增长较快，出租房屋净收入呈现恢复性增长，但不足以抵消农村居民转让承包土地经营权租金、出租机械等其他财产性收入的下拉影响。

4. 转移净收入增长6.6%。2019年青海农村居民人均转移净收入3175元，同比增长6.6%，增速比上年回落5.0个百分点，占可支配收入的比重达27.6%，对可支配收入增长的贡献率达17.8%，拉动居民收入增长1.9个百分点。

主要增收因素：一是化肥农药减量增效补贴、农机补贴、畜牧业补贴等各项政策性惠农补贴相继发放；二是随着全省脱贫攻坚工作的推进，全省城乡居民建档立卡贫困人口住院医疗费用报销比例由80%提高到90%，另有17种抗癌药纳入青海省基本医疗保险、工伤保险和生育保险药品目录，以上促使报销医疗费增加；三是寄带回收入增加，据农民工监测调查数据显示，2019年青海外出农民工66.9万人，同比增长4.9%。

三、2019 年青海居民消费结构继续升级

2019 年，青海居民人均消费支出 17545 元，同比增长 6.0%。按常住地分，城镇居民人均消费支出 23799 元，同比增长 3.5%。农村居民人均消费支出 11343 元，同比增长 9.6%。

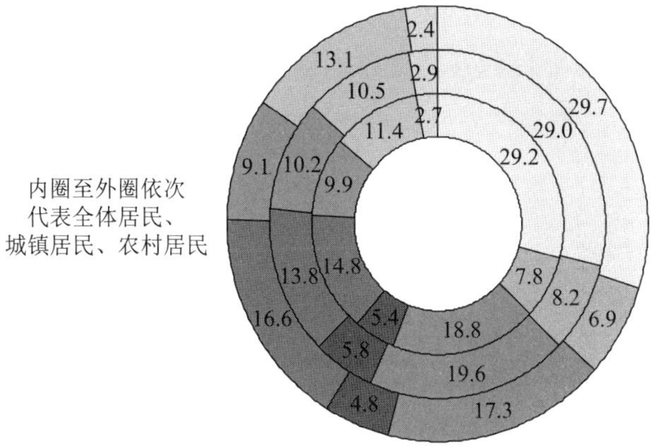

图 4　2019 年青海居民消费支出结构

2019 年青海居民八大类消费七升一降。增速分别为：9.8%、0.7%、10.5%、2.3%、−3.1%、4.6%、8.3%、8.5%。

表 4　2019 年青海居民消费支出情况

指标	全体居民			城镇居民			农村居民		
	水平（元）	增量（元）	增速（%）	水平（元）	增量（元）	增速（%）	水平（元）	增量（元）	增速（%）
居民消费支出	17545	988	6.0	23799	801	3.5	11343	991	9.6
1. 食品烟酒	5131	459	9.8	6904	553	8.7	3373	320	10.5
2. 衣着	1360	9	0.7	1941	−63	−3.1	783	62	8.7
3. 居住	3304	314	10.5	4654	419	9.9	1965	175	9.8
4. 生活用品及服务	953	21	2.3	1369	−17	−1.2	541	46	9.3
5. 交通通信	2588	−83	−3.1	3295	−317	−8.8	1886	121	6.9
6. 教育文化娱乐	1732	76	4.6	2436	42	1.8	1033	88	9.4
7. 医疗保健	1996	154	8.3	2510	139	5.8	1486	154	11.5
8. 其他用品及服务	482	38	8.5	690	45	7.0	276	25	10.0

1. 恩格尔系数有所回升。2019 年，青海居民人均食品烟酒支出 5131 元，同比增长 9.8%。由于肉类价格攀升，带动食品消费价格和消费支出上涨，恩格尔系数较上年有所回升。青海居民消费价格(CPI)中食品烟酒类价格上涨 5.3%，恩格尔系数为 29.2%，较上年上升 1.0 个百分点。分城乡看，城镇居民恩格尔系数为 29.0%，较上年上升 1.4 个百分点。农村居民恩格尔系数为 29.7%，较上年上升 0.2 个百分点。

2. 居住、医疗保健支出成为拉动消费的中坚力量。随着房价上涨和房屋租赁行业体系的日趋成熟，居住消费支出增速最快。2019 年，青海居民人均居住支出 3304 元，增长 10.5%。随着跨

省异地就医直接结算全覆盖，居民防病治病意识普遍增强，2019 年，青海居民人均医疗保健支出 1996 元，增长 8.3%。

3. 交通通信支出下降。“提速降费”力度不断加大，居民信息服务更加便捷实惠。2019 年，青海居民人均交通通信支出 2588 元，下降 3.1%。

4. 服务性消费、网购支出大幅增长。新业态新模式不断涌现，居民文化娱乐消费更加丰富多彩，社会化服务更加普及。在电商平台和移动支付的强力支撑下网购发展凸显。2019 年，青海居民人均服务性消费支出 7204 元，增长 10.5%，青海居民通过互联网购买商品和服务的支出增长 60.0%。

5. 农村教育文化娱乐支出增长显著。2019 年，青海政府积极兑现民生实事承诺，新建扩建基础教育学校 336 所，教育体系日趋完善，农村教育文化娱乐支出增长凸显。全体居民教育文化娱乐支出 1732 元，增长 4.6%；城镇居民教育文化娱乐支出 2436，增长 1.8%；农村居民教育文化娱乐支出 1033 元，增长 9.4%，比城镇快 7.6 个百分点。

四、居民家庭生活质量进一步提高

（一）居住条件和社区环境改善。

1. 居住条件日趋改善。从住房条件看，人均自有现住房面积为 29.2 平方米，比上年增长 0.97%。其中，城镇为 30.0 平方米，比上年增长 0.21%；农村为 28.3 平方米，比上年增长 1.7%。从居住空间样式看，二居室以上单元房占比 42.0%，比上年增长 2.4 个百分点。

2. 社区道路、电路、网路基本畅通。青海居民所在社区通公路的户比重为 100%，进社区道路为水泥或柏油路面的户比重为 86.4%，社区内主要道路为水泥或柏油路面的户比重为 81.1%，主要道路有路灯的户比重为 87.8%；社区通电的户比重达到 100%，通电话的户比重达 99.6%，能接收有线电视信号的户比重达 94.9%；社区通宽带的户比重达 93.3%。

3. 医疗教育逐步健全。社区内有卫生站（室）的户比重达到 97.1%；上幼儿园或学前班较便利的户比重为 93.7%；上小学较便利的户比重为 92.7%。

4. 社区环境日益优化。社区内垃圾能够做到集中处理的户比重为 93.4%；有健身器材的户比重为 90.6%；有绿化园林景观设计的户比重 58.2%。

（二）生活设施提升明显。

从主要饮用水源看，青海居民使用经过净化处理的自来水的比重为 76.7%，比上年增加 5.2 个百分点，获取饮用水无困难的户比重为 95.4%，比上年增加 1.7 个百分点。其中，农村居民经过净化处理的自来水的比重为 55.0%，比上年增加 10.6 个百分点，获取饮用水无困难的户比重为 90.3%，比上年增加 3.1 个百分点。

从卫生设施看，青海住户厕所类型是水冲式卫生厕所的户比重为 54.1%，比上年增加 6.6 个百分点。有洗澡设施的户比重为 57.8%，比上年增加 1.8 个百分点。

从主要炊用能源看，天然气、煤气、液化石油气、电的户数占比 62.3%，比上年增加 6.9 个百分点。

（三）耐用消费品拥有量快速增长。

1. 家用汽车拥有量增长明显。2019 年青海居民平均每百户汽车拥有量为 44.7 辆，比上年增加 5.9 辆。其中，城镇居民平均每百户汽车拥有量为 42.8 辆，比上年增加 2.4 辆；农村居民平均每百户汽车拥有量为 47.0 辆，比上年增加 10.1 辆。

2. 洗衣机、电冰箱、彩色电视机成为家庭必备。2019 年青海居民平均每百户洗衣机、电冰箱、彩色电视机拥有量分别为 98.5、102.8、99.1 台，比上年分别增加 3.2、5.0、3.6 台。

3. 通信电子产品日趋增长。受近年来互联网发展及通信网络的提速降费影响，2019 年青海居民平均每百户移动电话和计算机拥有量分别为 261.5 部、36.1 台，比上年分别增加 6.9 部、0.6 台。

（执笔人：国家统计局青海调查总队　吴海波）

宁夏居民收支与生活状况报告

党的十八大以来，在党中央的正确领导和亲切关怀下，宁夏全区上下大力贯彻落实“创新驱动、脱贫富民、生态立区”三大战略，实施一系列有利于提高城乡居民收入的惠民政策，着力改善和保障民生，居民收入持续稳定增长，生活质量显著改善。

一、城乡居民收入全面增长，差距逐渐缩小

（一）城乡居民收入水平稳步提高。

宁夏经济从高速增长到高质量发展转换，城乡居民收入稳步提高，人民生活迈向全面小康。宁夏居民人均可支配收入从 2012 年 13104 元增加到 2019 年 24412 元，年均增长 9.3%。其中城镇居民人均可支配收入从 2012 年的 19507 元增加到 2019 年的 34328 元，年均增长 8.4%，农村居民人均可支配收入从 2012 年的 6776 元增加到 2019 年的 12858 元，年均增长 9.6%。

2019 年宁夏居民人均可支配收入增长 9.0%，比全国平均水平高 0.1 个百分点，增速在全国 31 个省（区、市）中位居第 14 位。其中，城镇居民人均可支配收入增长 7.6%，低于全国平均水平 0.3 个百分点，增速居全国第 20 位。农村居民人均可支配收入增长 9.8%，高于全国平均水平 0.2 个百分点，居全国第 11 位。宁夏城乡居民收入持续增长，收入水平与全国平均水平相当。

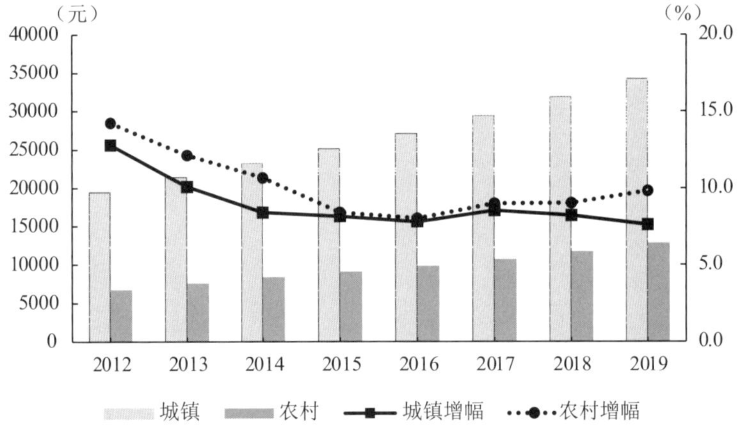

图 1　2012—2019 年宁夏分城乡居民可支配收入及增长情况

（二）城乡居民收入差距持续缩小。

党的十八大以来，自治区党委政府大力实施乡村振兴战略，深入开展精准扶贫工作，宁夏农村居民收入持续增长，增速始终快于城镇居民增速。2019 年宁夏城乡居民人均可支配收入比为 2.7（农村居民收入为 1），比 2012 年下降 0.2 个百分点，城乡居民收入差距逐渐缩小。

二、城乡居民增收渠道拓宽，增收亮点明显

党的十八大以来，宁夏通过加强交通、通信等基础设施建设，走新型工业化道路，推进农业产业化，大力发展第三产业，以脱贫攻坚统揽经济社会发展全局，宁夏城乡居民就业类型丰富多样，收入渠道不断拓宽，收入结构逐渐多元化。

（一）城镇居民收入增长特点。

2012 年，宁夏城镇居民人均工资性收入、经营净收入、财产净收入和转移净收入占可支配收入的比重分别为：67.4%、12.2%、3.5%、16.9%，工资性收入占绝对主体地位。2019 年四大项收入比重分别为 68.2%、10.3%、4.1%和 17.4%，经营净收入的比重降低了 1.9 个百分点，财产和转移收入的比重则分别提高了 0.6 和 0.5 个百分点，城镇居民收入结构多元化特征更加明显。

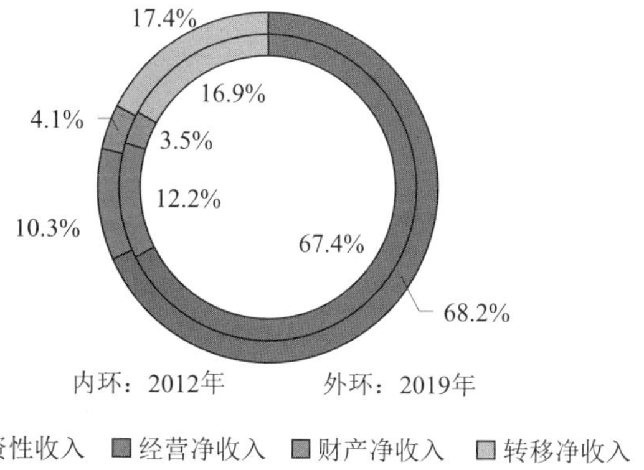

图 2　2012 年与 2019 年宁夏城镇居民人均可支配收入结构对比

1. 工资性收入稳定增长。2019 年宁夏城镇居民人均工资性收入 23406 元，同比增长 9.7%，拉动城镇居民可支配收入增长 6.5 个百分点。一是 2019 年宁夏各级党委、政府全面落实就业优先政策，稳就业措施效果显著。二是工业企业盈利能力增加。2019 年，全区规模以上工业企业实现利润总额 218.1 亿元，同比增长 10.0%，企业效益提升带动职工工资上涨。三是企业工资指导线助推工资水平提高。四是政策性增资带动机关事业单位职工工资增长。

2. 经营净收入平稳增长。2019 年，宁夏城镇居民人均经营净收入 3530 元，同比增长 5.3%，拉动城镇居民可支配收入增长 0.5 个百分点。主要表现在：营商环境持续改善，稳岗就业积极推进，带动了城镇居民家庭经营收入增加。一是“三供一业”项目，辐射和带动建筑业、批零业、居民服务业发展；二是“商圈经济”持续发展，带动批零、住餐业的发展；三是旅游产业发展，在实现旅游收入增加的同时，促进批零住餐业的发展；四是长途货运运费增加，带动交通运输业收入的增加。

3. 财产净收入从无到有。近年来，宁夏不断完善金融体系、优化金融资源配置，努力提升金融服务水平。随着投资渠道不断拓宽，居民财产净收入来源日益多元，收入水平大幅度提高，成为城镇居民收入的新亮点。2012 年宁夏城镇居民财产净收入 631 元，占可支配收入的比重为 3.5%，2019 年增加到 1421 元，占比提高到 4.1%。财产净收入基数小、占比低、增速快，但因体量小，拉动可支配收入的效应有限。2019 年，宁夏城镇居民人均财产净收入 1421 元，同比增长

5.4%，但其在城镇居民收入中所占比重很小，对城镇居民增收的贡献有限。

4. 转移净收入增收压力大。十八大以来，宁夏社会保障体系日臻完善，低保、养老、医疗、失业保险标准逐年提升。2019 年城镇居民转移净收入达到 5971 元，同比增长 2.0%，拉动城镇居民可支配收入增长 0.4 个百分点。比 2012 年的 3118 元增长 2853 元，年均增长 9.7%，占可支配收入的比重为 17.4%，比 2012 年提高 1.4 个百分点。全民参保深入推进，居民社保意识增强影响，个人承担的养老、医疗保险费金额也逐年增加，2019 年城镇居民人均转移性支出同比增长 9.4%，抵消了离退休人员养老金、居民基础养老金调整、个人所得税政策变动等对城镇居民转移性收入增加的影响，拉低了转移净收入的增速。

（二）农村居民收入增长特点。

随着城镇化进程加快，农民工队伍不断壮大，精准扶贫深入推进，惠农政策落实到位，农村社保体系不断完善，农村居民收入来源由单一的经营收入为主，转为经营、工资、财产、转移全面快速增长。

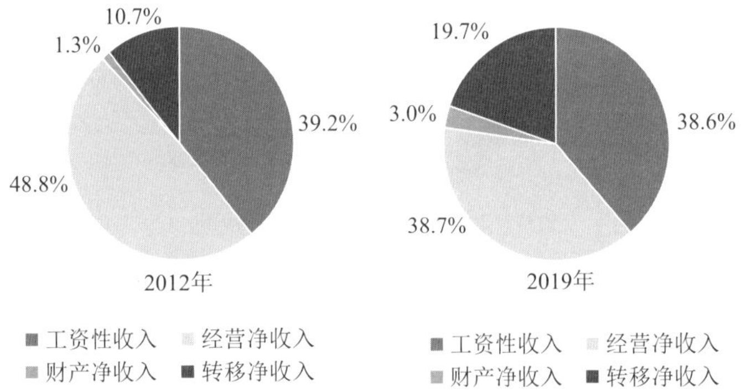

图 3　2012 年与 2019 年宁夏农村居民人均可支配收入结构对比

1. 工资性收入是主动力。十八大以来，自治区党委政府深入贯彻实施农业产业化、农村现代化发展，农村大量劳动力向非农产业转移，在劳务移民、农民工权益保障等政策的助力下，农村劳动力外出务工人数、时间双增，农村居民工资性收入持续增长。2012 年宁夏农村居民工资性收入 2657 元，2019 年增加到 4963 元，年均增长 9.3%。

2019 年全区上下深入贯彻落实“稳就业”的政策，积极搭建就业信息服务平台，开展“春风行动”现场招聘会，双向对接，解决就业；提高农民自主就业奖励和农民技能培训力度，加强农民工竞争实力；区内高速公路、高铁、旧城改造以及村容村貌整治、厕所革命等基础设施建设项目的推进，为农民提供了大量就业岗位；增设生态护林员、乡村保洁员等农村公益性岗位，岗位倾斜建档立卡贫困户，带动贫困户增收；各县区大力发展农业优势特色产业，农忙季节务工需求增多，为农民就近务工提供便利。良好的务工形势，有效拉动农村居民工资性收入的增长，人均工资性收入 4963 元，同比增加 415 元，增长 9.1%，工资性收入占可支配收入的比重为 38.6%，拉动收入增长 3.5 个百分点，成为农民收入增长的“主力”。

2. 经营净收入是原动力。经营净收入作为农村居民增收的原生动力，随着农民增收渠道的多样化，其占比逐年下降。2012 年宁夏农村居民人均经营净收入 2657 元，2019 年增加到 4976

元，占比从2012年的48.8%，下降到2019年的38.7%，收入结构持续优化。

2019年宁夏畜牧业效益凸显，三产遍地开花，助推宁夏农村居民经营净收入同比增长7.3%。一是主要畜禽生产平稳。首先是在产业扶持助力，饲草、圈舍等补贴政策带动下农户饲养积极性提高，牧业养殖扩群明显。其次是2019年牛、羊肉价格持续走高，活猪“替代效应”显现，禽蛋产品价格也全面上涨，牧业生产稳中向好，助力农民持续增收。2019年农村居民人均牧业收入945元，同比增加170元，增长22.0%，拉动农民人均可支配收入增长1.5个百分点。二是部分农产品促进农民增收。青储玉米需求大价格高。全区青储玉米播种面积增加，农户出售价格比上年上涨10%以上。马铃薯增产增收。马铃薯总产量同比增产8.4%，2019年四季度马铃薯出售价格为1.0—1.2元/公斤，比上年上涨20%以上，有效拉动农户增收。特色优势产业效益显现。小杂粮、中药材、黄花菜等经济作物面积扩增，价格稳定，带动农民持续增收。三是三产发展活跃潜力大。农村居民人均第三产业经营净收入1695元，同比增加217.5元，增长14.7%。这主要得益于：全区新型经营主体示范带动和农村改革政策的深入实施，农户从事批发和零售、交通运输、餐饮、服务等非农产业的积极性逐步提高；各地依托全域旅游及县区发展特色，积极发展观光农业、红色旅游、农家乐、采摘体验、微商等新兴业态在农村地区兴起，有效带动农民增收。据彭阳县反映2019年彭阳县“山花节”期间，共接待各类游客7.06万人次，实现社会综合收入2118万元，农家乐接待游客1.46万人，实现经营收入73万元。

3. 转移净收入是新引力。随着乡村振兴战略的深入实施，产业扶持政策持续发力，惠农补助资金落实到位；农村社保体制的日臻完善，基础养老金标准逐年提升，失地农民养老金收入增加；农民住院报销、大病保险报销范围和比例逐步调整提高，农民就医负担切实减轻，宁夏农村建档立卡户看病买药报销额达到了90%以上；十八大以来，在精准扶贫劳动力转移就业政策驱动下，农村外出务工人员增加，使得寄回带回收入增加。各项惠农政策的持续落地，农村居民政策性生产生活补贴的范围和标准进一步扩大。2019年宁夏农村居民人均转移净收入2532元，同比增加373元，增长17.3%，拉动可支配收入增长3.2个百分点，比2012年增加了3.5倍，年均增19.5%。转移净收入成为农民收入最具保障的增长动能。

4. 财产净收入是新拉力。农村土地制度改革的深化，农民土地资源得以盘活，农民转让土地承包经营权收入逐年增加；农村集体经济的发展，农民红利收入增多；乡村旅游、农家乐的发展，带动农民出租出售空余房屋，农民财产净收入来源更加多元化。2012年宁夏农村居民人均财产净收入86元，2019年增加到388元，年均增长24.0%。2019年宁夏沙坡头区、惠农区、兴庆区、隆德县、盐池县5县(区)部分村民喜获集体分红收入，成为农村居民增收的新亮点，同比增加25元，增长7.0%，拉动可支配收入增长0.2个百分点。

三、城乡居民生活质量显著改善

十八大以来，宁夏城乡居民消费水平不断提升，消费结构持续升级，宁夏城乡居民生存型消费逐渐提质增效，发展型和享受型消费支出比重不断提高。

（一）消费水平逐步提高，生活水平上台阶。

随着宁夏经济社会的繁荣，城乡居民收入的不断增长，消费市场扩大，居民花钱消费底气十足，消费水平不断提高。2019年，宁夏居民人均消费支出18297元，其中城镇居民人均消费支出24161元，比2012年增加9648元，年均增长7.5％。农村居民人均消费支出11465元，比2012年增加5907元，年均增长10.9％。

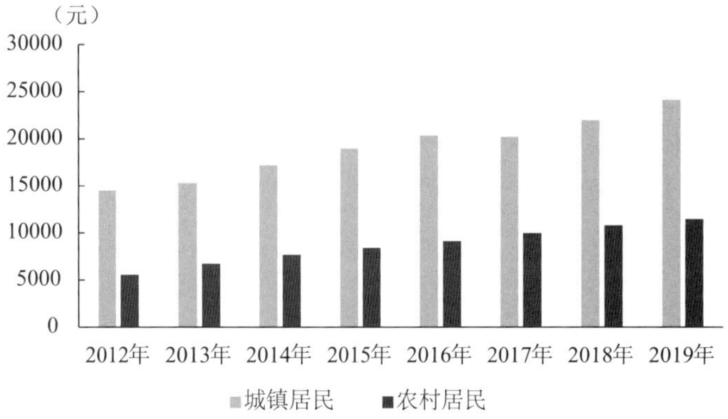

图4　2012—2019年宁夏分城乡居民消费支出变化情况

（二）恩格尔系数持续下降，城乡居民食品消费降本提质。

随着经济的高质量发展，城乡居民收入水平稳步增长，有效带动了宁夏城乡居民生活消费结构的升级。2019年宁夏居民食品烟酒支出占消费支出的比重为25.2％，比2012年的31.4％下降了6.2个百分点。食品消费占比逐年下降，消费品目丰富多样。城乡居民食品消费更加追求品质化、个性化、多样化，2019年全体居民人均禽肉、水产品、蛋奶及干鲜瓜果的消费分别为941元、78元、286元、471元，同比分别增长13.4％、18.2％、2.9％、4.9％。进口水产品、跨季节水果成为城乡居民家庭餐桌的常客。

（三）居住环境明显改善，城乡居民幸福感提升。

宁夏历届党委政府深入实施城乡基础设施建设、危房改造、棚户区改造等民生工程，城乡人居环境改善明显，美丽乡村建设成效突出，群众幸福感进一步提升。2019年宁夏居民人均住房建筑面积为32.5平方米，其中城镇居民人均住房建筑面积为34.0平方米，农村居民人均住房建筑面积为30.7平方米。城镇、农村居民人均住房建筑面积分别比2012年增长了12.3％和18.7％。从土坯房到砖瓦房、从平房到楼房、从“居无定所”到“居有定所”再到“广夏细旃”，城乡居民居住环境大幅改善，住房面积更宽敞，居住条件更便捷，新式装修成为居住类消费的新热点。2012年宁夏城乡居民在居住方面的消费分别是2238元、870元，到2019年增加到4327元、1985元，年均增长分别为9.9％、12.3％。

（四）发展享受型消费增多，追求高品质生活。

近年来，宁夏城乡居民消费支出中，交通通信、文教娱乐、医疗保健等发展型和享受型消费支出大幅增加，占比稳步提高。

表1　2012与2019年宁夏分城乡居民消费支出结构

指　　标	城镇居民				农村居民			
	2012年水平（元）	2012年构成（%）	2019年水平（元）	2019年构成（%）	2012年水平（元）	2012年构成（%）	2019年水平（元）	2019年构成（%）
居民消费支出	14513	100.0	24161	100.0	5558	100.0	11465	100.0
1. 食品烟酒	4411	30.4	5859	24.2	1893	34.1	3145	27.4
2. 衣着	1711	11.8	2104	8.7	504	9.1	745	6.5
3. 居住	2238	15.4	4327	17.9	870	15.7	1985	17.3
4. 生活用品及服务	998	6.9	1529	6.3	363	6.5	696	6.1
5. 交通通信	1987	13.7	4077	16.9	634	11.4	1784	15.6
6. 教育文化娱乐	1497	10.3	3188	13.2	601	10.8	1379	12.0
7. 医疗保健	1245	8.6	2342	9.7	545	9.8	1448	12.6
8. 其他用品及服务	427	2.9	735	3.0	147	2.6	282	2.5

一是城乡居民对于健康的重视不断提升，城乡医疗条件的改善，医疗保险制度的全覆盖，越来越多的人迫切地想得到健康的生活，保持身体的健康状态。血糖仪、血压仪等医疗器械，护肝片、钙片等医疗保健品成为居民消费新热点。2012年宁夏居民在医疗保健方面的支出仅有893元，2019年增加到1929元，年均增长11.6%。

二是生活水平节节攀升，带来精神文化需求“水涨船高”。城乡居民越来越注重教育的投资，各类型补习班培养子女全面发展，各种网络课程提升自我能力增强职场竞争力，居民文化消费能力大大增强。2012年宁夏居民在教育文化娱乐方面的支出1046元，农村居民这方面的支出仅有601元。2019年全体居民教育文化娱乐消费支出2352元，比2012年增加2.2倍。农村居民教育文化娱乐1379元，比2012年增加778元，年均增长12.6%。近年来，随着全域旅游的推广，旅游散心成为不少人的生活常态，“不负韶华”“行走四方”成为人们追求美好生活的动力，带动旅游消费支出增长。

三是信息化时代的到来，中国信息产业的不断发展，越来越多的居民对信息化服务的需求明显增加，促使居民用于交通通信类消费的支出占比大幅上升。农民用抖音、快手直播出售农副产品，不会写字的老年人用微信视频联系远在千里之外的儿孙，城乡居民足不出户了解天下事。2019年宁夏居民交通通信支出3018元，是2012年的2.9倍。

（五）耐用消费品更新换代，科技引领新潮流。

随着居民生活质量的不断提高，城乡居民家庭耐用消费品由档次较低、实用型向档次较高、科技型方向发展。

表 2 2012 年与 2019 年宁夏分城乡居民耐用消费品拥有量

单位:平均每百户

指标	单位	城镇居民		农村居民	
		2012 年	2019 年	2012 年	2019 年
家用汽车	辆	16.7	45.0	—	32.2
摩托车	辆	21.9	12.8	85.3	56.0
助力车	辆	28.1	54.7	—	71.8
电冰箱	台	92.1	100.4	61.1	100.8
洗衣机	台	95.4	101.3	91.6	104.7
热水器	台	84.2	99.2	23.4	100.8
空调	台	10.9	21.9	0.9	1.8
洗碗机	台	0.31	0.5	—	0.2
排油烟机	台	—	90.2	8.9	28.1
微波炉	台	42.7	56.6	6.1	16.3
彩色电视机	台	102.1	102.8	123.3	108.8
计算机	台	64.4	68.7	14.9	26.1
移动电话	部	203.2	253.6	242.8	295.5
固定电话	部	54.9	3.8	28.4	0.6
中高档乐器	架	3.6	10.4	—	0.15

一是受“家电下乡”“以旧换新”等政策引导,耐用消费品更新换代加快。手机正替代固定电话,成为人手必备。2019 年城镇和农村居民平均每百户手机拥有量分别为 253.6 部、295.5 部,比 2012 年分别增长 24.8%、21.7%。同时,城镇和农村居民平均每百户固定电话拥有量比 2012 年分别下降 93.1%、97.9%。二是汽车拥有量快速增加。宁夏城乡道路交通设施的建设,以及生活水平的提高,使人们对交通出行的要求越来越高,城乡居民的交通工具逐步从自行车、摩托车向家用汽车转变。2019 年城镇和农村居民家庭平均每百户摩托车拥有量分别是 12.8 辆、56.0 辆,比 2012 年分别下降 41.5%、34.3%。城乡居民家庭拥有的自行车、摩托车数量逐渐减少,助力车、汽车数量逐渐增多,2019 年城镇和农村居民家庭每百户汽车拥有量分别是 45.0 辆、32.2 辆。三是文化娱乐类耐用消费品需求旺盛。在物质生活得到改善的同时,城乡居民文化生活日益丰富,平板电脑、智能手机、中高档乐器等越来越被人们青睐。2019 年宁夏城镇居民家庭计算机每百户拥有量 68.7 台,比 2012 年增长 6.7%,农村家庭居民平均每百户计算机拥有量为 26.1 台,比 2012 年增长 75.2%。

(执笔人:国家统计局宁夏调查总队 哈婷)

新疆居民收支与生活状况报告

2019年，自治区党委、政府坚持以习近平新时代中国特色社会主义思想为指导，全面贯彻落实新时代党的治疆方略，聚焦社会稳定和长治久安总目标，坚持稳中求进工作总基调，以供给侧结构性改革为主线，推动高质量发展，不断加大脱贫攻坚力度，大力实施乡村振兴战略，持续增加民生建设，稳步推进“稳就业”政策，不断改善营商环境，实现了社会大局持续稳定和经济平稳健康发展的态势，新疆城乡居民收入实现了持续稳定增长，全区各族人民生活水平不断提升，消费愈加多元化，居住条件更加舒适，生活品质进一步提高。

一、新疆居民收入稳定增长

2019年，新疆居民收入呈现平稳增长态势，全体居民人均可支配收入23103元，同比增长7.5%，扣除价格因素，实际增长5.5%。其中，城镇居民人均可支配收入34664元，同比增长5.8%，扣除价格因素，实际增长3.8%；农村居民人均可支配收入13122元，同比增长9.6%，扣除价格因素，实际增长7.3%。

表1　2019年新疆居民人均可支配收入水平及增速

指　　标	全体居民		城镇居民		农村居民	
	水平(元)	增速(%)	水平(元)	增速(%)	水平(元)	增速(%)
可支配收入	23103	7.5	34664	5.8	13122	9.6
1. 工资性收入	12579	7.9	23199	5.7	3410	15.8
2. 经营净收入	5308	3.0	3624	6.2	6761	2.1
3. 财产净收入	839	6.9	1510	5.3	260	10.6
4. 转移净收入	4377	12.0	6331	6.2	2691	24.0

（一）城镇居民收入增速略有回升。

2019年，自治区经济持续健康发展，主要经济指标保持在合理区间，稳定红利持续释放，经济发展积极因素不断积累，城镇居民收入增速略有回升。2019年新疆城镇居民人均可支配收入增速与前三季度相比提高了0.2个百分点。

（二）农村居民收入增速创新高。

2019年，新疆各项惠民惠农政策持续发力，各级党委、政府因地制宜、精准施策，大力实施乡村振兴战略，脱贫攻坚战取得积极进展，聚焦深度贫困，紧扣“两不愁三保障”，扎实推进“七个一批”“三个加大力度”措施，使农村居民生活水平持续提高。2019年新疆农村居民人均可支配收入增速同比提高1.2个百分点，创2016年以来新高。

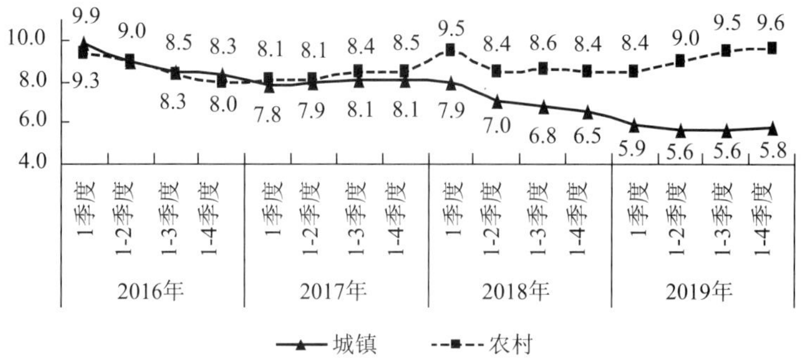

图1　2016—2019年新疆分城乡居民人均可支配收入分季度增速

（三）城乡收入差距逐年缩小。

2019年新疆农村居民人均可支配收入增速比城镇居民快3.8个百分点。近年来，自治区不断加大脱贫攻坚力度、积极贯彻落实乡村振兴战略，深入推进供给侧结构性改革，惠农惠民政策成效显著，农民收入稳步提高。自2017年以来农村居民收入增速连续三年高于城镇居民，城乡收入差距逐年缩小，并呈现出加速缩小的趋势。

（四）工资性收入和转移净收入成为居民收入重要支撑。

从收入来源来看，2019年新疆城镇居民人均工资性收入、经营净收入、财产净收入和转移净收入分别同比增长5.7%、6.2%、5.3%和6.2%，分别拉动收入增长3.7、0.7、0.2和1.2个百分点；农村居民人均工资性收入、经营净收入、财产净收入和转移净收入同比分别增长15.8%、2.1%、10.6%

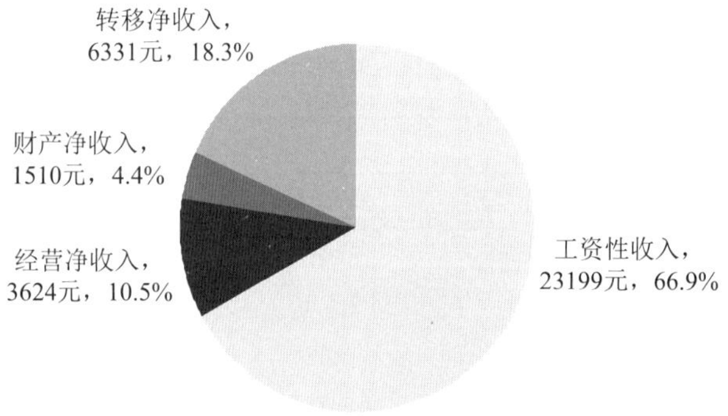

图2　2019年新疆城镇居民人均可支配收入结构

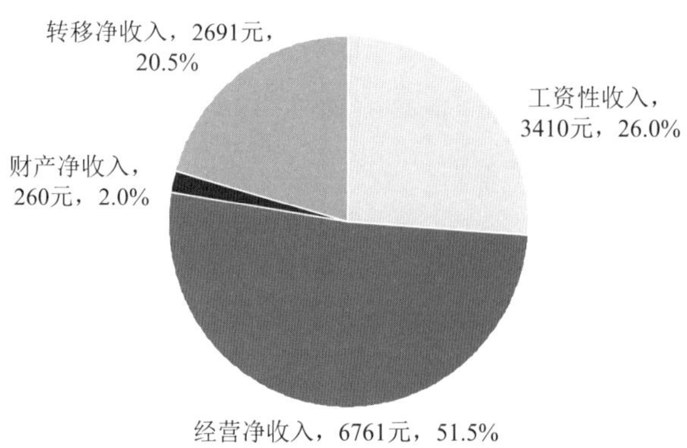

图3　2019年新疆农村居民人均可支配收入结构

和 24.0%，分别拉动收入增长 3.9、1.1、0.2 和 4.4 个百分点；从贡献率看，2019 年新疆城镇居民人均工资性收入、经营净收入、财产净收入和转移净收入的贡献率分别为 65.6%、11.1%、4%和 19.3%；农村居民人均工资性收入、经营净收入、财产净收入和转移净收入的贡献率分别为 40.5%、11.9%、2.2%和 45.4%。工资性收入和转移净收入对城乡居民收入的贡献率达到八成以上，成为新疆城乡居民增收最重要的支撑。

二、推动城乡居民收入增长的主要因素

（一）社会大局稳定，稳定红利不断释放。

自治区各级党委、政府始终把维护稳定作为压倒一切的政治任务。稳定是发展的前提，随着总目标不断推进，各项工作部署相继落实、落细，新疆呈现大局稳定、趋势向好的态势。稳定红利不断释放，推动新疆成为安居乐业、投资兴业的乐土。社会大局稳定是推动经济发展的根本保障。

（二）就业政策保障，工资性收入稳步增长。

一是多渠道扩大就业。新疆全面落实“稳就业”政策，加快实施对新疆南疆四地州富余劳动力的就业计划，基本实现了每户至少有一人就业；落实援企稳岗公共就业服务系列措施，连续组织开展非公有制企业“千企帮千村”精准扶贫行动，引导各类民营企业及商会与各地深度贫困村签约结对，通过吸纳就业、打造特色产业等共建方式，助力建档立卡贫困人口脱贫。2016 年以来，新疆共有 1274 家企业投身其中，共帮扶 1308 个村，投入产业帮扶资金 19.54 亿元，解决就业 9469 人，公益捐赠帮扶 1.95 亿元。二是个税改革释放政策红利。新个人所得税法自 2019 年初全面施行，全疆 419.46 万人享受调整个人所得税减除费用和税率政策，86.69 万人享受个人所得税专项附加扣除政策，减轻纳税人的税收负担，居民工资性收入进一步增加。三是工资水平进一步提高。2018 年 12 月，自治区根据国办发〔2018〕112 号关于调整机关事业单位工资标准的通知，机关事业单位的公职人员职务工资与级别工资均有不同程度的提升。

（三）惠农惠民政策持续发力，转移净收入持续增长。

近年来，自治区党委和政府坚定不移地将发展落实到改善民生上，70%以上的财政预算支出用于保障和改善民生，脱贫攻坚取得积极进展，各项惠民政策落地见效。2019 年新疆农村居民转移净收入增速同比提高 14.3 个百分点。大力推进医疗惠民，实现县和县以上医院远程医疗全覆盖；继续实施全民免费健康体检；城乡居民人身意外伤害保险和城镇职工的大病保险覆盖率达到百分之百；全区农村户籍人员在所在地区合作医院住院，实现先诊疗后付费和一站式结算。坚持教育优先发展，家庭经济困难学生实现“应助尽助”；实现九年义务教育全覆盖；对南疆地区三年学前教育和十二年包括高中的基础教育全覆盖。实施全民参保计划，“基本医疗保险、大病保险、医疗救助”三重保障制度不断完善，参保率稳定在 95%以上。健全完善社会救助体系，提高救助标准和精准救助水平。大力推进安居富民，扎实推进农村和游牧民富民安居工程建设，改善各族人民群众的住房条件。2019 年，“十三五”易地扶贫搬迁建设任务提前一年完成，4 万多户农牧民

喜迁新居,实施“煤改电”、危房改造工程等一系列惠民工程。

（四）市场活力进一步增强,经营净收入平稳增长。

自治区各级政府大力改善营商环境,实施大规模减税降费,为市场主体减免税费,市场活力进一步增强,为个体经营户创造良好的创业环境。2019 年农村居民人均经营净收入占可支配收入的比重为 51.5%,是农村居民第一大收入来源。2019 年全区持续深化农业供给侧结构性改革,大力实施乡村振兴战略,加快农业产业化步伐,推进农村经济稳步发展。畜牧业发展质量和效益双提升,今年受非洲猪瘟影响,牛羊、鸡鸭鹅兔等替代畜牧产品价格上涨,带动农村居民人均牧业收入上涨。2019 年农村居民人均牧业收入同比增长 19.6%;除此之外,农村电商、利用庭院空地发展种植和养殖,驻村下沉干部消费和购买农民经济作物,多渠道增加农民经营收入。

稳定红利不断释放,旅游业运行态势良好,带动农村居民三产经营净收入持续增长。2019 年,新疆农村居民人均第三产业经营净收入同比增长 12.8%。据自治区统计局数据、国家计算机网络与信息安全管理中心新疆分中心游客流量监测统计数据显示:2019 年 1—11 月,全区 105 家 4A、5A 级景区共接待国内外游客 5570.58 万人次,比上年同期增长 47.5%。

（五）多渠道强化保障,促进财产净收入平稳增长。

伴随着全区农业产业体系持续建立完善,家庭承包地“三权分置”的深入推进,土地流转效率大大增加,推动土地承包收入持续增长。农村合作社、乡村集体经济壮大,农民分红收益持续增长,有力支撑农民财产收入的增长。

三、消费水平持续提高,消费结构优化升级

2019 年新疆城镇居民人均消费支出 25594 元,同比名义增长 5.8%,扣除价格因素实际增长 3.8%;农村居民人均消费支出 10318 元,同比名义增长 9.5%,扣除价格因素实际增长 7.2%。

表 2　2015 和 2019 年新疆分城乡居民人均消费支出结构

指　　标	城镇				农村			
	2015 年		2019 年		2015 年		2019 年	
	水平(元)	构成(%)	水平(元)	构成(%)	水平(元)	构成(%)	水平(元)	构成(%)
消费支出	19415	100.0	25594	100.0	7698	100.0	10318	100.0
1. 食品烟酒	5955	30.7	7422	29.0	2623	34.1	2989	29.0
2. 衣着	2013	10.4	2235	8.7	691	9.0	814	7.9
3. 居住	3167	16.3	4559	17.8	1487	19.3	2158	20.9
4. 生活用品及服务	1286	6.6	1709	6.7	396	5.1	685	6.6
5. 交通通信	2869	14.8	3668	14.3	1032	13.4	1321	12.8
6. 教育文化娱乐	2105	10.8	2723	10.6	632	8.2	1144	11.1
7. 医疗保健	1517	7.8	2495	9.7	732	9.5	1060	10.3
8. 其他用品及服务	502	2.6	783	3.1	106	1.4	147	1.4

（一）生存型消费保障居民衣食无忧。

1. 食品消费结构优化。2019 年,新疆城镇居民人均食品烟酒支出 7422 元,同比增长 7.6%,占消费支出的比重为 29.0%,比 2015 年下降 1.7 个百分点。人均谷物消费支出占食品消费支出

的比重比 2015 年下降 3.0 个百分点，人均肉类、水产品、蛋类、奶类、干鲜瓜果类消费支出占食品消费支出的比重比 2015 年分别提高 2.0、1.2、0.3、0.3 和 1.2 个百分点。

2019 年，新疆农村居民人均食品烟酒消费支出 2989 元，同比增长 5.8%，占消费支出的比重为 29.0%，比 2015 年下降 5.1 个百分点。人均谷物消费支出占食品消费支出的比重比 2015 年下降 5.2 个百分点，人均肉类、禽类、干鲜瓜果类消费支出占食品消费支出的比重比 2015 年分别提高 4.9、0.4 和 0.5 个百分点。

2. 衣着消费小幅增长。2019 年城镇居民人均衣着消费支出 2235 元，同比增长 0.1%，占消费支出的比重为 8.7%，农村居民人均衣着消费支出 814 元，同比增长 1.9%，占消费支出的比重为 7.9%，占比较 2015 年均减少。

3. 居住支出稳步增长。2019 年城镇居民人均居住消费支出 4559 元，同比增长 6.3%，占消费支出比重达 17.8%，农村居民人均居住消费支出 2158 元，同比增长 25.8%，占消费支出的比重 20.9%。城乡居民人均居住消费支出占比均位居八大类消费第二位，仅次于食品烟酒消费占比。

（二）发展型消费推动家庭优质生活。

1. 教育消费稳步增长。随着国家对教育文化事业的投入不断加大，城乡居民对教育文化娱乐的消费支出也明显增加，人们不仅满足于过上美好生活的期待，更需要充足的精神食粮，居民更加注重自身素质的提高。2019 年，新疆城镇居民人均教育文化娱乐支出 2723 元，同比增长 2.7%，占消费支出的比重为 10.6%。农村居民人均教育文化娱乐支出 1144 元，同比增长 13.2%，占比达 11.1%。

2. 交通通信更加便捷。2019 年新疆城镇居民人均交通通信消费支出 3668 元，同比增长 7.1%，农村居民人均交通通信支出 1321 元，同比增长 1.5%。随着国家“提速降费”力度不断加大，居民通信消费得到实惠，城乡居民人均交通通信支出占比分别比 2015 年下降 0.5 和 0.6 个百分点。

居民家用交通通信工具也不断更新，2019 年城镇居民家庭每百户拥有家用小汽车 38 辆，比 2015 年增加 10 辆，每百户拥有移动电话 224 部，比 2015 年增加 15 部。2019 年农村居民家庭每百户拥有家用小汽车 23 辆，比 2015 年增加 10 辆，每百户拥有移动电话 226 部，比 2015 年增加 52 部。

3. 居民保健意识增强。随着生活水平的逐步提高，城镇居民自身保健意识逐渐增强，对保健器具和保健品的需求不断增加。2019 年新疆城镇居民人均医疗保健支出 2495 元，同比增长 9.8%，占消费支出的比重为 9.7%，农村居民人均医疗保健支出 1060 元，同比增长 4.2%，占消费支出的比重为 10.3%。

（三）享受型消费共享社会发展成果。

科技的发展促进居民生活的便利。2019 年新疆城乡居民人均生活用品及服务支出分别增长 4.1%和 12.3%。居民使用的家用电器不断更新升级，为居民家庭提供了舒适便捷的生活。2019 年城镇居民家庭平均每百户拥有洗衣机、电冰箱、彩色电视机、空调数量分别为 100 台、106 台、103 台和 32 台，农村居民家庭平均每百户拥有洗衣机、电冰箱、彩色电视机数量分别为 98 台、108

台和105台。

四、城乡居民生活状况不断改善

(一)城乡社区基础设施更加完善。

近年来,随着惠民政策的不断落地实施,民生建设的大力持续推进,新疆城乡居民社区基础设施逐步完善。2019年,城镇、农村社区饮用水经过集中净化处理的户比重分别比2015年提高0.8和6.5个百分点,社区主要道路为水泥或柏油路面的户比重分别比2015年提高3.8和24.4个百分点,社区主要道路有路灯的户比重分别比2015年提高4.5和44.6个百分点,社区垃圾集中处理的户比重分别比2015年提高3.9和54.6个百分点。

社区内健身、绿化、入托等明显改善。2019年,城镇、农村社区有健身器材的户比重分别比2015年提高12.8和35.7个百分点,社区内有绿化园林景观设计的户比重分别比2015年提高8.3和14.9个百分点,社区内有幼儿园,且入学便利的户比重分别比2015年提高16.1和20.0个百分点。

表3　2015与2019年新疆分城乡居民社区基础设施情况

单位:%

指　　标	城镇居民		农村居民	
	2019年	2015年	2019年	2015年
饮用水经过集中净化处理的户比重	98.3	97.5	83.8	77.3
进社区道路为水泥或柏油路面的户比重	99.4	95.6	97.9	73.5
主要道路有路灯的户比重	99.0	94.5	82.5	37.9
垃圾能集中处理的户比重	99.7	95.8	87.4	32.8
有健身器材的户比重	90.2	77.4	81.2	45.5
有绿化园林景观设计的户比重	83.4	75.1	56.1	41.2
社区内有幼儿园,且入学便利的户比重	61.5	45.4	67.8	47.8

(二)城乡居民居住条件日益改善。

居民人均居住面积扩大。2019年城乡居民人均住房建筑面积分别为30.7和28.7平方米,人均住房建筑面积均比2015年增加1.3平方米。

居民家庭住房设施更加完善,2019年98.3%的城镇居民家庭使用经过净化处理的自来水,96.3%的家庭有洗澡设施,97.7%的家庭可在住宅内独用厕所,99.8%的家庭有取暖设施;90.0%的农村家庭使用经过净化处理的自来水,使用水冲式厕所的家庭占比达70.4%,在住宅内或院内管道取水的家庭占比达90.8%。

(执笔人:国家统计局新疆调查总队　赵伟)

兵团居民收支与生活状况报告

2019 年，兵团党委、兵团在党中央的关怀和自治区党委的统一领导下，团结带领各族干部职工，紧紧围绕新疆工作总目标，坚持稳中求进工作总基调，统筹推进“六稳”工作，坚定贯彻新时代党的治疆方略和对兵团的定位要求，持续推进兵团深化改革和向南发展，改革红利、稳定红利初步释放，兵团城乡居民收入稳步增长，生产生活条件不断改善，消费格局更加多元，广大职工群众获得感和幸福感不断提升，人民生活更加美好。

一、兵团居民收入保持快速增长

（一）居民收入显著提高。

调查数据显示，2019 年，兵团全体居民人均可支配收入 33403 元，比上年同期增加 1890 元，同比增长 6.0%，扣除价格因素，实际增长 4.0%。绝对量比全国平均水平高 2670 元、比自治区平均水平高 10300 元，位列全国第八、西北五省第一。

表 1　2019 年兵团居民人均可支配收入情况

指　标		2019 年水平（元）	2019 年比 2018 年增减（元）	增速（%）	构成（%）
全体居民	可支配收入	33403	1890	6.0	100.0
	1. 工资性收入	17520	1474	9.2	52.5
	2. 经营净收入	9821	−2897	−22.8	29.4
	3. 财产净收入	969	271	38.7	2.9
	4. 转移净收入	5093	3043	148.4	15.2
城镇居民	可支配收入	40724	1881	4.8	100.0
	1. 工资性收入	25716	2241	9.5	63.2
	2. 经营净收入	8350	−2511	−23.1	20.5
	3. 财产净收入	1308	337	34.7	3.2
	4. 转移净收入	5350	1814	51.3	13.1
连队居民	可支配收入	21982	2538	13.1	100.0
	1. 工资性收入	4733	920	24.1	21.5
	2. 经营净收入	12117	−3660	−23.2	55.1
	3. 财产净收入	440	190	75.9	2.0
	4. 转移净收入	4692	5088	—	21.4

从结构看，城镇居民工资性收入占城镇居民人均可支配收入比重的六成以上，连队居民经营净收入占连队居民人均可支配收入比重的五成以上，分别居城镇、连队居民四项收入首位，是兵

团居民收入的主要来源。从拉动效力看，城镇居民工资性收入、连队居民转移净收入对收入增长贡献最大，分别拉动兵团城乡居民收入增长5.8个百分点和26.2个百分点，是兵团居民收入增长的有力支撑。从增速看，兵团居民转移净收入、财产净收入同比增速均居四项收入前列，收入结构不断优化。从城乡收入差距来看，兵团城乡居民收入比约为1.85:1，城镇居民和连队居民人均可支配收入差距较上年收窄655元，城乡居民收入比小于全国和自治区的2.64:1，收入分配结构逐步改善。

(二)城镇居民收入大幅增加。

2019年，兵团城镇居民人均可支配收入40724元，比上年增加1881元，同比增长4.8%，扣除价格因素，实际增长2.8%，是2012年[①]的1.92倍，年均增长9.8%。2010年、2014年中央先后两次召开新疆工作座谈会，进一步推动了新疆和兵团的经济发展，兵团人以发展图振兴，市镇团场星罗棋布，二三产业蓬勃兴起，城镇居民收入大幅增加。2012年、2015年兵团城镇常住居民人均可支配收入分别达到21222元、31432元，快步迈上2万元、3万元台阶，2019年再次挺进，历史性突破4万元大关。市镇发展集聚人口、发展经济带来的房屋租售、租金上涨、用工需求等因素以及相继出台的政策性工资标准，助推兵团城镇居民收入持续稳步增长。

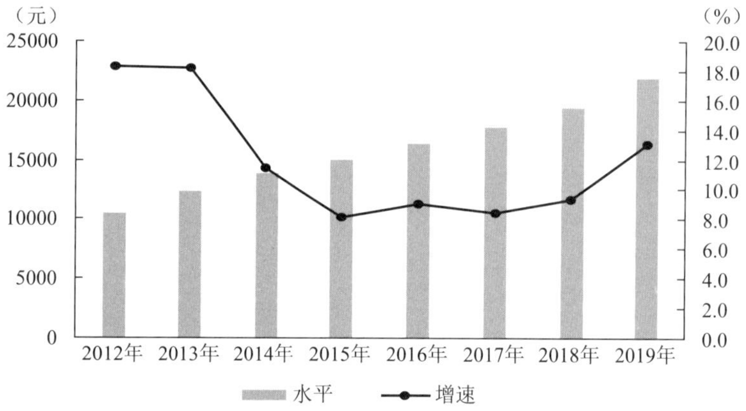

图1 2012—2019年兵团城镇居民人均可支配收入情况

(三)连队居民收入较快增长。

2019年，兵团连队居民人均可支配收入21982元，比上年增加2538元，同比增长13.1%，扣除价格因素，实际增长10.8%，是2012年的2.08倍，年均增长11.1%。十八大以来特别是兵团深化团场综合配套改革，一系列惠民惠农政策掷地有声，连队生产经营活力进一步释放，职工群众生产积极性高涨，农业生产现代化、农业规模效应持续显现，极大促进了生产力发展，连队居民收入持续保持较快增长。2012年兵团连队居民人均可支配收入10543元，突破万元大关，2019年稳步迈进2万元关口。土地承包经营、农产品价格补贴、植棉质量奖励、居民参股分红成为兵团连队居民收入新增长点。

---

① 2012年，按照国家统计局统一的一体化住户调查改革方案，兵团居民收入指标由兵团城镇住户人均可支配收入和农工家庭人均纯收入变更为兵团城镇和连队常住居民人均可支配收入。为统一口径便于比较，文中2013年以前的城镇居民人均可支配收入和农工家庭人均纯收入数据均已按照新指标口径重新测算。

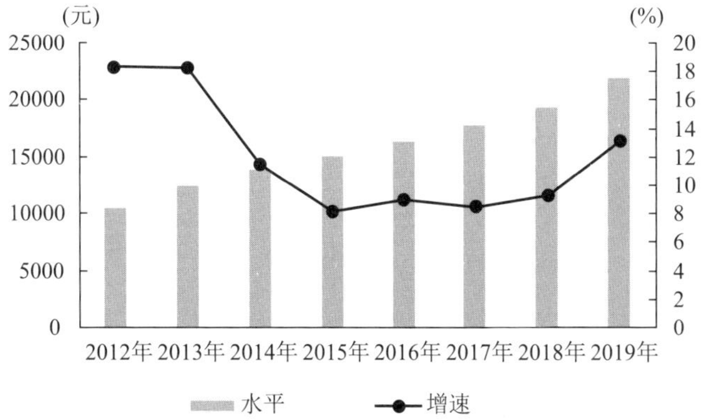

图 2 2012—2019 年兵团连队居民人均可支配收入情况

二、人民生活发生深刻变化

2019 年，兵团全体居民人均消费支出 21481 元，比上年增加 2288 元，同比增长 11.9%。其中，城镇居民人均消费支出为 24285 元，增加 2388 元，增长 10.9%，是 2012 年 15538 元的 1.56 倍，年均增长 6.6%；连队居民人均消费支出为 17108 元，增加 2366 元，增长 16.1%，是 2012 年 10684 元的 1.60 倍，年均增长 7.0%。兵团居民逐步迈向全面小康，消费能力不断升级，消费结构更加多元。

表 2 2019 年兵团居民消费支出情况

指标名称	全体居民			城镇居民			连队居民		
	水平（元）	增速（%）	构成（%）	水平（元）	增速（%）	构成（%）	水平（元）	增速（%）	构成（%）
居民消费支出	21481	11.9	100.0	24285	10.9	100.0	17108	16.1	100.0
1. 食品烟酒	5864	16.0	27.3	6406	12.8	26.4	5017	24.7	29.3
2. 衣着	1690	1.6	7.9	2043	−1.2	8.4	1140	14.3	6.7
3. 居住	3198	5.0	14.9	3721	9.3	15.3	2383	−3.0	13.9
4. 生活用品及服务	1400	8.0	6.5	1638	10.9	6.7	1028	2.9	6.0
5. 交通通信	4478	24.9	20.8	5004	29.6	20.6	3657	16.7	21.4
6. 教育文化娱乐	2400	13.0	11.2	2599	6.4	10.7	2091	30.7	12.2
7. 医疗保健	1943	7.5	9.0	2266	5.2	9.3	1441	16.3	8.4
8. 其他用品及服务	508	−17.3	2.4	609	−24.9	2.5	352	20.3	2.1

（一）食品结构日趋多元，消费方式呈新变化。

兵团居民家庭餐桌上的食品种类日渐增多，消费习惯由吃得饱转向吃得好；居民饮食逐步走向社会化，在外饮食日渐成为食品支出新的消费热点。2019 年，兵团全体居民人均食品烟酒消费支出 5864 元，比上年增加 809 元，其中，城镇居民人均食品烟酒消费支出 6406 元，比上年增加 725 元，是 2012 年的 1.27 倍，年均增长 3.4%，恩格尔系数由 2012 年的 32.5%下降到 26.4%，其中在外饮食支出 1705 元，比上年增加 225 元，占食品烟酒支出比重为 26.6%；连队居民人均食品消费支出 5017 元，比上年增加 994 元，是 2012 年的 1.45 倍，年均增长 5.5%，恩格尔系数从 2012

年的32.3%下降到29.3%，其中，在外饮食支出753元，比上年增加222元，在外饮食占食品烟酒支出比重为15.0%。

(二)服饰消费追求时尚，彰显展示个性风采。

兵团居民家庭衣着消费理念由保暖耐穿便宜逐步向时尚个性品味发展，衣着消费习惯从缺衣置衣被动消费向注重细节配搭消费过渡，由实体店铺购买转向网络商城挑选。随着网络电商的发展壮大，衣着消费量增加的同时，连队居民消费仍有增长潜力。2019年，兵团全体居民人均衣着消费支出1690元，其中，城镇居民人均衣着消费支出2043元，比上年减少25元，与2012年基本持平；连队居民人均衣着消费支出1140元，比上年增加143元，是2012年的1.47倍，年均增长5.6%。

(三)居住条件极大改善，人居环境更加舒适。

兵团城镇房地产市场的快速发展和团场保障性住房建设工程的大力推进，极大改善了兵团居民家庭住房条件，2019年，兵团全体居民人均居住类(不含购房，下同)支出3198元，其中，城镇居民人均居住类支出3721元，是2012年的2.97倍，年均增长16.9%；连队居民人均居住类支出2383元，是2012年的1.7倍，年均增长7.8%。从住房面积来看，2019年末，城镇居民人均住房建筑面积为33.6平方米；连队居民人均住房建筑面积为31.6平方米。

(四)家用大件种类丰富，产品更迭日益频繁。

兵团居民家庭生活必需耐用消费品普及率明显提升，电视机、电冰箱、洗衣机等耐用消费品已成为兵团居民家庭常见的物品，人们对普通家电产品的消费从拥有到拥有得更好，提升家庭生活品质的舒适型消费品增加明显。2019年，兵团城镇居民家庭平均每百户拥有彩色电视机98台、电冰箱102台、洗衣机100台、移动电话219部、热水器94台、计算机65台、家用汽车47辆、空调30台；连队居民家庭平均每百户拥有彩色电视机106台、电冰箱100台、洗衣机100台、移动电话220部、热水器78台、计算机40台、家用汽车38辆、空调13台。

表3　兵团居民家庭耐用消费品拥有量情况

单位：平均每百户

指　标	单位	城镇居民			连队居民		
		2019年	2012年	增减量	2019年	2012年	增减量
1. 家用汽车	辆	47	17	30	38	0	38
2. 摩托车	辆	27	31	-4	74	99	-15
3. 电冰箱	台	102	86	16	100	81	19
4. 洗衣机	台	100	95	5	100	94	6
5. 热水器	台	94	78	16	78	53	25
6. 计算机	台	65	73	-8	40	34	6
7. 移动电话	部	219	190	29	220	187	33

(五)交通出行更加便捷，信息通讯高效畅通。

兵团交通运输网络体系的日益完善和信息化建设的快速发展，让兵团居民出行有了更多选择、社交沟通更加顺畅，兵团“交通基本靠走，通讯基本靠吼”的时代一去不复返。2019年兵团城镇居民人均交通通信支出 5004 元，比上年增加 1144 元，是 2012 年人均交通支出 2831 元的 1.77 倍，年均增长 8.5%；连队居民人均交通通信支出 3657 元，比上年增加 523 元，是 2012 年人均交通支出 2043 元的 1.79 倍，年均增长 8.7%。其中，在每百户城乡居民的移动电话中，接入互联网的分别达到 190 部和 168 部。

（六）教育投入显著增加，文化娱乐消费增长。

随着社会经济发展，兵团居民对知识、技能的需求日益增长，对精神文化的追求也更加丰富。2019 年，兵团城镇居民人均教育文化娱乐支出 2599 元，比上年增加 157 元，是 2012 年人均教育文化娱乐支出 1675 元的 1.55 倍，年均增长 6.5%；连队居民人均教育文化娱乐支出 2091 元，比上年增加 491 元，是 2012 年人均教育文化娱乐支出 1008 元的 2.07 倍，年均增长 11.0%。

（七）身健体康意识提高，医疗保健支出加大。

兵团居民保健意识逐渐增强，越来越多的居民在满足基本生活需求的前提下，更加重视身体的保健调养，开始加大对身体健康的投资。2019 年，兵团城镇居民人均医疗保健支出 2266 元，比上年增加 113 元，是 2012 年人均医疗保健支出的 2.27 倍，年均增长 12.4%；连队居民人均医疗保健支出 1441 元，比上年增加 201 元，是 2012 年人均医疗保健支出的 1.49 倍，年均增长 5.9%。

（执笔人：国家统计局兵团调查总队　原婷婷）

第七章　专题分析

北京居民消费升级进程研究

十九大报告提出，中国社会主要矛盾已经转化为人民日益增长的美好生活需要和不平衡不充分的发展之间的矛盾。在首都功能定位调整、经济发展方式转型的背景下，消费已成为经济增长的“稳定器”。通过分析北京居民消费历史数据，对照国际经验，总结消费升级的影响因素和普遍路径，为北京居民消费升级进程发展提供参考。

一、北京居民消费发展情况

（一）北京居民消费发展阶段。

2019年北京居民人均消费支出43038元，其中，城镇居民人均消费支出46358元，较1956年增长226倍；农村居民人均消费支出21881元，较1956年增长145倍。北京居民消费分为四个发展阶段：

1. 消费孕育期（1949－1978年）。新中国成立初期，经济基础薄弱，北京居民生活处于奋力解决温饱的状态，由于消费需求受社会能够供应的产品种类和数量制约，消费增长缓慢。这一时期的城乡居民人均消费支出年均增速分别为2.4％和0.9％。

2. 消费成长期（1979－1992年）。在党的十一届三中全会精神指引下，北京开始实行有计划的社会主义商品经济，基本生活需求得到满足，带动消费快速增长，居民消费开始注重对“量”的追求。这一时期的城乡居民人均消费支出年均增速分别达到13.6％和14.2％。

3. 消费加速期（1993－2012年）。随着向社会主义市场经济体制全面转轨，北京经济快速发展，GDP年均增速达到17.3％，拉动消费持续发力，居民消费在“量”的满足的基础上，对“名牌”的消费欲望强烈。1990年以来，LV、Tiffany等奢侈品牌中国首家直卖店相继入驻北京，奢侈品百货北京SKP每平方英尺销量位居全球第二[①]。10年间，城乡居民人均消费支出年均增速分别为12.8％和12.6％。

4. 消费转型期（2013－2019年）。党的十八大以来，经济步入“新常态”，消费进入转型升级

① 数据来源于英国建筑师事务所Sybarite和GlobalData共同发布的2019年奢侈品市场研究报告。

阶段,逐步从“量”的满足转向质的提升。这一时期的城乡居民人均消费支出年均增速分别为6.6%和8.3%。

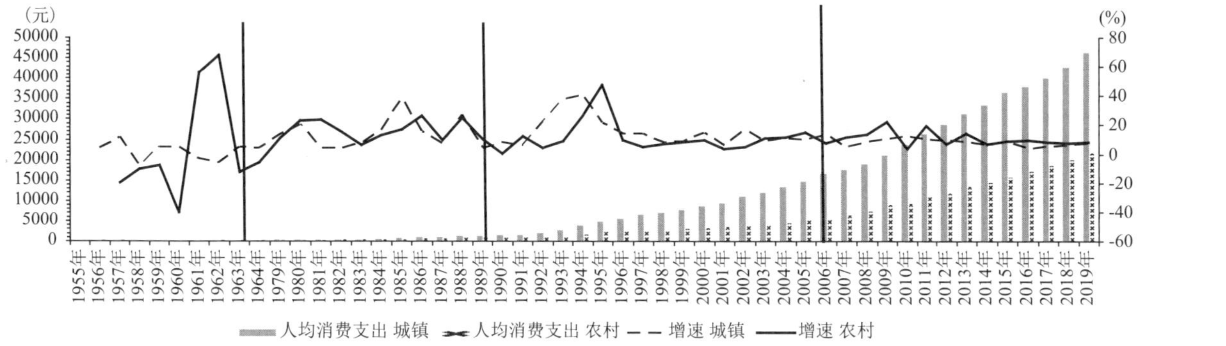

图 1　1955—2019 年北京分城乡居民消费支出情况

(二)北京居民消费升级特征。

1. 消费观念由“商品消费”向“服务消费”转变。随着居民生活水平的稳步提高和市场供给端的长足进步,消费观念逐步从“购买商品”向“享受服务”转变。从增速看,2019 年北京城镇居民服务性消费支出同比增长 9.6%,比商品性消费快 3.5 个百分点,成为居民消费增长的强有力支撑。从内部结构看,服务性消费支出的总量持续攀升,2019 年北京城镇居民服务性消费 25600 元,比 2002 年翻了三番,占比为 55.2%。

2. 消费方式由线下转为线上线下融合。以网络购物、移动支付等为代表的数字化变革助推居民消费方式升级。网上购物拓宽消费渠道,2019 年北京居民人均通过互联网购买商品或服务支出为 1644 元,较 2013 年年均增长 28.2%,比全市平均水平高 21.5 个百分点。同时,移动支付已渗透到购物、日用等多种生活场景,助推消费快速增长。2019 年 9 月起,北京刷码乘车的公交达 2 万余辆,覆盖 1200 多条线路[①],智慧消费时代加速到来。

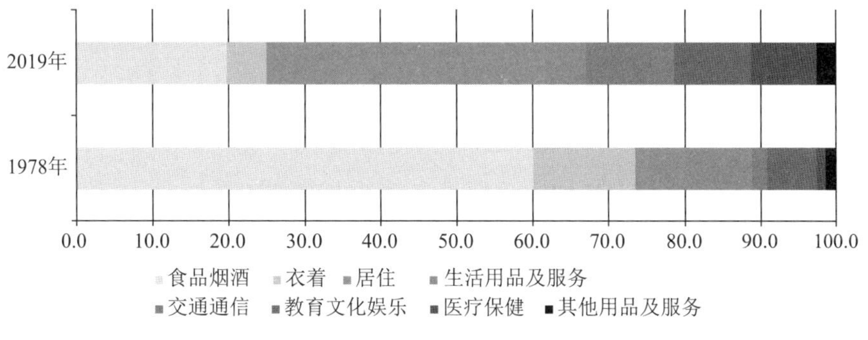

图 2　1978 年与 2019 年北京居民消费支出结构对比

3. 消费结构由生存型向发展享受型消费过渡。消费理论通常将满足居民生活消费需求的层次分为生存型消费、发展型消费和享受型消费,其消费层次逐渐递增,消费结构逐步升级。2019 年全体居民发展型消费(包括教育、交通通信、医疗保健)和享受型消费(包括文化娱乐服务、生活用品及服务、其他用品及服务)支出占全部消费支出的 38.5%,比 1978 年翻了一番。

① 数据来源于北京公交集团。

(三)北京居民消费发展的梗阻。

1. 平均消费倾向[①]呈现波动下降态势。2019年北京居民平均消费倾向63.5%,比1978年下降16.9个百分点,整体呈现逐年下滑的发展趋势。其主要原因:一是当前居民衣食等刚性消费在一定程度上得到满足,消费支出大幅增长的趋势扭转。二是中低收入群体收入增速放缓。2019年低收入户20%的人均收入增速比高收入户20%人均收入增速低2.2个百分点。经济学理论表明,中低收入群体的平均消费倾向高于高收入群体,其收入增速的放缓对居民消费的抑制作用更大。2019年低收入户20%的平均消费倾向比高收入户20%高35.0个百分点。

2. 发展享受型消费占比远低于发达国家水平。1978年以来,虽然北京人均发展享受型消费实现快速增长,但其占比远低于欧美发达国家60%—70%的水平,结构优化仍有提升空间。文化娱乐消费是发展享受型消费的主体之一。当前拉动文化娱乐消费快速增长的动力主要是健身和旅游等相关支出。2019年1季度,健身方面支出对文化和娱乐消费支出上涨的贡献率为14.9%,旅游方面支出的贡献率为10.6%。但书报杂志及音像制品、电影话剧演出票等其他娱乐消费支出低于上年同期,对文娱消费支出增长的支撑力明显不足。

3. 消费市场供给尚未有效满足居民多层次消费需求。教育、文化、养老等方面的需求日益旺盛,但目前北京在这些领域的有效供给不足。如教育方面,2017年北京市在园儿童数量为44.6万人[②],已超过历史最高水平,但按照教育部要求85%的入园率测算,北京仍面临约17万个学位缺口。养老方面,2018年北京养老床位数与老年人口(60岁以上)比例为4.1%[③],低于发达国家一般水平(5%—7%)。同时,优质商品供应不足、价格偏高的现象普遍存在。从北京总队开展的居民消费调研结果看,物价上涨(33.3%)、商品质量差(12.1%)和商品和服务种类少(6.7%)是影响居民消费提高的三大客观因素,选择比例明显高于其他选项。

二、居民消费影响因素研究

(一)收入效应:消费从“衣食”向“住行”“康乐”发展。

经济学理论表明,居民收入和消费存在增长的长期均衡机制。根据2019年住户收支调查数据,利用扩展线性支出系统模型(ELES)系进行实证分析表明:一是北京居民基本消费支出为21876元。其中,居住(31.9%)和食品烟酒(29.8%)占比位居前二位。而教育文化娱乐(8.7%)、医疗保健(7.7%)等“康乐”的基本消费需求相对较低,说明具有一定收入能力的人才能进行此项消费。二是边际消费倾向为0.47,即居民人均收入每增加100元,约47元用于消费,其中居住和交通通信分别为19元和6元,位居前两位,即当收入增加,居民会先考虑增加“住行”消费。三是食品烟酒(0.35)和衣着(0.67)的需求收入弹性最小,居民对衣食消费需求相对饱和。而其他用

① 平均消费倾向=人均消费支出/人均可支配收入。平均消费倾向越高,则人们在收入中用于消费的部分越多,用于储蓄的部分越少。

② 数据来源于北京市卫计委。

③ 数据来源于《2018年北京养老市场发展调研白皮书》。

品及服务的需求收入弹性系数大于1，即收入增加时，对此项的消费需求增加幅度大于收入。教育文化娱乐(0.83)和医疗保健(0.82)的需求收入弹性接近1，增长潜力较大。

(二)人口结构："银发经济"孕育消费新引擎。

根据生命周期假说，人口年龄结构影响居民的消费水平，即当青少年和老年占比增大时，居民整体消费水平会提高。目前，北京已步入老龄化社会。截至2017年底，全市60周岁及以上常住人口占比为16.5%[①]。2019年1季度，全市老年人家庭[②]人均消费支出8741元，比上年同期增长29.8%，增速高于全市水平。老年人的消费规模持续扩大，对全市居民消费产生重要的拉动作用，其消费特点为：一是饮食结构更趋健康。2019年1季度，老年恩格尔系数为34.7%，居八大类消费支出首位。从结构看，牛羊肉、干鲜瓜果等健康食品人均支出1275元，占比为42.0%，比上年同期高1.2个百分点。同时，人均在外饮食支出624元，同比增长45.2%。二是医疗保健支出快速增长。2019年1季度，老年人均医疗保健支出2384元，同比增长51.2%。其中，门诊医疗总费用、药品支出以及住院医疗总费用占医疗保健支出的92.8%。三是消费需求多元化。2019年1季度，老年家庭人均旅游相关支出[③]385元，同比增长26.5%。同时，老年人消费需求日趋年轻化，2019年1季度，老年人均健身方面[④]支出和颜值经济相关支出[⑤]同比分别增长66.9%和50.3%。

三、东京和上海消费升级经验

(一)与东京消费升级发展情况。

1. 东京居民消费升级发展阶段。通过对1957—2017年东京居民家庭消费支出数据[⑥]的整理以及对消费升级路径变迁分析发现，随着经济和人口增长变化，东京遵循"衣食—住行—康乐"的路径，经历了"局部大城市消费萌芽—大众消费崛起—个性化消费时代—简约、环保、自然的回归"四个阶段：

1957—1961年，消费起步萌芽。1960年日本政府出台国民收入倍增计划，多措并举提高居民收入，拉动经济持续高速增长。此阶段家庭消费支出年均增速为5.1%，以衣食为主，1961年食品和衣着支出占家庭消费支出的比重为54.6%。

1962—1974年，家庭消费兴起。1962年东京人均GDP突破1000美元，1970年人均GDP超过3000美元，家庭消费从衣食向住行发展。此阶段家庭消费支出年均增速10.6%。1974年居住、交通通信、生活用品支出占家庭消费支出的比重为32.2%，比1962年高了6.5个百分点。

1975—2004年，个性化消费来袭。随着居民收入的不断提升，东京的消费单位也开始由家庭

---

① 数据来源于2018年北京统计年鉴。

② 指家庭全部人口的年龄都在60岁及以上的家庭。

③ 旅游相关支出包括团体旅游和景点门票

④ 健身方面支出包括健身器材、体育健身活动和体育户外用品。

⑤ "颜值经济"相关支出包括美容美发洗浴、首饰及手表和化妆品。

⑥ 此节数据全部来源于东京都统计年鉴。

转向个人，消费从衣食、住行向康乐过渡。此阶段家庭消费支出年均增速 1.0%。2004 年教育文化娱乐和医疗保健等康乐支出占比为 41.7%，比 1975 年 18.7 个百分点。

2005 年至今，消费回归理性。人口老龄化程度进一步加剧，经济下行压力的增加，居民的消费理念由"追求个人主义"转变为"简约消费"。此阶段消费增速和消费构成相对比较稳定，家庭消费年均增速为 0.2%。

表 1957 年以来分阶段东京家庭消费年均增速情况

单位：%

阶段	年均增速
1957－1961 年	5.1
1962－1974 年	10.6
1975－2004 年	1.0
2005－2017 年	0.2

2. 东京居民消费特征。本土化：1970 年起，丰田、索尼、松下等大量本土品牌崛起。1977 年，丰田汽车公司年产汽车 272 万辆，跃居世界第三大汽车制造商，带动日本汽车行业的繁荣，1985 年日本全国汽车产量(1227 万辆)超过美国，成为世界第一汽车生产大国。

个性化：2015 年，东京平均每户人数(1.99 人)首次降到 2 人以下，单身家庭占比高达 47.3%。快节奏和独居生活助推便利店和自动贩卖机迅速兴起。2016 年，东京平均每 2000 个人就拥有一家便利店；2018 年日本每 23 人拥有一台自动贩卖机，包含了食品、门票、报纸、拍照、扭蛋等各种商品类型，满足个性化消费需求。

品质化：1983 年无印良品在东京成立第一家独立旗舰店，低价格、高品质的品牌迅速得到居民的喜爱，并于 1990 年代经济泡沫破裂后持续逆势崛起。同时，随着基本物质需求得到满足，人们越来越注重消费所带来情感属性。无印良品是日本特有的"无为"文化的缩影，有精神温度的品牌已经超越了产品自身质量的吸引力，拉动居民为之消费。

(二)上海促进消费相关政策情况。

上海居民消费发展趋势和所处阶段与北京相似，所以通过梳理上海促进消费的相关政策，找准消费新增长点。2016 年以来，上海相继印发《上海市促进新消费发展发挥新消费引领作用行动计划(2016－2018 年)》和《关于进一步优化供给促进消费增长的实施方案》，坚持从供给侧和需求侧两端发力，以新消费引领消费结构升级。

一是推动品牌消费和时尚消费，发挥首店效应。2017 年，在上海举行全国首发活动的国际国内品牌 1265 个，居全国首位，共计 226 家业内具有代表性的品牌将中国首店入驻上海，约占全国"首店"的 50%①。2018 年星巴克在上海的门店数量为 663 个，是北京的 2.3 倍②。

二是加快无人零售、智慧购物、数字营销、智慧商圈等创新发展。2017 年，星巴克全球最大

① 数据来源于上海市商务委。

② 数据来源于星巴克中国官网。

的新零售智慧门店和阿里巴巴旗下的新零售品牌“盒马鲜生”相继落户上海。截至2018底[①]，盒马鲜生在上海已超过20家门店，比北京多7家，位居全国之首，上海已成为全国新零售的试验田。

三是激发文化消费、旅游消费和体育消费。上海全市居民人均教育、文化和娱乐支出一直保持较高的增长速度，2016－2018年的增速分别为12.3％、12.2％和7.7％，分别比北京高10.9、6.0和5.6个百分点[②]。

四是加强重点商圈商街布局。截至2019年5月[③]，上海购物中心226个，比北京多53个；购物中心总面积为1836.74万平方米，是北京的1.2倍；入驻品牌数量31167个，是北京的1.3倍。

五是促进服务消费。上海是全国便利店最密集的城市，2019年平均每3192人拥有一家便利店[④]。北京每9864人拥有一家便利店，便利店覆盖率在一线城市中排名最末。以7－11、罗森和全家为例，上海超过3000家，是北京的3倍。

四、政策建议

（一）提高收入和社保水平，激发消费升级“源”动力。

增加居民收入、完善社会保障制度，不断提高居民消费能力是扩大服务性消费的基础。从国家统计局北京调查总队2019年上半年对3000户居民家庭开展的消费调研结果看，收入水平低（43.6％）是影响居民消费提高的最主要的主观因素。建议有关部门加快研究和制定收入分配改革措施，提高中等收入群体在社会结构中的比重，解决制约消费的根本问题。对于中低收入群体，要在提高收入水平的同时，给予相应的社会保障，鼓励其消费重点从衣食住行等物质领域，向文化、旅游、娱乐、通讯等精神领域升级。

（二）拓展老年消费市场，银发经济孕育新增长点。

以需求为导向，推动老年人消费转型升级，把服务百万老年人的“夕阳红”事业打造成蓬勃发展的朝阳产业，聚焦重点消费品和旅游、健康、家政等重点服务消费领域。同时，相关企业应针对老年人需求的特殊性和多样性，精准市场细分，开发设计多样化、个性化、人性化的老龄用品和服务。

（三）本土化、个性化和品质化是居民消费发展方向。

2019年北京人均GDP约2.4万美元，全市60周岁及以上常住人口占总人口的比重为17.2％，两个指标分别与1985年（20332万美元）和1990年（15.5％）的日本相近，据此大致判断：北京当前居民消费升级进程处于“个性化消费时代”，注重个性化、多样化与体验式消费。因此，建议借助供给侧结构性改革提升消费供给，加强高品质、高标准产品和服务的有效供给，抓住建

① 数据来源于盒马APP门店列表。

② 数据来源于国家统计局上海调查总队。

③ 数据来源于高德地图、饿了么、赢商大数据。统计对象为3万方以上已开业的购物中心。

④ 数据来源于中国连锁经营协会发布的《2019年中国城市便利店发展指数》。

设“一刻钟生活服务圈”的契机，积极促进便利店发展，提升生活性消费便民化水平。同时，加快打响老字号品牌，推动老字号品牌更好融入市场；推动实体店“线上＋线下”服务、“零售＋体验”融合发展，着力打造新零售消费生态。满足居民对本土化、个性化和品质化的消费需求。

（执笔人：国家统计局北京调查总队　周晓轩）

山东农民增收新动能加快形成

为了解当前农民增收新动能发展情况，近日，国家统计局山东调查总队对济南、枣庄、潍坊等11个市县进行了专题调研。调研结果显示，农民增收新动能加快形成，但是仍存在专业人才短缺、品牌培育不足、产业化程度不高、设施技术薄弱等问题，亟需破解难题，以促进农民持续稳定增收。

一、农民增收新动能加快形成

（一）农民工返乡创业日渐活跃。

随着“大众创业、万众创新”战略深入推进，返乡下乡创业创新政策逐步落实，市场准入、财政金融、创业培训等优惠力度加大，农民工积极投身返乡创业大潮。如滕州东沙河镇返乡农民工朱某创办鲁班小镇，吸引周边农户从事特色种植和水产经营，并发展垂钓、采摘等休闲农业，带动120余人就业，人均年增收2万元。沂南返乡农民工马某创办光伏农业科技园，通过“光伏＋中草药种植＋生态养殖”综合模式，带动周边110户贫困户脱贫，户均年增收1.5万－2万元。

（二）农产品品牌不断培育。

山东是农业大省，蔬菜、水果、水产品等农产品产量居全国首位。随着质量兴农、品牌强农战略实施，各地积极培育农产品特色品牌。2019年全省有17个品牌入选农产品区域公用品牌名单，居全国首位。如济南历城区张而庄村采用高新技术种植草莓，形成“甜宝”等多个品牌并成立专业合作社，有大棚819亩，每亩年净收益6万－7万元。胶州胶西镇娄敬庵村建立西红柿暖棚，从10个棚发展到600个棚，注册娄静西红柿商标和“朝研粉王”品牌，每棚年净收益5万元。被誉为“芦笋之乡”的曹县，芦笋种植面积12万亩，笋农达到5万户，年采笋量21万吨，每亩年净收益9000元，户均年增收2万元。

（三）产业融合渐成趋势。

山东各地立足资源禀赋和产业基础，促进农业与加工流通、休闲旅游、信息产业和城镇化等深度融合，多渠道增加农民收益。2018年，山东有11县入选全国农村一二三产业融合发展先导区创建单位，农民合作社、家庭农场总数分别达到20.3万家和6.4万家。如青州侯王村以孝德文化引领乡村旅游和特色农业发展，拥有现代农业产业园、农产品加工企业、“三品一标”基地、旅游合作社等，带动100余人就业，人均年增收1万元。威海文登区张家产镇打造参泉福地康养小镇，完善覆盖种植、交易、加工、研发的西洋参产业链条，总值突破50亿元，种销全链带动就业2.7万人，人均年增收4万元。

（四）电商快速发展。

近年来，山东农村电商快速发展，在降低农产品流通成本的同时，也开辟了农民就业创业新途径。截至2019年6月，全省淘宝村和淘宝镇数量分别达到450个、87个，分别比上年10月增加83个和39个，在全国分别排名第四、第六。如临朐县在30个贫困村扶持电商经营业户，带动2000个贫困户脱贫，国鹏家庭农场打造电商销售平台，实现线上线下双向销售，带动就业150余人，人均年增收1.5万元。“超大型淘宝村集群”曹县有124个淘宝村，电商企业4000家，网店5.5万家，形成演出服、木成品、农副产物三大产品集群和跨境电商财产带，带动20万人创业就业。

二、存在的问题

（一）专业技术人才短缺。

一方面，经营主体仍以小农户为主，随着农村青壮年劳动力外出务工，从事农业生产的农户及雇工年龄集中在50岁以上，文化程度较低，接受新技术能力较弱。另一方面，返乡农民工虽有创业精神，但往往只掌握单一技能，缺乏先进经营管理经验等。另外，农村条件相对较差，地理位置偏远，加之薪资待遇不高，激励保障机制不健全，涉农企业很难吸引专业人才，即便人才引进了也难留住。

（二）特色品牌培育不足。

虽然山东农业老品牌建设成效显著，但是大多数农产品仍属于大路货，同质化严重，同时生产规模化程度不高，长久以来的口碑没有形成品牌形象，市场影响力不大。另外，农户对品牌关注度较低，标准化意识不足，在选种和种植技术方面较为粗放。如菏泽定陶玫瑰种植虽有些规模但主要为当地经销商收购，外地吸引力不足，而且与优秀品种相比花期较短，口感较差，品种落后，但农户并不愿轻易尝试新品种。

（三）农业产业化程度不高。

当前，农业与二三产业融合层次仍然较浅，农业经营主体处于成长阶段，仍以种养和简单加工为主，包含原料供应、生产服务、精深加工、储运销售的全产业链较少，而且企业与农户仍以购销合同为主，股份合作制等利益联结方式比例较低。如潍坊蔬菜生产仍以小农户为主，生产规模化不足，企业超市与农户联结模式单一，农户没有真正进入加工和流通产业链。当蔬菜价格波动较大时，处于产业链上游的农户和下游的企业违约现象时有发生。

（四）基础设施及生产设备薄弱。

部分地区供水供电条件仍然较差，仓储配送等物流体系不健全，快递网点未完全覆盖。而农产品多是保质期短、易损耗品，需要大规模仓储物流及特殊包装和冷链设备支撑，目前多数农村还不具备。此外，先进生产设备不足，机械化程度较低。如德州五李社区种粮大户反映，因先进设备价格太高，且购买量少农机局不予购进，农民无力购买。

（五）保险支持力度不够。

农业保险赔付标准低、购买方式固化。如滕州级索村种粮大户反映，2019 年玉米倒伏 30%，仅赔付 7%面积，每亩只赔付 168 元，赔付面积和标准均低于承诺的保额。半阁村富原粮食种植合作社反映农业保险无法统一购买，涉及 4 个村土地，需原耕地所有者出面才能购买。

三、几点建议

（一）推进新型经营主体培育。

完善乡村创新创业支持服务体系，鼓励各类人才返乡下乡创新创业。培育壮大新型经营主体，发展多种形式适度规模经营，加强农业生产新技术新技能培训，引导社会力量提供生产信息、政策宣讲、专题讲座服务，加强农村实用人才带头人培养。

（二）推进农产品品牌建设。

调整优化农业产品结构，激发老品牌发展活力，通过政府牵头、校企合作引进新品种，发展绿色优质农产品，创响特色品牌，并将特色文化融入到品牌建设中，推动形成“一村一品”产业格局。健全特色农产品质量标准体系，利用展会推介会交易会等平台加大品牌推广，推行农超对接、电子商务、定点直销等销售模式。

（三）推进农村产业融合发展。

加快发展农村电商，促进产地精深加工业发展，健全农业生产社会化服务体系，支持形成研发、生产、加工、物流、销售全产业链，带动小农户参与并分享增值收益，完善订单收购、利润返还、土地经营权入股等利益联结机制。深挖资源优势，发展乡村旅游、休闲创意观光农业、养老养生等产业。

（四）强化设施建设和科技创新。

整合利用农村闲置土地，减化农业用地审批流程。完善高标准农田水利配套设施建设，推广社会化生鲜处理和冷链物流。提高农业机械智能化水平，推广使用无人机、水肥一体化等生产设备，通过分期购买和租赁方式提供给农户。加大在科研平台、品种培育、技术推广方面的投入，鼓励科研人才以成果入股或到农业企业任职兼职。

（五）强化金融服务和保险支持。

创新涉农贷款服务方式，扩大涉农抵押担保物范围，建立中小企业担保体系。提高商业保险覆盖面，推动农业保险增品扩面提标。

（执笔人：国家统计局山东调查总队　王凤娇）

山西城乡居民消费状况分析

一、居民消费总体情况

党的十八大以来，山西进一步深化改革、加快经济转型步伐，全省经济得到长足发展，城乡居民消费规模逐年增大、人均消费支出逐年增长、平均消费倾向稳步发展，人民生活消费水平不断提高。

(一)消费规模逐年增大，增长率逐步趋稳。

党的十八大以来，山西社会消费品零售总额(本文以社会消费品零售总额作为衡量消费总规模的指标)持续呈增长趋势，由2012年的4375.8亿元增加到2019年的7909.2亿元，7年增长了80.7%；年均增长率8.8%，2012—2015年增速大幅度下跌，后逐步趋于稳定，近5年在7%左右小幅波动，整体保持了较高水平(见图1)。但规模与同期全国平均水平相比，存在较大差距，在国内位次较靠后，仅高于西藏、青海、宁夏、新疆、甘肃、贵州、云南等地。

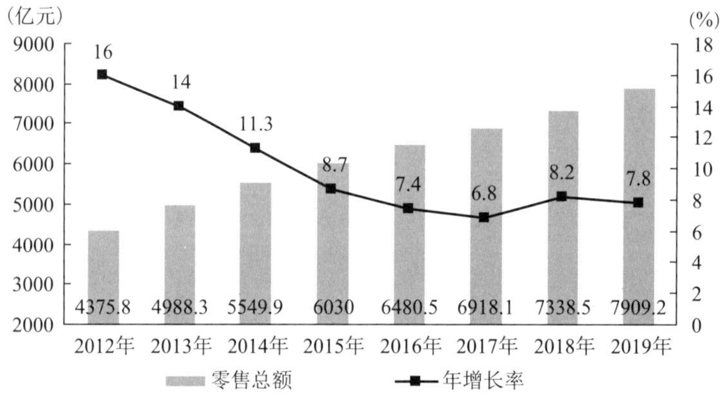

图1　2012—2019年山西消费品零售总额及增长率

(二)居民消费支出逐年增长，增长率小幅波动。

党的十八大以来，山西城乡居民人均消费支出(人均消费支出是综合反映居民生活消费水平的重要指标)绝对额逐年增长。其中，城镇居民人均消费支出逐年增加约1000元，由2012年的12765元增加到2019年的21159元，增长65.8%；农村居民人均消费支出逐年增加约500元，由2012年的6184元增加到2019年的9728元，增长57.3%。就增长率而言，城乡居民人均消费支出名义增长率与实际增长率(扣除物价指数)趋势保持一致，总体上呈小幅波动态势。农村增长率波动幅度大于城镇(见表1)，说明农村居民消费支出更易受到收入水平、经济运行情况等影响。

表 1　2012—2019 年山西分城乡居民消费水平

年　份	居民消费水平(元)		名义增速(%)		实际增速(%)	
	城镇	农村	城镇	农村	城镇	农村
2012 年	12765	6184	7.5	21.3	5.0	18.3
2013 年	13763	6458	7.8	4.4	4.7	1.2
2014 年	14637	6992	6.4	8.3	4.5	6.8
2015 年	15819	7421	8.1	6.1	7.4	5.4
2016 年	16993	8029	7.4	8.2	6.3	7.0
2017 年	18404	8424	8.3	4.9	6.8	4.4
2018 年	19790	9172	7.5	8.9	5.6	7.0
2019 年	21159	9728	6.9	6.1	4.2	3.0

(三)城镇居民消费水平较农村更为适度。

合理的消费水平应适应当地经济社会发展和稳步提高人民生活水平需要，有其客观适度界限。这里用同期消费支出增长率与 GDP 增长率的适应度来衡量，即消费适度性 Q＝消费支出增长率/GDP 增长率，其中 Q＞1 为超前性消费，Q＝1 为完全适度性消费，Q＜1 为滞后性消费。

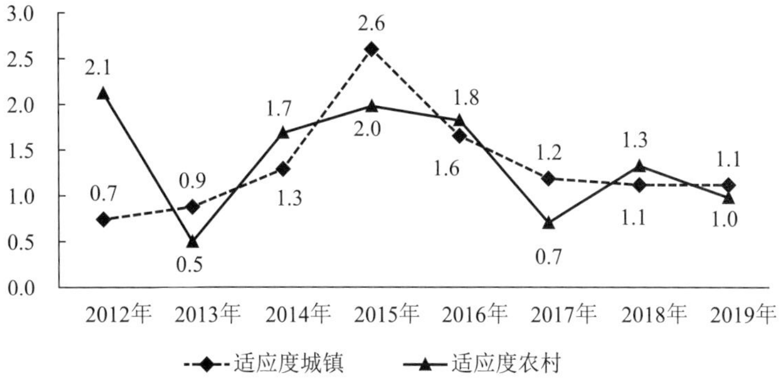

图 2　2012—2019 年山西城乡居民消费适度性

由此看出，对于农村消费支出，2012、2014、2015 和 2016 年四个年份的 Q 值明显大于 1，为超前性消费；2013 和 2017 年两个年份的 Q 值明显小于 1，为滞后性消费，表明农村消费支出增长率相对于 GDP 增长率具有明显的不稳定性。对于城镇消费支出，除 2015 和 2016 年外，其他六个年份的 Q 值均接近 1，说明城镇居民收支较稳定，社会保障较完善，消费意识较理性，消费水平比农村更为适度。

(四)平均消费倾向总体保持平稳态势。

平均消费倾向是指消费支出占收入的比重，反映了居民家庭既定收入在消费和储蓄之间的分配状况。由图 3 可知，城镇居民平均消费倾向保持稳步发展态势，基本维持在 62%左右，农村居民平均消费倾向呈小幅下降态势，但高于城镇。这说明，十八大以来，山西城乡居民的刚性消费支出得到相当程度的满足，消费意识总体保持平稳发展，对农村居民来说，生活质量越来越好的同时，生活压力也相对变大了。

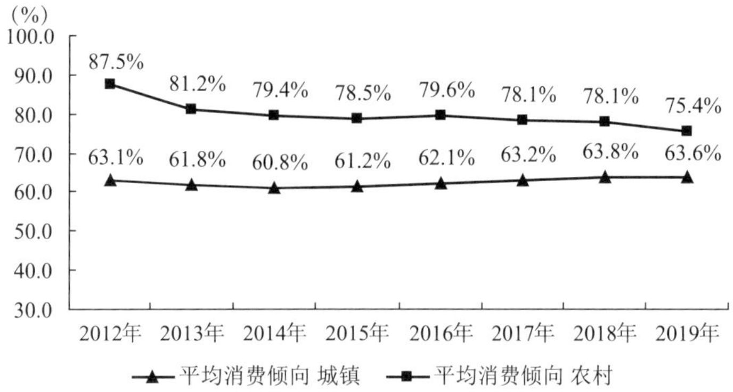

图 3　2012—2019 年山西分城乡居民平均消费倾向

二、消费结构特点

消费结构是指一定时期内居民消费的商品和服务所占的比例及其相互关系，在一定程度上反映了居民的消费需求、消费水平及消费档次。党的十八大以来，山西城乡居民消费结构趋于稳定、合理化程度加深，总体呈现“档次升级、层次提升、整体优化”的发展特点。

(一)食品消费支出占比较低。

国际上通常用恩格尔系数来衡量一个国家或地区居民生活水平的状况(恩格尔系数是指居民家庭中食物支出占消费总支出的比重)。从表 2 与表 3 可以看出，2012—2019 年间，城乡居民食品消费支出比重(恩格尔系数)持续低于 30%，且城镇整体低于农村。恩格尔系数越来越低，说明城乡居民生活水平也在不断提高。

表 2　2012—2019 年山西城镇居民消费结构情况

单位：%

年　份	食品烟酒	衣着	居住	生活用品及服务	交通通信	教育文化娱乐	医疗保健	其他用品及服务
2012 年	29.4	11.2	19.8	6.6	11.9	11.1	7.2	2.9
2013 年	25.7	10.9	21.2	6.4	11.5	13.9	7.4	2.9
2014 年	26.0	11.0	19.8	6.1	11.7	13.8	8.5	3.1
2015 年	25.2	10.8	19.1	6.0	13.6	14.0	8.8	2.6
2016 年	22.7	9.4	21.4	5.6	14.1	14.4	9.7	2.6
2017 年	23.1	9.6	21.0	5.9	14.4	13.9	9.5	2.5
2018 年	23.8	9.2	21.5	6.2	12.6	13.3	10.8	2.7
2019 年	24.0	8.5	20.5	6.0	13.1	13.9	11.3	2.8

表 3　2012—2019 年山西农村居民消费结构情况

单位：%

年　份	食品烟酒	衣着	居住	生活用品及服务	交通通信	教育文化娱乐	医疗保健	其他用品及服务
2012 年	29.0	8.6	21.7	5.7	10.2	13.2	9.1	2.5
2013 年	28.5	7.7	22.0	5.3	10.9	13.0	10.0	2.6
2014 年	29.4	7.7	21.2	4.9	10.1	13.3	11.0	2.4
2015 年	29.0	7.5	20.7	5.2	11.1	13.7	10.7	2.2
2016 年	28.3	7.0	22.4	4.8	12.0	14.1	9.6	1.8
2017 年	27.4	6.9	22.6	4.7	12.2	13.4	11.1	1.8
2018 年	27.7	6.8	22.6	4.8	12.1	12.5	11.6	1.8
2019 年	28.3	7.2	22.3	5.1	10.9	12.4	12.0	1.8

(二)居住支出为主要消费项目。

由表2与3知,2012—2019年间,居住消费支出占比仅次于食品消费支出,是城乡居民消费的第二大构成,且总体上呈稳中略增态势,是十八大以来城乡居民的主要消费项目。这说明,随着生活水平的提升,居民对改善居住条件的需求更加突出,加之房价上涨等影响,居民在居住方面的支出快速增加,对其他消费产生挤出效应。

(三)医疗保健支出成消费热点。

由表2与3知,2012—2019年间,城乡居民医疗保健支出占比总体呈现“逐年提高”态势,是八大类消费中占比增长较快的一项。说明随着生活水平的提高,城乡居民更加注重健康投资,相应支出大幅增长,占比随之稳步提升,医疗保健支出成为近年来居民的一大消费热点。而城镇居民医疗保健支出占比总体低于农村,主要与城乡间医疗资源分布不均、农村老龄化现象较严重等有关。

(四)消费结构向服务型过渡。

由表2与3知,2012—2019年间,衣着、生活用品及服务和其他用品及服务等物质型消费支出占比均呈现“小幅降低”态势,而以教育文化娱乐、医疗保健和交通通信为主的服务型消费比重,呈现“稳中有增”态势,且占比接近40%。说明十八大以来,衣着等生存型消费资料已得到相当程度的满足,常用家电等生活用品也得到基本普及,而教育、医疗等服务性消费需求正逐步凸显,表明城乡居民消费结构正由物质型向服务型过渡、由生存型向发展型转变,且步入稳定合理的发展阶段。

三、基于ELES模型的山西城乡居民消费结构分析

扩展的线性支出系统(ELES)模型是居民消费结构研究中最为广泛应用的模型之一,相关的理论及实证分析一直是研究热点。

从模型参数的估计角度看,ELES有两种常见建模方式:利用横截面数据建模和利用时间序列数据建模。但时间序列数据建模会将基本消费支出默认为基期的基本消费支出,而在不同截面分别建立时序模型时,基本消费支出是存在差异的,这会使得该类模型中基本消费支出的含义与ELES模型最初的定义相违背。此外,消费结构会随着社会发展、收入水平提高发生较大变化,若选用的时间序列数据较长,这样用固定的参数解释较长时间的消费结构不合理,若选取时间较短,则又会使模型参数估计结果不可靠。基于此,本文采用横截面数据建模[注①]。

(一)模型介绍

扩展性线性支出系统(ELES)模型是路迟于二十世纪七十年代提出的,是对线性支出系统(LES)的改进。ELES模型的基本形式为:

$$p^k q_i^k = p^k \gamma^k + \beta^k \left(I_i - \sum_{l=1}^{M} p^l \gamma^l\right) + \varepsilon_i^k \tag{1}$$

其中,$i=1,2,\cdots,N$,$k,l=1,2,\cdots,M$ 。I_i 指的是第 i 个收入层的可支配收入,p^k 表示第 k

类消费品的价格，γ^k 表示所有收入层中收入水平最低的阶层对第 k 类消费品的基本需求量，q_i^k 表示第 i 个收入层对第 k 种商品的实际需求量，β^k 为第 k 类消费品的边际消费倾向，满足 $0<\beta^k<1$，且 $\sum_{k=1}^{M}\beta^k<1$，ε_i^k 为随机干扰项。

那么，$p^k\gamma^k$ 指的是所有收入层对第 k 类消费品的最低基本消费支出，$\sum_{l=1}^{M}p^l\gamma^l$ 表示所有消费品的最低基本消费支出，$p^kq_i^k$ 表示第 i 收入层对第 k 类消费品的实际支出。ELES 模型的基本含义是：给定收入水平 I_i 和价格 p^k，消费者将首先购买各种基本消费品 $p^k\gamma^k$，剩下的收入 $(I_i-\sum_{l=1}^{M}p^l\gamma^l)$ 将按一定比例 β^k 在各类消费支出之间进行分配。

此处总消费支出 $V=\sum_{k=1}^{M}p^kq^k$ 不再是外生变量，而是由消费者购买行为内生决定的，这使得模型的估计不再需要借助额外信息，更加符合现实情况，解释能力更强。ELES 模型需要估计的参数有边际消费倾向 β^k 和基本消费支出 $p^k\gamma^k$，且为非线性待估参数。

整理式(1)，可得到第 k 类消费品的消费支出 Y^k 为：

$$Y^k=\alpha^k+\beta^kI_i+\varepsilon_i^k \tag{2}$$

其中，$k,l=1,2,\cdots,M$，$\alpha^k=p^k\gamma^k-\beta^k\sum_{l=1}^{M}p^l\gamma^l$。

采用截面数据时，$p^k\gamma^k$ 和 $\sum_{l=1}^{M}p^l\gamma^l$ 均为常数。通过所有收入层的收入和对各类消费品的支出数据，对(2)式采用最小二乘法，即可得到 α^k 和 β^k 的估计值，进而反推得到最低消费支出 $p^k\gamma^k$，按 k 连加可得：

$$\sum_{l=1}^{M}p^l\gamma^l=\frac{\sum_{l=1}^{M}\alpha^l}{1-\sum_{l=1}^{M}\beta^l}$$

从而得出第 k 类消费品的基本消费支出为：

$$p^k\gamma^k=\alpha^k+\beta^k\sum_{l=1}^{M}p^l\gamma^l=\alpha^k+\beta^k\frac{\sum_{l=1}^{M}\alpha^l}{1-\sum_{l=1}^{M}\beta^l} \tag{3}$$

除基本支出和边际消费倾向外，总体消费意愿 $\sum_{k=1}^{M}\beta^k$ 和需求收入弹性 η^k 也能刻画居民消费结构。其中 $\sum_{k=1}^{M}\beta^k$ 可以描述可支配收入在消费和储蓄之间的分配情况，η^k 能反映第 k 类消费品的需求量 η^k 对收入的敏感性。将模型表示成需求函数形式：

$$q^k=\gamma^k+\beta^k(I_i-\sum_{l=1}^{M}p^l\gamma^l)/p^k$$

则第 k 类消费需求的收入弹性为：

$$\eta^k=\frac{\partial q^k}{\partial I_i}\cdot\frac{I_i}{q^k}=\frac{\beta^k\bar{I}}{\bar{Y}^k} \tag{4}$$

其中，$\bar{I}$ 表示可支配收入的平均值，$\bar{Y}^k$ 为第 k 种商品的需求支出。通过总体消费意愿、基本消费支出、边际消费倾向、收入弹性等指标，可更全面描述消费结构情况。

（二）模型建立与检验

考虑到2013年起实施城乡住户一体化调查，故本文分别基于2013年和2019年两年的横截面数据，即城乡居民五个收入群体的收支数据对十八大以来山西城乡居民的消费结构进行实证分析。本文采用R软件进行参数估计与回归分析，得到如下结果。其中，t_α、t_β 为参数检验值，R为样本相关系数，R^2 为样本决定系数，F为检验值。

表4　2013年山西城乡消费结构的ELES模型数据

项目		α^k	β^k	t_α	t_β	R^2	F
食品烟酒	城镇	1797	0.07853	11.21**	13.32***	0.9834	177.5
	农村	1096	0.09367	20.52***	16.41***	0.989	269.1
衣着	城镇	468.8	0.04629	6.514**	17.497***	0.9903	306.1
	农村	213.2	0.03573	12.01**	18.81***	0.9916	354
居住	城镇	1078	0.08302	16.66***	34.9***	0.9975	1218
	农村	456.2	0.1212	11.28**	28.04***	0.9962	786
生活用品及服务	城镇	76.81717	0.035954	2.186	27.829**	0.9961	774.5
	农村	16.63439	0.04072	0.537	12.299**	0.9806	151.3
交通通信	城镇	221.8	0.06149	1.261	9.509**	0.9679	90.41
	农村	22.09675	0.08576	0.231	8.379**	0.959	70.21
教育文化娱乐	城镇	943.4	0.04391	4.69*	5.936**	0.9216	35.24
	农村	535.4184	0.03833	4.071*	2.726	0.7124	7.43
医疗保健	城镇	339.9	0.0308	3.183*	7.849**	0.9536	61.61
	农村	171.1447	0.06025	1.471	4.843*	0.8866	23.46
其他用品及服务	城镇	−3.67186	0.017845	−0.086	11.377**	0.9773	129.4
	农村	−13.0814	0.023108	−0.344	5.686*	0.9151	32.33
合计	城镇	24922	0.3978	6.852**	15.065***	0.987	227
	农村	2498	0.4987	10.43**	19.46***	0.9921	378.9

表5　2019年山西城乡消费结构的ELES模型数据

项目		α^k	β^k	t_α	t_β	R^2	F
食品烟酒	城镇	2387	0.085	6.661**	9.125**	0.9652	83.26
	农村	1843	0.0695	17.97***	10.19**	0.9719	103.7
衣着	城镇	909.8	0.02794	4.893*	5.781*	0.9176	33.42
	农村	399.2	0.02279	13.38***	11.48**	0.9778	131.8
居住	城镇	1726	0.08151	15.39***	27.95***	0.9962	781.3
	农村	1441	0.05855	11.758**	7.182**	0.945	51.58
生活用品及服务	城镇	248	0.03077	2.278	10.855**	0.9756	117.8
	农村	296.3267	0.01598	9.761**	7.91**	0.9542	62.57
交通通信	城镇	1369	0.04527	2.012	2.56	0.686	6.553
	农村	484.3	0.04476	4.199*	5.832*	0.919	34.02

续表

项目		α^k	β^k	t_α	t_β	R^2	F
教育文化娱乐	城镇	1760	0.03949	5.967**	5.151*	0.8984	26.53
	农村	1212	0.00271	3.561*	0.12	0.004751	0.01432
医疗保健	城镇	−604	0.0909	−1.403	8.124**	0.9565	66
	农村	782.6719	0.03075	4.73*	2.793*	0.7723	7.802
其他用品及服务	城镇	7.039317	0.017988	0.123	12.044**	0.9797	145.1
	农村	76.614	0.007235	2.623	3.724*	0.8221	13.87
合计	城镇	7803	0.4189	6.653**	13.739***	0.9844	188.8
	农村	6534	0.2523	16.789***	9.744**	0.9694	94.94

注：*、**、***分别表示在10%、5%、1%的水平上显著。

从回归结果可看出：(1)总消费结构模型拟合度很好，可决系数 R^2 的值都非常大，常数项 α 和系数 β 均在5%的水平上显著通过t检验与F检验；(2)除教育文化娱乐外，其余七个消费项目的 R^2 值都远大于0.686，均在5%的水平下通过F检验，拟合优度较好；(3)八个消费项目中，在给定5%的显著水平下，除个别项目没通过t检验外，其他各项对应的 α^k 和 β^k 的估计值也都通过t检验；(4)所有项目对应的参数 β^k 皆大于零小于1，符合经济理论中边际消费倾向在0和1之间的绝对收入假说。总体而言，模型的拟合效果基本反映了数据趋势，可用来进一步分析。

（三）模型结果及分析

1. 基本需求支出分析。十八大以来，社会快速发展，居民生活质量不断改善，满足生活需要的基本需求支出也随之提高。由表6和7知，城镇居民的基本需求支出由2013年的8173元提高到2019年的13428元，农村居民的基本需求支出由2013年的4983元提高到2019年的8739元。且城乡居民的基本需求支出相对差异由2013年的1.64（农村居民基本需求支出为1）缩小到2019年的1.54。这说明，随着山西城乡一体化的加速推进，农村居民的生活水平与成本在逐步提高，与城镇居民的基本需求支出差距也在缩小。

表6　山西城镇居民基本消费支出结构

项目	居民消费支出（元）		基本消费支出（元）		基本消费占人均消费占比（%）	
	2013年	2019年	2013年	2019年	2013年	2019年
食品烟酒	3541	5073	2439	3528	68.9	69.6
衣着	1498	1801	847	1285	56.6	71.3
居住	2925	4333	1757	2821	60.1	65.1
生活用品及服务	877	1265	371	661	42.3	52.3
交通通信	1587	2776	724	1977	45.6	71.2
教育文化娱乐	1917	2938	1302	2290	67.9	78.0
医疗保健	1024	2383	592	617	57.8	25.9
其他用品及服务	394	589	142	249	36.1	42.2
合计	13763	21159	8173	13428	59.4	63.5

表 7　山西农村居民基本消费支出结构

项　　目	居民消费支出/元		基本消费支出/元		基本消费占人均消费占比/%	
	2013 年	2019 年	2013 年	2019 年	2013 年	2019 年
食品烟酒	1839	2751	1563	2450	85.0	89.1
衣着	498	697	391	598	78.6	85.8
居住	1420	2171	1060	1953	74.7	89.9
生活用品及服务	340	501	220	436	64.6	87.1
交通通信	702	1057	449	875	64.1	82.8
教育文化娱乐	843	1208	726	1236	86.2	102.3
医疗保健	647	1169	471	1051	72.9	89.9
其他用品及服务	170	174	102	140	59.9	80.5
合计	6458	9728	4983	8739	77.2	89.8

2019 年城乡居民的八大类消费项目的基本消费支出占比均比 2013 年有所提高，但农村居民的医疗保健消费项目除外，这可能与近年来农村居民享受的医疗保障服务的快速普及和水平的提高有关。另外，就农村居民而言，其基本消费支出占总消费支出的比重明显高于城镇，说明其生活成本压力较大，消费现状不太乐观。特别是到了 2019 年，这一比重达到 89.8%，意味着农村居民家庭生活开支主要以基本消费需求为主。

2. 总体消费意愿及边际消费倾向分析。消费者总体消费意愿 $\sum_{k=1}^{M}\beta^{k}$ ，这一指标可描述消费者关于可支配收入在消费和储蓄之间的分配情况。从表 8 可看出，山西城乡居民的总体消费意愿并不高，消费观念仍比较保守，且农村地区这一现象更为明显。相较于 2013 年，2019 年农村居民的总消费意愿是下降的，这可能与 2019 年以来，非洲猪瘟效应导致物价上涨快、农户经营收入减少而生活支出增长快等因素有关，而城镇居民所受影响明显要小于农村。

表 8　2013 年与 2019 年山西分城乡居民边际消费倾向情况

项　　目	边际消费倾向			
	城镇		农村	
	2013 年	2019 年	2013 年	2019 年
食品烟酒	0.07853	0.085	0.09367	0.0695
衣着	0.04629	0.02794	0.03573	0.02279
居住	0.08302	0.08151	0.1212	0.05855
生活用品及服务	0.035954	0.03077	0.04072	0.01598
交通通信	0.06149	0.04527	0.08576	0.04476
教育文化娱乐	0.04391	0.03949	0.03833	0.00271
医疗保健	0.0308	0.0909	0.06025	0.03075
其他用品及服务	0.017845	0.017988	0.023108	0.007235
合计	0.397839	0.418868	0.498768	0.252275

模型中 β^{k} 代表的是边际消费倾向，指居民消费过程中，对某商品支出额的变化值占收入额变化值的百分比，也就是当居民收入每增加 100 元时，其中用于某商品的消费金额。就各消费项目的边际消费倾向而言，2013 年城乡居民收入增加后，会优先考虑增加居住方面的消费支出，其次

是食品烟酒和交通通信;而到了2019年,城镇居民会优先增加的消费项目依次是:医疗保健、食品烟酒和居住,农村居民则是食品烟酒、居住和交通通信。说明山西城乡居民在"吃、住、行"方面的消费潜力较大,在收入增加后,会优先考虑提高居住的舒适度、饮食的改善和出行的便捷度。

3. 需求收入弹性分析。需求收入弹性 η^k ,指居民对第 k 类商品的需求量随收入的变化而变化的百分值。通常,当 $\eta^k<0$ 时,该商品为低档品,当 $0<\eta^k<1$ 时,该商品为正常商品,当 $\eta^k>1$ 时,该商品为奢侈品。

表9　2013年与2019年山西分城乡居民需求收入弹性

项　　目	需求收入弹性			
	2013城镇	2019城镇	2013农村	2019农村
食品烟酒	0.49	0.56	0.40	0.33
衣着	0.69	0.52	0.57	0.42
居住	0.63	0.63	0.68	0.35
生活用品及服务	0.91	0.81	0.95	0.41
交通通信	0.86	0.54	0.97	0.55
教育文化娱乐	0.51	0.45	0.36	0.03
医疗保健	0.67	1.27	0.74	0.34
其他用品及服务	1.01	1.02	1.08	0.54

从表9可看出,各项 η^k 值均大于0,表示这八类消费品均为正常商品,说明收入的提高会促进居民对各类商品的消费。总体而言,八类消费品中,教育文化娱乐与食品烟酒的 η^k 值最小,说明这两项消费对收入变化不敏感,是居民的刚性消费。

相较于2013年,2019年农村居民各类消费品的 η^k 均出现不同程度的缩小态势,特别是其他用品及服务、交通通信和生活用品及服务等消费项目。说明十八大以来,随着收入水平的提高,农村居民的生活水平获得较大提升,原先相对比较高档的商品,如家具、室内装饰品、个人用品等已在不同程度上获得满足,需求出现减少,反映了农村居民的消费结构正由生存型向发展型过渡。

相对于农村,城镇地区各类消费品的 η^k 值变化幅度要小,说明城镇居民生活水平相对较高,对各类消费品的需求比较稳定。但对于城镇居民来说,2019年医疗保健和其他用品及服务两项消费品的 η^k 值均大于1,说明城镇居民在收入增加的情况下,更加注重对医疗保健、手表首饰佩戴、美容美发等个人服务方面的支出,反映了城镇居民消费结构正向发展享受型转变。

四、主要结论

第一,就消费水平而言,山西城乡居民消费水平都在提高,城镇水平高于农村,且消费水平更为合理。而农村消费水平较差,消费支出摆动幅度较大,易受经济运行情况和收入水平影响。需进一步扩大对"三农"经济的扶持力度,拓宽农民就业渠道,稳步提高农民收入,重视低收入群体生活水平,持续完善社会保障体系,降低农村的不确定性预期。

第二，就消费结构而言，城乡均呈现“趋于稳定、合理化程度加深”态势，正由生存型消费向发展型消费过渡，且城镇消费层次高于农村。一是城乡居民恩格尔系数均低于30%，生活质量不断提高；二是教育文化娱乐与食品烟酒支出是城乡居民的两大刚性消费，对收入变化不敏感；三是居住支出为近年来城乡居民的主要消费项目；四是随着城乡一体化的加速推进，城乡居民的基本需求支出差距呈缩小态势，但农村居民生活压力较大；五是城镇居民更加注重健康投资，手表首饰佩戴和美容美发等个人服务方面的需求成为其收入增加情况下的主要消费热点。需进一步落实好“房住不炒”定位，促进房地产市场稳健运行；持续完善医疗保障制度，督促提高餐饮、教育文化等供给质量；注重培育运动健身、健康养老等新消费热点；加大对提高农村消费层次和生活水准的耐用消费品的消费补贴力度；维持物价在可控范围等。

第三，就消费理念而言，城乡居民平均消费倾向稳定发展，但总消费意愿并不高。一是城乡居民消费观念仍比较保守，且农村地区更为明显，消费意识也不如城镇居民理性；二是城乡居民在“吃、住、行”方面的消费潜力较大，在收入获得增加后，会优先考虑提高居住的舒适度、饮食的改善和出行的便捷度。需逐步引导并转变居民落后的消费观念，积极引导文化娱乐产业、医疗保健场所以及交通通信行业等一些享受型产品进入农村市场，进一步挖掘消费潜力。

需说明的是，由于收入水平不同，各收入层间消费偏好可能会有所区别，故本文采用不同收入层的横截面数据进行建模，也存在一定的局限性，可能会造成参数估计结果存在偏差。

注①：横截面数据包括地区和收入阶层间数据两种，而贯瑶、张杏梅等学者的研究表明，晋北、晋中、晋南三个区域间经济发展水平和消费结构存在较大差异。

（执笔人：国家统计局山西调查总队　田文晓）

2019 年福建城乡居民消费升级状况分析

消费作为拉动经济增长的三驾马车之一，近年来对经济增长的支撑作用日益凸显。党的十八大报告指出要“加快建立扩大消费需求的长效机制”，党的十九大报告指出要“完善促进消费的体制机制，增强消费对经济发展的基础性作用”，突出表现在扩大消费规模、提高消费水平、改善消费结构等方面取得了显著成效。近年来，福建城乡居民收入水平稳步提高，带动了消费支出快速增长和消费结构不断优化升级，不仅使得居民生活质量进一步提高，也为经济发展注入了活力。

一、2019 年福建城乡居民消费概况

2019 年福建城乡居民消费增长势头良好，城镇居民人均消费支出突破三万元大关，农村居民人均消费支出突破一万五千元大关，城乡居民人均消费较上年均实现了接近两位数的增长。

（一）城乡居民消费水平在全国位居前列。

2019 年福建城镇居民人均消费支出 30946 元，高于 28063 元的全国平均水平，在全国 31 个省（区、市）中居第 7 位；农村居民人均消费支出 16281 元，高于 13328 元的全国平均水平，在全国 31 个省（区、市）中居第 7 位。

（二）消费支出增长势头良好。

2019 年福建城镇居民人均消费支出同比增长 9.9%，高于 8.3%的城镇居民人均可支配收入增幅，继 2018 年后消费支出增幅再次超过可支配收入增幅，并将增幅差距继续扩大 1.3 个百分点；农村居民人均消费支出增长 9.0%，虽然低于 9.8%的农村居民人均可支配收入增幅，但也将收入与消费的增幅差距从 2.6 个百分点缩小到了 0.8 个百分点。

（三）消费内部结构继续趋好。

2019 年福建城乡居民恩格尔系数都得到了进一步降低，城镇居民恩格尔系数为 30.8%，较 2018 年继续下降 1.2 个百分点；农村居民恩格尔系数为 35.5%，较 2018 年继续下降 0.2 个百分点。2019 年福建城乡居民的恩格尔系数均创历史新低。

表 1　2012—2019 年福建城镇居民消费支出情况

单位：元

指　　标	2012 年	2013 年	2014 年	2015 年	2016 年	2017 年	2018 年	2019 年
居民消费支出	19030	20565	22204	23520	25006	25980	28145	30946
1. 食品烟酒	6764	6718	7369	7759	8300	8552	9001	9537
2. 衣着	1385	1390	1461	1490	1444	1438	1554	1659

续表

单位:元

指　　标	2012 年	2013 年	2014 年	2015 年	2016 年	2017 年	2018 年	2019 年
3. 居住	4165	5018	5435	5811	6531	6829	7716	8955
4. 生活用品及服务	1153	1274	1302	1337	1393	1478	1516	1557
5. 交通通信	2436	2572	2738	3022	3206	3353	3631	3715
6. 教育文化娱乐	1786	2020	2170	2314	2461	2483	2728	3066
7. 医疗保健	777	925	1059	1165	1178	1235	1375	1692
8. 其他用品及服务	564	647	671	622	493	612	625	765

表 2　2012—2019 年福建农村居民消费支出情况

单位:元

指　　标	2012 年	2013 年	2014 年	2015 年	2016 年	2017 年	2018 年	2019 年
居民消费支出	9068	9986	11056	11961	12911	14003	14943	16281
1. 食品烟酒	3725	3885	4223	4494	4818	5162	5340	5784
2. 衣着	522	528	572	611	567	631	677	774
3. 居住	1883	2331	2608	2908	3204	3548	3649	3799
4. 生活用品及服务	529	596	643	621	688	721	765	809
5. 交通通信	915	918	1098	1249	1452	1555	1817	1903
6. 教育文化娱乐	885	937	941	1004	1071	1175	1359	1615
7. 医疗保健	448	563	736	827	867	907	1016	1210
8. 其他用品及服务	161	228	236	249	243	305	320	386

二、十八大以来福建居民消费增长基本特点

党的十八大以来，福建经济持续发展，城乡居民收入平稳提高，消费品市场繁荣昌盛，消费水平也稳步提升，呈现出各类消费全面增长、收入消费同步增长、城乡消费同步增长等特点。

(一)八大类消费全面增长。

十八大以来，福建城乡居民的八大类消费实现了全面增长。城乡居民人均消费支出中增速最高项均为医疗保健支出，增速最低项均为衣着支出。2019 年城乡居民医疗保健支出分别较 2012 年增长 117.8%和 170.1%，年均分别增长 11.8%和 15.2%；衣着支出分别较 2012 年增长 19.8%和 48.4%，年均分别增长 2.6%和 5.8%。2012—2019 年，福建城乡居民消费价格指数年均分别增长 1.9%和 1.8%，城乡居民八大类消费扣除价格因素均实现不同程度增长。

(二)消费与收入同步增长。

2012—2019 年，福建城镇居民人均可支配收入从 25650 元提高到 45620 元，增长了 77.9%，年均增长 8.6%；城镇居民人均消费支出则从 19030 元提高到 30946 元，增长了 62.6%，年均增长 7.2%。农村居民人均可支配收入从 10164 元提高到 19568 元，增长了 92.5%，年均增长 9.8%；农村居民人均消费支出则从 9068 元提高到 16281 元，增长了 79.5%，年均增长 8.7%。城乡居民收入与消费年均增速差距不超过 1.4 个百分点，基本实现消费与收入同步增长。

(三)城乡消费差异缩小。

1. 绝对差距缩小。十八大以来福建城乡居民消费差异的缩小,首先体现在消费水平的迅速拉近上。2012—2019 年,福建城乡居民人均消费支出比(以农村居民人均消费支出为 1)从 2.10:1 缩小为 1.90:1,其缩小幅度大于城乡居民人均可支配收入的缩小幅度(从 2.52:1 缩小到 2.33:1)。

2. 内部结构趋同。比较 2012 年与 2019 年福建省城乡居民八大类消费支出的比重,除城乡恩格尔系数差距从 5.5 个百分点下降到 4.7 个百分点外,其余大项消费支出比重也在不断趋同。其中,2012 年城乡消费支出比重差异在 1 个百分点以上的项目有 5 项(分别为食品烟酒 5.5、衣着 1.5、居住 1.1、交通通信 2.7 和其他用品及服务 1.2),至 2019 年减少到 3 项(分别为食品烟酒 4.7、居住 5.6 和医疗保健 2.0),其中更有 3 项趋同至 0.5 个百分点以内(分别为交通通信 0.3、其他用品及服务 0.1 和教育文化娱乐 0)。

三、十八大以来福建居民消费升级主要趋势

(一)消费升级换代趋势明显。

随着经济发展和收入水平的提高,居民不再满足于简单的基本物质生活需求,居民消费的侧重点正从必需型向发展型、享受型转变,从大众产品向高端产品转变。汽车、住房、时尚、科技等体现生活品质提升的享受型商品备受青睐,消费升级呈现旺盛的势头和活力。这一点在城镇居民中体现得尤为显著。十八大以来,福建城镇居民生存型消费(食品、衣着、生活用品及服务)支出占消费支出比重从 2012 年的 48.9%下降至 2019 年的 41.2%,而发展、享受型消费(居住、交通通信、教育文化娱乐服务)支出占消费支出比重则从 44.1%上升至 50.9%,消费升级换代趋势明显。

(二)服务性消费的比重迅速增加。

根据世界各国的经验,消费升级最重要的特征之一就是服务性消费取代商品性消费的主导地位。随着福建省第三产业及社会服务业的不断繁荣,城乡居民服务性消费在总消费支出中的比重也迅速增加。2019 年福建城镇居民人均服务性消费支出 15664 元,占总消费支出的比重达到 50.6%,占比较 2012 年翻一番;2019 年福建农村居民人均服务性消费支出 6202 元,占总消费的比重达到 38.1%,较 2012 年提高 11.5 个百分点。总体来看,城乡居民服务性消费支出的增长速度大大快于商品性消费支出,也快于消费八大类分类中的任一类别。

(三)消费网络化趋势进一步加强。

随着移动互联网的普及和线上购物商业模式的不断创新,居民消费手段更加电子化、移动化。2019 年福建全省实现网络零售额 4589.2 亿元,同比增长 24.8%,占到全年社会消费品零售总额的 29.1%。截至 2019 年末,福建城镇居民家庭中有 86.2%的移动电话接入互联网,比 2012 年末提高 61.7 个百分点,每百户接入互联网的移动电话达到 222.9 部;农村居民家庭中有 71.8%的移动电话接入互联网,比 2012 年末提高 44.6 个百分点,每百户接入互联网的移动电话

达到 187.7 部。2019 年全年，福建城镇居民人均通过互联网购买商品和服务次数已经达 7.0 次，农村居民也达到 2.1 次；户均每年购买次数则分别达到 23.8 次和 8.8 次。

四、当前制约福建城乡居民消费进一步升级的主要因素

(一)收入分配格局制约城乡居民消费整体升级。

收入是消费的来源和基础，是影响消费的最重要因素，收入分配格局不够合理是制约居民消费整体升级的重要原因。尽管党的十八大以来福建城乡居民收入比(以农村居民可支配收入为 1)从 2012 年的 2.52:1 缩小为 2019 年的 2.33:1，呈现逐年下降的趋势，但绝对差距依然在 2 倍以上。从城乡居民收入分组特征看，2019 年福建城镇家庭最高 20%收入组人均可支配收入 107291 元，最低 20%收入组仅为 17839 元，高低收入分组收入比达 6.01:1；农村最高 20%收入组人均可支配收入 36954 元，最低 20%收入组仅为 7831 元，高低收入分组收入比达 4.72:1。根据凯恩斯的消费函数，随着收入的增加，边际消费倾向会呈现不断下降的趋势。体现在收入分组中，高收入人群的消费倾向必然偏低；同时低收入人群虽然消费倾向较高，但是消费水平却较低。城乡之间、高低收入群体之间巨大的收入差距必然制约整体居民消费水平提升。

(二)宏观经济增速趋缓影响居民消费扩大。

近年来，中国经济受到“三期叠加”影响，经济下行压力增大，经济增速换挡回落，从高速增长转向中高速增长的新常态。2019 年福建省 GDP 同比增长 7.6%，较上年回落 0.7 个百分点；全社会用电量同比增长 3.8%，较上年回落 5.7 个百分点；社会消费品零售总额同比增长 10.0%，较上年回落 0.8 个百分点。同时，全年居民消费价格同比增长 2.6%，较上年提高 1.1 个百分点。一方面经济增速放缓降低了居民对未来收入增加的心理预期，另一方面物价上涨也加大了居民对未来支出增加的不确定性和不安全感，均对福建城乡居民提升消费信心及进一步扩大消费造成了不利影响。

(三)有效供给不足限制居民消费升级扩大。

中国的服务业在 GDP 中所占比重总体一直偏低，2019 年全国服务业增加值占 GDP 比重达到 53.9%，但是仍远低于发达国家 70%左右的平均水平。而受到经济发展阶段、本地企业自身经营规模和地区分布不平衡等多种因素影响，福建省的服务业发展更为滞后。2019 年福建服务业增加值占 GDP 比重仅为 45.3%，比全国平均水平还低 8.6 个百分点，导致在对居民消费供给的总量上就先天不足。同时，居民的许多消费行为并非仅仅局限于所消费的产品本身，而必须伴随其他产品或者劳务的消费。如住房消费，就要同时考虑物业管理、交通通讯的伴生消费。服务业总体水平的偏低，往往就意味着伴生消费的商品或劳务的有效供给不足，从而限制了居民消费的进一步扩大和升级。

(四)公共产品投入偏低影响居民消费倾向。

公共产品供给的不足会制约居民消费结构升级，从而影响居民消费率提高。从全国范围看，福建在民生和公共服务方面的支出是偏低的。2018 年福建省 GDP 为 35804.04 亿元，居全国第

10位。与此同时，地方一般公共预算支出4832.69亿元，居全国第20位；教育、社会保障和就业、医疗卫生与计划生育、住房保障等四项民生支出合计1923.72亿元，居全国第22位；四项民生支出占地方一般公共预算支出比重为39.8%，居全国第21位。在社会保障、医疗、教育等基础性公共服务方面投入的相对滞后，直接导致居民预期消费支出相对偏低，当期消费支出相对偏少。

五、进一步推动福建居民消费升级的建议

（一）增加收入，提高居民消费能力。

消费和收入之间存在正相关性，只有收入不断增长，消费升级才有基础。从中长期看，扩大消费的根本是要提高居民收入，加大国民收入分配结构调整力度，提高劳动报酬在国民收入分配中的比重。当前面对经济下行的压力，居民增收的外部环境并不宽松，要实现持续增收依然有一定难度。因此，一是要合理确定城乡居民收入增长的预期目标，加大国民收入分配结构调整力度，提高劳动报酬在国民收入分配中的比重；二是进一步完善就业和创业体系，在社会保障、减税降费、行政审批等方面加大改革力度，促进社会资源高效充分利用，有效促进居民增收；三是要深入实施乡村振兴战略，完善惠农利益联结机制，拓宽农民增收渠道。只有从整体上调整收入分配格局，改善收入预期，才能为扩大消费创造条件。

（二）强化保障，减少居民消费顾虑。

基本养老、基本医疗、基础教育、保障性住房以及最低生活补助等保障体系的完善与否，在很大程度上影响了居民消费是否增加以及增加的程度。为此，一是要根据物价上涨和居民收入增长情况，定期提高最低生活保障线、最低工资和养老标准，切实增加居民实际收入；二是要加大政府对居民尤其是中低收入群体的转移支付力度，进一步提高财政支出中教育、医疗、养老等项目的比重，减少居民消费的后顾之忧。只有通过切实减轻城乡居民消费负担，提高城乡居民对未来收入和消费的心理预期，才能促进城乡居民消费需求的充分释放。

（三）优化供给，满足居民消费升级需求。

福建省的经济总量和居民收入水平均位居全国前列，消费潜力相对较大，但由于供给结构满足不了消费升级的需要，在一定程度上抑制了消费潜能的释放。要以促进消费升级为导向，进一步优化宏观经济政策，加大供给侧结构性改革。一是确保有效供给，提高消费供给的质量和效率。充分发挥市场配置资源的基础性作用，加快发展新技术、新业态、新模式，加强服务质量管理体系、标准化体系和信用体系建设，减少无效和低端供给，扩大有效和中高端供给。二是增加创新供给，挖掘新消费需求。积极运用大数据技术培育消费新热点，完善“互联网＋”消费生态体系，释放居民的个性化、多样化需求，更好满足人民群众对美好生活的向往。

（四）改善环境，提升居民消费体验。

消费环境是影响消费者消费意愿的重要因素，改善消费环境的关键是要做好软硬件的保障。一是建立健全消费领域信用体系。加大消费者权益保护力度，畅通消费者维权渠道，依法查处各类侵害消费者权益的行为，着力打造诚信、安全、公平的消费环境，为消费者营造“愿消费、敢消

费”的消费氛围。二是加强消费基础设施建设。以大数据、云计算、物联网以及智能终端等信息基础设施为依托，将整个供应链体系数据彻底打通，形成消费者、产品、服务、营销、渠道、物流等各方面全面数字化的完整闭环体系，为消费者打造舒适、便利的新型消费环境。

（执笔人：国家统计局福建调查总队　杨威）

"十三五"以来江西城乡居民消费升级状况

——消费水平实现长足发展　消费结构更加优化多样

"十三五"以来，面对错综复杂的国内外环境，江西全省上下认真贯彻落实中央和省委各项决策部署，经济建设水平稳步提高，经济社会发展保持了稳中有进的良好态势，居民生活水平蒸蒸日上，收入保持稳定增长，消费水平实现长足发展，消费层级升级优化，生活质量获得较大提升。

一、消费水平实现长足发展，成为经济发展的支撑力量

(一)居民消费水平稳步提高，消费增速快于收入增速。

2016—2019年，江西城乡居民消费水平稳步提高，人均消费支出不断增长，获得感、幸福感更加充实。全体居民人均消费水平从2016年的13259元增加2019年的17650元，年均增长10.0%，超过同期全体居民人均可支配收入年均增速(9.3%)0.7个百分点。分城乡看，城镇居民人均消费水平从2016年的17696元增加到2019年的22714元，年均增长8.7%，超过同期城镇居民人均可支配收入年均增速(8.4%)0.3个百分点；农村居民人均消费水平从2016年的9128元增加到2019年的12497元，年均增长11.0%，超过同期农村居民人均可支配收入年均增速(9.2%)1.8个百分点。

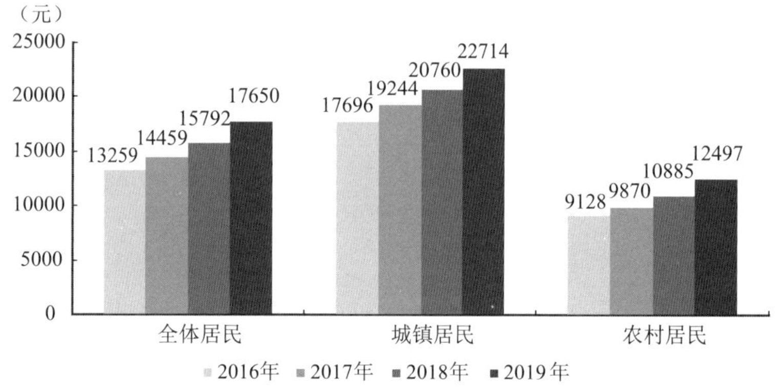

图1　2016—2019年江西居民消费支出

(二)城乡居民消费差距缩小。

"十三五"以来，江西以乡村振兴战略统领农村经济社会发展，农业农村经济实现高质量跨越式发展，农村基础设施、村容村貌、基本公共服务发生较大提升，农村消费环境持续改善，网上零售等新兴业态向乡村地区下沉，农村消费潜力持续释放。从城乡居民消费增速看，2016—2019年，江西农村居民人均消费支出年均增速快于城镇居民2.3个百分点，特别是2018年和2019年，农村居民人均消费支出增速分别达到10.3%和14.8%，快于城镇居民2.4和5.4个百分点。从

城乡消费比看(城镇居民人均消费支出和农村居民人均消费支出的比值),2016—2019 年,江西城乡消费比分别是 1.94、1.95、1.91、1.82,总体呈现下降态势,说明城乡居民之间消费差距在逐步缩小。

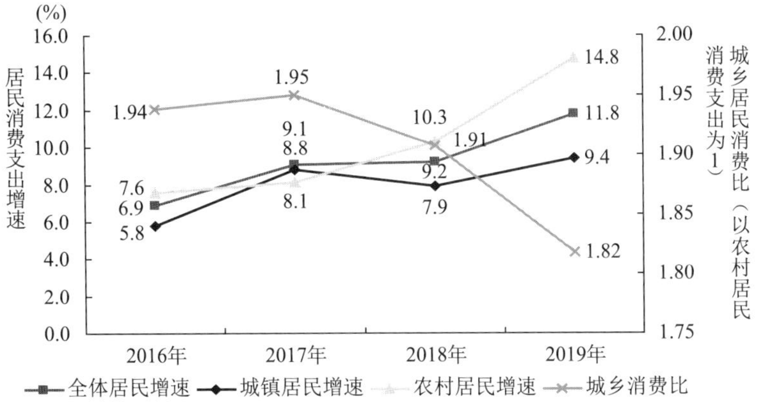

图 2　2016—2019 年江西城乡居民消费支出增速及消费比

(三)消费贡献持续增强。

投资、消费和出口是拉动经济增长的三驾马车。"十三五"时期,世情国情继续发生深刻变化,世界经济仍处于国际金融危机后的深度调整期,江西主动适应并引领经济发展新常态,坚持改革开放,扎实推进"大众创业、万众创新"和结构调整转型升级,为"促消费、扩内需"奠定坚实基础,消费拉动经济的稳定性不断增强,消费需求对经济增长的贡献率不断提高,并取代投资成为拉动经济增长的第一驱动力。2018 年,全省最终消费对经济增长的贡献率达 51.2%,高于投资贡献率 1.0 个百分点,消费对经济增长的贡献稳步提升,基础性作用更加明显。

二、消费结构更加优化多样,物质与精神消费双轮驱动

(一)生存型消费规模扩大,质量不断提升。

江西城乡居民食品、衣着等生存型消费支出水平不断上升,但占消费比重不断下降。一方面,居民食品消费质量不断提高,肉禽、水产品、蛋类、奶类、干鲜瓜果等食品消费越来越多,吃的越来越好,城乡居民恩格尔系数总体呈现下降趋势。2016—2019 年,全体居民恩格尔系数分别为 33.19%、31.99%、30.45%、29.55%,4 年下降 3.64 个百分点,城镇居民恩格尔系数从 2016 年的

图 3　2016—2019 年江西分城乡居民恩格尔系数

32.03%下降到2019年的29.08%，农村居民恩格尔系数从2016年35.29%下降到2019年的30.42%。另一方面，居民服装消费从同类化向异质化转变，消费者在服装选择上从被动转为主动，愈加追求独特性和舒适性。2019年全体居民人均衣着支出比2016年增长14.1%，但占消费支出的比重从7.1%下降到6.1%。

（二）发展型消费持续增长，文娱消费升温。

中国城乡居民的发展型消费需求不仅在规模上持续提升，而且在消费总支出中的比重不断上升。随着居民物质生活水平的提高，人们越来越重视孩子的教育、家人的健康、精神文化的享受以及交通工具的更新升级。2016—2019年，江西全体居民人均交通通信、医疗保健和文教娱乐三项支出的年均增速分别达到10.1%、18.3%和13.7%，均超出同期人均消费支出年均增速。从比重上来看，交通通信、医疗保健和文教娱乐三项支出占居民人均消费支出的比重也在逐年扩大，从2016年的28.4%扩大到2019年的31.0%，增加了2.6个百分点。家长越来越舍得在孩子的教育上进行投入，观光旅游、看电影、看展览、健身美容等文体娱乐活动深受大众喜爱，健康养生、健康养老、健康医疗越来越受到群众的重视和青睐。2016—2019年全体居民人均景点门票支出年均增长19.4%，人均体育健身活动支出年均增长46.4%，人均电影话剧演出票支出年均增长14.6%。

（三）服务性消费日益发展，增长势头良好。

服务性消费支出是人们用于支付社会提供的各种文化和生活方面的非商品性服务费用，“十三五”时期，江西居民人均服务性消费增势良好，以服务业为代表的服务性消费成为居民消费的重要组成部分，例如旅游、养老、健康、家政等生活性服务消费成为居民重点关注领域。2017—2019年全体居民人均服务性消费支出从3570元提高到4698元，年均增长14.7%。2016—2019年，全体居民人均饮食服务支出年均增长20.8%，人均家庭服务支出（包括家政服务）年均增长24.8%，人均医疗服务支出年均增长21.9%，人均其他服务支出年均增长11.6%。

表1　2016年和2019年江西居民消费支出情况

指　标	全体居民			城镇居民			农村居民		
	水平（元）		年均增速（%）	水平（元）		年均增速（%）	水平（元）		年均增速（%）
	2016年	2019年		2016年	2019年		2016年	2019年	
居民消费支出	13259	17650	10.0	17696	22714	8.7	9128	12497	11.0
1. 食品烟酒	4401	5215	5.8	5667	6604	5.2	3222	3801	5.7
2. 衣着	945	1078	4.5	1472	1569	2.1	454	578	8.4
3. 居住	3089	4399	12.5	3916	5370	11.1	2320	3410	13.7
4. 生活用品及服务	765	1129	13.8	1029	1507	13.6	520	743	12.7
5. 交通通信	1577	2104	10.1	2311	2772	6.3	894	1425	16.8
6. 教育文化娱乐	1424	2094	13.7	1964	2781	12.3	922	1395	14.8
7. 医疗保健	764	1265	18.3	887	1559	20.7	650	964	14.1
8. 其他用品及服务	293	367	7.8	450	551	7.0	148	180	6.8

三、居住条件不断提升,追求舒适享受生活

(一)耐用品拥有量不断提高。

随着科学技术的发展,传统耐用消费品开始向高档化方向发展,彩电、冰箱、洗衣机等传统耐用品需求已出现相对饱和,大屏幕高清晰液晶彩电、微波炉、洗碗机、健身器材等已成为城乡居民的消费热点。从传统家用电器看,2019 年江西全体居民每百户拥有冰箱 98.5 台、电视 128.3 台、空调 114.4 台,其中冰箱比 2016 年增加 5.0 台,空调比 2016 年增加 24.5 台。从出行交通工具看,全体居民每百户汽车拥有量从 2016 年的 21.5 台增加到 2019 年的 31.1 台;从反映现代生活的新兴耐用品看,2019 年,全体居民每百户拥有洗碗机 2.1 台、比 2016 年增长 1.7 倍,计算机 46.9 台,中高档乐器 8.0 台、比 2016 年增长 2.8 倍,健身器材 4.5 台、比 2016 年增长 1.1 倍。

(二)居住条件不断改善。

"十三五"时期,江西坚持民生优先,积极推进保障性安居工程,城乡居民居住条件不断改善。一是住房面积越来越大。2019 年江西城镇居民人均住房建筑面积 50.0 平方米,比 2016 年多 7.6 平方米,农村居民人均住房建筑面积 62.9 平方米,比 2016 年多 8.7 平方米,居民住得越来越舒适。二是住房结构不断改善。2019 年,江西全体居民人均居住支出 4399 元,比 2016 年增长 42.4%,占消费支出的 24.9%,在八大项支出占比中排第二。从住房的主要建筑材料来看,居民住在钢筋混凝土或砖混材料结构住房的户比重为 94.6%,比 2016 年提高 3.4 个百分点,居住在砖瓦砖木或竹草土坯结构住房的户比重为 5.2%,比 2016 年下降 3.4 个百分点。三是居住生活设施不断更新。从住户洗澡设施情况来看,2019 年全体居民家庭自装热水器的户比重为 84.6%,比 2016 年提高 9.5 个百分点;无洗澡设施的户比重为 7.1%,比 2016 年下降 8.8 个百分点。

四、消费方式追求方便快捷,提前消费观念引领新潮流

(一)网上购物增长迅速,移动支付不断深入。

"十三五"时期,网络购物正处于快速增长期,网购人群不断扩大,网购商品种类不断增多,居民消费潜力得到进一步释放。网购已成为常态化的居民消费方式,并正在成为拉动内需增长的强劲引擎。2019 年,江西限额以上单位,通过公共网络实现的商品销售 226 亿元,增长 20.7%。另外,据国家统计局江西调查总队每年 9—11 月组织开展网购用户专项调查数据显示,2016—2018 年的每年 9—11 月,调查对象平均每月网购消费金额从 2016 年的 1546 元增加到 2018 年的 1946 元,年均增长 12.2%,江西网络购物呈现出网购消费增长快、热点多、替代率高、频率高、优势多、大幅拉动居民消费等特征。

(二)消费信贷不断发展,提前消费成为时尚。

近年来,金融旧体制被打破,多元化的新体制应运而生,蓬勃发展的互联网金融给消费信贷注入了新活力。花呗、京东白条等带动的一批互联网特别是移动互联网信用消费信贷稳妥快速

发展，成为居民消费信贷的主力，对启动消费、扩大内需起到促进作用，居民提前消费成为新时尚。据中国人民银行南昌中心支行数据显示，2019 年末，江西省个人消费人民币贷款余额为 10100 亿元，比 2016 年年末增加 4966 亿元，年均增长 29.3%。

五、居民消费未来展望

（一）2020 年居民消费展望。

2020 年是全面建成小康社会和“十三五”规划收官之年，更是在突如其来的新冠肺炎疫情冲击下的大考之年。疫情冲击全省经济社会发展，消费领域首当其冲，因疫情防控需要，餐饮住宿、旅游、休闲娱乐等人群密集度高的行业停业歇业，市场消费量随之下滑，一季度居民消费短期受到压制，居民总体消费下降明显，全体居民人均消费支出 4213 元，下降 5.3%。但是从整个年度来看，后期随着疫情解除，促进消费回补政策落地，抑制性消费逐步释放以及市场供给结构持续优化，全省城乡居民消费仍将保持稳定增长、优化升级的态势。

一是基于全省经济稳中向好的态势不会改变，就业、物价将继续保持基本稳定，居民增收形势将有利于支撑消费增长。随着国内疫情防控形势持续向好，生产生活秩序逐渐恢复，消费市场“暂停键”换挡“启动键”，支撑居民消费长期向好的基本条件和因素没有改变，未来居民消费恢复性增长可期，受疫情影响的部分补偿性消费将进一步释放。虽然在内外部矛盾的影响下，部分制造业企业陷入生产困境，用工需求有所下降，但在相应政策的扶持下，整体就业仍将保持稳定，不会出现大规模失业风险。

二是 2020 年江西将进一步激发内需潜力，政府多措并举刺激消费，加快消费回补和潜力释放。随着疫情的逐步缓解，全省各地出台利好政策，发放消费券、推行周末 2.5 天休假制等一系列力度大、内容实、含金量高的政策，致力于提振消费活力、重现街市繁荣。特别是当前各地有序开放“地摊经济”，为百姓提供便利，增加城市亲和力，有效激发市场经济活力，切实增加就业岗位，有利于激发消费活力，尤其是能帮助受疫情影响严重的餐饮行业、“地摊经济”渡过难关。支持开展新能源汽车租赁服务，加快智能充电设施建设。积极发展线上线下结合的家政服务新业态，支持家政企业在社区设置服务网点。加快国家全域旅游示范区建设，完成全域道路旅游标牌建设，都将进一步激发内需潜力。

三是从市场规模及潜力看，全省消费市场规模潜力巨大，抗冲击和抗风险能力较强。2019 年，全省社会消费品零售总额 8421.6 亿元，增长 11.3%，增速居全国第一，消费对经济增长的主引擎作用持续显现。同时，全省中等收入群体持续扩大，乡村市场蕴藏较大潜力，是消费市场稳定发展的有力支撑。近年来，随着乡村基础设施建设完善、营商环境优化、农村居民购买力提高以及线上销售渠道向农村地区下沉，乡村市场消费潜力正在逐步释放。从中长期发展趋势看，居民消费增长潜力和优化空间巨大。

（二）“十四五”时期居民消费展望。

“十四五”时期是在 2020 年全面建成小康社会的基础上迈入社会主义现代化的重要时期，是中国全面建设社会主义现代化强国新征程的重要开端，是中国第二个百年奋斗目标的重要时期、迈向高收入阶段、实施创新强国阶段的开局时期。在近年来居民消费不断升级的长久量变积累下，“十四五”期间居民消费从快速增长转向高质量发展具有现实性和必然性，居民消费增速趋稳，消费结构趋于智能化，消费环境趋于虚拟化，消费方式趋于绿色化、透明化、便捷化，新兴信息消费、绿色消费、文化旅游消费、健康养老、家政消费等将成为居民消费的重点领域。

（三）“十四五”居民消费发展存在的机遇。

1. 居民收入稳定增长，保障居民消费基础。收入是决定消费水平最直接、最主要的因素，预计未来随着“十三五”规划的收官，“十四五”全面迈向小康，居民收入分配制度更加完善，民生待遇进一步改善，就业规模稳步提高，收入分配改革和民生待遇不断改善，城乡居民收入也将持续稳定增长，扩大消费具有更加坚实的基础。

2. 产业结构优化调整，丰富居民消费类型。“十四五”时期是产业结构调整的关键五年。以互联网、大数据、人工智能、绿色低碳、共享经济为代表的新技术、新模式与实体产业的融合将日益加深，产业结构进一步优化升级。通过提供更加高质量的产品和服务，优化消费结构，改变消费方式，为消费高质量发展提供了现实基础。

3. 城镇化率稳步提高，释放居民消费需求。按照常住人口口径，2019 年江西城镇化率已经达到 57.4%，年末全省常住人口 4666.1 万人。2016－2019 年，江西常住人口城镇化率提高了 4.3 个百分点，平均每年提高一个百分点以上。“十四五”时期，预计这一趋势将延续，人口城镇化率不断提升，实现转移人口的定居落户，将促进消费需求有效释放，形成新一轮消费增长。

4. 社会保障力度加大，缓解居民刚性支出。“十三五”以来，江西在教育、文化、社保、医疗等领域加大投入，完善公共服务和民生环境，民生持续改善。“十四五”时期，随着全面小康社会的建成，发展的出发点和落脚点依然归宿于以“人民为中心”，社会财富分配将向民生倾斜。在今年李克强总理的政府工作报告中也谈到“疫情过后民生为要”，让经济发展成果更多、更好、更公正地惠及民生。

5. 二孩和老龄化加速，扩容居民消费市场。今年是江西步入老龄化社会 15 周年，截止 2018 年末全省 60 岁以上老人有 700.9 万，占全省总人口的 15.1%，而且老龄化趋势在逐年加深，老龄相关消费市场潜力巨大。同时，自 2016 年实行全面二孩政策以来，二孩数量上升，缓解了生育率下降的趋势，2019 年江西省出生人口 58.6 万人，出生率 12.59‰，有利于生育胎教服务消费、母婴产品、儿童保健消费等市场的扩容。

（四）面临的挑战。

1. 内外环境的不确定性增加。“十四五”期间，中国面临的内外部环境可能更加复杂多变，发展的不确定性和困难挑战可能更加严峻。一方面，全球爆发的新冠疫情，不容乐观的中美关系，愈演愈烈的逆全球化趋势，频频出现的黑天鹅与灰犀牛事件，动荡不安的金融危机风险等等为全球经济发展和企业营商环境带来巨大冲击。另一方面，中国经济正处在新旧动能转换的重要节点，经济发展迎来关键时期。受新冠疫情的冲击，国内经济发展放缓，内需不足，转型升级压力加剧，逆风向上需更大推动力。

2. 居民收入增速的逐步放缓。2011—2019年全省城镇居民收入增速总体逐步放缓，增速分别为：13.0%、13.5%、10.1%、9.9%、9.0%、8.2%、8.8%、8.4%、8.1%。在持续多年的较快增长后，城乡居民收入基数增大，收入在全国和中部六省进位空间不大，在“十四五”期间持续保持较快增长的难度加大，势必影响居民消费。

3. 消费供需结构性矛盾制约。供给与需求的不相匹配，是制约当前消费潜力有效释放的主要障碍。从城乡居民的美好生活需要出发，城乡居民消费结构呈现快速升级态势，在当下大多数人的物质消费得到较好满足后，服务型消费需求明显增长，突出表现在个性化消费、定制化消费、特色化消费等将逐步成为消费的主流。在传统消费领域，存在着居民对品质型消费的向往与供给端存在的低端过剩和高端供给不足的结构性问题之间的矛盾；在新兴消费领域，存在着供给不足与质量不高的问题。

六、相关意见建议

（一）千方百计提高居民收入。

针对当前宏观经济下行压力加大的现状，促消费必须要让居民的钱袋子鼓起来。一是要重点促进农民增收。大力促进农产品加工、休闲农业、乡村旅游等农业农村相关产业发展，提高农业增值收益；加强现代农业设施建设，提高防汛抗旱能力，推广节地、节水、节肥的现代技术，提高农业经营效益；加大农民工就业指导和服务力度，稳定农民工就业。二是要促进城镇低收入人群增收。加强社会保障，健全城乡低收入群体基本生活保障标准与物价上涨挂钩的联动机制，逐步提高城乡居民最低生活保障水平。同时，进一步通过培训、再教育等方式从根本上培养其增收能力。

（二）进一步提升社会保障水平。

积极发挥社会保障的普惠和保障作用，提高基础教育、基本公共医疗、基本就业保障和基本养老服务的水平。特别是要集中力量补短板，加大对农村、偏远地区基础设施和公共设施建设的投入，完善社会保障制度和缩小收入差距，提高中低收入人群的消费保障水平。加强对落后地区现代物联网设施的建设，打开农村地区市场，鼓励相关消费企业市场下沉。

（三）继续推进消费供给侧改革。

引导消费品生产企业更加积极主动适应市场需求变化，推进消费供给侧改革。加快提档升级实物消费，提升居民吃穿用的消费品质；提质扩容服务消费，以江西本省优势发展壮大旅游消费、创新提升文化消费；培育新兴消费热点，挖掘体育、健康、养老、家政、教育消费潜力。

（执笔人：国家统计局江西调查总队　廖云洲）

宁夏农民生活消费质量提升　城乡差异依然突出

近年来，宁夏农村居民收入不断增长，居民消费支出也在节节攀升，消费结构明显改善、热点纷呈，但城乡居民消费支出在消费结构、消费倾向等方面存在不同程度的差异，收入、消费差距依然突出。

一、农民消费支出持续增长，生活水平明显提升

据居民收支调查资料显示，2019年，宁夏农村居民人均消费支出11465元，比上年增加675元，增长6.3%，八大类消费支出呈现六增两降态势，其中，其他用品及服务、医疗保健、食品烟酒增速位列八大类消费前三位。

（一）食品消费档次提高，营养状况不断改善。

随着农民收入的增长，每家餐桌上的食品种类更加丰盛，营养健康饮食受到更多关注。农村居民人均食品消费支出3145元，比上年增加195元，增长6.6%。其中干鲜瓜果类支出为295元，同比增长4.6%；糖果糕点类支出为49元，同比增长8.7%；肉、禽、蛋、奶支出为1019元，占食品消费总支出的42.7%，同比增长12.0%；饮料支出为80元，同比增长9.1%；饮食服务支出为389元，同比增长11.0%。由此可见，农村居民食品消费档次明显提高，饮食结构更加合理，膳食营养更加均衡。

（二）衣着消费稳中略降，农村居民穿衣更加考究。

农村居民在衣着上越来越讲究质量、舒适、款式和花色，人均衣着消费支出745元，比上年减少7元，下降1.0%。

（三）居住质量提高，居住环境明显改善。

随着城镇化进程和精准扶贫工作不断推进，农村地区的住房条件逐步改善，农村居民不仅舍得在改善居住条件方面投入，进城买房的也越来越多。宁夏农村居民人均居住消费支出1985元，比上年增加117元，增长6.3%；其中租赁房房租支出51元，增长30.2%，住房维修及管理支出474元，增长13.2%。

（四）生活用品及服务支出增长迅速，生活品质化凸显。

农民在选择家具时逐步趋向于品质较好、美观舒适，购买床上用品等家用纺织品时也更注重质量和品牌。另外，从个人用品支出来看，化妆品的消费量也明显增加。生活用品及服务消费人均支出696元，同比增加23元，增长3.4%。其中家具及室内装饰品、家用纺织品、个人用品和家庭服务支出增加，人均支出分别为159元、75元、163元和14元，增长3.4%、6.0%、20.3%和9.0%。

(五)交通通信日趋完善,消费支出略有下降。

伴随农村交通和通信基础设施的不断完善、手机价格持续下降以及通讯服务种类日益丰富,农村居民购买手机、安装"三网合一"等通讯类消费热情较高,农民通信支出较快增长。农村交通基础设施的完善,带动越来越多的农民乘坐公共交通,农村居民交通通信支出呈现平稳略降态势。农村居民人均交通通信支出1784元,同比减少34元,下降1.9%,其中,交通支出1327元,下降4.9%;通信支出458元,增长8.2%。

(六)消费观念明显改善,教育文化娱乐追求越来越高。

农民对教育文化娱乐等消费越来越重视,在吃饱穿暖的基础上有了更多的精神需求,子女教育投入不断加大,旅游休闲支出也在快速增长。农村居民人均教育文化娱乐支出1379元,同比增加83元,增长6.4%,其中,教育支出1147元,同比增长8.3%。

(七)健康意识增强,医疗保健支出稳步增长。

农民防病治病意识的普遍增强,乡村卫生院、卫生所、医疗站普及率的不断提高使越来越多的农民看病更加方便快捷,患病后就医率得到有效提升;城乡居民医疗保险制度的实施,也为农村居民看病治病提供了便利和优惠。宁夏农村居民医疗保健消费支出人均1448元,比上年增加200元,增长16.0%。

(八)其他用品及服务消费支出快速增长。

个人形象越来越受到重视,首饰、美容美发等消费支出大幅增长。农村居民人均其他用品及服务消费支出282元,比上年增加99元,增长53.9%。

二、农村居民收支水平与城镇居民差距依然突出

(一)城乡居民收入存在较大差距。

近几年,在经济增长新常态背景下,宁夏多举措稳定经济增长、调整产业结构、努力创造就业岗位、不断完善基础设施建设,城乡居民收入持续稳定增长。2019年,城乡居民人均可支配收入达到34328元和12858元,同比增加2433元和1151元,增长7.6%和9.8%。城乡居民人均可支配收入差距逐年拉大,从2017年的18734元增加到2019年的21470元。

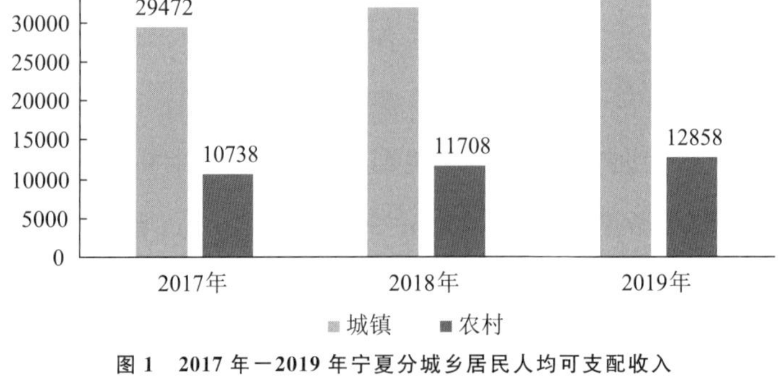

图1 2017年—2019年宁夏分城乡居民人均可支配收入

（二）农村居民消费支出水平远低于城镇。

随着收入水平的提升，城乡居民消费支出也在不断增长，2019 年城镇居民消费支出 24161 元，比上年增加 2184 元、增长 9.9%。农村居民消费支出 11465 元，比上年增加 675 元、增长 6.3%，城镇快于农村 3.6 个百分点。从绝对值看，农村居民消费水平与城镇居民相比还比较低。城镇居民与农村居民消费支出差距从 2017 年的 10237 元增加到 2019 年的 12696 元，差距不断扩大。

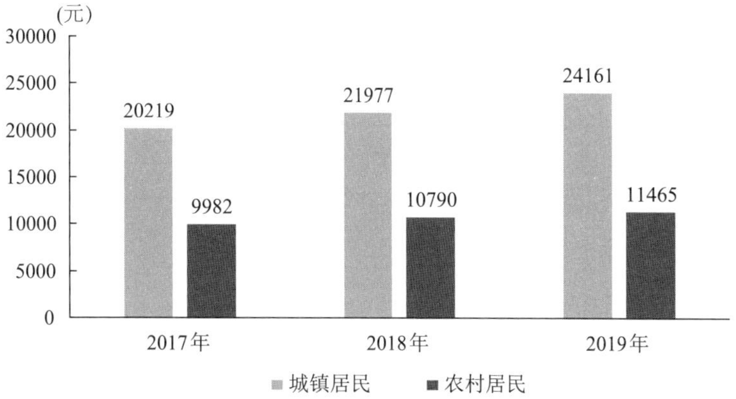

图 2　2017 年—2019 年宁夏分城乡居民消费支出情况

（三）城乡居民消费结构存在较大差异。

受消费观念、收入水平以及消费环境的影响，宁夏城乡居民在消费结构上存在明显差异。城乡居民消费在五个方面存在较大差异。

1. 食品消费方面。城乡居民食品支出占居民消费支出比重分别为 24.2%和 27.4%，从食品消费内部结构来看，城镇居民消费更注重于营养均衡，在豆类、水产品、蛋类、奶类等消费上均高于农村居民。

2. 衣着消费方面。城镇居民人均衣着支出占居民消费支出的 8.7%，农村居民人均衣着支出占消费支出的 6.5%，农村居民的衣着支出占比比城镇低 2.2 个百分点，城镇居民追求时尚、注重品位、崇尚品牌的消费观念是衣着消费增幅明显高于农村居民的主要原因。

3. 生活用品及服务方面。城镇居民人均生活用品及服务支出占消费支出的 6.3%，农村居民人均生活用品及服务支出占消费支出的 6.1%，据调查数据显示，虽然城乡居民人均生活用品及服务支出占比很接近，但农村居民在个人用品和家庭服务消费支出水平上和城镇居民差距较大，生活质量仍然有待提升。

4. 交通通信方面。城镇居民人均交通通信支出占消费总支出的 16.9%，农村居民人均交通通信支出占消费总支出的 15.6%，农村居民的交通通信支出占比低于城镇的 1.3 个百分点，城镇交通通信支出增长主要体现在购买交通工具和交通费上，城镇居民购买交通工具偏向享受型，主要以汽车为主，乘坐出租车、滴滴打车等便捷公共交通工具出行的人数较多，农村居民购买交通工具多倾向于电动车等价格实惠、方便的交通工具，出行方式比较单一，以公交车、骑摩托车为主。城乡居民购买交通工具和交通费人均消费支出差距达 745 元和 338 元。

5. 教育文化娱乐方面。城镇居民人均教育文化娱乐支出占消费总支出的13.2%,农村居民人均教育文化娱乐支出占消费总支出的12.0%,农村居民的教育文化娱乐支出占比低于城镇的1.2个百分点,城镇居民在旅游、娱乐等享受型消费、高档消费方面的支出比例较高,而农村居民家庭虽然也有所提高,但与城镇居民相比仍有不足。

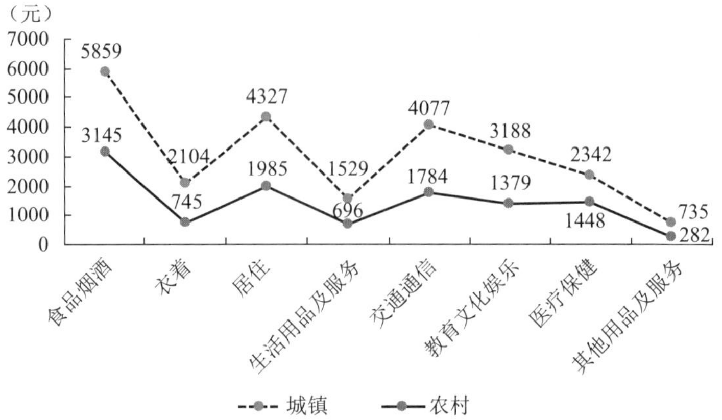

图3 2019年宁夏城乡居民八大类消费支出情况

三、农村居民与城镇居民消费差距较大的原因

(一)城乡居民收入差距是根本原因。

收入的高低直接影响着消费水平的高低,近几年,城乡居民收入持续增长,但农村居民收入仍然远低于城镇居民收入水平,收入的差距影响了城乡居民的消费行为,进而直接影响着消费结构。另一方面,城镇居民各项社会保障及公共设施比较完善,城镇居民收入相对稳定,也为城镇居民在娱乐、交通工具等享受型消费提供了有力保障,反观农村居民,收入重要来源仍然是农业收入,但农业生产对自然环境有着很强的依赖性,受自然条件、市场环境和政策因素三重影响,也就意味着农业生产的不确定性较大。农民农业收入虽然在逐年增加,但是从农民收入的形势看,仍面临着结构仍需优化、龙头企业带动不足、产业链条较短、新型农村养老保险水平较低、公共设施不够完善等制约因素,从而导致农民更偏向于基础生活需求消费,生活消费动力略显不足,一定程度上制约了农村居民消费水平的提高。

(二)消费观念不同是主要原因。

随着城镇化进程的推进,越来越多的青年农民进城转变为市民,农村常住人口以中老年人居多,这部分人思想观念陈旧、文化水平不高,存在盲目消费或不敢消费的问题,直接制约了农村居民在教育、文化、通讯、医疗、保险、旅游、娱乐等方面的消费。另一方面,信用卡、随薪贷等快捷便利的超前消费以及网购已成为城镇居民消费的两大热点,而农村居民超前消费和网购意识不足,办理信用卡及随薪贷等产品的条件不成熟,造成农村居民的消费水平比城镇居民低得多。

(三)消费环境差距是现实原因。

在小城镇建设、美丽乡村工程及精准扶贫政策的推动下,农村居民消费环境和消费条件有了明显改善,相对于城市琳琅满目的商品销售市场,农村的医疗卫生、大型超市、商业综合体、休闲广场、公园及体育设施等配套明显滞后于城镇，商品运输成本较高，商业服务种类偏少，消费档次较低，这些都直接影响着农村居民消费质量的提高。

（四）低收入群体消费制约总体消费增长。

低收入家庭的消费水平主要是食品、水、电、燃料、房租、子女教育等必要性支出，而其他发展类消费支出有限，制约了农村居民消费水平的增长。

四、提高农民收入的几点建议

（一）聚力乡村振兴，提高农民收入。

一是提高农民劳动技能，增加务工收入。把提高农村居民的素质和技能作为增加其收入的突破重点，通过和企业对接，广泛开展劳动技能培训，提高农村劳动力整体素质，提升竞争资本。二是积极发展本地产业，增加农民就业途径。利用区域优势，大力发展一二三产融合发展，通过农家乐、全域旅游等项目，鼓励和吸纳劳动力本地就业，加大教育和引导，鼓励、帮助和扶持有能力的外出务工者返乡就业创业，增加收入水平。三是发挥龙头企业带动作用，实现产业链向前端延伸。通过农牧业产品加工龙头企业，大力发展农产品加工业，形成农产品加工产业集群，做到“粮头食尾”、“农头工尾”，增加农产品附加值，促进农民增收。

（二）加强宣传引导，更新农民消费理念。

农民文化程度不高，接受新事物较慢，因此，采取多种形式向农村居民传播文化科学知识及法律知识尤为重要。通过积极引导农民更新消费观念，改变不良消费习俗，倡导文明、卫生、健康的生活方式和消费理念，促进生活质量全面提升；利用舆论宣传媒介，大力推进精神文明建设，反对大操大办、盲目攀比的不良风气，树立文明新风，鼓励农民在吃好、穿好、住好的同时，积极开展丰富多彩的精神生活，增加农民消费能力，通过对农村居民的宣传和引导，促使农村居民树立新型的、科学的现代消费观念，推动农民消费结构升级。

（三）加强基础设施建设，改善消费环境。

消费环境对农民的消费行为具有至关重要的影响，改善消费环境一是要加快农村市场建设，延伸商品销售网络。积极培育、发展农村小商品市场，鼓励企业采取多种方式，向农民提供价廉物美的商品；同时引导农民直接进入流通领域，搞活商品流通。二是规范农村市场，整顿市场秩序。要加大农村市场打假力度，让货真价实的商品占领农村市场，同时，加强商品售后服务，切实维护农民的合法权益，激发农民的消费热情。三是进一步加快小城镇建设，改善农村电网、信息网络、批零住餐以及医疗卫生网点等基础环境，缩小城乡消费环境差距，拓宽农村居民消费空间。四是农闲时，开发和完善适合农民的旅游产品，丰富农村居民娱乐生活，刺激农民享受型消费支出增长。

（四）完善社保制度，解除消费顾虑。

加快农村社会保障体系的建设，扩大覆盖范围，提高保障标准，逐步减轻农民看病、养老、住房教育等刚性消费支出负担，促进农民生活消费水平的提高。

（执笔人：国家统计局宁夏调查总队　宋晓捷）

附录　居民收支统计资料

一、2015－2019 年全国居民收支与生活状况主要数据

附表 1－1　全国居民家庭基本情况

指　　标	单位	2015 年	2016 年	2017 年	2018 年	2019 年
一、基本情况						
户均常住人口	人/户	3.0	3.0	3.0	3.1	3.0
户均常住从业人口	人/户	1.8	1.7	1.7	1.7	1.6
平均每户家庭从业人口比重	%	57.6	56.9	56.5	54.0	53.1
平均每一从业人口负担人数(包括从业者本人)	人	1.7	1.8	1.8	1.9	1.9
二、户主文化程度						
(一)未上过学	%	2.4	2.0	2.0	2.3	2.1
(二)小学	%	19.1	18.2	18.0	20.5	20.2
(三)初中	%	42.5	43.3	43.3	40.9	41.3
(四)高中	%	20.3	20.3	20.4	18.3	18.5
(五)大学专科	%	9.2	9.5	9.6	10.0	9.9
(六)大学本科及以上	%	6.6	6.8	6.8	8.1	7.9
三、常住从业人员就业类型						
(一)雇主	%	1.3	1.1	0.9	1.0	0.8
(二)公职人员	%	2.9	2.8	2.8	2.5	2.5
(三)事业单位人员	%	6.0	6.2	6.2	6.0	6.0
(四)国有企业雇员	%	4.9	4.9	4.8	4.1	4.0
(五)其他雇员	%	42.5	43.4	45.1	46.9	49.2
(六)农业自营	%	32.9	31.5	30.0	29.4	27.4
(七)非农自营	%	9.5	10.1	10.1	9.9	10.2
四、常住从业人员从事主要行业						
(一)第一产业	%	33.9	32.7	31.3	30.8	29.1
(二)第二产业	%	23.2	22.9	23.2	22.5	22.8
(三)第三产业	%	42.9	44.4	45.5	46.7	48.2
五、居民收入与支出情况						
居民人均可支配收入	元/人	21966.2	23821.0	25973.8	28228.0	30732.8
居民人均可支配收入中位数	元/人	19281.1	20882.9	22408.0	24336.4	26523.2
居民人均现金可支配收入	元/人	20424.3	22204.5	24201.9	26291.4	28612.1
现金可支配收入占可支配收入比重	%	93.0	93.2	93.2	93.1	93.1
居民人均消费支出	元/人	15712.4	17110.7	18322.1	19853.1	21558.9
居民人均现金消费支出	元/人	12988.7	14142.0	15122.3	16174.8	17526.0
现金消费支出占消费支出比重	%	82.7	82.6	82.5	81.5	81.3

注:2012 年四季度起,国家统计局开展了全国住户收支与生活状况调查,本附录中数据来源于此项调查,与 2012 年及以前分别开展的城镇住户调查和农村住户调查的调查范围、调查方法、指标口径有所不同。

附表 1－2　全国居民人均可支配收入及构成

指　　标	2015 年	2016 年	2017 年	2018 年	2019 年
可支配收入(元/人)	**21966.2**	**23821.0**	**25973.8**	**28228.0**	**30732.8**
一、工资性收入	12459.0	13455.2	14620.3	15829.0	17186.2
二、经营净收入	3955.6	4217.7	4501.8	4852.4	5247.3
(一)第一产业经营净收入	1627.5	1673.2	1715.2	1797.7	1891.9
1. 农业	1233.6	1237.3	1261.4	1327.7	1382.0
2. 林业	85.6	81.1	84.3	94.4	98.8
3. 牧业	254.4	295.7	300.4	298.7	335.0
4. 渔业	54.0	59.1	69.1	76.9	76.0
(二)第二产业经营净收入	391.2	402.5	434.9	503.9	573.4
(三)第三产业经营净收入	1937.0	2142.0	2351.7	2550.9	2782.1
三、财产净收入	1739.6	1889.0	2107.4	2378.5	2619.1
四、转移净收入	3811.9	4259.1	4744.3	5168.1	5680.3
(一)转移性收入	4959.1	5570.1	6171.2	6693.4	7322.7
(二)转移性支出	1147.1	1311.0	1426.9	1525.4	1642.4
可支配收入构成(%)	**100.0**	**100.0**	**100.0**	**100.0**	**100.0**
一、工资性收入	56.7	56.5	56.3	56.1	55.9
二、经营净收入	18.0	17.7	17.3	17.2	17.1
(一)第一产业经营净收入	7.4	7.0	6.6	6.4	6.2
1. 农业	5.6	5.2	4.9	4.7	4.5
2. 林业	0.4	0.3	0.3	0.3	0.3
3. 牧业	1.2	1.2	1.2	1.1	1.1
4. 渔业	0.2	0.2	0.3	0.3	0.2
(二)第二产业经营净收入	1.8	1.7	1.7	1.8	1.9
(三)第三产业经营净收入	8.8	9.0	9.1	9.0	9.1
三、财产净收入	7.9	7.9	8.1	8.4	8.5
四、转移净收入	17.4	17.9	18.3	18.3	18.5
(一)转移性收入	22.6	23.4	23.8	23.7	23.8
(二)转移性支出	5.2	5.5	5.5	5.4	5.3

附表 1－3　全国居民按收入五等份分组的人均可支配收入

单位：元

组　　别	2015 年	2016 年	2017 年	2018 年	2019 年
20%低收入组家庭人均可支配收入	5221.2	5528.7	5958.4	6440.5	7380.4
20%中间偏下收入组家庭人均可支配收入	11894.0	12898.9	13842.8	14360.5	15777.0
20%中间收入组家庭人均可支配收入	19320.1	20924.4	22495.3	23188.9	25034.7
20%中间偏上收入组家庭人均可支配收入	29437.6	31990.4	34546.8	36471.4	39230.5
20%高收入组家庭人均可支配收入	54543.5	59259.5	64934.0	70639.5	76400.7

附表 1－4　全国居民按东、中、西部及东北地区分组的人均可支配收入

单位：元

组　　别	2015 年	2016 年	2017 年	2018 年	2019 年
东部地区	28223.3	30654.7	33414.0	36298.2	39438.9
中部地区	18442.1	20006.2	21833.6	23798.3	26025.3
西部地区	16868.1	18406.8	20130.3	21935.8	23986.1
东北地区	21008.4	22351.5	23900.5	25543.2	27370.6

附表 1－5　全国居民人均消费支出

单位：元

指　　标	2015 年	2016 年	2017 年	2018 年	2019 年
消费支出	**15712.4**	**17110.7**	**18322.1**	**19853.1**	**21558.9**
＃服务性消费支出	6459.7	7156.6	7802.6	8780.8	9886.0
(一)食品烟酒	4814.0	5151.0	5373.6	5631.1	6084.2
1. 食品	3414.4	3657.8	3745.3	3761.1	3964.9
2. 烟酒	480.7	499.5	529.7	559.8	600.2
3. 饮料	104.6	108.9	118.4	117.2	131.6
4. 饮食服务	814.4	884.8	980.2	1192.9	1387.5
(二)衣着	1164.1	1202.7	1237.6	1288.9	1338.1
1. 衣类	895.5	929.5	962.1	1038.6	1076.0
2. 鞋类	268.6	273.3	275.5	250.3	262.2
(三)居住	3419.2	3746.4	4106.9	4646.6	5054.8
1. 租赁房房租	149.1	155.4	166.9	223.3	236.4
2. 住房维修及管理	419.0	469.0	571.5	587.2	691.6
3. 水、电、燃料及其他	724.7	773.0	815.2	845.1	870.1
4. 自有住房折算租金	2126.4	2349.0	2553.3	2991.0	3256.7
(四)生活用品及服务	951.4	1043.7	1120.7	1222.7	1280.9
1. 家具及室内装饰品	161.8	168.2	190.5	206.6	220.8
2. 家用器具	237.2	265.2	289.1	320.1	327.3
3. 家用纺织品	84.7	91.5	93.5	97.2	101.8
4. 家庭日用杂品	277.3	296.3	300.1	293.8	292.8
5. 个人护理用品	146.2	170.7	192.9	232.9	266.9
6. 家庭服务	44.1	51.8	54.6	72.1	71.2
(五)交通通信	2086.9	2337.8	2498.9	2675.4	2861.6
1. 交通	1409.3	1619.8	1774.4	1971.6	2178.1
2. 通信	677.5	718.0	724.5	703.8	683.5
(六)教育文化娱乐	1723.1	1915.3	2086.2	2225.7	2513.1
1. 教育	963.0	1115.3	1236.7	1398.3	1664.5
2. 文化和娱乐	760.1	800.0	849.6	827.4	848.6
(七)医疗保健	1164.5	1307.5	1451.2	1685.2	1902.3
1. 医疗器具及药品	405.0	448.5	489.2	524.7	512.0
2. 医疗服务	759.5	858.9	962.1	1160.5	1390.3
(八)其他用品及服务	389.2	406.3	447.0	477.5	524.0
1. 其他用品	226.5	220.5	243.0	244.9	265.5
2. 其他服务	162.7	185.9	204.0	232.6	258.4

附表 1—6　全国居民人均消费支出构成

单位：%

指　标	2015 年	2016 年	2017 年	2018 年	2019 年
消费支出构成	**100.0**	**100.0**	**100.0**	**100.0**	**100.0**
#服务性消费支出	41.1	41.8	42.6	44.2	45.9
(一)食品烟酒	30.6	30.1	29.3	28.4	28.2
1. 食品	21.7	21.4	20.4	18.9	18.4
2. 烟酒	3.1	2.9	2.9	2.8	2.8
3. 饮料	0.7	0.6	0.6	0.6	0.6
4. 饮食服务	5.2	5.2	5.3	6.0	6.4
(二)衣着	7.4	7.0	6.8	6.5	6.2
1. 衣类	5.7	5.4	5.3	5.2	5.0
2. 鞋类	1.7	1.6	1.5	1.3	1.2
(三)居住	21.8	21.9	22.4	23.4	23.4
1. 租赁房房租	0.9	0.9	0.9	1.1	1.1
2. 住房维修及管理	2.7	2.7	3.1	3.0	3.2
3. 水、电、燃料及其他	4.6	4.5	4.4	4.3	4.0
4. 自有住房折算租金	13.5	13.7	13.9	15.1	15.1
(四)生活用品及服务	6.1	6.1	6.1	6.2	5.9
1. 家具及室内装饰品	1.0	1.0	1.0	1.0	1.0
2. 家用器具	1.5	1.5	1.6	1.6	1.5
3. 家用纺织品	0.5	0.5	0.5	0.5	0.5
4. 家庭日用杂品	1.8	1.7	1.6	1.5	1.4
5. 个人护理用品	0.9	1.0	1.1	1.2	1.2
6. 家庭服务	0.3	0.3	0.3	0.4	0.3
(五)交通通信	13.3	13.7	13.6	13.5	13.3
1. 交通	9.0	9.5	9.7	9.9	10.1
2. 通信	4.3	4.2	4.0	3.5	3.2
(六)教育文化娱乐	11.0	11.2	11.4	11.2	11.7
1. 教育	6.1	6.5	6.7	7.0	7.7
2. 文化和娱乐	4.8	4.7	4.6	4.2	3.9
(七)医疗保健	7.4	7.6	7.9	8.5	8.8
1. 医疗器具及药品	2.6	2.6	2.7	2.6	2.4
2. 医疗服务	4.8	5.0	5.3	5.8	6.4
(八)其他用品及服务	2.5	2.4	2.4	2.4	2.4
1. 其他用品	1.4	1.3	1.3	1.2	1.2
2. 其他服务	1.0	1.1	1.1	1.2	1.2

附表 1—7　全国居民人均主要食品消费量

单位：公斤

指　　标	2015 年	2016 年	2017 年	2018 年	2019 年
一、粮食(原粮)	134.5	132.8	130.1	127.2	130.1
(一)谷物	124.3	122.0	119.6	116.3	117.9
(二)薯类	2.4	2.6	2.5	2.6	2.9
(三)豆类	7.8	8.3	8.0	8.3	9.3
二、食用油	10.6	10.6	10.4	9.6	9.5
#食用植物油	10.0	10.0	9.8	8.9	8.9
三、蔬菜及食用菌	97.8	100.1	99.2	96.1	98.6
#鲜菜	94.9	96.9	96.1	93.0	95.2
四、肉类	26.2	26.1	26.7	29.5	26.9
#猪肉	20.1	19.6	20.1	22.8	20.3
牛肉	1.6	1.8	1.9	2.0	2.2
羊肉	1.2	1.5	1.3	1.3	1.2
五、禽类	8.4	9.1	8.9	9.0	10.8
六、水产品	11.2	11.4	11.5	11.4	13.6
七、蛋类	9.5	9.7	10.0	9.7	10.7
八、奶类	12.1	12.0	12.1	12.2	12.5
九、干鲜瓜果类	44.5	48.3	50.1	52.1	56.4
#鲜瓜果	40.5	43.9	45.6	47.4	51.4
坚果类	3.1	3.4	3.5	3.5	3.8
十、食糖	1.3	1.3	1.3	1.3	1.3

附表 1—8　全国居民年末主要耐用消费品拥有量

单位：平均每百户

指　　标	单位	2015 年	2016 年	2017 年	2018 年	2019 年
家用汽车	辆	22.7	27.7	29.7	33.0	35.3
摩托车	辆	42.2	40.0	39.3	35.7	34.2
电动助力车	辆	47.6	53.2	56.5	59.2	63.9
洗衣机	台	86.4	89.8	91.7	93.8	96.0
电冰箱(柜)	台	89.0	93.5	95.3	98.8	100.9
微波炉	台	36.9	38.4	40.0	39.2	40.1
彩色电视机	台	119.9	120.8	122.2	119.3	120.6
空调	台	81.5	90.9	96.1	109.3	115.6
热水器	台	71.2	76.2	78.6	85.0	86.9
排油烟机	台	45.7	48.6	51.0	56.4	59.3
移动电话	部	224.8	235.4	240.0	249.1	253.2
计算机	台	55.5	57.5	58.7	53.4	53.2
照相机	台	20.4	17.7	18.4	12.6	12.2

二、2015—2019年全国城镇居民收支与生活状况主要数据

附表2—1 城镇居民家庭基本情况

指标	单位	2015年	2016年	2017年	2018年	2019年
一、基本情况						
户均常住人口	人/户	2.9	2.9	2.9	3.0	3.0
户均常住从业人口	人/户	1.5	1.5	1.5	1.5	1.5
平均每户家庭从业人口比重	%	53.6	53.0	52.6	50.8	50.3
平均每一从业人口负担人数(包括从业者本人)	人	1.9	1.9	1.9	2.0	2.0
二、户主文化程度						
(一)未上过学	%	1.3	1.1	1.0	1.1	1.1
(二)小学	%	10.1	9.4	9.2	11.3	11.1
(三)初中	%	34.2	34.7	34.8	33.8	34.4
(四)高中	%	27.4	27.5	27.5	23.6	23.8
(五)大学专科	%	15.5	15.7	15.7	16.3	16.0
(六)大学本科及以上	%	11.5	11.7	11.7	13.9	13.6
三、常住从业人员就业类型						
(一)雇主	%	1.9	1.5	1.2	1.4	1.2
(二)公职人员	%	5.5	5.3	5.2	4.4	4.3
(三)事业单位人员	%	11.2	11.5	11.3	10.7	10.4
(四)国有企业雇员	%	9.5	9.3	9.0	7.6	7.2
(五)其他雇员	%	55.6	55.8	57.0	58.1	59.4
(六)农业自营	%	5.0	4.8	4.5	6.5	6.1
(七)非农自营	%	11.4	11.8	11.8	11.2	11.3
四、常住从业人员从事主要行业						
(一)第一产业	%	5.9	5.9	5.5	7.7	7.2
(二)第二产业	%	26.2	25.2	25.1	23.9	23.8
(三)第三产业	%	67.9	68.9	69.3	68.5	69.0
五、居民收入与支出情况						
居民人均可支配收入	元/人	31194.8	33616.2	36396.2	39250.8	42358.8
居民人均可支配收入中位数	元/人	29128.7	31554.5	33833.7	36412.8	39244.0
居民人均现金可支配收入	元/人	29042.0	31270.0	33757.3	36316.2	39147.6
现金可支配收入占可支配收入比重	%	93.1	93.0	92.7	92.5	92.4
居民人均消费支出	元/人	21392.4	23078.9	24445.0	26112.3	28063.4
居民人均现金消费支出	元/人	17887.0	19284.1	20329.4	21287.1	22798.0
现金消费支出占消费支出比重	%	83.6	83.6	83.2	81.5	81.2

附表 2－2　城镇居民人均可支配收入及构成

指　　标	2015 年	2016 年	2017 年	2018 年	2019 年
可支配收入(元/人)	**31194.8**	**33616.2**	**36396.2**	**39250.8**	**42358.8**
一、工资性收入	19337.1	20665.0	22200.9	23792.2	25564.8
二、经营净收入	3476.1	3770.1	4064.7	4442.6	4840.4
（一）第一产业经营净收入	291.7	308.4	322.6	427.6	439.2
（二）第二产业经营净收入	491.9	500.5	531.4	605.4	699.8
（三）第三产业经营净收入	2692.5	2961.2	3210.8	3409.6	3701.5
三、财产净收入	3041.9	3271.3	3606.9	4027.7	4390.6
四、转移净收入	5339.7	5909.8	6523.6	6988.3	7563.0
（一）转移性收入	7159.2	7983.2	8752.5	9293.3	10012.3
（二）转移性支出	1819.5	2073.4	2228.9	2305.0	2449.2
可支配收入构成(%)	**100.0**	**100.0**	**100.0**	**100.0**	**100.0**
一、工资性收入	62.0	61.5	61.0	60.6	60.4
二、经营净收入	11.1	11.2	11.2	11.3	11.4
（一）第一产业经营净收入	0.9	0.9	0.9	1.1	1.0
（二）第二产业经营净收入	1.6	1.5	1.5	1.5	1.7
（三）第三产业经营净收入	8.6	8.8	8.8	8.7	8.7
三、财产净收入	9.8	9.7	9.9	10.3	10.4
四、转移净收入	17.1	17.6	17.9	17.8	17.9
（一）转移性收入	22.9	23.7	24.0	23.7	23.6
（二）转移性支出	5.8	6.2	6.1	5.9	5.8

附表 2－3　城镇居民按收入五等份分组的人均可支配收入

单位：元

组　　别	2015 年	2016 年	2017 年	2018 年	2019 年
20%低收入组家庭人均可支配收入	12230.9	13004.1	13723.1	14386.9	15549.4
20%中间偏下收入组家庭人均可支配收入	21446.2	23054.9	24550.1	24856.5	26783.7
20%中间收入组家庭人均可支配收入	29105.2	31521.8	33781.3	35196.1	37875.8
20%中间偏上收入组家庭人均可支配收入	38572.4	41805.6	45163.4	49173.5	52907.3
20%高收入组家庭人均可支配收入	65082.2	70347.8	77097.2	84907.1	91682.6

附表 2－4　城镇居民按东、中、西部及东北地区分组的人均可支配收入

单位：元

组　　别	2015 年	2016 年	2017 年	2018 年	2019 年
东部地区	36691.3	39651.0	42989.8	46432.6	50145.4
中部地区	26809.6	28879.3	31293.8	33803.2	36607.5
西部地区	26473.1	28609.7	30986.9	33388.6	36040.6
东北地区	27399.6	29045.1	30959.5	32993.7	35130.3

附表 2－5　城镇居民人均消费支出

单位：元

指　　标	2015 年	2016 年	2017 年	2018 年	2019 年
消费支出	**21392.4**	**23078.9**	**24445.0**	**26112.3**	**28063.4**
＃服务性消费支出	9192.4	10068.1	10854.5	12130.4	13517.7
(一)食品烟酒	6359.7	6762.4	7001.0	7239.0	7732.6
1. 食品	4361.5	4639.8	4713.8	4630.9	4818.5
2. 烟酒	551.0	568.9	598.4	619.7	652.6
3. 饮料	136.1	140.3	150.7	148.7	164.0
4. 饮食服务	1311.0	1413.4	1538.1	1839.7	2097.4
(二)衣着	1701.1	1739.0	1757.9	1808.2	1831.9
1. 衣类	1320.0	1356.4	1381.6	1473.4	1489.7
2. 鞋类	381.1	382.6	376.4	334.8	342.2
(三)居住	4726.0	5113.7	5564.0	6255.0	6780.2
1. 租赁房房租	256.4	261.5	275.7	360.7	369.2
2. 住房维修及管理	489.1	568.8	701.9	668.3	815.4
3. 水、电、燃料及其他	941.0	1001.8	1029.3	1037.0	1058.5
4. 自有住房折算租金	3039.5	3281.6	3557.1	4189.0	4537.2
(四)生活用品及服务	1306.5	1426.8	1525.0	1629.4	1689.3
1. 家具及室内装饰品	216.1	227.2	261.3	269.2	284.4
2. 家用器具	317.4	349.6	378.0	412.9	425.6
3. 家用纺织品	116.6	127.0	131.4	131.4	137.5
4. 家庭日用杂品	359.5	382.1	381.9	359.6	350.3
5. 个人护理用品	226.9	257.8	285.0	342.3	382.1
6. 家庭服务	70.0	83.0	87.5	114.0	109.5
(五)交通通信	2895.4	3173.9	3321.5	3473.5	3671.3
1. 交通	1966.0	2217.0	2380.0	2580.0	2826.5
2. 通信	929.4	956.9	941.6	893.5	844.9
(六)教育文化娱乐	2382.8	2637.6	2846.6	2974.1	3328.0
1. 教育	1166.7	1368.9	1508.0	1703.4	2037.3
2. 文化和娱乐	1216.1	1268.7	1338.7	1270.7	1290.6
(七)医疗保健	1443.4	1630.8	1777.4	2045.7	2282.7
1. 医疗器具及药品	550.5	608.9	652.9	660.4	633.6
2. 医疗服务	892.9	1021.8	1124.4	1385.2	1649.1
(八)其他用品及服务	577.5	594.7	651.5	687.4	747.2
1. 其他用品	327.1	310.7	343.5	339.6	366.7
2. 其他服务	250.4	283.9	308.0	347.8	380.5

附表 2－6　城镇居民人均消费支出构成

单位：%

指　标	2015 年	2016 年	2017 年	2018 年	2019 年
消费支出构成	**100.0**	**100.0**	**100.0**	**100.0**	**100.0**
#服务性消费支出	43.0	43.6	44.4	46.5	48.2
（一）食品烟酒	29.7	29.3	28.6	27.7	27.6
1. 食品	20.4	20.1	19.3	17.7	17.2
2. 烟酒	2.6	2.5	2.4	2.4	2.3
3. 饮料	0.6	0.6	0.6	0.6	0.6
4. 饮食服务	6.1	6.1	6.3	7.0	7.5
（二）衣着	8.0	7.5	7.2	6.9	6.5
1. 衣类	6.2	5.9	5.7	5.6	5.3
2. 鞋类	1.8	1.7	1.5	1.3	1.2
（三）居住	22.1	22.2	22.8	24.0	24.2
1. 租赁房房租	1.2	1.1	1.1	1.4	1.3
2. 住房维修及管理	2.3	2.5	2.9	2.6	2.9
3. 水、电、燃料及其他	4.4	4.3	4.2	4.0	3.8
4. 自有住房折算租金	14.2	14.2	14.6	16.0	16.2
（四）生活用品及服务	6.1	6.2	6.2	6.2	6.0
1. 家具及室内装饰品	1.0	1.0	1.1	1.0	1.0
2. 家用器具	1.5	1.5	1.5	1.6	1.5
3. 家用纺织品	0.5	0.6	0.5	0.5	0.5
4. 家庭日用杂品	1.7	1.7	1.6	1.4	1.2
5. 个人护理用品	1.1	1.1	1.2	1.3	1.4
6. 家庭服务	0.3	0.4	0.4	0.4	0.4
（五）交通通信	13.5	13.8	13.6	13.3	13.1
1. 交通	9.2	9.6	9.7	9.9	10.1
2. 通信	4.3	4.1	3.9	3.4	3.0
（六）教育文化娱乐	11.1	11.4	11.6	11.4	11.9
1. 教育	5.5	5.9	6.2	6.5	7.3
2. 文化和娱乐	5.7	5.5	5.5	4.9	4.6
（七）医疗保健	6.7	7.1	7.3	7.8	8.1
1. 医疗器具及药品	2.6	2.6	2.7	2.5	2.3
2. 医疗服务	4.2	4.4	4.6	5.3	5.9
（八）其他用品及服务	2.7	2.6	2.7	2.6	2.7
1. 其他用品	1.5	1.3	1.4	1.3	1.3
2. 其他服务	1.2	1.2	1.3	1.3	1.4

附表 2—7　城镇居民人均主要食品消费量

单位：公斤

指　　标	2015 年	2016 年	2017 年	2018 年	2019 年
一、粮食(原粮)	112.6	111.9	109.7	110.0	110.6
(一)谷物	101.6	100.5	98.6	98.8	98.5
(二)薯类	2.1	2.3	2.3	2.4	2.6
(三)豆类	8.9	9.1	8.8	8.8	9.5
二、食用油	11.1	11.0	10.7	9.4	9.2
#食用植物油	10.7	10.6	10.3	8.9	8.7
三、蔬菜及食用菌	104.4	107.5	106.7	103.1	105.8
#鲜菜	100.2	103.2	102.5	99.0	101.5
四、肉类	28.9	29.0	29.2	31.2	28.7
#猪肉	20.7	20.4	20.6	22.7	20.3
牛肉	2.4	2.5	2.6	2.7	2.9
羊肉	1.5	1.8	1.6	1.5	1.4
五、禽类	9.4	10.2	9.7	9.8	11.4
六、水产品	14.7	14.8	14.8	14.3	16.7
七、蛋类	10.5	10.7	10.9	10.8	11.5
八、奶类	17.1	16.5	16.5	16.5	16.7
九、干鲜瓜果类	55.1	58.1	59.9	62.0	66.8
#鲜瓜果	49.9	52.6	54.3	56.4	60.9
坚果类	4.0	4.2	4.3	4.1	4.3
十、食糖	1.3	1.3	1.3	1.3	1.2

附表 2—8　城镇居民年末主要耐用消费品拥有量

单位：平均每百户

指　　标	单位	2015 年	2016 年	2017 年	2018 年	2019 年
家用汽车	辆	30.0	35.5	37.5	41.0	43.2
摩托车	辆	22.7	20.9	20.8	19.5	18.7
电动助力车	辆	45.8	49.7	53.1	55.0	59.4
洗衣机	台	92.3	94.2	95.7	97.7	99.2
电冰箱(柜)	台	94.0	96.4	98.0	100.9	102.5
微波炉	台	53.8	55.3	56.9	55.2	55.7
彩色电视机	台	122.3	122.3	123.8	121.3	122.8
空调	台	114.6	123.7	128.6	142.2	148.3
热水器	台	85.6	88.7	90.7	97.2	98.2
排油烟机	台	69.2	71.5	73.7	79.1	81.7
移动电话	部	223.8	231.4	235.4	243.1	247.4
计算机	台	78.5	80.0	80.8	73.1	72.2
照相机	台	33.0	28.5	29.1	20.2	19.5

三、2015—2019年全国农村居民收支与生活状况主要数据

附表3—1　农村居民家庭基本情况

指　　标	单位	2015年	2016年	2017年	2018年	2019年
一、基本情况						
户均常住人口	人/户	3.3	3.3	3.2	3.2	3.2
户均常住从业人口	人/户	2.0	2.0	2.0	1.9	1.8
平均每户家庭从业人口比重	%	62.2	61.4	61.1	57.9	56.7
平均每一从业人口负担人数(包括从业者本人)	人	1.6	1.6	1.6	1.7	1.8
二、户主文化程度						
(一)未上过学	%	3.8	3.3	3.2	3.9	3.6
(二)小学	%	30.7	29.9	29.8	32.8	32.5
(三)初中	%	53.1	54.6	54.7	50.3	50.8
(四)高中	%	11.1	10.7	10.8	11.1	11.2
(五)大学专科	%	1.2	1.2	1.3	1.6	1.7
(六)大学本科及以上	%	0.2	0.2	0.2	0.3	0.3
三、常住从业人员就业类型						
(一)雇主	%	0.7	0.8	0.6	0.6	0.4
(二)公职人员	%	0.3	0.3	0.3	0.5	0.5
(三)事业单位人员	%	0.9	1.0	0.9	1.0	1.0
(四)国有企业雇员	%	0.4	0.4	0.4	0.4	0.3
(五)其他雇员	%	29.6	30.8	32.9	34.7	37.7
(六)农业自营	%	60.4	58.4	56.4	54.2	51.3
(七)非农自营	%	7.7	8.4	8.4	8.6	8.8
四、常住从业人员从事主要行业						
(一)第一产业	%	61.5	59.8	58.0	55.8	53.6
(二)第二产业	%	20.3	20.5	21.2	21.1	21.6
(三)第三产业	%	18.3	19.8	20.8	23.1	24.8
五、居民收入与支出情况						
居民人均可支配收入	元/人	11421.7	12363.4	13432.4	14617.0	16020.7
居民人均可支配收入中位数	元/人	10291.2	11149.1	11969.0	13065.6	14389.2
居民人均现金可支配收入	元/人	10577.8	11600.6	12703.9	13912.8	15279.8
现金可支配收入占可支配收入比重	%	92.6	93.8	94.6	95.2	95.4
居民人均消费支出	元/人	9222.6	10129.8	10954.5	12124.3	13327.7
居民人均现金消费支出	元/人	7392.1	8127.3	8856.5	9862.0	10854.5
现金消费支出占消费支出比重	%	80.2	80.2	80.8	81.3	81.4

附表 3—2 农村居民人均可支配收入及构成

指 标	2015 年	2016 年	2017 年	2018 年	2019 年
可支配收入(元/人)	**11421.7**	**12363.4**	**13432.4**	**14617.0**	**16020.7**
一、工资性收入	4600.3	5021.8	5498.4	5996.1	6583.5
二、经营净收入	4503.6	4741.3	5027.8	5358.4	5762.2
(一)第一产业经营净收入	3153.8	3269.6	3391.0	3489.5	3730.2
(二)第二产业经营净收入	276.1	287.9	318.9	378.4	413.4
(三)第三产业经营净收入	1073.7	1183.8	1318.0	1490.5	1618.6
三、财产净收入	251.5	272.1	303.0	342.1	377.3
四、转移净收入	2066.3	2328.2	2603.2	2920.5	3297.8
(一)转移性收入	2445.3	2747.5	3065.1	3483.1	3919.1
(二)转移性支出	379.0	419.3	461.9	562.6	621.4
可支配收入构成(%)	**100.0**	**100.0**	**100.0**	**100.0**	**100.0**
一、工资性收入	40.3	40.6	40.9	41.0	41.1
二、经营净收入	39.4	38.3	37.4	36.7	36.0
(一)第一产业经营净收入	27.6	26.4	25.2	23.9	23.3
(二)第二产业经营净收入	2.4	2.3	2.4	2.6	2.6
(三)第三产业经营净收入	9.4	9.6	9.8	10.2	10.1
三、财产净收入	2.2	2.2	2.3	2.3	2.4
四、转移净收入	18.1	18.8	19.4	20.0	20.6
(一)转移性收入	21.4	22.2	22.8	23.8	24.5
(二)转移性支出	3.3	3.4	3.4	3.8	3.9

附表 3－3　农村居民按收入五等份分组的人均可支配收入

单位：元

组　　别	2015 年	2016 年	2017 年	2018 年	2019 年
20％低收入组家庭人均可支配收入	3085.6	3006.5	3301.9	3666.2	4262.6
20％中间偏下收入组家庭人均可支配收入	7220.9	7827.7	8348.6	8508.5	9754.1
20％中间收入组家庭人均可支配收入	10310.6	11159.1	11978.0	12530.2	13984.2
20％中间偏上收入组家庭人均可支配收入	14537.3	15727.4	16943.6	18051.5	19732.4
20％高收入组家庭人均可支配收入	26013.9	28448.0	31299.3	34042.6	36049.4

附表 3－4　农村居民按东、中、西部及东北地区分组的人均可支配收入

单位：元

组　　别	2015 年	2016 年	2017 年	2018 年	2019 年
东部地区	14297.4	15498.3	16822.1	18285.7	19988.6
中部地区	10919.0	11794.3	12805.8	13954.1	15290.5
西部地区	9093.4	9918.4	10828.6	11831.4	13035.3
东北地区	11490.1	12274.6	13115.8	14080.4	15356.7

附表 3—5　农村居民人均消费支出

单位：元

组　　别	2015 年	2016 年	2017 年	2018 年	2019 年
消费支出	**9222.6**	**10129.8**	**10954.5**	**12124.3**	**13327.7**
＃服务性消费支出	3337.4	3750.9	4130.2	4644.7	5290.2
(一)食品烟酒	3048.0	3266.1	3415.4	3645.6	3998.2
1. 食品	2332.2	2509.2	2579.9	2687.1	2884.7
2. 烟酒	400.2	418.2	447.1	485.9	533.9
3. 饮料	68.7	72.2	79.5	78.4	90.5
4. 饮食服务	246.9	266.5	309.0	394.2	489.1
(二)衣着	550.5	575.4	611.6	647.7	713.3
1. 衣类	410.5	430.0	457.4	501.8	552.4
2. 鞋类	140.0	145.4	154.1	145.9	160.9
(三)居住	1926.2	2147.1	2353.5	2660.6	2871.3
1. 租赁房房租	26.5	31.3	35.9	53.6	68.3
2. 住房维修及管理	338.9	352.3	414.7	487.1	534.9
3. 水、电、燃料及其他	477.6	505.3	557.5	608.1	631.8
4. 自有住房折算租金	1083.2	1258.2	1345.4	1511.8	1636.3
(四)生活用品及服务	545.6	595.7	634.0	720.5	763.9
1. 家具及室内装饰品	99.8	99.1	105.3	129.2	140.3
2. 家用器具	145.7	166.4	182.2	205.4	202.9
3. 家用纺织品	48.3	50.0	47.9	54.9	56.7
4. 家庭日用杂品	183.5	195.9	201.6	212.7	220.1
5. 个人护理用品	53.9	68.9	82.0	97.8	121.1
6. 家庭服务	14.5	15.3	15.1	20.5	22.8
(五)交通通信	1163.1	1359.9	1509.1	1690.0	1836.8
1. 交通	773.4	921.3	1045.8	1220.3	1357.5
2. 通信	389.7	438.6	463.3	469.7	479.3
(六)教育文化娱乐	969.3	1070.3	1171.3	1301.6	1481.8
1. 教育	730.3	818.5	910.2	1021.6	1192.7
2. 文化和娱乐	239.0	251.8	261.0	280.0	289.1
(七)医疗保健	846.0	929.2	1058.7	1240.1	1420.8
1. 医疗器具及药品	238.8	260.9	292.1	357.1	358.0
2. 医疗服务	607.2	668.3	766.7	883.0	1062.7
(八)其他用品及服务	174.0	186.0	200.9	218.3	241.5
1. 其他用品	111.6	114.8	122.0	127.9	137.5
2. 其他服务	62.4	71.2	78.9	90.4	104.0

附表 3-6　农村居民人均消费支出构成

单位：%

指　　标	2015 年	2016 年	2017 年	2018 年	2019 年
消费支出构成	**100.0**	**100.0**	**100.0**	**100.0**	**100.0**
＃服务性消费支出	36.2	37.0	37.7	38.3	39.7
(一)食品烟酒	33.0	32.2	31.2	30.1	30.0
1. 食品	25.3	24.8	23.6	22.2	21.6
2. 烟酒	4.3	4.1	4.1	4.0	4.0
3. 饮料	0.7	0.7	0.7	0.6	0.7
4. 饮食服务	2.7	2.6	2.8	3.3	3.7
(二)衣着	6.0	5.7	5.6	5.3	5.4
1. 衣类	4.5	4.2	4.2	4.1	4.1
2. 鞋类	1.5	1.4	1.4	1.2	1.2
(三)居住	20.9	21.2	21.5	21.9	21.5
1. 租赁房房租	0.3	0.3	0.3	0.4	0.5
2. 住房维修及管理	3.7	3.5	3.8	4.0	4.0
3. 水、电、燃料及其他	5.2	5.0	5.1	5.0	4.7
4. 自有住房折算租金	11.7	12.4	12.3	12.5	12.3
(四)生活用品及服务	5.9	5.9	5.8	5.9	5.7
1. 家具及室内装饰品	1.1	1.0	1.0	1.1	1.1
2. 家用器具	1.6	1.6	1.7	1.7	1.5
3. 家用纺织品	0.5	0.5	0.4	0.5	0.4
4. 家庭日用杂品	2.0	1.9	1.8	1.8	1.7
5. 个人护理用品	0.6	0.7	0.7	0.8	0.9
6. 家庭服务	0.2	0.2	0.1	0.2	0.2
(五)交通通信	12.6	13.4	13.8	13.9	13.8
1. 交通	8.4	9.1	9.5	10.1	10.2
2. 通信	4.2	4.3	4.2	3.9	3.6
(六)教育文化娱乐	10.5	10.6	10.7	10.7	11.1
1. 教育	7.9	8.1	8.3	8.4	8.9
2. 文化和娱乐	2.6	2.5	2.4	2.3	2.2
(七)医疗保健	9.2	9.2	9.7	10.2	10.7
1. 医疗器具及药品	2.6	2.6	2.7	2.9	2.7
2. 医疗服务	6.6	6.6	7.0	7.3	8.0
(八)其他用品及服务	1.9	1.8	1.8	1.8	1.8
1. 其他用品	1.2	1.1	1.1	1.1	1.0
2. 其他服务	0.7	0.7	0.7	0.7	0.8

附表 3-7 农村居民人均主要食品消费量

单位：公斤

组 别	2015 年	2016 年	2017 年	2018 年	2019 年
一、粮食(原粮)	159.5	157.2	154.6	148.5	154.8
(一)谷物	150.2	147.1	144.8	137.9	142.6
(二)薯类	2.7	2.9	2.8	3.0	3.2
(三)豆类	6.6	7.3	7.1	7.7	9.1
二、食用油	10.1	10.2	10.1	9.9	9.8
# 食用植物油	9.2	9.3	9.2	9.0	9.0
三、蔬菜及食用菌	90.3	91.5	90.2	87.5	89.5
# 鲜菜	88.7	89.7	88.5	85.6	87.2
四、肉类	23.1	22.7	23.6	27.5	24.7
# 猪肉	19.5	18.7	19.5	23.0	20.2
牛肉	0.8	0.9	0.9	1.1	1.2
羊肉	0.9	1.1	1.0	1.0	1.0
五、禽类	7.1	7.9	7.9	8.0	10.0
六、水产品	7.2	7.5	7.4	7.8	9.6
七、蛋类	8.3	8.5	8.9	8.4	9.6
八、奶类	6.3	6.6	6.9	6.9	7.3
九、干鲜瓜果类	32.3	36.8	38.4	39.9	43.3
# 鲜瓜果	29.7	33.8	35.1	36.3	39.3
坚果类	2.1	2.4	2.6	2.8	3.1
十、食糖	1.3	1.4	1.4	1.3	1.4

附表 3-8 农村居民年末主要耐用消费品拥有量

单位：平均每百户

指 标	单位	2015 年	2016 年	2017 年	2018 年	2019 年
家用汽车	辆	13.3	17.4	19.3	22.3	24.7
摩托车	辆	67.5	65.1	64.1	57.4	55.1
电动助力车	辆	50.1	57.7	61.1	64.9	70.1
洗衣机	台	78.8	84.0	86.3	88.5	91.6
电冰箱(柜)	台	82.6	89.5	91.7	95.9	98.6
微波炉	台	15.0	16.1	17.3	17.7	18.9
彩色电视机	台	116.9	118.8	120.0	116.6	117.6
空调	台	38.8	47.6	52.6	65.2	71.3
热水器	台	52.5	59.7	62.5	68.7	71.7
排油烟机	台	15.3	18.4	20.4	26.0	29.0
移动电话	部	226.1	240.7	246.1	257.0	261.2
计算机	台	25.7	27.9	29.2	26.9	27.5
照相机	台	4.1	3.4	3.9	2.5	2.3

四、2019年分地区居民收支主要数据

附表4－1　2019年分地区全体居民人均可支配收入

单位：元

地　区	可支配收入	一、工资性收入	二、经营净收入	三、财产净收入	四、转移净收入
全　国	**30732.8**	**17186.2**	**5247.3**	**2619.1**	**5680.3**
北　京	67755.9	41214.1	1200.6	11257.0	14084.1
天　津	42404.1	27002.3	3095.5	3908.0	8398.4
河　北	25664.7	15535.2	3911.9	1789.8	4427.9
山　西	23828.5	13396.0	3108.6	1306.4	6017.4
内蒙古	30555.0	15922.2	7994.2	1613.8	5024.9
辽　宁	31819.7	16776.0	5319.1	1485.8	8238.8
吉　林	24562.9	13157.6	5266.6	1044.0	5094.7
黑龙江	24253.6	11751.0	5004.2	1112.2	6386.2
上　海	69441.6	40024.7	2208.9	10055.1	17152.9
江　苏	41399.7	23835.7	5636.2	4372.2	7555.6
浙　江	49898.8	28511.0	8498.2	5707.9	7181.7
安　徽	26415.1	13956.5	5967.5	1729.4	4761.7
福　建	35616.1	20679.5	6582.5	3527.6	4826.5
江　西	26262.4	15005.9	4366.6	1735.5	5154.4
山　东	31597.0	18111.3	6812.6	2211.7	4461.3
河　南	23902.7	11962.6	5139.0	1588.7	5212.3
湖　北	28319.5	14046.2	5982.8	1949.2	6341.3
湖　南	27679.7	13917.5	5609.3	2089.2	6063.7
广　东	39014.3	26554.3	5154.7	4776.9	2528.4
广　西	23328.2	11169.6	5777.7	1527.8	4853.1
海　南	26679.5	15580.7	4597.6	2038.5	4462.7
重　庆	28920.4	15474.7	4696.7	1792.4	6956.7
四　川	24703.1	12048.8	5058.1	1593.3	6002.9
贵　州	20397.4	10557.5	4359.7	1471.1	4009.2
云　南	22082.4	10606.0	5332.7	2184.3	3959.5
西　藏	19501.3	10334.1	4953.3	1251.3	2962.6
陕　西	24666.3	13308.7	3256.2	1475.8	6625.6
甘　肃	19139.0	10705.2	3551.7	1139.3	3742.8
青　海	22617.7	13204.1	3305.9	1140.9	4966.7
宁　夏	24411.9	14887.5	4198.0	944.0	4382.4
新　疆	23103.4	12579.1	5308.4	838.8	4377.1

附表 4－2　2019 年分地区全体居民人均消费支出

单位:元

地　区	消费支出	一、食品烟酒支出	二、衣着支出	三、居住支出	四、生活用品及服务支出
全　国	**21558.9**	**6084.2**	**1338.1**	**5054.8**	**1280.9**
北　京	43038.3	8488.5	2229.5	15751.4	2387.3
天　津	31853.6	8983.7	1999.5	6946.1	1956.7
河　北	17987.2	4675.7	1304.8	4301.6	1170.4
山　西	15862.6	3997.2	1289.9	3331.6	910.7
内蒙古	20743.4	5517.3	1765.4	3943.7	1185.8
辽　宁	22202.8	5956.6	1586.1	4417.0	1275.3
吉　林	18075.4	4675.4	1406.8	3351.5	948.3
黑龙江	18111.5	4781.1	1437.6	3314.2	844.8
上　海	45605.1	10952.6	2071.8	15046.4	2122.8
江　苏	26697.3	6847.0	1573.4	7247.3	1496.4
浙　江	32025.8	8928.9	1877.1	8403.2	1715.9
安　徽	19137.4	6080.8	1300.6	4281.3	1154.3
福　建	25314.3	8095.6	1319.6	6974.9	1269.7
江　西	17650.5	5215.2	1077.6	4398.8	1128.6
山　东	20427.5	5416.8	1443.1	4370.1	1538.9
河　南	16331.8	4186.8	1226.5	3723.1	1101.5
湖　北	21567.0	5946.8	1422.4	4769.1	1418.5
湖　南	20478.9	5771.0	1262.2	4306.1	1226.2
广　东	28994.7	9369.2	1192.2	7329.1	1560.2
广　西	16418.3	5031.2	648.0	3493.2	944.1
海　南	19554.9	7122.3	697.7	4110.4	932.7
重　庆	20773.9	6666.7	1491.9	3851.2	1392.5
四　川	19338.3	6466.8	1213.0	3678.8	1201.3
贵　州	14780.0	4110.2	984.0	2941.7	873.8
云　南	15779.8	4558.4	822.7	3370.6	926.6
西　藏	13029.2	4792.5	1446.3	2320.6	847.7
陕　西	17464.9	4671.9	1227.5	3625.3	1151.1
甘　肃	15879.1	4574.0	1125.3	3440.4	945.3
青　海	17544.8	5130.9	1359.8	3304.0	953.2
宁　夏	18296.8	4605.2	1476.6	3245.1	1144.5
新　疆	17396.6	5042.7	1472.1	3270.9	1159.5

附表 4—2 续　2019 年分地区全体居民人均消费支出

单位:元

地　区	五、交通通信支出	六、教育文化娱乐支出	七、医疗保健支出	八、其他用品及服务支出
全　国	**2861.6**	**2513.1**	**1902.3**	**524.0**
北　京	4979.0	4310.9	3739.7	1151.9
天　津	4236.4	3584.4	2991.9	1154.9
河　北	2415.7	1984.1	1699.0	435.8
山　西	1979.7	2136.2	1820.7	396.5
内蒙古	3218.4	2407.7	2108.0	597.1
辽　宁	2848.5	2929.3	2434.2	756.0
吉　林	2518.1	2436.6	2174.0	564.7
黑龙江	2317.4	2444.9	2457.1	514.4
上　海	5355.7	5495.1	3204.8	1355.9
江　苏	3732.2	2946.4	2166.5	688.1
浙　江	4552.8	3624.0	2122.6	801.3
安　徽	2286.6	2132.8	1489.9	411.2
福　建	3019.4	2509.0	1506.8	619.3
江　西	2104.3	2094.2	1264.5	367.3
山　东	2991.5	2409.7	1816.5	440.8
河　南	1976.0	2016.8	1746.1	354.9
湖　北	2822.2	2459.6	2230.9	497.5
湖　南	2538.5	3017.4	1961.6	395.8
广　东	3833.6	3244.4	1770.4	695.5
广　西	2384.7	2007.0	1616.0	294.2
海　南	2578.2	2413.4	1294.0	406.2
重　庆	2632.8	2312.2	1925.4	501.3
四　川	2576.4	1813.5	1934.9	453.7
贵　州	2405.6	1865.6	1274.8	324.3
云　南	2439.0	1950.0	1401.4	311.2
西　藏	2015.2	690.3	519.2	397.4
陕　西	2154.8	2243.4	1977.4	413.3
甘　肃	1972.7	1843.5	1619.3	358.6
青　海	2587.6	1731.8	1995.6	481.8
宁　夏	3018.1	2352.4	1929.3	525.5
新　疆	2408.1	1876.1	1725.4	441.7

附表 4—3 2019 年分地区城镇居民人均可支配收入

单位:元

地　区	可支配收入	一、工资性收入	二、经营净收入	三、财产净收入	四、转移净收入
全　国	**42358.8**	**25564.8**	**4840.4**	**4390.6**	**7563.0**
北　京	73848.5	44327.0	1034.0	12689.6	15797.9
天　津	46118.9	29588.2	2696.8	4514.7	9319.3
河　北	35737.7	22792.8	2749.9	3225.4	6969.6
山　西	33262.4	19697.2	2860.4	2252.9	8451.9
内蒙古	40782.5	24459.4	7945.4	2344.4	6033.3
辽　宁	39777.2	22120.5	4461.3	2094.3	11101.1
吉　林	32299.2	20570.5	2857.7	1636.2	7234.9
黑龙江	30944.6	17828.5	3422.3	1367.3	8326.5
上　海	73615.3	42328.2	2192.0	11063.8	18031.3
江　苏	51056.1	30415.7	5298.2	6201.6	9140.7
浙　江	60182.3	33663.0	9115.4	8201.9	9202.0
安　徽	37540.0	22547.6	5982.5	3192.4	5817.5
福　建	45620.5	27992.2	6210.9	5512.0	5905.4
江　西	36545.9	23167.6	3055.3	3187.9	7135.2
山　东	42329.2	26610.9	6046.5	3574.7	6097.1
河　南	34201.0	19146.4	5212.3	3188.3	6654.0
湖　北	37601.4	20810.6	5340.9	3302.0	8147.9
湖　南	39841.9	21534.1	5946.8	3950.9	8410.1
广　东	48117.6	34151.9	5473.8	6686.2	1805.7
广　西	34744.9	19343.9	5965.2	2932.3	6503.5
海　南	36016.7	23059.3	3574.2	3455.9	5927.4
重　庆	37938.6	22119.0	4361.2	2724.5	8733.9
四　川	36153.7	20479.2	4392.8	2890.9	8390.9
贵　州	34404.2	18959.7	5714.0	3432.5	6298.0
云　南	36237.7	20346.9	4106.9	4959.4	6824.5
西　藏	37410.0	27906.0	1095.2	3478.9	4929.9
陕　西	36098.2	20982.9	2760.2	2644.3	9710.8
甘　肃	32323.4	21707.5	2483.9	2539.2	5592.9
青　海	33830.3	22872.3	2306.8	1878.1	6773.2
宁　夏	34328.5	23406.1	3530.2	1421.2	5971.0
新　疆	34663.7	23199.3	3624.4	1509.3	6330.6

附表 4—4 2019 年分地区城镇居民人均消费支出

单位:元

地区	消费支出	一、食品烟酒支出	二、衣着支出	三、居住支出	四、生活用品及服务支出
全国	**28063.4**	**7732.6**	**1831.9**	**6780.2**	**1689.3**
北京	46358.2	8951.0	2391.0	17234.8	2568.9
天津	34810.7	9719.2	2194.8	7701.5	2051.1
河北	23483.1	6024.2	1805.8	5879.9	1537.1
山西	21159.0	5072.9	1801.4	4333.3	1264.7
内蒙古	25382.5	6688.4	2457.9	4844.7	1614.4
辽宁	27355.0	7355.7	2029.8	5445.9	1621.0
吉林	23394.3	5841.4	1979.2	4571.2	1358.4
黑龙江	22164.9	5814.0	1873.1	4319.3	1092.6
上海	48271.6	11272.5	2161.6	16253.1	2215.2
江苏	31329.1	7981.4	1930.6	8787.2	1711.2
浙江	37507.9	10161.6	2258.8	9977.2	2075.2
安徽	23781.5	7421.0	1763.5	5262.3	1465.8
福建	30945.5	9536.7	1659.4	8954.9	1556.8
江西	22714.3	6604.4	1568.9	5370.4	1507.0
山东	26731.5	6964.9	2042.4	5883.3	2083.4
河南	21971.6	5549.8	1706.5	5189.5	1528.8
湖北	26421.8	7334.3	1886.7	5929.4	1869.0
湖南	26924.0	7499.6	1843.7	5447.8	1660.4
广东	34424.1	10757.5	1480.8	8961.6	1894.8
广西	21590.9	6577.7	973.6	4468.2	1256.5
海南	25316.7	8690.5	968.8	5499.5	1237.1
重庆	25785.5	8035.1	2015.3	4734.2	1746.2
四川	25367.4	8279.4	1729.6	4741.6	1525.4
贵州	21402.4	6061.2	1610.6	3976.7	1305.1
云南	23454.9	6357.1	1415.7	5202.5	1416.8
西藏	25636.7	9682.1	2419.3	5226.1	1758.3
陕西	23514.3	6376.3	1816.1	4641.2	1610.7
甘肃	24453.9	6996.0	1920.1	5621.8	1455.0
青海	23799.2	6904.2	1941.0	4654.4	1368.9
宁夏	24161.0	5858.9	2104.5	4326.5	1529.1
新疆	25594.2	7421.6	2234.8	4559.0	1708.5

附表 4—4 续　2019 年分地区城镇居民人均消费支出

单位：元

地　区	五、交通通信支出	六、教育文化娱乐支出	七、医疗保健支出	八、其他用品及服务支出
全　国	**3671.3**	**3328.0**	**2282.7**	**747.2**
北　京	5229.2	4738.4	3973.9	1271.0
天　津	4596.1	4062.0	3179.3	1306.8
河　北	2992.4	2588.1	2056.3	599.3
山　西	2776.4	2937.9	2383.4	588.8
内蒙古	3797.1	2817.5	2348.6	813.9
辽　宁	3394.5	3691.9	2827.8	988.4
吉　林	3174.9	3147.7	2525.2	796.3
黑龙江	2612.4	2925.7	2840.9	686.9
上　海	5625.9	5966.4	3331.6	1445.2
江　苏	4051.5	3605.6	2419.9	841.8
浙　江	5368.0	4342.2	2300.3	1024.5
安　徽	2870.5	2802.4	1658.2	537.8
福　建	3715.1	3066.3	1691.5	764.7
江　西	2771.5	2781.4	1559.3	551.3
山　东	3762.2	3171.3	2183.8	640.1
河　南	2691.3	2673.9	2081.1	550.7
湖　北	3283.9	2967.0	2471.4	680.2
湖　南	3425.2	4172.2	2305.2	569.8
广　东	4597.1	3984.5	1883.0	864.9
广　西	3176.0	2609.0	2071.0	459.1
海　南	3605.5	3135.3	1597.3	582.7
重　庆	3317.8	2893.9	2359.1	683.8
四　川	3453.4	2667.6	2293.3	677.1
贵　州	3413.0	2635.3	1850.8	549.6
云　南	3517.9	2917.6	2048.2	579.0
西　藏	3621.8	1265.8	965.8	697.4
陕　西	2890.8	3036.8	2528.5	613.8
甘　肃	3050.2	2554.8	2224.2	631.7
青　海	3295.0	2436.4	2509.8	689.7
宁　夏	4077.0	3188.2	2342.2	734.6
新　疆	3667.7	2724.1	2495.5	783.1

附表 4－5　2019 年分地区农村居民人均可支配收入

单位：元

地　　区	可支配收入	一、工资性收入	二、经营净收入	三、财产净收入	四、转移净收入
全　　国	**16020.7**	**6583.5**	**5762.2**	**377.3**	**3297.8**
北　　京	28928.4	21376.0	2262.2	2127.4	3162.8
天　　津	24804.1	14750.5	4984.6	1033.8	4035.3
河　　北	15373.1	8120.0	5099.1	323.0	1831.0
山　　西	12902.4	6098.1	3396.0	210.3	3197.9
内 蒙 古	15282.8	3173.8	8067.1	522.9	3519.1
辽　　宁	16108.3	6223.6	7012.7	284.5	2587.5
吉　　林	14936.0	3933.2	8264.3	307.2	2431.4
黑 龙 江	14982.1	3329.7	7196.1	758.7	3697.6
上　　海	33195.2	20019.8	2355.8	1295.4	9524.2
江　　苏	22675.4	11076.7	6291.5	825.0	4482.2
浙　　江	29875.8	18479.6	7296.5	851.8	3248.0
安　　徽	15416.0	5462.5	5952.6	283.0	3717.9
福　　建	19568.4	8949.3	7178.6	344.6	3095.8
江　　西	15796.3	6699.2	5701.2	257.4	3138.5
山　　东	17775.5	7165.2	7799.3	456.4	2354.5
河　　南	15163.7	5866.6	5076.8	231.3	3989.0
湖　　北	16390.9	5352.9	6807.7	210.7	4019.6
湖　　南	15394.8	6224.0	5268.3	208.8	3693.6
广　　东	18818.4	9698.7	4446.9	541.0	4131.7
广　　西	13675.7	4258.5	5619.1	340.3	3457.8
海　　南	15113.1	6316.6	5865.4	282.8	2648.4
重　　庆	15133.3	5316.7	5209.5	367.4	4239.6
四　　川	14670.1	4662.1	5641.1	456.5	3910.5
贵　　州	10756.3	4774.1	3427.5	121.0	2433.7
云　　南	11902.4	3600.6	6214.2	188.5	1899.0
西　　藏	12951.0	3907.0	6364.5	436.5	2243.1
陕　　西	12325.7	5024.6	3791.5	214.4	3295.1
甘　　肃	9628.9	2769.2	4322.0	129.5	2408.3
青　　海	11499.4	3617.3	4296.7	409.9	3175.5
宁　　夏	12858.4	4962.7	4976.1	388.1	2531.6
新　　疆	13121.7	3409.2	6762.4	259.8	2690.3

附表 4—6　2019 年分地区农村居民人均消费支出

单位:元

地　　区	消费支出	一、食品烟酒支出	二、衣着支出	三、居住支出	四、生活用品及服务支出
全　　国	**13327.7**	**3998.2**	**713.3**	**2871.3**	**763.9**
北　　京	21881.0	5541.6	1200.2	6298.2	1230.2
天　　津	17843.3	5499.3	1074.4	3366.6	1509.7
河　　北	12372.0	3298.0	793.0	2689.0	795.7
山　　西	9728.4	2751.4	697.4	2171.5	500.6
内 蒙 古	13816.0	3768.5	731.1	2598.4	545.7
辽　　宁	12030.2	3194.1	710.0	2385.5	592.7
吉　　林	11456.6	3224.5	694.5	1833.7	438.1
黑 龙 江	12494.9	3349.7	834.2	1921.6	501.4
上　　海	22448.9	8174.6	1292.2	4566.8	1320.4
江　　苏	17715.9	4647.4	880.9	4261.3	1079.8
浙　　江	21351.7	6528.6	1133.9	5338.5	1016.4
安　　徽	14545.8	4755.8	842.9	3311.5	846.3
福　　建	16281.4	5784.0	774.5	3798.9	809.1
江　　西	12496.7	3801.2	577.7	3410.0	743.4
山　　东	12308.9	3423.1	671.4	2421.3	837.8
河　　南	11546.0	3030.2	819.2	2478.8	738.9
湖　　北	15328.0	4163.7	825.7	3277.9	839.6
湖　　南	13968.8	4024.9	674.9	3152.9	787.7
广　　东	16949.4	6289.3	552.0	3707.4	817.9
广　　西	12045.0	3723.6	372.8	2668.9	680.0
海　　南	12417.5	5179.7	361.8	2389.8	555.5
重　　庆	13112.1	4574.6	691.6	2501.2	851.7
四　　川	14055.6	4878.6	760.4	2747.5	917.3
贵　　州	10221.7	2767.2	552.8	2229.3	576.9
云　　南	10260.2	3264.8	396.2	2053.1	574.1
西　　藏	8417.9	3004.1	1090.3	1257.9	514.6
陕　　西	10934.7	2832.1	592.1	2528.6	655.0
甘　　肃	9694.0	2827.0	551.9	1866.9	577.6
青　　海	11343.1	3372.6	783.4	1965.1	541.0
宁　　夏	11464.6	3144.6	745.0	1985.2	696.3
新　　疆	10318.4	2988.8	813.6	2158.7	685.5

附表 4—6 续　2019 年分地区农村居民人均消费支出

单位:元

地　　区	五、交通通信支出	六、教育文化娱乐支出	七、医疗保健支出	八、其他用品及服务支出
全　　国	**1836.8**	**1481.8**	**1420.8**	**241.5**
北　　京	3384.5	1587.1	2246.9	392.3
天　　津	2532.1	1321.8	2104.3	435.2
河　　北	1826.6	1367.0	1334.0	268.7
山　　西	1057.0	1207.7	1169.1	173.8
内 蒙 古	2354.4	1795.7	1748.8	273.4
辽　　宁	1770.3	1423.5	1657.1	297.1
吉　　林	1700.7	1551.7	1736.9	276.4
黑 龙 江	1908.6	1778.7	1925.2	275.4
上　　海	3008.8	1401.9	2104.0	580.2
江　　苏	3112.9	1668.4	1675.2	390.1
浙　　江	2965.4	2225.6	1776.6	366.7
安　　徽	1709.4	1470.7	1323.5	285.9
福　　建	1903.4	1615.0	1210.4	386.1
江　　西	1425.3	1394.7	964.4	180.0
山　　东	1999.0	1428.7	1343.4	184.2
河　　南	1369.0	1459.3	1461.8	188.8
湖　　北	2228.8	1807.6	1921.8	262.8
湖　　南	1642.9	1851.0	1614.5	220.1
广　　东	2139.8	1602.7	1520.7	319.8
广　　西	1715.6	1498.1	1231.2	154.8
海　　南	1305.5	1519.1	918.4	187.7
重　　庆	1585.6	1422.8	1262.3	222.3
四　　川	1808.0	1065.1	1620.8	258.0
贵　　州	1712.2	1335.8	878.3	169.2
云　　南	1663.0	1254.1	936.3	118.6
西　　藏	1427.6	479.8	355.9	287.7
陕　　西	1360.3	1387.0	1382.6	197.0
甘　　肃	1195.5	1330.5	1183.0	161.5
青　　海	1886.3	1033.2	1485.8	275.8
宁　　夏	1784.4	1378.8	1448.3	281.9
新　　疆	1320.6	1143.8	1060.5	147.0

五、居民收入与生活状况其他数据

附表 5—1　全国居民人均可支配收入基尼系数

年　份	基尼系数
2003 年	0.479
2004 年	0.473
2005 年	0.485
2006 年	0.487
2007 年	0.484
2008 年	0.491
2009 年	0.490
2010 年	0.481
2011 年	0.477
2012 年	0.474
2013 年	0.473
2014 年	0.469
2015 年	0.462
2016 年	0.465
2017 年	0.467
2018 年	0.468
2019 年	0.465

附表5-2 农村贫困状况

年份	1978年标准		2008年标准		2010年标准	
	贫困人口（万人）	贫困发生率（%）	贫困人口（万人）	贫困发生率（%）	贫困人口（万人）	贫困发生率（%）
1978年	25000	30.7			77039	97.5
1980年	22000	26.8			76542	96.2
1985年	12500	14.8			66101	78.3
1990年	8500	9.4			65849	73.5
1991年	9400	10.4				
1992年	8000	8.8				
1994年	7000	7.7				
1995年	6540	7.1			55463	60.5
1997年	4962	5.4				
1998年	4210	4.6				
1999年	3412	3.7				
2000年	3209	3.5	9422	10.2	46224	49.8
2001年	2927	3.2	9029	9.8		
2002年	2820	3.0	8645	9.2		
2003年	2900	3.1	8517	9.1		
2004年	2610	2.8	7587	8.1		
2005年	2365	2.5	6432	6.8	28662	30.2
2006年	2148	2.3	5698	6.0		
2007年	1479	1.6	4320	4.6		
2008年			4007	4.2		
2009年			3597	3.8		
2010年			2688	2.8	16567	17.2
2011年					12238	12.7
2012年					9899	10.2
2013年					8249	8.5
2014年					7017	7.2
2015年					5575	5.7
2016年					4335	4.5
2017年					3046	3.1
2018年					1660	1.7
2019年					551	0.6

注：①1978年标准：1978—1999年称为农村贫困标准，2000—2007年称为农村绝对贫困标准。

②2008年标准：2000—2007年称为农村低收入标准，2008—2010年称为农村贫困标准。

③2010年标准：即现行农村贫困标准。现行农村贫困标准为每人每年生活水平2300元（2010年不变价）。